本书是国家社科基金项目“马克思主义认识论与当代认知科学研究”（项目编号：11CZX006）的成果修改而成

实践身体与认知可塑性

——实践唯物主义认知观

黄家裕 著

中国社会科学出版社

图书在版编目（CIP）数据

实践身体与认知可塑性：实践唯物主义认知观／黄家裕著．—北京：中国社会科学出版社，2017.6

ISBN 978－7－5203－0723－9

Ⅰ.①实…　Ⅱ.①黄…　Ⅲ.①马克思主义哲学—唯物主义—认识论—研究　Ⅳ.①B0－0

中国版本图书馆CIP数据核字(2017)第155742号

出 版 人　赵剑英
责任编辑　喻　苗
责任校对　杨　林
责任印制　王　超

出　　版　中国社会科学出版社
社　　址　北京鼓楼西大街甲158号
邮　　编　100720
网　　址　http://www.csspw.cn
发 行 部　010－84083685
门 市 部　010－84029450
经　　销　新华书店及其他书店

印刷装订　北京明恒达印务有限公司
版　　次　2017年6月第1版
印　　次　2017年6月第1次印刷

开　　本　710×1000　1/16
印　　张　29
插　　页　2
字　　数　391千字
定　　价　118.00元

序　言

该书作者，其主旨是试图把历史唯物主义应用于本属于科学技术哲学的认知研究领域，并以此为指导，从中微观的视域系统考察实践认知的心理基础和心理机制，以及身体认知的特点和基本规律等问题。应当说，这是一个难度较大的课题。首先，该课题涉及学科多，如马克思主义哲学、心理学、分析哲学、现象学、实验科学和神经科学等；其次，学界尝试这方面研究的学者鲜有。

在该书中，作者阐明了身心可塑性和认知可塑性，提出“实践身体”“实践世界”和“实践世界阶梯性”“实践认识阶梯性”等范畴，认为，虽然“实践身体”“实践世界”等范畴所包含的内容，马克思和恩格斯已有所论及，后来的马克思主义经典作家也有所关注，但是，由于时代局限等方面的原因，他们对这方面问题的研究没有进一步展开，当然也没有明确提出上述范畴。

该书成果是具有开拓的意义的。其一，把马克思主义关于实践和认知思想系统化，并创新性地阐述“实践身体”“实践世界”和“实践世界阶梯性”“实践认识阶梯性”等范畴，用认知科学、心理学的相关成果丰富和发展了这些范畴；其二，基于对上述范畴的丰富和发展，初步构建了“实践唯物主义认知观”的框架，并且通过改造“丰富环境”“标准环境”和“贫瘠环境”等概念，系统地论述了身体认知功能及其可塑性，认为，身体及其认知不仅是血肉之躯，而且具有文化历史性的内容；最后，据此，系统论述了身体认知功能和心理认知功能在实践活动中的辩证统一关系，指出，实践是身体认知和心理认知产生、发展的动力，也是这两者交互作用的场域。

当然，作者和学界其他相关学者，还可以在该书所取得成果的基础上继续展开以下几个方面的研究。

第一，作者提出了关于实践世界阶梯性和实践认识阶梯性的论说，认为不同阶梯的实践世界是以不同实践方式开展活动的。这一论说不仅深化了对实践认知哲学的研究，而且也为全面、正确地认识和把握中国特色社会主义理论提供了实践认知哲学的基础，有助于诠释中国共产党对社会主义认知的阶梯性，以及社会主义建设分阶段进行、阶梯性发展的合理性。不过，这方面的问题该书涉及的不多，所以，作者和学界相关学者需要今后进一步推进这方面问题的研究。

第二，以实践世界阶梯性和实践认识阶梯性为基石，汲取当今涉身认知科学的新成果，把中国心学融入当代心灵哲学。中国心学内容丰富，王阳明对其系统化，但此后没有获得批判性的发展。当今西方心灵哲学逐渐和认知科学相互融合，互动频繁，由此形成了许多理论框架，这就为中国心学现代化提供了契机。如果能够以实践世界阶梯性和实践认识阶梯性论说为基石，从身心统一观出发，必然能够推动中国心学的历史唯物主义和现代化，促进其与当代心灵哲学的融合。

第三，作者把实践作为认知活动的基础，把吃、喝、住、穿等作为身体实践活动的基本方式，并将它们视为人认知活动的始发点。这也有助于进一步丰富马克思主义政治经济学的认识论基础。哈耶克经过“社会主义大论战”后，继承了马赫（《感觉的分析》）衣钵，撰写了《感觉秩序》，为自由主义经济学提供了心智认识论基础。列宁曾与马赫针锋相对，把马克思主义认识论推进到感觉认识领域，论述了感知的基本特性，批判了马赫的唯心主义感觉理论，但是，由于研究的侧重点和内容的不同，他的这种批判还不能直接为当代马克思主义经济学抗衡自由主义经济学心智认识论基础提供方法论指导，虽然它给予我们许多重要启示。因此，只有把实践身体和实践世界认知置于基础的地位，完善实践身体认识论，才能展开对马赫－哈耶克的心智认识论——当代自由主义经济学认识论基础的批判，丰富马克思主义政治经济学的认识论基础。当然，在这方面，包括作者在内的学界相关学者还要付出更多的努力。

我祈望作者在已取得成果的基础上继续坚持下去，在把历史唯物主义应用于科学技术哲学的认知研究领域方面获得更大的丰收。

叶险明

前　言

认知科学在20世纪50年代产生，并蓬勃发展，很快成为学科群的领头学科。随后，分析哲学、现象学等不同哲学流派纷纷抢滩于认知领域，招兵买马。这促进了认知科学丰富地发展，另一方面，不同派别的哲学也为自己找到理论的新增长点。不同哲学派别都积极地应用认知科学相关题材和理论发展自己的理论，特别是丰富和发展自己的认识论。本文从辩证唯物主义实践论立场，为认知科学的发展添砖加瓦，并提出辩证唯物主义认知观；同时，本文从历史唯物主义立场，分析、批判认知科学的题材和理论，解释和说明当代科学的各种现象和问题，发展了马克思主义认识论，为马克思主义认识论的发展探究新的增长点，并提出实践身体认识论。

身心问题从近代就成为心灵哲学的核心问题。它也是当今认知哲学的核心问题。认知主义否定身体认知的功能，只承认心灵认知的功能。这造成它在哲学层次和认知科学层次困难重重。涉身认知等范式坚决反对认知主义，基于现象学立场，提出心智的涉身性，认为身体有认知功能。但是，涉身认知的“身体”最终根源于现象学的“先验身体”，意识最终根源于“先验意识”。然而，涉身认知等范式只是美丽的童话故事，因为“先验身体”和“先验意识”根本不存在，它们只是形而上学的假设。

本专著基于马克思主义认识论立场，我将抛弃现象学的“先验意识”和“先验身体”，并彻底地把辩证唯物主义贯彻于认知领域，克服身心二元论，克服认知主义和涉身认知范式的局限性，探讨心理认知的特点和身体认知的特点；在微观的层次推进马克思主义认识论时代化、科学化；阐明身心统一于实践活动，并且阐明身体认知和心理认知也统一于人的实践活动。

本专著认为马克思主义认识论主要有两个基本原则。第一，物质决定意识，意识对物质具有能动性，即心智不能脱离物质性的身体存在，身体是心智的物质基础。第二，实践活动心智认知和身体认知的根源、动力，认知活动本身就是实践的一种方式。

一　本专著基本观点

笔者把实践认识论贯彻于本专著的主题，认为身心统一于实践活动，身体认知和心理认知都统一于实践。根据“实践可以认识世界，并改变世界”等的实践思想，批判性地吸收现象学“现象身体”“生活世界”和“知觉世界”的合理因素，（1）提出“实践身体”和“实践世界”的概念。（2）阐明了心灵在实践活动中“涉身”于实践身体，身体在实践活动中产生了认知功能和心智；心智和身体具有可塑性，并且认知也具有可塑性；亦即身心及其认知根源于实践，被实践所塑造，并且随着实践变化而变化。（3）因此，心灵及其认知具有文化历史性和辩证；身体是一个实践身体，现象身体只是实践身体的一个侧面；世界不是生活世界，也不是知觉世界，而是实践世界。实践世界由实践身体和被人所认识、改造的对象构成的世界；实践身体具有认知功能，并且身体和身体的认知具有可塑性。（4）根据梅洛－庞蒂的身体图式，我们进一步阐述了实践图式，然后阐明身体认知的基本方式是图式。身体图式具有神经硬链接的特点。无论是身体图式，还是相关的神经基础，它们都随着实践变化而发展。

二　本专著基本思路

我们从马克思主义哲学立场出发，以当代认知科学为题材，批判了以分析哲学为基础的认知主义的缺陷，反思了以现象学为哲学基础的涉身认知范式的局限性，由此，根据马克思主义心理学的题材，把历史唯物主义推进当今的心智认知领域，论述心智其认知具有可塑性，其可塑性表现为文化历史的性质、辩证性和意识形态的性质。

在此基础上，本专著进一步批判梅洛-庞蒂的现象身体，指明现象身体缺少社会性内容，缺少文化历史性，其本质只是一个先验的身体，并且他的现象身体和肉体身体本身带由二元论的痕迹。根据马克思主义身体观，我们阐明身体的对象性等特点，表明心灵、身体与世界统一于实践，并且表明肉体的身体和认知的身体统一于实践活动，人在实践活动中形成实践身体。在批判现象身体，批判生活世界和现象世界的过程中，我们提出“实践身体”和“实践世界”等概念，并阐明它们的内涵，由此进一步论述身体具有加工信息的能力，即身体具有认知的功能。由于实践身体和实践世界具有可塑性，因此认知也具有可塑性。

三　本专著的学术创新

本专著提炼出“实践身体”和“实践世界”两个新概念，由此阐明一个马克思主义认知观：身心统一于实践活动；在实践活动过程中，形成了实践身体和实践世界，塑造了身体的感知器官，使得心灵出现于身体，身体具有认知功能；并且认知随着实践变化而发展，心灵、身体和认知具有文化历史性。我们应用当今认知科学的材料确证相关的思想如下。

首先，在本体论上，本专著提出“实践身体”和“实践世界”的概念，并在认知层次阐明身体和世界在实践活动中形成，身体是动态的身体；身体具有文化历史性的身体；身体是一个具有社会内容的身体。世界不是一个纯粹天然的世界，而是随着文化历史变化而改变的世界，具有社会内容的世界。传统马克思主义者主要从生产实践角度解释人的认识；但是，笔者在本专著中只是把它作为背景，然后提出身体实践性思想，即“实践身体”和“实践世界”的概念，从认知的文化历史性视角重新论述相关的心理学认知思想，并在最后论述了认知的社会性、身体性、文化历史性和意识形态性等。其次，在认识论层次，本专著论述身体认知的功能，并且身体认知由实践塑造。本专著不再从宏观的历史视角和历史领域论述实践认识论，而是基于中微观视角，以经验科学为题材，以当今认知科学相关议题为主题，基于马克思主义实践认识论立场，论述实践身体的认知机制及特点，由此，把马克思主义认识论推进心智和身体，探究了心智和身体认知的实践性和可塑性。再次，本专著吸收恩格斯在《自然辩证法》中的相关风格与思想，吸收他的合理因素，特别是恩格斯关于“劳动创造人”，“人的身体及感官”在劳动中形成的思想，不再把认识论当作纯粹思辨的哲学理论来论述，而是把思辨和实证结合起来，推进马克思主义认识论时代化、科学化。最后，本专著吸收了涉身认知思想和中国文化知行合一的思想，由此论述身体不但具有行为功能，而且具有认知功能，亦即行为和认知统一于实践身体的活动。我们认为身体认知的基本方式是身体图式。身体图式及其相关神经基础随着社会文化的发展而发展。

四　本专著基本内容与重点内容

（一）基本内容

本专著的灵魂是马克思主义的，但是，本专著的许多材料、内容、思想都突破了经典马克思主义的视域。本专著坚持马克思主义实践认识论的立场，不再以宏观的人类实践认识活动历史作为题材，而是以它作为背景和土壤，以当代心智科学为题材，突破第一代认知科学的藩篱，打破梅洛-庞蒂的知觉现象学的局限，然后把历史唯物主义注入心灵及认知领域，借助于文化心理学派和批判心理学派的题材，重新探讨心灵的特点、心理认知的特征等问题，由此，我们论证了心灵与身体统一于实践，心智认知和身体认知具有实践性和可塑性。

首先，我们阐明认知科学给马克思主义带来的挑战和机遇。第一代认知科学，即认知主义以身心二元论为立场，以“心灵之于软件犹如身体之于硬件”为基石，把心灵隐喻为计算机程序，由此以形式符号系统建构心灵，阐述心理认知过程。认知主义在本体上挑战马克思主义的身心一元论，在认识论层次则挑战实践认识论。我们认为，认知主义只是一场认知炼金术。因为认知主义关于身心二元论的思想是错误的，它的物理符号系统假说本身违反哥德尔定理等。

第二代认知科学，比如涉身认知等范式则基于现象学立场，认为心灵涉身于身体，身体具有认知功能。在本体论、认识论层次，它和马克思主义具有差异，但也有互惠。亦即我们可以吸收现象学身体认知的合理因素，把马克思主义认识论推进认知领域，由此阐明身体具有实践性、文化历史性和社会内容感。

其次，我们阐明马克思等经典作家关于心智认知的相关思想，并且从认知视角论述了马克思主义经典作家对当代认知科学的影响，特别是对苏联心理学的影响，理清二者之间的思想逻辑关系。在此基础上，以马克思主义心理学为题材，我们阐明心灵及其认知的塑造动力根源于实践，心灵及其认知是一个文化历史过程，具有社会性，并且心灵机能和认知活动具有辩证的特点。

再次，我们批判吸收马克思主义心理学和现象学的图式思想等合理因素，结合心智涉身于身体的思想，把实践认识论从心灵推进“身体”，以历史唯物主义视角分析身体及其认知功能，吸收“现象身体”“现象世界”和“生活世界”等概念，由此提出“实践身体”“实践世界”等概念。并且，根据图式的思想，特别是梅洛-庞蒂的图式思想，我们阐述了实践身体的图式和实践世界的图式。

身体是实践身体，具有历史性的身体。身体不但是血肉的身体，而且身体是个体开展自己实践活动的第一个实践场所，第一个实践对象。个体以身体为媒体而认知外界事物，在认识对象的过程中，个体也逐渐认识自己的身体。亦即，在认知活动中，个体的身体与对象是一个辩证的、对象性的过程。个体在认知自己的身体和外界对象的活动中，他的身体及其认知器官不断发展和完善，形成实践身体。

世界是实践世界。身体本身就在世界中。个体在认知活动，通过身体与对象相互作用，由此构成自己的“实践场所”、“实践世界”。身体既是实践的身体主体，也是实践的客观对象。由于身体及其认知器官是在认知活动中不断发展和完善，所以，身体作为个体认知活动的第一个世界是被实践所塑造的。在此基础上，我们根据“丰富环境”与“贫瘠环境”的思想，进一步论述由实践身体主体、对象身体及相关环境构成的实践世界，阐明“实践世界”的可塑性，并阐明实践认识和社会实践世界的塑造过程是一个阶梯性的过程。

最后，我们论述身体的认知功能与身体图式及其可塑性。我们认为身体的感知器官与身体图式及其认知功能是在人的实践活动过程中不断发展和完善。第一，我们以神经科学相关经验成果，结合常识经验，阐明身体的感知器官在没有把相关信息送往中央系统时，至少已经部分加工了相应的信息。身体图式本身就具有信息组合和加工的能力。因此，身体具有认知的功能。第二，认知主义认为，在认知活动中，身体及其感知器官只是对外界刺激做出反应；实际上身体及其感知器官只是反应器。我们认为，对于外界对象及其刺激，身体及其器官不但起着反应的作用，而且身体及其感知器官能够反映外界对象的真实信息，并对信息做初步加工，然后结合镜像神经元相关经验成果阐明身体对信息反映和加工的特点。在这过程中，身体图式对相关信息进行重新组合，或者做了映像式的加工。第三，我们吸收了涉身认知的相关思想，但是，我们认为涉身认知以现象学作为自己的哲学基础是错误的。同时，我们也吸收中国文化关于身体的思想。我们站在马克思主义实践认识论立场上，重新论述了身体的信息加工特性、身体的反应性和身体的反映认知功能，身体的这些功能都随着身体活动方式变化而变化。

（二）重点内容

本专著对1. 心智及其认知的可塑性和2. 实践世界、实践身体及其认知可塑性开展详细的论述。这两个观点详细阐述如下：

1. 心智及其认知的可塑性：心智的文化历史性、辩证性

从实践认识论和历史唯物主义立场看，人的心智与认知的最根本的性质是它们具有可塑性，首先，心智与认知在实践活动中形成，并且心智与认知的可塑性随着实践活动的变化而变化。因为心智及其认知具有可塑性，并且心智与认知的塑造动力来自实践活动，实践总是具有一定的文化历史性和社会性，所以，心智与认知必然受到社会环境和文化历史的影响。由此，心智与认知呈现出文化历史的性质和社会属性。

其次，我们从马克思主义实践认识论立场分析相关的马克思主义心理学材料，探究心智如何在主客观的相互作用下形成，并且探讨儿童心理发展的辩证性。实践是主客观互动的过程，心智及其认知在主客相互作用中形成和发展。基于此，我们阐明了心理的高级心理机能和低级心理机能的产生和发展的辩证过程，并且论述了心理最近发展区和实际发展区的辩证关系。

2. 实践世界、实践身体及认知可塑性

中国文化关于身体及其认知功能已有所论述。从春秋战国时期，中国就以朴素的方式论述“行”与“知”，论述身体的认知功能，特别是把身体认知作为政治活动和道德活动的一个重要基础。到了宋明理学，对于“知”和“行”的论述更为详细，但是，其主要集中于道德认知方面。从整体看，中国古代文化关于身体认知

的思想还是停留在胚芽状态。西方的身体哲学源远流长，可以追溯到古希腊。但是，在长达几千年中也没有明显发展，只是当代认知科学崛起时，许多哲学家便纷纷建构自己的身体哲学理论，论述身体的认知功能。

梅洛－庞蒂等马克思主义现象学者虽然吸收了马克思主义的一部分思想，提出现象身体的概念，论述身体的认知功能，但是，他们没有摆脱唯心主义的缠绵，因而坠入“现象世界”的童话故事。在梅洛－庞蒂那里，身体虽然有认知功能，身体是一个静止的身体，身体没有文化历史性，身体也没有社会内容，因此，身体的认知也只是静态的认知。然而，科学经验和生活常识表明认知并不是静态的认知，而是动态的认知。梅洛－庞蒂的现象世界只是知觉建构起来的世界，但是，知觉本身容易变化，容易发生错误，没有任何可靠性，因此，现象世界只是童话般的美丽，现象身体的主体地位也是飘忽不定。梅洛－庞蒂也许晚年认识到这一点，由此提出“世界之肉”，然而，历史没有给他机会，时代限制着他。“世界之肉”的相关论述还没有开展，他便离开世界。另外，由于梅洛－庞蒂抛弃了马克思主义的实践观，因此他的身体是肉体身体和现象身体割裂的二元身体。

行为主义哲学及行为主义心理学虽然探讨了身体的认知功能，但是，行为主义坚决否定心灵的本体地位，因此，身体只是机械的身体，认知也只是机械的认知。自从认知主义发动第一次认知革命以后，认知主义成了认知科学的统治范式。行为主义虽然衰落，但是，因为行为主义关于身体及行为的认知思想具有很多合理之处，所以，它的影响依然很大。认知主义对行为主义发动革命时，它只是把心灵拉回认知领域，却忽视身体在认知中的作用，并且只是用形式符号系统机械地建构心灵，由此认知主义走入形式符号系统的谜团，当今面临种种问题，却找不到解决的办法。涉身认知则重新强调身体在认知中的地位，但是，它不加批判地把现象学作为基石，它特别钟情于梅洛－庞蒂现象学。然而，知觉现象学本身的局限性非常明显，梅洛－庞蒂晚年也已觉察。由此，涉身认知对身体的建构，认知机制等许多问题依然没有形成一致的理论框架，涉身认知没有形成统一的范式。

马恩二人以及马克思主义经典作家把实践放到生产劳动，由此把认识论建立于物质生产实践，然后探讨真理的来源和标准，通过辩证法形成一整套理论体系。这些思想被维果茨基等马克思主义心理学者进一步应用于心理学。但是，由于时代的局限性等原因，马克思主义心理学者主要停留在实证层次开展研究活动，并且他们只是探究了心灵及其认知功能，没有涉及身体及其认知功能。

我们批判吸收涉身认知的合理因素，抛弃去现象学基础，吸收梅洛－庞蒂的身体图式的思想，以实践认识论为基石，从历史唯物主义视角重新分析身体认知图式；阐述身体图式是身体认知的基本方式；并阐明实践身体和实践身体的认知图式具有可塑性质的特点。我们吸收梅洛－庞蒂身体图式的思想，认为身体作为肉体的身体，它是客观对象性的身体。然而，身体在实践中不断被塑造，身体图式产生质的发展，图式越加丰富，这使得身体出现主体性。作为主体性身体就是身体具有主观能动性，身体能够认识外界对象，也能够把自己作为客观对象加以认识。作为客观性身体，身体是实存的，可以被实证；身体具有生物性的特点，身体是可以被认识的。主体性身体和客体性身体在实践活动中获得相互独立的地位，同时又统一于实践活动中。

由于身体的实践性，身体图式也是在实践活动中产生和发展，所以身体认知是一个动态的过程。身体的感知器官被实践活动所塑造；当实践方式变化时，身体的感知器官也发生变化。并且，身体知觉是动态的过程。知觉器官总是以语言等文字符号为工具开展实践活动，当知觉工具变化时，知觉的形式也发生变化。当知觉对象在实践活动中发生改变时，知觉的内容也就发生了变化。

我们阐明现象世界只是实践世界的一个侧面，并且以“丰富环境”与“贫瘠环境”的科学模型论述了自然环境的实践性和社会环境的实践性，然后阐明实践世界的图式。传统总是认为环境无法对神经的塑造，但是，“丰富环境”、“标准环境”和“贫瘠环境”被发现之后，人们进一步对它们科学模型化，然后研究发现，环境对神经具有巨大的塑造作用。我们根据“丰富环境”模型及相应的概念，结合当今认知神经科学的经验事实，阐明神经在认知活动过程中，不断地被实践环境所塑造。我们认为环境，特别是社会环境的变化是由贫瘠环境不断发展为丰富环境的过程。我们阐明身体作为主体的第一个实践世界，作为物质世界的一部分是一个可塑性的世界；丰富环境，特别是社会丰富环境作为实践世界的一部分则随着实践活动和方式的变化而不断转化为更丰富的环境。

五　本专著的章节架构

本章阐明了唯物主义反映论的基本思想脉络。古代朴素反映论主要探究人认识的本质。它有很大的猜测性。近代机械反映论把科学实验纳入认识论，它推进了反映论的发展。但是，由于它把一切认识活动都还原为机械性的活动，所以它无法科学解释人的认识。马恩把实践纳入反映论，特别是把劳动实践纳入反映论，科学地解释了人的认识活动。但是，他们只是在宏观历史角度解释了人的认识，并且他们活着时候，心理学刚成立，他们来不及把心理学等成果解释人的认识活动。本专著基于马恩立场，吸收当代心理学，特别是吸收当代认知科学成果，从中微观角度拓展马恩认识论的疆界和视域。

我们反思认知主义的局限与缺陷，阐述了涉身认知的相关思想。我们认为认知主义和马克思主义认识论在本体论、认识论等层次都是有矛盾的。按照涉身认知范式，在认知活动中，主体的身体对认知发挥重要作用，并且相关的环境因素也是必不可少的。认知者和环境要素之间通过耦合构成认知活动。按照马克思主义实践认识论，人的身体及其感知器官等都是在劳动实践过程中形成，人的身体及感知器官是知识生产等精神产品的生产过程中的重要因素。由此，我们探讨马克思主义哲学与认知科学的关系。我们认为涉身认知范式和马克思主义实践认识论具有互补互益之处。在此基础上，我们将以吸收涉身认知合理思想，推进马克思主义实践认识论的发展，同时，以实践认识论为立场，探索一个认知的哲学框架。

本章主要论述认知主义作为认知科学范式是错误的。我们阐明认知主义关于本体论假设、认识论假设、心理学假设和生物性假设都是错误的。认知主义把心灵当作计算机程序，以功能主义作为自己哲学基础，承诺形式符号系统在心灵中的本体地位；认为可以通过形式符号的句法构建心灵，构造人的认知活动。但是，认知主义在哲学上面临身心二元分裂，在认知层次上违反哥德尔定理等问题，由此认知科学应该放弃认知主义。

在反思认知主义和涉身认知之后，我们从马克思主义角度阐明心灵不是实体，心灵是人在实践活动中形成的，因此可塑的性质是心灵的基本性质；心灵及其认知是社会性的、文化历史性和辩证性的过程。我们论述了马克思主义认识论自然化道路上取得的成果及其特点，并且论述了马克思、恩格斯、列宁等人的思想与文化历史学派之间的逻辑关系；阐述列宁认识论与儿童心智认知的关系。前苏联心理学家维果茨基等人，把马克思主义认识论推进心理学领域，由此形成文化历史学派（也有学者称为“马克思主义心理学”）。我们借助文化历史学派关于心灵的社会属性的题材，论述心理发展过程与认知过程是一个社会文化过程。根据他们关于“高级心理机能与低级心理机能”的理论，我们阐明心灵的产生与发展是一个辩证的过程。通过阐明“实际发展区”与“最近发展区”理论，论述认知过程是一个辩证的过程，是一个动态发展的过程。

本章提出“实践身体”的概念，然后论述实践对身体的塑造作用。我们认为身体不是现象身体，而是人在实践过程中形成的身体，是具有认知技能的身体。这表明身体及其认知是一个文化历史的过程，具有社会内容的过程，是动态的过程。

我们分析心理行为主义和哲学行为主义的身体图式的优缺点，反思现象学的现象身体图式，阐明它只是静态的、并且缺少社会内容的和文化历史。然后，我们指出马克思主义心理学只是把历史唯物主义和实践认识论局限于心理，没有涉及身体。我们理清实践与认识之间关系的思想脉络，阐明马恩的实践认识论关于身体实践性的相关思想，结合当今认知科学的研究，论述身体及其图式对外界的刺激不仅具有反应的作用，而且身体及其感知器官能够真实反映、加工认知对象的相关信息；并且，在认知语境下分析身体的相关行为，以婴幼儿心理学为题材，阐明身体具有意向性和信息加工能力。再次，结合当今神经科学研究成果，基于实践认识论，我们论述了身体及其认知器官然具有可塑性，即知觉具有可塑性。

由此可知，本章主题是将辩证唯物主义推进身体及其认知，跨越马克思主义心理学和认知主义的藩篱，论证身体不但具有行为功能，而且也具有认知功能，这表明身体具有可塑性，身体图式等身体认知方式都具有可塑的性质。因为身体及其认知的可塑性动力根源于实践活动，所以，身体是一个动态的、历史性身体，是一个具有文化内容的社会性身体。

第六章，本章论述了“实践世界”概念。本章进一步阐明实践身体和实践世界的内涵，论述了身体的认知的基本性质，并提升和扩展神经认知的概念：“丰富环境”与“贫瘠环境”，从历史唯物主义角度论证实践世界和实践认知方式的阶梯性；并在丰富环境语境中，从历史唯物主义视角重新解读儒家实践思想，使之融入马克思主义实践论。这表明实践世界具有可塑性，实践环境，特别是社会环境由贫瘠环境不断发展为丰富环境的过程。

所谓“丰富环境”就是环境中由多个干预因子相互作用而构成，它是复杂的无生命事物和社会刺激构成的复合体。“贫瘠环境”是相比较丰富环境得出的，亦即“贫瘠环境”是由环境中比较少的干预因子相互作用构成的，它是简单的无生命事物和社会刺激构成的简单复合体。当今神经科学界用标准的科学模型表达了丰富环境，医学临床界则根据不同的治疗目的，创造各种人为的丰富环境用于治疗治病，并取得良好的效果。

根据丰富环境，结合常识经验，从认知角度来看，无论是自然环境，还是社会环境，只要有主体开展实践活动，那么环境都将由贫瘠环境走向丰富环境的过程。

第七章，本章主要论述身体图式及其认知的特点。根据实践反映论，结合文化历史学派和批判心理学派，并且吸收涉身认知的相关思想，我们论述身体具有反映的机能与表征的机能，阐明身体图式的认知特点。按照马克思主义，意识是大脑的机能。在此基础上，我们认为，表征或者说意向性等既是大脑的机能，也是身体的机能；身体不仅具有反应功能，同时身体也具有反映功能，亦即，当外界对象刺激身体感官时，感官不但能够产生感觉数据，而且感官能够真实地反映外界对象的相关信息。身体图式能够真实反映外界对象的信息。身体图式具有意向性，它总是指涉某一对象，即身体图式具有“关于”具体对象的性质。身体认知的基本方式是身体图式。意识、意向性以及认知能力等都是认知者通过操作自己身体于实践活动而使得认知者具有的心智能力；身体图式的相关内容在身体的实践活动中指涉“关于”某一对象的。这表明身体图式具有意向性。我们认为身体图式具有神经硬链接的特点，并且论述了身体图式的神经基础。

当然，外界物质对象也是通过身体和身体图式反作用于意识，反作用于信念、欲望等心理状态。意识、意向性和认知能力等都是在身体实践活动中形成和完善。它们具有“实践”的特点，它们的

"实践性"根源于身体的实践性。

简而言之，在本专著七章中，我们把实践认识论和历史唯物主义贯穿于本专著的认知主题，在坚持身心及它们的认知统一于实践活动，阐明实践身体具有可塑性和实践世界具有可塑性，论述身体图式和认知图式具有可塑性。我们分析涉身认知的基本特点，吸收涉身认知关于身体认知的相关思想，但是，我们不同意涉身认知以现象学为基础，由此，我们从实践认识论重新论述了身体的认知功能，特别是论述了身体图式的认知功能。

总之，本专著以当今认知哲学、认知科学、心理学哲学、人工智能哲学、神经科学等方面所聚集的题材开展自己的研究。然后，探索了经典马克思主义作家的思想对认知科学的核心学科——心理学的影响；并且，基于认知视角理清马克思主义哲学关于心智的思想，阐明马克思主义哲学与文化历史学派，批判心理学派的思想关系。最后，根据马克思主义的实践思想，提出"实践身体""实践世界"等概念，论述实践身体和实践世界及身体认知根源于实践活动，它们都被实践所塑造，并且论述身体具有反映认知的功能；阐述意识、意向性等具有涉身性的特点。由此表明心理、身体和世界统一于实践活动；并说明身体在实践活动中出现了心理，心理只是身体的器官，比如大脑等的高级功能。

本专著通过阐明"实践身体""实践世界""实践世界阶梯性"和"实践认识阶梯性"等范畴的内涵，并建构了一个实践认知论的思想框架和理论框架。它阐释了身体认知的功能，阐释了身体认知和心智认知的统一性，并阐明认知的能力根源于身体实践活动和心智实践活动。

笔者期望在这个思想构架的基础上，基于"实践身体""实践世界""实践世界阶梯性"和"实践认识阶梯性"等范畴，（1）把中国心学融入当代心灵哲学；（2）沿着列宁对马赫的批判线路，在批判马赫的学徒——哈耶克的自由主义心智认识论的基础上，进一步阐明实践唯物主义身体认识论，为马克思主义政治经济学奠定认识论的基础；（3）进一步阐明社会主义实践运动和认识运动的阶梯性，为社会主义的产生和发展奠定哲学认识论的基础。

然而，由于笔者才学粗浅，也许还有许多错误和漏洞，请同行批评指教。

黄家裕

于中国东海之滨

2017 年 3 月

目　录

第一章

认知视角下的反映论

反映论的源远流长，在古希腊已经有萌芽。古希腊哲学家提出朴素的反映论，它是一种被动的反映论。而且古代反映论更多是猜测性的反映论。比如，原子反映论和亚里士多德（Aristotle，公元前 384 年—前 322 年）的印蜡说等。古代朴素唯物主义反映论是建立在感觉器官的感知反应的相关知识上的哲学思想。它们的基本模式是主体←认识←感觉器官←客体。主体由于被外界客体的作用，由此主体的感觉器官发生反映，所以主体认识了对象。由于古代关于人及其他动物的心灵和感觉器官等方面的知识非常少，而且对其理解也比较片面，所以，他们对于反映论的思想虽然具有合理性的因素，但其更多是哲学的思辨或猜测。

近代反映论有很大的进步和发展。由于心理学知识的进步，经验科学的发展，学界把经验引入反映论，把科学实验引入反映认识论，形成经验主义反映论。培根、霍布斯和洛克等人把经验纳入反映论，特别是他们把科学实验引入认识论，并且主张反映的基石是经验，经验是认识论的出发点。比如，洛克提出了白板说。按照经验主义反映论的模式是主体←认识←经验←感觉器官←客体，主体由于受到外界对象的作用，主体的感觉器官产生一些感觉材料，这些感觉材料在主体的思维能力的作用下产生经验，由于主体是具有理性的，因此主体可以根据经验认识外界对象的相关知识，从而把握和认识外界对象的本质。在认识对象的过程中，他们比古代反映论多出经验的环节。在反映过程中，虽然主体依然是被动地反映，但是，在反映的“经验”环节中毕竟有了主观因素的成分，并且他们把科学实验引入认识论。由此，他们比古代的反映论前进了一步：反映不再是纯粹客观的成分，反映既包含主观的因素，也包含客观的因素。然而，由于近代的唯物主义是机械唯物主义，它对于经验的理解只是机械地理解，并且他们对反映的分析也只是机械地分析。

马克思和恩格斯在吸收前人反映论的优点的基础上，抛弃机械唯物主义的“机械性”思想，保持其唯物主义本质，引入实践论的思想和辩证法克服近代认识论的不足之处，把反映论建立于社会实践。经验不再仅仅是科学实验那种经验了，经验是人们实践活动中的经验，科学实验只是实践经验的一种。列宁进一步在继承马克思、恩格斯反映论的思想，在批判马赫关于“物体是感觉要素的集合”的观点过程中，他进一步阐述反映论。列宁反映论的基本思想就是承认外界对象的客观实在性，阐明了人通过感觉器官可以感知这种客观实在性，并且人能够通过事物的现象把握和理解事物本质。毛泽东则把中国心学的“行”和“知”等思想融入马克思主义反映论。毛泽东关于马克思主义的反映发展主要体现为“实事求是”。毛泽东在《改造我们的学习》一文中明确指出“‘实事’就是客观存在着的一切事物，‘是’就是客观事物的内部联系，即规律性，‘求’就是我们去研究。”另一方面，毛泽东提出反映运动的规律：实践—认识……再实践—再认识……，按照毛泽东的思想，马克思主义反映论不但具有认识论的功能，而且具有方法论的功能。马克思主义反映论的模式是主体←→实践←→反映←→工具←→客体。这表明认识在是主体和客体的相互作用中产生的。因此，反映过程包含两个方面，一方面，主体应用工具作用于对象，另一方面，由于对象在主体作用的过程中，其对主体产生反作用。因为对象对主体的反作用，所以主体获得对象的相关信息，因而主体认识了对象。另外，因为主体具有理性，主体具有抽象思维能力，所以主体能够根据对象挥发作用的相关信息进一步抽象，从而把握主体。

20 世纪 50 年代到 70 年代，J. J. 吉布森直接知觉理论。该理论认为外界对象本身具有认知可供性（Afferdance），人能够直接地知觉到对象的认知量。即人的思想是对外界对象的真实反映。这是因为任何事物本身都具有认知可供性。他是基于认知科学的框架内提出自己的反映认识论的，并且试图以经验证据加以说明。他是个知觉心理学家，而他的直接知觉理论在心理学界影响较大。在哲学界，人工智能等领域也受到很大关注。

第一节　灵魂反映论

在古希腊关于心理学的思想包括原子反映论、印蜡说和理念论。前面两个可以纳入唯物主义的反映论，后者则是唯心主义的心理学学说。

一　灵魂反映认识论的萌芽

世界是什么？灵魂到底是什么？这一本体论问题必然涉及认识论的问题。早期的许多哲学家都认为灵魂由某种具体的物质构成，他们认为物质本身具有认知的功能。有一些哲学家认为灵魂是一个单独的精神实体，身体只是物质的东西，纯粹物质的东西没有认知的功能。

从认知角度看，在古希腊，关于人的认知问题主要关注（1）人认知的本质，而是不是（2）人认知的机制。这两个问题紧密相关。古人更多是思辨地探究认知的本质和认知机制的问题，其机制表现在灵魂的构成和灵魂的运动方式方面。因为古代一般都认为灵魂负责认知的责任，灵魂具有认知的能力。在探讨灵魂问题时，他们又不得不涉及心理学。因此有些学者称之为“灵魂心理学(Soul-Psychology)”。与之相对应，那些坚持灵魂是由物质构成的，并且灵魂能够真实反映客观对象的观点，理论和学说一般称为“灵魂反映论”。如果用当今认知科学术语称呼它，也许我们可以称之为“灵魂认知”论。

刚开始，古希腊哲学家用具体的自然事物回答灵魂本质的问题，用具体东西回答认知的本质问题。公元前8—6世纪，伊奥尼亚的一个子学派：米利都学派的创始人泰勒斯（Thales，公元前624—前547年）主张用自然界的事物本身说明一切现象，反对宗教的万物有灵论；提出水是万物的根源与动力。根据泰勒斯，水是万事万物的根源；灵魂不是个精神实体，而是个物质实体；灵魂(Phyche①)由水产生，而灵魂死亡之后又变成水。灵魂具有能动性，所有事物的生命的源泉与动力都是灵魂提供的。但是，如果灵魂由水构成，即如果认知的本质就是水（灵魂负责认知），那么如何根据水的性质解释灵魂的认识能力？显然这是无法解释的。后来，米利都学派的第二位代表人物：阿娜克西德曼（Anaximandros，公元前610—前546年）认为无限者（Unlimated）才是万物的基本单元。然而，无限者不可观察，于是米利都学派的第三位代表人物阿那克西米尼（Anximenes，公元前588—前525年）否定前二位的观点，他认为“气”才是万事万物的本元，他试图用“气”来解释万物万事，并用它来解释灵魂。它们的思想具有自发的、朴素的唯物主义思想和辩证的精神。

伊奥尼亚的另一个子学派：爱非斯学派的创始人赫拉克利特(Herakleitos，公元前540—前480年）吸收了米利都学派的相关思想，继承其朴素唯物主义和辩证法精神，但他不同意它们对于关于事物的本元问题。他主张万事万物的本元是“火”，所有事物的产

① 转引车文博《西方心理学思想史》，湖南教育出版社2007年版，第29页的脚注。Phyche是希腊神话中灵魂的化身，外形是一个美丽的少女，与爱神Eros相恋。

生、发展和变化都是按照一定规律进行，各个事物具有相对独立性，又相互依存和转化，但又相互排斥；所有的灵魂都是由火构成。人的感觉具有客观性，但是，感觉的东西并不完全可靠，人要用理性才能够理解事物、驾驭事物。总的来看，伊奥尼亚学派所有学者尽管关于世界本元的看法不相同，但他们都是用具体的自然事物解释万物的本元。

这些朴素的唯物主义试图用一个具体的事物作为灵魂的本质，但是难以说明灵魂和这些具体物质的关系，并且他们对于灵魂的认识功能只是思辨性地猜测，对于灵魂认识对象的过程只是主观地编造。

恩培多克勒（Empedokles，公元前490—前430年）提出“同类相知”的反映认识论。恩培多克勒吸收了前人的唯物主义思想和辩证法的精神，但他不同意前人用一种事物来说明灵魂的本质，他用多元论（Pluralism）解释万事万物和灵魂的产生、发展及它们之间的相互作用。他认为世界是由微粒构成的，并提出了“四根”说（Theory of four root）。按照四根说，世界是由四种不同的元素：水、火、土、气组成的，不同的事物中，四种元素的比例不相同。他不但用四根说解释了灵魂的构成，而且他基于四根说解释人的感觉。他认为，人的感觉是由于外界物体作用于人的感觉器官而形成的；所有的事物都向外部发射自己的“流射物”（effusion），不同事物所发射的流射物的大小不一样。另一方面，人的身体感觉器官有许多孔道，其孔道大小也不完全相同，例如耳朵的孔道和眼睛的孔道大小并不一样。当物体的流射物相大于某一感官孔道时，由于流射物无法进入孔道内，所以这种情况没有感觉产生。当物体的流射物小于感官的孔道时，流射物穿越感官孔道而过，这种情况下也没有感觉产生。只有当物体的流射物大小和孔道的大小相吻合时，流射物才能与感官发生作用。此时感觉才能产生。那么感觉器官和流射物如何发生相互作用？即感觉的机制是怎样的？根据“同类相知（Theory of like knows like）”的原则，如果某一物体发出的流射物是土元素，当该流射物进入适合的感官孔道时，感官孔道中的土元素便以流射物中的土元素发生相互作用。这时人便感知了外界的物体。

恩培多克勒比前人前进了一大步。他看到不仅灵魂具有认知的功能，身体也具有认知的能力；并认为客观事物存在是感觉发生的必要前提条件之一。他试图从感觉器官本身说明感觉。他既认识了感觉的客观性，但他也承认感觉具有主观特点。

阿那克萨戈拉（Anaxagoras，约公元前500—前428年）提出“异类相知”的反映认识论，进一步发展了唯物主义反映论。他认为灵魂由不同的种子（seeds）构成，世界的万事万物之所以有差异是因为它们分别有性质不同、大小不一的种子构成。由此可知，他坚持了唯物主义认知的立场。但是，关于感觉机制，他不认同恩培多克勒的同类相知的感觉机制。他承认感觉是外界事物作用于感觉器官的结果。没有外界事物，人的感觉便无从产生，但他认为感觉机制的基本原则是“异类相知”。按照这个思想，只有当外界对象的性质和感觉器官的性质有差异的时候，感觉才产生。他认为感觉只是感知了事物的表象，不能使人认识到事物的本质，即事物的种子。感觉只是人认识事物的始点，只有理性才能认识事物的本质。

二　原子反映论

留基波（Leucippus，约公元前500—前440年）在吸收四根说和种子说等思想之后，他提出了原子是世界本元的观点。按照他的思想，所有事物和灵魂的产生、发展与灭亡都可以通过原子的各种运动和变化来解释。后来，德谟克利特（Demokritos，公元前460—前370年）继承留基波的思想。按照原子论的思想，身体和灵魂都是由原子构成；二者的产生、发展和灭亡的动力都是来自原子的运动。世界各种事物的多姿多样也是因为原子各种不同的运动造成的。如果灵魂是由原子构成的，即认知的本质是原子。那么由原子构成的认知机制是怎样？德谟克利特用原子论来解释人的感觉而提出了“影像”论（Imagism）。按照影像论，任何外界的物体都发出自己的微粒，物体所发出的微粒包含物体本身的影像，即物体通过相应的微粒把自己的影像投射出来。然后，这些微粒通过空气作用于人的感觉器官，由此产生了感觉。按照该思想，感觉的根本性质是客观的，但是感觉也具有主观的性质。感觉会随着主观发生变化而变化。但是，感觉只是反映了物体的现象，由于感觉又受到主观因素的影像，随着感觉器官的变化而变化，比如，正常人的口味与感冒病人的口味并不相同。因此仅仅依靠感觉本身并不能认识事物的原子，即不能认识事物的本质。人要认识事物的本质，认识事物的原子和虚空则需要发挥理性的作用。感性与理性既相互对立，但又相互依存，在认识事物过程中，二者各司其职。

伊壁鸠鲁（Epicurus，公元前 341—前 291 年）和卢克莱修（Titus Lucretius Carus，约公元前 99—前 55 年），都进一步发展了原子感觉理论，他们都反对柏拉图理念论的感觉思想；坚持外界事物存在是感觉产生的前提条件，当然也认识到感觉具有主观性的因素，并随着主观的变化而变化。前者提出，灵魂随着肉体的灭亡而灭亡。后者提出灵魂和肉体不可分离的思想，并认为有感觉能力的生物是从没有感觉的事物发展起来的。

原子论感觉理论坚持彻底的唯物主义决定论的原则。它认为思想、知识是客观事物对人感官发生作用，经过感性认知，再到理性认知，最后形成相应的思想和知识。按照这种思想，身体具有认知的功能，并且认知是和环境相关的。原子反映论和涉身认知范式有点类似。虽然其强度感觉的客观性质，但是它不否定感觉的主观因素，它承认感觉的主观性特点。关于身心问题，原子论感觉理论否定灵魂不死说和灵魂转世说。它认为，身体和灵魂不可分离，灵魂随着身体的消亡而消去；按照原子感觉理论，我们可以初步推理到大脑是思维的器官。

原子反映论不足之处是仅仅用原子解释感觉和认识，其对原子仅仅是猜测的，对感觉和认识的解释也仅仅是猜测的；它把有机生命之物与无机生命视为等同的地位，对于心理活动和机械活动不加以区分。

三　印蜡反映认识论

亚里士多德提出了印蜡反映思想。印蜡反映思想是在生机论（animatism）的基础上进一步发展。原子论则认为灵魂是物体的变形。理念论则认为灵魂不是实体性的东西，它是事物的本质。但是，二者都认为灵魂与肉体都是相互独立。亚里士多德则认为灵魂与身体不可以分割，二者是统一的。当身体消亡之后灵魂便消亡。亚里士多德用形式与质料的思想解释身体与灵魂的关系。身体是灵魂的质料，是灵魂的载体，而灵魂则是身体的形式。亚里士多德以类比的方式说明二者的关系：身体和灵魂的关系犹如眼睛和视觉的关系，或者如笛子和笛音的关系。从这里可以看出，当代涉身认知关于认知离不开肉体的思想至少可以追溯到亚里士多德那里。按照亚里士多德，自然界中不同的生物有不同的机能，并且不同层次生物，它的机能的层次也不相同。因此，不同生物的灵魂的等级也不相同。从植物到动物，再从动物到人的灵魂从比较低级逐渐上升到比较高的级别。高级灵魂包含着低级灵魂。这意味着亚里士多德萌芽了发生学的思想。它与当代皮亚杰的思想、维果茨基的思想具有类似性。

按照印蜡反映论，感觉是外界事物作用于感官而形成的印象。感觉所发生的条件是外界的被感觉对象的存在，并且具有感觉能力的主体存在，当外界对象作用于感觉主体的感官时，便产生感觉。感觉只是派生物，而不是原生物。感觉的形成犹如把戒子压到蜡块，并在蜡块上留下痕迹。但是，蜡块上的痕迹并不是戒子本身。这个痕迹只是戒子的形式，而不是戒子的质料。当外界对象作用于感觉器官时，感觉器官便有了相应的印象。这犹如视觉的后像。亚里士多德还发现了相似规律，对比律和接近律，并且发现了亚里士多德错觉现象。

但是，生机论认为所有的生命体，无论是动物还是植物都具有灵魂，这导致生机论难以解释真正的心理活动。对此，亚里士多德就用活力（隐德莱希）来解释心理活动。他把身体看着是灵魂的目的与工具，把思想的对象与思想本身当作同一事物也使生机论无法解释认识过程。

第二节　机械唯物主义反映论

一　机械反映论

由于近代资本主义经济飞速地增长，欧洲社会需要自然科学的理论指导社会生产，改进生产技术。当时经院哲学无法为这个历史任务提供指导思想。由此，欧洲社会催生了经验主义。经验主义先驱培根提出哲学的研究对象是自然对象及其规律，由此人类可以控制自然。按照培根的思想，知识是人认识外界对象的结果，知识能够正确地反映自然。马克思说："英国唯物主义和整个现代化实验科学的真正始祖是培根。……按照他的学说，感觉是完全可靠的，是一切知识的泉源。科学是实验的科学，科学就在于用理性方法去整理感性材料。归纳、分析、比较、观察和实验是理性方法的主要条件"。[①] 这表明近代反映论把科学实验纳入哲学认识论，把具体学科的研究方法机械地推广到其他领域，把它们当作普遍的哲学认识论。

① 《马克思恩格斯全集》第2卷，人民出版社1972年版，第163页。

古代原子论对原子的概念是不清楚的，其对原子仅仅是一种猜测。经验主义继承了古代原子论的思想，经验主义则借助自然科学的原子概念，特别是当时的化学和物理学提出的原子思想，构建自己的哲学基础，并且广泛采纳自然科学所提供的素材，同时把自然科学的一些方法纳入唯物主义反映论。比如，培根和洛克等人把实验科学中的方法移植到哲学，并把它固定化、模式化。

机械唯物主义主要关注两个问题。第一，知识地来源于哪里。第二，知识产生的机制，亦即人的认知机制。培根坚持唯物主义立场探究知识来源何处的问题。他认为，由于外界对象对人的感觉器官的作用，使人产生感觉，并且感官能够真实获得外界对象的信息。不管人们是否感觉到外界对象的存在，外界对象的客观性都不会改变。培根也不否定人的认识具有先天性，例如，他关于种族假构想的思想就表明这点。那么知识产生途径怎么样？培根指出，感觉经验是一切知识和观念的起源；人的认识的起点是感觉表象。培根就用镜子比喻说明人的认识。他认为人类的理智就如一面不平的镜子，外界的对象犹如射入该镜子的光线，由于光线本身的反射性质的原因，由此导致主体的性质和客体的性质混合在一起。但是，这种混合很可能使主体歪曲地反映客体。由此可知，外界对象犹如光的入射线，人们对外界对象的认知像光的反射线，反射线的性质能够体现出入射的性质。这坚持了反映论的立场。霍布斯在培根的基础上进一步推进反映论，灵魂和上帝等东西根本不可能存在；人们对事物的认识不需要上帝，不需要灵魂，人们对事物的认识只是通过外界对象对感觉器官的作用的结果。他说："所有这些现象的根源都是我们所谓的感觉。"①

拉·梅特里则把经验主义彻底机械化。在笛卡尔那里，动物就如机器那样。拉·梅特里则把这机械性思想推广到人的身上。他

---

① 霍布斯：《利维坦》，黎思复等译，商务印书馆1986年版，第4页。

说："身体不是别的，就是一架钟表。"① 这意味着不但动物是机器，人也是机器；人只是比动物多一些器件，比如多几根弹簧、多几个轮子之类的东西而已。真实的空间中只有物质实体，不存在任何精神实体，上帝只是骗人的概念，心灵根本就空洞无物的名称。任何人都是由物质的实体构成的身体，身体就是一架机器。"人是一架机器，在整个宇宙里只存在着一个实体，只是它的形式有各种变化"。② 如果说物质的基本属性是广延性，那么思维是有机物的一个基本属性。人作为机器能够思想、能够感觉完成和物质的基本属性没有任何矛盾，并且人作为机器而思维时，人能够反映认识对象。他说"人是机器，但是他感觉，思想，辨别善恶……。这两件事并不矛盾"，并且"我认为，思想和有机物质绝不是不可调和的，而且看来和电、运动的能力，不可入性……，是有机物质的一种特性"③

后来洛克进一步把机械主义的世界观及认识论系统化。关于外部对象，洛克站在机械哲学的立场做相应的解释。洛克认为，物体有相应的微粒构成，不同的物体由不同的微粒构成，微粒之间的相互作用是机械性的作用，依靠其作用力构成物体。他认为可以用微粒的各种运动和微粒的位置的变化，即微粒的物理位移来解释世界各种各样的对象的产生、发展和消亡。所有的可感知的物体都是由形状不一、体积大小不同、结构不一样和运动形式的差异等性质的微粒构成。因为这些性质是微粒本身具有的特点，它们与微粒不可分离的，所以由这些微粒构成的物体也具有这些性质和特点。按照这种机械观点，任何复杂的事物都是由简单不可再分的事物构成，并且按照机械原则可构成任何物体，因此简单事物的性质、特点与复杂事物的性质、特点是一致的。复杂的事物可以还原成简单的事

① 拉·梅特里：《人是机器》，顾寿观译，商务印书馆1986年版，第60页。
② 同上书，第73页。
③ 同上书，第67页。

物。简单事物和复杂事物只是在"量"方面有所不同，但二者在"质"上是没有差异的。按照这种机械主义的世界观，任何事物都是按照微粒及其运动的因果规律产生和变化。基于此，他进一步认为，人们的认识能力、人的知识等都是由此而得以解释。

以"原子"为基石，洛克认为把所有的运动都归结为"原子式"的机械运动，并且"原子式"的机械运动的方式可解释一起现象。哪怕是植物的生长，洛克也认为可以用机械位移的方式解释它。对于人的心理活动、认知活动，他也用机械的方法处理，并以机械方式的运动来解释。任何事物只有量的区别没有质的区别。人的认识也如此。关于主体的认识，洛克探讨的重点不在于感性认识和理性认识。按照洛克认知的过程，不管是在感性认识阶段，还是在理性认识阶段，认知的性质都没有根本性的变化，只是认知在量方面产生了变化。比如，简单观念和复杂观念，二者只有量的区别，根本没有质的区别。任何复杂观念都可以还原为简单观念。这导致洛克最终滑向唯心主义。因此，按照机械运动，如果要解释一些非机械运动的事物时，比如，生命的运动，那么这需要把生命运动还原为物理化学运动，但是，这是无法做到的，因此，对于那些不能还原为机械运动的现象，洛克需要假设一个外力来推动事物的发展。其结果是：洛克就得求助上帝。关于道德认知问题，洛克也得求助上帝。

二　反映认知的机制

洛克反映论的框架是：外部对象→感觉器官→（反映）→简单观念→复杂观念→知识的理论体系。洛克认为心灵犹如白板，能够真实地反映外界对象。洛克的白板说的模式是：主体←认识←经验←客体。由此，认识几乎是一个被动的过程，无论外界给予心灵什么材料，心灵都全盘接受。

洛克继承培根等人的唯物主义思想，他坚决否定任何人具有任何天赋的知识。在洛克看来人刚刚生下时，其心灵犹如白板。那么，这块心灵白板为何最终充满了知识和智慧？洛克说这是后天学习的结果。他认为，知识的来源首先是外界对象对人的感觉器官的作用。由此，人便产生了感觉经验。虽然洛克说，人的感觉器官能够反映外界对象的性质。但是，洛克对于人的感觉器官如果反映外界对象的性质是语焉不详的。

人的感觉经验能够真实反映对象，并且在感觉经验的基础上，人们产生了简单观念。简单观念间接地反映了对象。人们在日常的生活中不断地、重复地接触外界的事物，所以外界事物总是给予人们刺激，同一事物给予人们的多次的刺激，由此人们获得经验，并产生了相应的观念，这就是简单观念。简单观念是人们被动地接受外界对象的刺激的结果。简单观念无法进一步地定义的。洛克说："这些简单的观念，不是人心所能造成的，亦不是人心所能毁的——这些简单的观念，就是一切知识的材料，它们所以的提示得供给于心中，只有上述的两条途径：就是感觉和反省"。[①] 按照洛克的思想，简单观念只能在日常的生活中，在人们不断地接触相关的对象的过程中，人们才能体验到。比如，物体的"硬"和"软"等简单观念，主观自身无法产生"硬"和"软"的经验；人们只能够和具体的物体的接触，然后物体给予人们的感官的"硬"和"软"的感觉。

简单观念通过两种方式产生。第一，外感觉器官和外界对象的接触过程中，外界对象给予人们某种简单的观念。第二，简单观念来源于内感觉器官对人们心理活动的注意而形成的简单观念。按照洛克的思想，简单观念只是存在于人们的心理活动过程中，如果离开心理活动的过程，那么简单观念便难以存在。

在心灵的作用下，简单观念进一步产生复杂观念。因为心灵除

① 洛克：《人类理解论》，关文运译，商务印书馆1997年版，第84页。

了能够形成关于外界对象的简单观念和感知心灵运作过程中的观念之外，心灵还有对这些观念的组合能力，比较能力和抽象能力。按照这三种方式形成的复杂观念有三种：样式观念、关系观念和实体观念。

简单观念如何构成复杂观念？首先，复杂观念是由简单观念组合而成的。这里可以看出简单观念和复杂观念之间的关系犹如简单零件和复杂零件的关系，二者可以机械结合在一起。其次，心灵可以把不同的简单观念相互比较，由此构成复杂观念。比如，观念 A 和观念 B，经过比较之后，可以形成 AB 等形式的复杂观念。最后一种方式是心灵通过对简单观念的抽象形成的复杂观念。最后，复杂观念又依据机械的原则构成了整个知识体系。

三　符号及其反映性质

当代认知主义把心灵类比计算机，然后提出心灵是由符号构成的认知系统的思想。这些思想在近代唯物主义者那里已经有雏形，特别是霍布斯，其相关论述均认为心灵是由符号构成。

霍布斯实际上提出了一个弱的物理符号主义的雏形。霍布斯继承了培根的哲学立场，并坚持和发展培根的反映论思想，他说“所有这些现象的根源都是我们所谓的感觉”。[①] 霍布斯坚决反对宗教的“灵魂认知思想”，在他看来，上帝、灵魂之类的东西根本就不存在，“……人类的心灵除了感觉、思维和思维序列之外便没有其他运动了”。[②] 因此，按照霍布斯，人的认知并不是上帝的作用，也不是灵魂的作用。人的认知乃是感觉器官受到外界对象的作用的结果。他在机械唯物主义的基础上，坚持心灵的反映特性，提出了心灵是一个符号系统的思想。

在霍布斯之前，笛卡儿早就把机器模型和动物联系在一起，并

---

① 霍布斯：《利维坦》，黎思复等译，商务印书馆 1986 年版，第 4 页。

② 同上书，第 17 页。

试图用机器模型说明动物的行为。后来，拉·梅特里直接把机器和人等价起来。拉·梅特里说："人体是一架自己发动自己的机器，一架永动机的活生生的模型。"[①] 按照这种思想，如果我们了解机器的相关运动和原理，我们就可以用来解释人的运动，包括心理的运动。并且，如果我们了解人的各种心理运动和行为的原理，那么我们就可以根据这些原理制造出能够思维的机器。因为，从形而上学层次看，人是物质的，作为物质的人是能够思维的，并且因为人的这种思维总是遵守某些自然法则。据此类推，机器也是物质的东西，如果某个机器，它遵守和人思维一样的自然规律时，那么这个机器必然表现出感觉、思维等能力。那么作为一架机器，人为什么能够思维？霍布斯认为，因为人的心灵是一个由符号构成的系统。他说："理解、语言或其他意志符号在人或任何其他有构思能力的动物心中所引起的想象通称为理解"。[②] 这表明，有机体心理面有符号，并且表明，霍布斯关于人的心理运作，或动物的心理运作是可以通过符号进行的。当然，在本体论层次上，笔者认为，霍布斯不一定如当今认知主义那样承诺心灵里面确实有某个符号。亦即，按照霍布斯，不是所有的认知都基于符号进行。因为霍布斯说："在个别的事物中，推理是可以不用语词进行的。比如，我们见到某一事物后，推论它前面所出现的事物是什么，或后面将随着出现什么事物时情形便是这样。"[③] 这表明，有些认知并不需要符号。由此可知，如果不是所有的认知都以符号为基础，那么符号就没有在本体论层次上得到绝对的承诺。

从上述可知，在认识论层次上，我们可以看到霍布斯同意人们或其他动物是通过操作符号而处理感觉器官等传来的各种信息。然而，霍布斯的符号的操作纯粹是按照机械力的相互作用开展。但

① 拉·梅特里：《人是机器》，顾寿观译，商务印书馆 1986 年版，第 20 页。

② 霍布斯：《利维坦》，黎思复等译，商务印书馆 1986 年版，第 12 页。

③ 同上书，第 29 页。

是，符号下面的物理结构是怎样？他没有说明。就此而言，拉·梅特里有所说明。按照他的思想，符号的物理结构应该和一般器件的物理结构一样。拉·梅特里说：“心灵的一切作用既然是这样的依赖着脑子和整个身体的组成，那么很自然，这些作用不是别的，就是身体本身：这是一架多么聪明的机器！因为，即使唯有人才分享的法则，难道人因此便不是一架机器么？”① 我们可以从这看出，机械论认为，不管是物质器件，还是符号，只要按照自然法则制造出如人那样的机器，那么这个机器便可以思考了。

由此可知，从当今认知主义范式看，霍布斯是一个彻底的计算主义者，并且结合他对于语言符号的思想观点以及他关于人的认知机制的相关思想，他的理论确实蕴含着一个弱的符号主义。反过来说，认知主义的符号思想只是霍布斯符号思想的系统化和理论化，认知主义的思想深度和广度都没有超越霍布斯的符号思想。当然，这个符号主义之所以是弱的，是因为霍布斯的著作中并未如当今物理符号主义在本体论层次承诺符号的存在，他主要强调在认识论和方法论层次上应用符号。因此，哲学家郝格兰才把霍布斯称为“人工智能之先祖”。② 另外，许多人工智能的思想也可以追溯到拉·梅特里的关于人是机器的思想。但是，因为他主要是从生理学和医学等角度论证他的观点，他并没有详细论述机器产生思想和认知的途径和机制，所以，如果从人工智能的角度看，他的贡献小于霍布斯。

当然，认知主义关于符号的思想与近代唯物主义也有不同。前者认为，符号具有“关于性”（aboutness）的性质，即符号具有意向性的特性；认知只能是主体运用符号向外投射的过程，并且符号所投射的东西与真实的客体没有必然的因果关系。这是唯心主义的

---

① 拉·梅特里：《人是机器》，顾寿观译，商务印书馆 1986 年版，第 52 页。

② Haugeland, J., *Artificial Intelligence: The Very Idea*. Cambridge: The MIT Press, 1985, p. 23.

思想。霍布斯等唯物主义者则坚持唯物主义反映论，他说：“感觉是人类身体的器官和内在部分中的运动，是由我们所看到或听到的事物的作用引起的。”① 并且其认为认知主体的环境以及相关因素影响着认知主体及认知的结果。他说：“影响感情的事物的名词，也就是使得我们感到愉快或不快的事物的名词，由于同一事物不可能使所有的人发生相同的感情，也不可能在所有的时候使用同一个人发生同一种感情，所以在人们一般的讨论中，意义便是不固定的。”② 从这里可以看出，主体的认知是随着环境的变化而变化。涉身认知范式正是吸收了这些思想，反对认知主义的唯心主义立场。

四　认知的计算性及其反映特点

如果心灵是符号的，那么心灵如何运作？霍布斯认为认知的本质就是计算，当今认知主义直接把这思想应用于认知科学，其认为所谓“计算”就是对心灵里面的符号的操作。莱布尼兹发明了二进制，并且利用二进制设计了一台可以完成数码计算的计算器。后来，许多学者沿着拉布尼兹的方向推进了计算器的研究，并获得很多成功经验。这些思想对当今认知主义具有重大的影响。当代认知科学以计算机为隐喻，提出心灵计算性的思想，实际上，在唯物主义那里已经有了“人是机器”与“人的推理，思考等心理过程都是计算”的思想。霍布斯不但在认知本质上坚持唯物主义，并且他提出了认知的计算性观点。他说：“所有的物体都可以……列入计算”。③ 由此，笔者认为，当今福多等人的计算思想在哲学层次上和霍布斯是一脉相承的，其哲学深度和广大都没有超越后者。

他提出了符号逻辑的可计算性。“……这些运算法并不限于数

---

① 霍布斯：《利维坦》，黎思复等译，商务印书馆 1986 年版，第 35 页。

② 同上书，第 26 页。

③ 同上书，第 31 页。

字方面，而是所有可以相加减的事物全部都适用的，因为正像算术家在数字方面也讲加减，逻辑学家在语言系列、两个名词相加成为一个断言，两个断言相加成为一个三段论法，许多三段论法形成一个证明以及从一个三段论证的总结或结论中减去一个命题以求出另一个命题等方面，也同样讲加减运算法。"① 这里表明，霍布斯的计算概念既包括数字的计算，也包括非数字的符号之间的操作与结合等的逻辑运算。确实今天的人工智能不仅能处理数字，而且能处理非数字的资料。由此可知，从计算的概念上看，今天认知主义的计算概念本质上等价于霍布斯的计算概念。

按照霍布斯的思想，一些非逻辑性的认识服可以按照算法进行计算。所有的知识和观念都起源于人的感觉，人的观念就是外界事物在人的心灵里面的"影像"。他坚决用机械运动和数学解释一切想象。他认为，人们的思考、推理、概念，甚至感觉都是通过计算完成。根据霍布斯的思想，几乎所有事物都是可以计算的，他说："政治学作家把契约加起来以便找出人们的义务，法律学家则把法律和事实加起来以便找出私人行为中的是和非。"② 由此可知，对于霍布斯而言，除了数学的数字可以计算之外，逻辑、历史、法律、政治和人的感情，喜怒哀乐等方面都可以计算，一切可以用语言符号表示的东西都可以计算的。比如，关于计算的最常见一种方式，霍布斯指出"根据以上所说的一切，我们就可以界说或确定推理这一词在列为心理官能之一时其意义是什么。因为在这种意义下，推理就是一种计算，也就是将公认为标示或表明思想的普通名词所构成的序列相加减；我所谓的标示是我们自己进行计算时的说法"③ 由此可知，凡是可以用符号表示的事物都可以计算的。因此，霍布斯的许多思想可以说是当今计算主义的开山鼻祖，是人工

---

① 霍布斯：《利维坦》，黎思复等译，商务印书馆 1986 年版，第 27 页。

② 同上。

③ 同上。

智能计算思想的始祖。

霍布斯进一步从计算角度阐述人的感觉和思维的过程与机制。从《利维坦》一书中，我们可以看到，他把人的心理运作和机械的运作等价起来，并且试图以机器运作的机制描述和阐述心理的运作。他说："每一思想都是我们身外物体的某种性质或另一种偶性的表象或现象。这种身外物体统称为对象，它对人类身上的眼、耳朵和其他部分发生作用；由于作用各有不同，所以产生的现象也各自相异"。[①] 这和当今的认知主义具有很大的类似。认知主义认为，人心理有表征存在，感觉器官接受外界刺激产生感觉数据，这些数据和心理的表征进一步发生作用，由此产生认知。因此，在霍布斯看来"感觉的原因就是对每一专司感觉的器官施加压力的外界物体或对象"。[②] 在这里可以看出，霍布斯认为外界对象通过机械力作用于人的感觉器官，引起人的感觉器官的相关因素运动起来，并且传出相关的机械应力。霍布斯进一步指出："……这种压力通过人身的神经以及其他经络和薄膜的中介作用，继续内传抵于大脑和心脏，并在这里引起抗力，反压力或心脏自我表达的倾向。这种倾向由于是外向的，所以看来便好像是外在之物"。[③] 由此可知，霍布斯把主体看成是被动的、机械性地反映，认为主体和客体之间的因果关系形如两个物体之间的机械因果关系，因此，他认为知觉等过程形如机械运作的过程，机械运作可以计算，人的知觉等当然也可以运算的。

由此可知，认知主义的心灵符号性与计算性在近代唯物主义认识论那里已经有思想的雏形。总之，近代唯物主义对当代认知科学，特别是心理学领域有巨大的意义。它摧毁了宗教从灵魂论探讨人的认识的理念，并且引导心理学走向经验研究，为心理学的产生

---

① 霍布斯：《利维坦》，黎思复等译，商务印书馆 1986 年版，第 4 页。

② 同上。

③ 同上。

奠定哲学基础，其对当代认知科学依然有重要的意义。可以说，认知科学的产生与发展是唯物主义认识论在自然科学领域发展的必然结果。

五 机械唯物主义反映论的特点

无论哪个学者的唯物主义观点，其基本立场都是从对象到感觉，然后从感觉到理性思考的过程。从对象到感觉器官的感觉过程中不是如唯心主义所说的那样：对象对于感觉器官仅仅起着刺激的作用。对于唯物主义而言，对象对于感觉器官的作用具有因果作用。

近代反映论，把主体的认识活动过程分为两个阶段。它们分别是感觉阶段和认知阶段。第一阶段认为感觉阶段是收集外界材料的阶段，是经验形成的阶段。在这个阶段中，感觉收集到的相关数据是零散的，可能是错误的，当然也包含有真理的颗粒。这个时候，人只能了解事物的表象。第二阶段，当感觉收集材料之后，需要人的理性加以整理，理性起着抽象的作用，经过理性对感觉经验的整理，人便可以掌握对象的本质。反映论关于感性与理性二分法为当代认知科学的知觉与认知二分法提供了诸多的思想资源和理论模式。事实上，当代认知科学关于知觉的认知能力和性质基本上和近代反映论的感性差不多，只是当代关于知觉的认知能力和性质用了许多科学证明了的经验事实加以验证。近代反映论的感性论述中用的材料更多是未经严格检验的，常识的经验事实而已。关于理性，由于当代心理学界无法在人身上找到“理性”这种东西。因此，一般而言，当代认知科学不用“理性”二字。但是，无论怎么用，它都是心智对于下层次传输上来的信息加以加工，从对象的表现的认识深入到对象的本质认识。

从认知的角度看，近代唯物主义反映论的四个方面的特点。

首先，机械唯物主义认为，主体首先得有认识对象才能够产生认识活动。认识对象是认识活动的前提条件之一。这继承了古代朴素唯物主义的立场。认识对象是客观实在的。外界对象不因为认知主体的性质改变而改变，无论主体认识客观对象与否，外界对象都是客观实在的。就此而言，涉身认知关于人的认知是在具体环境中发生的，许多客观的环境因素影响着人的认知、对象的特点及相关的环境是客观的，这种客观性是认知发生的基础条件之一。

其次，认识就是主体对客体的反映。一方面，由于客观对象总是以种种方式作用于主体，特别是作用主体的感觉器官，由此主体能够获得客观对象的相关信息，并且主体获得的信息是真实的。对于主体而言，虽然这种信息有时候是一种歪曲的信息，有时候是正确的信息；当然，对于客体而言，这些信息没有所谓的正确或错误的。另一方面，对于唯物主义而言，客体和主体的相互作用是具有因果规律的；认识对象对于人的感觉器官不仅仅是刺激作用，而是认识对象与感觉器官发生机械力的作用，因此，这些信息的发生、传播和接受也必然接受客观规律。

再次，近代反映论主要在种族层次上探究主体认识客体的活动。如果没有任何的客观对象，那么这个人类的认识就无法发生，整个人类的认识活动也就戛然而止。对整个种族是对的。但是对于某个具体人，比如，张三在没有任何对象在他面前时，张三依然能够做一些思辨性的认识活动。并且，它所涉及的认识主体主要是机械的主体。它把人抽象为机械性的事物，认为机械性的人认识对象时，它犹如一般机器作用对于对象那样。

最后，关于认识结果的评判问题，即所谓的真理问题。按照近代唯物主义反映论，因为认识是主体对客体的反映，所以，认识的结果必然能够体现出客体的性质、特点等等。也就说，只有当认识的结果和客观对象的属性相符合的时候，认识才是正确，主体才获得真理。如果主体认识对象的结果是和客观对象的性质不一致，那么主体的认识就是错误的。

六 机械唯物主义反映论的局限性

首先，近代反映论表现的局限性在于认为世界上所有的运动都是机械运动，它不但把人的当作机械性事物，而是把人的意识也看作机械性的事物，并按照机械方式解释人的认知活动。并且他们忽视人主观能动性在反映认识中的作用，这导致他们的理论无法说明人的能动性现象。近代反映论虽然承认认识是在主客观作用的基础上才产生，但是它所谓的主客观的作用是机械的相互作用，比如，近代反映论都认为只有事物的相互接触才能解释认知的形成；没有接触的情况下，主客体似乎没有相互作用，它甚至不考虑间接接触下的相互作用。但是，在许多情况下认知是不需要直接接触事物的。那么如何说明自然运动的第一原因和思维等问题？由于近代反映论纯粹以机械性哲学为基础，无法把主体的能动性容纳进去，所以近代反映论最终只能求助于上帝以便解释这些问题了。然而，求助上帝则是一条死胡同。

其次，近代反映论仅仅停留在感觉器官层次讨论主体的认知问题，仅仅从抽象的个体活动讨论认知问题，并且他们一般都是撇开个体活动的环境因素讨论认知问题。按照近代反映论，人是机器，那么人的器官也只是机器的一个分支而已，感官在获得外界信息的过程中感官就如同机器抽取外界信息那样，原味原样地获得外界的信息。比如，近代反映论者喜欢用镜子反映事物隐喻人的反映认知，或者用光的入射和反射隐喻地说明人认知活动的过程。虽然它能够说明反映能够真实地获得外界的信息，但是，它也陷入了认知刻板、僵死的泥潭，导致他们的理论必然否定认知活动过程中的创造性因素。

还有他们把人的反映活动与动物的本能活动等价起来。他们认为动物和人都是机器，只是人比动物多几个零件而已。实际上，这意味着人和动物的认知只有量方面的区别，没有质方面的不同。他们几乎不考虑人的工具性的认知活动，人在认识事物时，人总是借助某些符号的工具认识对象，而不仅仅通过知觉器官直接认识对象。近代反映论者之所以没有认识到工具，特别是符号工具在认识中的作用是因为他们根本没有认识到认识的基础是实践，只有实践才是认识的源泉。另外，近代反映论在论述感性和理性在认知中的作用时，虽然它们偶尔辩证看待二者的关系，但是由于其认知的哲学基础是机械哲学，因此，他们无法应用辩证的方式论述二者的关系。

虽然费尔巴哈对认知活动引入了实践，但是他的实践非常狭窄，仅仅是从日常的情感交往中理解实践的含义，从人本的角度理解实践，从日常生活中理解实践，在费尔巴哈那里实践没有包含劳动。费尔巴哈在批判黑格尔的唯心主义认识论中，对于前人的反映论加以改进，并且引进了“实践”进入反映论。他说：“理论不能解决的那些疑难，实践会给你解决”。[①] 但是，费尔巴哈对于实践的理解很狭窄。按照他的思想，实践仅仅是不同人之间的一般的交际活动，他更多是谈论情感方面的实践；实践和劳动没有必然的联系，实践并不涉及社会生产。总之，近代唯物主义反映论为马克思主义辩证唯物主义反映论的产生奠定了必要的基础。

第三节　马克思的反映论的历史及逻辑

马克思的反映论大致经历三个阶段。《德法年鉴》阶段、《1844年经济学—哲学手稿》阶段、《关于费尔巴哈的提纲》和《德意志意识形态》阶段。三个阶段中，第一阶段，“批判”范畴阶段。主体通过批判就可以反映事物的本质。第二阶段，“劳动”范畴阶段。人们在劳动过程中就可以反映、认识事物。第三阶段，“实践”范

① 《费尔巴哈哲学著作选集》上卷，第248页。

畴阶段。马克思认为批判和劳动都只是实践的某种方式而已，人们通过实践就可以反映与认识事物的本质。

一 马克思反映论中的“批判”范畴

马克思在撰写《黑格尔法哲学批判》中，他根据费尔巴哈的人本主义揭示黑格尔关于理性国家的思想的虚伪性，阐明国家和市民社会相互分裂的事实，说明了人的本质的异化的事实。如何解决人的异化问题？马克思用“批判”作为解决人的异化问题的基本手段和基本途径，他认为通过批判旧理论体系才能使得人们认识新的世界。马克思在《德意志意识形态》理论中说：“由于费尔巴哈揭露了宗教世界是世俗世界的幻想……在德国理论面前就自然而然产生了一个费尔巴哈所没有回答的问题：人们是怎样把这些幻想“塞进自己头脑”的？这个问题甚至为德国理论家开辟了通向唯物主义世界观的道路……”①

马克思从反映认识论角度探讨人的异化，试图寻找主体与客体如何达到同一性的问题，探究了人的本质如何才能够客体化，消除主客体的分裂，使二者重新获得统一。人的本质在客体化过程中，往往是以一种歪曲的形式被反映出来。在一定程度上说，客体化实际就是异化。异化造成人所创造的对象脱离、并歪曲了人本身。从认识论角度看，异化就是人们在实践于认识活动过程中在一定程度、一定范围产生主客体二者之间的对立和分裂。异化使人歪曲地反映客体。当马克思试图发现新世界时，“批判”范畴便成为人反映认识世界出发点和核心，批判不仅仅是历史范畴，而且也是认识论范畴。因为当批判和现实相结合时，人们通过批判就可以消除异化，发现虚幻的彼岸世界，使得人们能够反映真实的本质，才能够实现主客体之间的真实统一性。马克思说：“新思潮的优点就恰恰

---

① 《马克思恩格斯全集》第 3 卷，人民出版社 1972 年版，第 261 页。

在于我们不想教条式地预见未来，而只是希望在批判旧世界中发现新世界。”① 由此可知，马克思关于把批判和现实联系起来，通过对旧世界的批判以达到新的认识。这体现初步的辩证唯物主义反映论。人们关于事物的认识不应该离开现实情况，凭着自己的想象空想出来，而是对现实的事物和现象进行一系列的批判，通过改造现实的活动，人才能真实地反映对象。

鲍威尔等人虽然主张批判，但是他们的批判活动远离社会现实活动；不是根据具体的、现实的情况批判事物，而是根据抽象的、空洞的概念作为根据而批判事物。这只是唯心主义的批判。费尔巴哈则把自然和人作为批判的出发点，但是，他主要是批判宗教和唯心主义哲学，并且只是在理论上批判。他只是看到了宗教的异化，没有看到现实生活被异化。这种异化只是把天国的东西归结为人的世俗本质，并且费尔巴哈只是认为，解决异化仅仅需要人与自然的直接同一。因此，他的批判无法反映事实真貌。马克思把批判和现实结合起来，使得批判初步具有实践的因素，马克思说：“批判和实际斗争结合起来，并把批判和实际斗争看作同一件事情。”② 哲学开展批判的目的不是仅仅抽象地否定旧世界，而是通过哲学批判发现一个新世界，认识一个新世界，并且建立一个新世界。由此可知，马克思在解决人的异化的问题过程中，从社会存在决定社会意识出发，阐明意识、观念依赖于社会存在。由此，人们不应该用宗教迷信解释历史，而是根据社会历史解释宗教。宗教并不是因为世俗狭隘性产生，而是因为社会矛盾而产生。他反对鲍威尔关于通过批判犹太教就可以解放人类解放的前提。鲍威尔的观点实际是唯心主义的观点，是颠倒了社会存在和社会意识的关系。马克思指出“人并不是抽象地栖息在世界以外的东西。人就是人的世界，就是国家、社会，国家、社会产生了宗教即颠倒了的世界观，因为它们

① 《马克思恩格斯全集》第 3 卷，人民出版社 1972 年版，第 416 页。

② 同上书，第 418 页。

本身就是颠倒了的世界。”① 这表明，马克思看到了宗教只是现实的异化反映，人异化也是现实社会关系异化的反映，并且看到了这种异化的社会经济根源。它导致人们对世界的认识产生相应的异化，即人们并没有能够真实地反映世界，而是歪曲地反映了世界。实际上，马克思关于自然客体的认识不仅坚持了辩证唯物主义认识立场，而且把辩证唯物主义认识立场推广到了社会领域，说明了人们认识的文化历史性，解释了社会对人们的认识产生根本性的影响，阐述了社会存在决定社会意识，意识能动地反映社会存在。

鲍威尔和费尔巴哈关于异化导致人们歪曲地认识世界的批判过程中，他们始终只是停留在理论范围内的批判。马克思在认为“只有消灭了世俗桎梏，才能克服宗教狭隘性。”② 这表明神学认识问题根源于世俗被人歪曲地反映；要改变人们对宗教的认识，人们不仅要批判天国，更要批判尘世。只有通过批判尘世，把尘世的真实面貌暴露出来，让世人看到它的真实面貌，世人才行动改变旧世界。当然，马克思并不否定理论批判的重要性。理论虽然无法直接改变世界，但是理论能够使得“自我意识”、惊醒、觉悟起来。他说：“理论一经掌握群众，也会变成物质力量。”③ 由此可知，经过对旧理论的批判，创立新理论，然后把新理论传播到群众中，唤醒群众，使得群众重新认识整个世界，使得群众行动起来改变旧世界。

根据马克思关于批判的思想，批判不仅让人们看到旧世界的虚假，并且通过理论的批判产生新理论，新理论让人们看到更真实的世界。新理论由于真实反映现实的社会情况，它能够唤醒广大群众，促使广大群众改变旧世界，创造新世界。这表明，马克思关于批判的思想已经包含着实践的因素，批判不仅是理论改变，不仅能

① 《马克思恩格斯全集》第 1 卷，人民出版社 1972 年版，第 452 页。

② 同上。

③ 同上书，第 460 页。

使主体真实反映客观世界，批判更是改变旧世界的实践行动；然而，批判本身无法说明主体和客体如何走向统一，它只是揭示了主体和客体处于分裂状态。即批判无法说明人如何反映客观对象，无法解释人们如何认识客观对象。

二　“劳动”范畴在马克思反映论中的作用

既然批判范畴无法说明主客统一性问题，即无法说明主体如何反映客体，无法说明主体如何认识客体，那么用什么范畴可以说明主体如何认识客体？马克思提出了“劳动”的范畴，把“劳动”引入认识论。马克思在《德法年鉴》中认识到仅仅批判市民社会是无法让人们看到世界的真实面貌的，无法解决人的异化问题，无法阐释人的认识的异化问题。后来，他在《1844 经济学哲学手稿》中认识到只有在社会经济运作的情况中才能找到人异化的根源，才能发现人们颠倒地反映世界的根源。在资本主义社会中，劳动、劳动资料、劳动对象处于分离和对立状态，这导致劳动者的劳动处于异化状态，导致劳动者的身心处于异化状态。亦即，人们对世界的反映和认识处于异化的状态。马克思把劳动引入认识论，为主客体的统一性找到现实的基础，找到人的自然属性与社会属性统一性的中介。

首先，劳动范畴引入认识论使得人们认识到主体和客体都是在劳动的基础上产生和发展的历史过程，亦即认识是一个历史过程。黑格尔也把劳动引入认识论。他认为劳动是人们在改造自然过程中的自我创造的基本方式；人的劳动使得人扬弃了自己自然的直接性、原始性，使得人的本质印刻到自然世界，促使人与自然相互统一，促使主客相互统一。但是黑格尔的劳动是一种抽象的精神活动；人和自然都是绝对理念的外化之物。因此，劳动对象化在黑格尔那里只是没有对象的精神自我创造的活动，只是自我意识日夜不息地“空转”。马克思吸收了黑格尔的劳动思想，把劳动看作人的物质身体和物质的对象相互作用的物质性的活动。在马克思那里，劳动首先是身体的劳动，身体本身是一个物质性的官能，它在和物质的对象相互作用过程中，它能够直接地反映对象，获得劳动对象的信息，并且身体可以把这些信息存储，转换为身体的经验。当身体在获取劳动对象的信息，把这些信息存储起来，并把这些信息转换为经验时，身体本身反映信息、加工信息的功能得到了发展。由此可知，自然对象的改变和人的发展都是劳动过程中的产物。“劳动的实现就是劳动的对象化。”① 根据马克思的思想，它包括两方面的意思：（1）通过劳动，人们认识了劳动对象，改造了劳动对象，促使整个世界朝着有利于自己的方向发展。（2）在劳动过程中，人自身的身心也得到了发展，促进人自我发展、自我创造。这二者都是人的劳动对象化的产物。

马克思扬弃了费尔巴哈劳动的自然主义的思想，阐明劳动的社会历史的本质属性，表明了人的认识具有文化历史性质的特点。对于费尔巴哈而言，劳动对象只是当作直观的认识对象，只是一个感知的客体。对于认识的主体，费尔巴哈也只是把人当作一个感性的存在物。因此，在费尔巴哈那里劳动不是一个精神活动过程，而是一个纯粹的自然过程。马克思看到费尔巴哈从自然主义角度解释主客体的认识活动具有唯物主义的因素，但是，费尔巴哈抛弃黑格尔的认识主观能动性则是错误的。马克思认为，人并不是自然而然地反映客体，任何认识对象都是在人们劳动过程中不断改造、不断发展、不断创造过程中被反映的。“在人类历史中即在人类社会的产生过程中形成的自然界是人的现实的自然界；因此，通过工业——尽管以异化的形式——形成的自然界，是真正的、人类学的自然界”。② 这意味着认识对象不可能是纯粹的自然对象，而是经过人改造的对象；人在劳动中反映对象。

---

① 《马克思恩格斯全集》第42卷，人民出版社1972年版，第91页。

② 同上书，第128页。

马克思对主体的本质的认识也超越了费尔巴哈。费尔巴哈从自然主义角度说明认识主体，把人当作感性的动物。对于人如何认识对象，费尔巴哈仅仅看到人的认知器官的作用，没有看到人的劳动工具对认识的作用；没有看到劳动迫使认识对象呈现出的各种性质，使得人们得以认识对象的相关属性。“正像人的对象不是直接呈现出来的自然对象一样，直接地客观地存在着的人的感觉，也不是人的感性、人的对象性。……正像一切自然物必须产生一样，人也有自己的产生活动即历史。”① 在这里马克思把人放进社会历史的运动过程中考虑，由此看到，人的感知器官随着劳动发展而不断地发展，人通过劳动而成为“有意识的类存在物”，并且在劳动过程中丰富认识对象，发展自己的认识能力。劳动促使人成为一个具有能够认识能力和能动创造的“人的自然存在物”。

其次，由于劳动的社会性，人的本质是社会性的，主体是一个社会性主体，因此，人的认识基本属性是社会性。费尔巴哈只是把人当作自然存在物，人和人之间的关系只是情感关系。他从“类生活”、“类本质”说明人的认识活动；人的认识活动只是一种纯粹的自然现象。马克思则认为，人和人之间的关系不是抽象的类之间的关系，而是社会关系；人和人之间的经济关系是人们所有关系中的最重要的关系。那么这些关系怎样形成？根据马克思，人们之间的社会关系是在劳动过程中形成的，劳动创造了各种社会关系。“社会性质是整个运动的一般性质……无论就其内容或就其存在方式来说，都是社会的，是社会的活动和社会的享受。”② 在社会劳动过程中，人把自己的本质力量进行了对象化。亦即人通过劳动用物质材料表达出自己心里的观念。比如，某个建筑学家心里具有关于房子的概念，当他通过自己的劳动，用砖瓦、水泥、木头建构这个房子时。建筑家的本质得到了体现，当他建构他房子之后，他心

---

① 《马克思恩格斯全集》第 42 卷，人民出版社 1972 年版，第 131 页。

② 同上书，第 121—122 页。

里关于房子的观念不再是一种精神状态，而是一个物质性的房子。这个房子便是他的劳动对象化的事物。此时此刻建筑学家的思想观念通过物质得到表达了，房子成为一个客观的对象。建筑学家在建构房子过程中并不是抽象的孤立的行为，也不是单一个人的活动。建构房子所需要的砖瓦具有社会性的特点，因为砖头、瓦片都来自其他人的劳动。而且，在建构房子过程中，建筑学家需要其他人协助他建构房子。这一过程是许多人集体劳动的过程，它反映了建筑学家的思想观念。在建构房子过程中，建筑学家对房子必须有正确的认识，形成正确的关于“房子”的观念，当房子建成之后，建筑学家又进一步加深对房子的认识了。

最后，人的认识能力具有社会历史的性质，因为随着劳动的发展，人们的感官发生变化，人的感知能力、思维能力也发生变化。费尔巴哈从自然主义出发，把感官的感觉作为认识的基石，把感觉作为一种消极的反映认知，他们没有看到人的感官及感觉对社会劳动的依赖性。实际上，他没有把人的认识和动物的本能认识做出区别。黑格尔虽然把人的认识能力联系于劳动，从实践角度考察人的认识能力，甚至黑格尔认为实践就是思维逻辑的“格”。这是黑格尔关于认识的合理因素。“在他的思辨的逻辑学里所完成的积极的东西在于：独立于自然界和精神的特定概念，普遍的固定的思维形式，是人的本质普遍异化的必然结果，因而也是人的思维的必然结果。”① 在一定程度上看，人的认识能力是实践的产物，只是黑格尔把实践作为绝对理念的活动而已。马克思则把劳动作为认识发展的基础，从人的劳动过程中探究人的感官反映能力的产生和发展过程。

劳动促使人的感觉器官发生变化，脱离动物式的感觉的特性，逐渐产生和形成人的感觉器官，形成人的感觉能力。那么如何探究

---

① 《马克思恩格斯全集》第42卷，人民出版社1972年版，第177页。

人的感觉能力？按照马克思，我们应该从感觉和感觉对象中探究人的感觉能力；特别是通过劳动活动及劳动对象考察人的感觉。“工业的历史和工业的已经产生的对象性的存在，是一本打开了的关于人的本质力量的书，是感性地摆在我们面前的人的心理学。”① 这意味着随着人们的劳动，人们产生出越来越多的产品，主体的客体化越来越丰富的。这些产品以物质的形式表达了人的思想观念。通过了解劳动实践过程，我们可以了解人们的心理过程。另一方面，丰富的对象将给人们的感觉更多的刺激；由于刺激不断地丰富，这导致感觉不断地发生变化。当然，人的感觉总是受到对象性的劳动产品和各种社会关系的制约和限制。同一个对象不同的人具有不同的感觉。“忧心忡忡的穷人甚至对最美丽的景色都没有什么感觉；贩卖矿物的商人只看到矿物的商业价值，而看不到矿物的美和特性；他没有矿物学的感觉。”② 这表明人的感觉不同于动物的感觉，动物的感觉只是受到本能的影响，人的本能只是给感觉提供了必要的条件，人的社会关系，特别是经济关系等社会劳动性质的东西决定着人的感觉的基本偏向和属性。另一方面，由于人们劳动总是在集体的方式开展，这需要人们开展多种多样的劳动方式。这样劳动的方式也越来越多，越来越多的劳动方式使得感知器官的感知能力也逐渐得到发展。因此，马克思强调“五官感觉的形成是以往全部世界历史的产物。”③

劳动不断促进低级认知能力，比如感觉的发展，而且劳动还促进人们的理性思维的发展。马克思说：“感觉通过自己的实践直接变成了理论家。”④ 在劳动过程中，人们的认知能力不断地发展，促使高级的心理机能出现，人具有新的反映形式。高级的心理机

① 《马克思恩格斯全集》第42卷，人民出版社1972年版，第127页。

② 同上书，第126页。

③ 同上。

④ 同上书，第124页。

能，为理性思维产生提供了必要的生理条件。同时，劳动活动的方式日益丰富，它也需要理性思维才能处理；人们在大型工程劳动中需要不同的协作方式，这不是感觉能力所能胜任的，因此劳动必然促使理性思维的发展。另一方面，劳动对象越来越复杂，人的感官的知觉能力总是有限的，人们必须掌握一定的理论才能够开展劳动。比如，X光的胸照片，常人的肉眼也能够看清楚照片的相关图像，但是，常人无法了解照片中相关图像的意义。只有专业的医生，经过专业的培训，掌握了系统的医学理论，才能了解X胸照的图像的意义。

总之，马克思在探究人的认识能力时，他既吸收了费尔巴哈关于认识的唯物主义因素，批判黑格尔主客神秘的论调，吸收黑格尔劳动在认识中的作用，继承和发展了黑格尔关于主体能动性的思想，克服费尔巴哈主客直观性的因素，在劳动的基础上论证了主体和客体的统一性。

三 “实践”是反映论的最基本范畴

马克思在《德意志意识形态》和《关于费尔巴哈的提纲》中确立“实践”作为认识论的核心范畴，在这两篇著作中，马克思明确地批判了费尔巴哈的人本主义思想，阐明了“实践”是主客体相互作用的活动，是主客体相互作用的中介活动，由此创立了辩证唯物主义认识论。

首先，劳动范畴的性质向实践范畴的性质发生变化。劳动范畴的性质由人本主义的性质发展而来，它初步具有了历史唯物主义的性质。马克思从社会基本矛盾规律角度探究了“劳动”范畴，把“劳动”作为一种实践的活动形式。从认识论范畴的性质来看，在费尔巴哈那里“劳动”的范畴主要是从人本主义的角度谈论，即劳动只是一个自然人为了生存而开展的一些获得食物的活动。人的这种获得食物的劳动活动和一般动物获得食物的活动没有本质性的区别。马克思在《提纲》中对费尔巴哈的人本主义进行了批判，扬弃费尔巴哈关于劳动认识的生物性因素，从社会角度探究劳动的特点。在《手稿》中，马克思深入研究劳动及其形成的经济关系，根据经济学的理论基础探究、解决认识论的基本问题。马克思发现虽然从经济运动中考察“劳动”范畴可以抓住人类活动的基本形式，在很大程度上解释主客统一性的问题。但是，劳动范畴并没有反映人类活动的全部，无法整体把握人类的活动。这意味着需要改造“劳动”范畴，发展“劳动”范畴，在哲学层次上重新考察劳动范畴，使得劳动范畴具有普遍性。在《手稿》之后，马克思便着手改造劳动范畴，升华了劳动范畴。按照马克思，劳动对于个体而言有其个性，但是劳动本身作为一个范畴具有普遍性，具有一般性。从劳动个性来看，劳动具有人本主义伦理的因素，劳动确实既有消极的“异化劳动”，也有“自由的自觉的活动”。然而，劳动的本质作为一般性而言则体现在历史发展和社会现实关系中，特别是劳动体现在经济关系中。这意味着，人们要科学地解释劳动作为认识的范畴应该从生产力和生产关系的矛盾运动规律中解释，应该从经济基础和上层建筑物的关系的矛盾运动中加以考察，把劳动范畴理解为在任何社会条件、社会环境下都具有的共同本质；劳动作为认识的范畴是整个人类社会和历史发展过程的基石，具有一般运动的形式。亦即把劳动作为实践的一种形式理解劳动才是科学的。

从范畴内容来看，马克思的劳动实践范畴对以往观点系统化了，并且丰富地发展了认识论的范畴。马克思在他的博士论文中曾经探究实践概念，但是，那时的实践仅仅理解为哲学的理论批判和理论创造。这一时期，他关于实践的观念没有包含物质性的活动，没有改造世界的活动。在《莱茵报》和《德法年鉴》期间，马克思主张把批判和现实的社会斗争联系起来，初步把客观性引入实践认识论。随后，在《手稿》中，马克思着重从生产劳动论述实践，把劳动作为实践的基本内容，另外，马克思还初步探究了阶级斗争等一些非生产活动的实践方式。在《费尔巴哈提纲》及《德意志意识形态》中，确立实践作为认识论的基本范畴，实践作为认识论的基本范畴能够反映整个社会运动的基本面貌。实际上，实践作为认识论的范畴并不是马克思首创，但是，马克思创造性地把实践和社会、历史的运动规律有机结合在一起，形成更为科学的实践反映论体系。

随后进一步扩展和完善实践范畴，从劳动范畴扩展到其他改造世界活动的范畴；从唯物辩证法看，实践不仅仅包括劳动，实践还包括阶级斗争、科学研究和政治斗争。德国旧哲学家费尔巴哈等人只是从人本主义或唯心主义理解实践，无法说明实践的内容和本质，马克思批判性地继承费尔巴哈的思想，从现实的社会条件出发，才能揭示社会实践的根本内涵和本质。“思辨终止的地方，即在现实生活面前，正是描述人们的实践活动和实际发展过程的真正实证的科学开始的地方。”① 在马克思看来，实践是整个社会存在的基础，只有在生产力和生产关系的社会矛盾运动中理解实践才能真正把握实践，只有在社会历史规律的过程中探究实践才能充分理解实践的科学内涵。人们在认识世界和改造世界的过程中又受到世界规律的制约，实践是客观规律和主观能动的辩证运动过程。因此，从整个人类历史发展来看，物质资料生产、非物质生产的政治活动、阶级斗争也是实践范畴的东西，它们分别是不同的实践方式。当然，物质资料的生产实践决定非物质生产的政治活动。“这种活动、这种连续不断的感性劳动和创造这种生产，是整个现存感性世界的非常深刻的基础。只要它哪怕只停顿一年，费尔巴哈就会看到，不仅在自然界将发生巨大的变化，而且整个人类世界以及他（费尔巴哈）的直观能力，甚至他本身的存在也就没有了。”② 这表明实践是人类社会历史活动的基本方式，实践是人存在的基本方

① 《马克思恩格斯全集》第2卷，人民出版社1972年版，第149页。

② 《马克思恩格斯全集》第3卷，人民出版社1972年版，第50页。

式，实践是人们的生活方式，实践是在历史规律中不断运动发展的动力源泉。

实践解决了思维与存在、主体和客体的同一性问题，解决了反映和被反映的问题。主体如何反映客体？黑格尔从唯心主义出发，杜撰“绝对理念”，“自我规定”等术语，试图说明主客体如何同一问题。费尔巴哈基于唯物主义立场，认为思维只是人们对客体的真实反映。他们的认识论都涉及了实践范畴，但是他们关于实践的理解都存在缺陷。黑格尔虽然发展了人的认识的能动性，但是，他脱离客观条件探究认识，使得认识只是绝对理念的“自我异化”的活动。他歪曲了主观能动性的本质，剥离了认识的客观内容。“唯心主义当然是不知道真正现实的、感性的活动的。”[①] 费尔巴哈批判了黑格尔的唯心论，把认识论建立在唯物主义，但是，他没有看到人的反映的能动性因素，没有看到主体对客体的能动反作用；没有真正理解实践的科学内涵。“从前的一切唯物主义——包括费尔巴哈的唯物主义——的主要缺点是：对事物、现实、感性，只是从客观的或者直观的形式去理解，而不是把它们当作人的感性活动，当作实践去理解，不是从主观方面去理解。”[②] 马克思则克服二者的缺点，批判性地继承它们的合理因素。从本体层次上看，客观存在决定着人们的反映的内容。认识的内容，认识的对象决定主体所认识的东西。没有认识对象，主体便没有什么内容可认识。“意识在任何时候都只能是被意识到了的存在。”[③] 这表明认识的内容的基本来源是客体。然而，人并不是被动地反映认识对象。认识并不是仅仅由客体刺激引发主体的反映，认识的另一方面是人在作用于客体，即人改造客体，改造认识对象的条件下才得以发生的。人的认识不同于动物本能的认识，人的认识是在改造客观对象过程中发

① 《马克思恩格斯全集》第 3 卷，人民出版社 1972 年版，第 3 页。
② 同上。
③ 同上书，第 29 页。

生认识的。这种认识是超越本能的认识；并且人认识的客体是被人工化了的客体，因此客体对人的刺激不同于客体对动物的刺激。客体对人的刺激是在人工化的条件下发生的刺激。这意味着人对认识对象的反映不是纯粹的自然刺激，而是一种社会性的刺激。当然，这种社会性的刺激包含自然刺激的因素，也包含社会活动性的因素，它是二者的综合体，它蕴含主客观的因素。

实践是认识的产生、形成和发展的基础，是检验人是否正确反映对象的标准。人对客体的反映是否真实、可靠？如何检验人对认识对象的反映的情况？从《费尔巴哈提纲》和《德意志意识形态》中，我们可以看到实践不仅导致认识的产生，而且实践也检验认识的根本标准。黑格尔也把认识作为实践的基本要素和环节。实践在黑格尔那里只是绝对理念的自我实现的手段和方式。费尔巴哈则割裂实践和认识的关系。按照费尔巴哈，实践和认识都是人拥有客观对象的方式，二者都是人们反映对象的基本方式，但是实践和认识基本没有关系，在一定程度上二者甚至相互排斥。

马克思看到他们各自的优缺点，强调实践是人的一种物质性的活动；生产劳动是人最基本的实践方式，通过生产劳动认识客观对象是人认识客观对象的基本方式。阶级斗争等非生产性活动只是人们在阶级社会中的认识社会性质的方式。在非阶级社会中，阶级斗争不存在，它不是人认识社会的方式。“思想、观念、意识的产生最初是直接与人们的物质活动，与人们的物质交往，与现实生活的语言交织在一起的。”① 这表明，人们对客观对象的认识、反映根源于人们的生产实践，它们是人们实践的经验总结，并且经验在实践过程中逐渐升华为概念、观念和思想等高级的形式。另外，思想、观念能总是和物质性的媒介符号：语言紧密相关。这表现

① 《马克思恩格斯全集》第3卷，人民出版社1972年版，第29页。

为人们通过运用物质性的语言等符号工具表达了思想、观念。当人们在运用物质性的符号工具：语言等形式时，人们的思想、观念也得到巩固和发展，人们的思想和观念更科学地反映了认识对象，更可靠地反映了认识对象。如何确证人的观念、思想正确地反映了认识对象？马克思说："人的思维是否具有客观的真理性，这并不是一个理论的问题，而是一个实践的问题。人应该在实践中证明自己思维的真理性，即自己思维的现实性和力量，亦即自己思维的此岸性。关于离开实践的思维是否现实的争论，是一个纯粹经院哲学的问题。"① 由此可知，思维是否真实反映对象只能通过实践才能得以确证。因为实践本身具有客观性、现实性和直接性。实践的这些特点使得人们看到自己对客体的认识是否符合客体的特点和性质。并且实践具有物质性的力量；人们通过实践的物质性力量使得人们能够到达真理的彼岸，能够使得人们能够把真理握在手里。这比任何逻辑都要强有力，因为无论多么强大的逻辑，思想只是在主观中反映客体，它始终无法在现实中反映客体。实践活动则不但能够在主观方面反映客体，也能够在现实中反映客体。

四　列宁对马克思反映思想的发展

列宁则进一步发展马克思、恩格斯的反映论，在批判唯心主义的基础上，把马克思和恩格斯的反映论推进感觉领域，由此形成了具有心理学哲学特色的反映论。列宁认为"假定一切物质都具有在本质上跟感觉相近的特性、反映的特性，这是合乎逻辑的"②。这表明列宁事实上赞同恩格斯把劳动进化论融入反映论的思想。从词源的角度上看，"反映"就是反映事物所反映出来的东西与被反映事物被反映出来的东西具有相似性。但是，列宁并没有这样说过。

---

① 《马克思恩格斯全集》第 3 卷，人民出版社 1972 年版，第 6 页。

② 《列宁选集》第 2 卷，人民出版社 1995 年版，第 89 页。

列宁不是在这个意义上使用“反映”。列宁认为，反映作为一种与感觉相近似的东西，就感觉而言，它不是对外部事物的记号或表征，感觉只是对外部作用的东西的比较忠实的摹本。列宁的反映论主要体现于其对物质的定义：“物质是标志客观实在的哲学范畴，这种客观实在是人通过感知感觉的，它不依赖于我们的感觉而存在，为我们的感觉所复写、摄影、反映。”①

列宁的感觉反映论具有如下几方面的意蕴。首先，列宁坚持了反映内容的客观实在性。列宁不再从具体学科层次探讨物质的性质，而是根据具体科学层次关于物质的含义抽象出物质的基本特性：客观实在性。在物理学那里，即使原子消失了，其他微粒依然存在，其依然具有客观实在性，即使粒子变为能量，作为实体性的东西已经不存在，但是能量本身依然具有客观性。但是，对于朴素唯物主义和机械唯物主义，没有粒子，它的整个哲学大夏要么崩溃，要么滑向唯心主义。因为微粒是旧唯物主义的哲学基石。由此，列宁把辩证唯物主义和机械唯物主义划分了界限。同时，这使得唯心主义难以找到漏洞攻击。

其次，列宁认为主观对客观的反映统一于主客相互作用之中。在康德那里，现象界和物自体是分离的，虽然客观对象也存在着，但是其并不为人们所认识，所以人们也就无从证明其存在与否。对于客观唯心主义，比如，基督教哲学，上帝也存在着，世界统一于上帝，但是，上帝也是不可感知的。列宁指出“如果某一信念引起了别的信念，或某一信念、愿望引起了大脑某一部分的变化，那也只能说是该信念、愿望所依赖的某一大脑部分对别的大脑部分反映产生了实际的影响。如果说，意识反映外部世界是自然界的一部分反映自然界的另一部分，那么同理，意识反作用于人脑和外界世界也是自然界内部的一部分对另一部分的作用。”② 由此可知，虽然

---

① 《列宁选集》第2卷，人民出版社1995年版，第89页。

② 《列宁选集》第2卷，人民出版社1972年版，第251—252页。

列宁认为客观对象自己就存在于世界中，其不依赖于人的存在而存在；但是，它们的实在性可以为人所感觉，能够被人所认识。主客相互作用，主体才能真实反映客体。因此，列宁不同意不可知论。列宁认为，世界是统一于物质的，没有上帝，没有灵魂，虽然人们的感觉和思想似乎不是物质性的东西；但是，不管是人们的感觉，还是人们的思维最终都是统一于物质。列宁说："我们的意识和思维，不论它看起来是多么超感觉的，总是物质的，肉体的器官即人脑的产物。物质不是精神的产物，而精神只是外部世界的映像。"①这表明无论是人的高级认知，还是低级的认知，在一定程度上都真实地反映认知对象的相关特点。

根据列宁的思想，我们可以知道人们的自然观和历史观是统一的，并且把唯物主义与辩证法有机结在一起，体现本体论和认识论的统一。其为苏联马克思主义心理学的产生做了理论准备，为马克思主义反映论自然化铺开道路。

第四节　辩证唯物主义反映论

为什么作为物质的人具有实践能力？或者说，人只不过是一个物质的东西，这个物质的东西为什么具有实践能力，而其他物质却没有实践能力？其他动物也是物质的实体，为什么其他动物没有实践能力？恩格斯阐明猿类如何转化为人类的相关理论时，他指出：劳动，特别是生产劳动推进着猿类逐渐转化为人类。因为劳动促使人的劳动器官的产生，劳动促使思考劳动的大脑形成，劳动促使语言的产生。恩格斯吸收马克思关于历史唯物主义的思想，把进化论引入了人的实践活动。由于进化论引入实践活动，这进一步丰富了实践的社会文化性和历史性，表明了主体反映的文化历史性，解释

① 《列宁选集》第2卷，人民出版社1995年版，第66页。

了人认识的文化历史性。简而言之，马克思、恩格斯的反映思想主要特点是：第一，认识是一个能动性，实践性的过程。第二，认识是一个辩证的过程。第三，认识是一个实践与反映相互统一的过程。

马克思，恩格斯去世之后，列宁在进一步从实践角度，在感觉、思维等方面讨论反映认识论。列宁一方面继承马克思，恩格斯的辩证唯物主义和历史唯物主义，另一方面也吸收他那个时代的心理学等自然科学的成果，由此批判唯心主义的“感觉论”，论证感觉的反映特性，强调外界对象的第一性。

前苏联学者不是在宏观的哲学层面讨论反映的性质，他们主要是在心理学领域讨论反映的特性和人的主观能动性。他们主要从自然科学的角度研究反映的相关问题。因此他们的反映论可以说是自然化了的反映论。

后来，知觉心理学家吉布森则从自然科学的角度进一步研究反映的机制，他提出直接知觉理论，提出了“可供性”（offerdance）的概念。马尔则在反映论的立场上推进视觉的研究。当今关于反映主要是用自然科学的态度和方法进行研究，更多是经验性研究，当然也有些哲学的思辨性考究。

一　反映的实践性

辩证唯物主义把反映论建立于社会实践，反映只有在社会“实践场”中才能发生。马克思、恩格斯指出：“首先是劳动，然后是语言和劳动一起，成了两个主要的推动力，在它们的影响下，猿脑就逐渐地过渡到人脑；后者和前者虽然十分相似，但是要大得多和完善得多。随着脑的进一步的发育，同脑最密切的工具，即感觉器官，也同步发育起来。正如语言的逐渐发展必然伴随听觉器官的相应的完善化一样，脑的发育也总是伴随所有感觉器官的完善化……脑和为它服务的感官、越来越清楚的意识以及抽象能力和推进能力的发展，又发作用于劳动和语言，这为二者的进一步发育不断提供新的动力。”① 这表明没有劳动实践，就没有可以反映客观对象的器官；劳动实践为反映得以产生提供了必要的生理基础，即大脑的产生。并且，在劳动实践的作用下，大脑的反应能力越来越强。同时，劳动实践促进了感知器官的发展和低级感知能力的发展。第二，劳动实践为反映提供了必要的符号工具，特别是语言的产生为反映和认识提供了物质的外壳，使得被反映对象能够通过物质性的符号加以表述和指涉。没有劳动实践就没有反映对象的符号工具的产生，特别是语言的产生。如果没有语言，那么人的反映认识能力和一般动物就没有任何区别。

辩证唯物主义反映论基于社会实践的反映论，它相对于经验范式的机械反映论的含义、要素、功能都要丰富。其主要表现在三个方面：第一，主体不同于经验主义中的主体。在机械反映论那里，主体是机械的主体，主体的经验反映只是客体对主体感官的刺激造成的感觉经验。在马恩看来，主体的反映则是主体积极地实践于客体，主体主动地获取客观对象的相关信息形成自己的相应的经验。主体的经验不仅包含客观对象的真实信息，而且主体的经验具有主观的形式；主体的经验不是主体被动刻划的结果，而是主体能动获取信息的结果。

第二，客体也不同于经验主义的客体。按照历史唯物主义，客体不是一个天然的客体，客体是一个经过人化了的客体，是一个被实践所改造过的客体。在机械反映论中，客体是一个自然自在的客体，被反映对象是一个没有被人所改造的对象，不受到人的任何干预。马、恩虽然承认存在这样的客体，但是，这种客体还处于人的认识范围之外，还没有被人们所反映。从人类历史发展的进程看，人们最终能够认识这种客体的。

① 《马克思恩格斯选集》第3卷，人民出版社1995年版，第377—378页。

第三，主体和客体的相互作用的方式是一种间接的作用方式，其不同于经验主义主体与客体的直接相互作用的方式。马克思认为认识只是实践的一种方式而已。人们的实践活动并不是用自己的感知器官作用于客体，而是通过一定的物质手段，或方式、方法作用于客体。马、恩特别强调劳动工具在实践中的作用。劳动工具对于人们认识客观对象和反映对象具有重要的意义。比如，在伽利略之前，人类社会没有发明望远镜，人们无法看到月球表面怎样，因此人们只能盲从宗教关于上天是完满无瑕的说法。望远镜发明之后，人们通过它看到月球是凸凹不平的。机械反映论则基本不考虑媒介在主客体相互作用的功能。由此可知，认知者对客观对象的反映是以工具为中介形成的一个系统中。在社会物质生产系统中，主体与客体的关系表现为生产者和生产对象之间的关系。在精神层次，主体和客体之间的关系主要表现为主体通过符号构建精神客体，通过精神符号和其他人的社会互动。特别是语言符号的产生和发展，其使得主体更能深刻地认识客体的性质。最后，在马克思、恩格斯看来，主体必然是实践中的主体，客体和主体在社会实践中达到统一。由此，主体能够反映客体，认识客体。他特别强调物质生产实践中的劳动实践的主体的作用，其认为成千上万的物质产生者的劳动实践是最庞大的认识活动。

二　反映的文化历史性

首先，认知是一个历史过程，认知随着实践工具发展而发展。在这个过程中，人们的认知能力随着历史发展而发展，认知的内容也随着历史的发展而发展。因为在认知中必然使用工具，又由于认知的工具总是不断地革新，每一历史时代的工具都不相同，所以，认知的方式和性质必然随着工具的使用方式和工具的性质发展而变化。在伽利略时代，人们对天体的观察只是用简陋的望远镜观察，它受到天气变化影响很大。随着更强大功能的望远镜的发明，人们能够突破天气的限制观察星空。当代的射电望远镜不但能够突破天气对星空的观察，而且能够探测遥远星空的天体的情况。虽然这些遥远的天体不为肉眼所看到，但它毕竟被人们所反映，并且人们能够真实地获得这些天体的信息。人们的认识不仅随着物质工具的发展而变化，而且人们对客观对象的反映认识也随着理论工具发展而发展；随着科学理论发展而变化。在地心说时代，人们总是认为地球是宇宙的中心，地球是静止不动的。从人的感官来看，人们确实无法感知地球是运动的。然而，随着日心说的提出，尽管人们无法直接感知地球是运动的，但是人们从理论上证明地球是围绕太阳运动，基于此，人们便通过各种策略确证这种理论。地球不是静止的，而是运动的思想逐渐被人们所接受。

其次，反映随着反映对象变化而变化。“甚至连最简单的‘感性确定性’的对象也只是由于社会发展、由于工业和商业交往才提供给他的。大家知道，樱桃树和几乎所有的果树一样，只是在数世纪以前由于商业才移植到我们这个地区。由此可见，樱桃树只是由于一定的社会在一定时期的这种活动才为费尔巴哈的‘感性确定性’所感知。”① 这表明，由于人类的工业实践，创造了许多人造化的对象。这些对象不是纯粹天然的对象，而是人们按照人需要的尺度加以改造的对象。并且，由于人们的商业实践活动，这些人造化的事物按照人们的需要被运输到其他地方，被其他认知主体所认识。由此可知，樱桃树之类的东西作为人们反映的认识对象，它根源人们的实践活动，只有在社会实践活动中它才被人们所感知。人们所认识的事物中没有哪一个事物不经过人们实践就直接被人们所认识的。

最后，认识对象随着实践发展而变化发展。“他周围的感性世界绝不是某种开天辟地以来就直接存在的、始终如一的东西，而是工业和社会状况的产物，是历史的产物，是世世代代活动的结果，

① 《马克思恩格斯选集》第1卷，人民出版社1995年版，第76页。

其中每一代都立足于前一代所达到的基础上，继续发展前一代的工业和交往，并随着需要的改变而改变它的社会制度。”① 这表明人们反映认识的对象是实践的产物，并且每一代人的实践都不断地改变认识对象，下一代人所认识的对象都是经过前一代人所改造的。人们所反映认识的对象不仅随着工业实践活动的变化，而且它印刻着相应的制度；认知充满着社会文化属性。从马克思、恩格斯的著作中，我们知道认知绝对不是机械唯物主义那种纯粹的主体反映客体的过程；人们对客观对象的反映认识必然受到社会环境因素，特别是社会文化的因素的影响过程。因为实践作为一种物质生产活动，实践的方式和性质总是受到实践共同体的信仰，相应时期的科学技术等文化因素的制约，由此，人们对客观对象的反映也必然受到社会文化的制约。

三 辩证的反映观

人的认识不同于动物的本能认识，人对事物的反映和认识是一个辩证的过程。首先，反映是在社会实践的基础上产生和发展，并对社会实践本身的发展与变化产生影响。反映的目的是为了满足人们认识世界和改变世界需要。实践则是检验反映的最终标准。另一方面，按照唯物辩证主义的精神，认识是一个动态的过程，而不是如机械主义反映论那样仅仅是静止的画面，只是某一历史时刻的一个片段。任何的认识都是由感觉的经验感知上升到理想思维的抽象认知过程。当主体到达抽象认知之后，抽象认知反过来会影响感觉对经验的感知。主体这一过程中，使自己的认知从某一相对性走向绝对性。所谓绝对性就是认识的内容具有客观实在性。在这一过程中，主体经过经验感知到达抽象思维，由此抽象思维又影响感觉感知，主体对相应的对象的知识越来越符合该对象本身面目，更符合

---

① 《马克思恩格斯选集》第1卷，人民出版社1995年版，第76页。

该对象的本质。

其次，反映是认知者作用于客观对象，然后客观对象反作用于认知者，由此，认知者才能够认识客观对象。反映论认为认知者和被认知客观对象的相互作用方式是双向的过程。根据马、恩的思想，这一双向过程应该如下：主体→实践→反映→客体和主体←实践←反映←客体。但是，机械唯物主义反映论只是主体被动地反映客体的过程：主体←实践←反映←客体。马克思、恩格斯因为把实践引进反映论，这意味着认知者不再是被动地反映客观对象，也不再是直接的反映认知对象。

当然，认知并不是如当今第一代认知科学那样，躯体犹如计算机的硬件，大脑犹如计算机的软件，硬件对软件仅仅是一个载体而无法对软件产生影响。这些思想其实在拉·梅特里和霍布斯那里已经存在。按照马克思、恩格斯的思想，认知是实践活动的一部分，在实践活动中身体作为物质性的东西必然发挥根本的作用，各个感知器官也是一个物质性的东西，它们也必然发挥基础性的作用，因此人们在认知过程中，作为物质的躯体必然参与认知过程。按照第一代认知科学，认知活动的两根支柱是符号和计算。认知主义认为心灵存在独立于神经层次的符号；认知就是在中央系统中对各种不同的符号做转移、删除等操作。这种操作就是所谓的计算。按照这种观点，认知活动只是一种“颅内”的符号活动。认知的感觉器官仅仅是接受刺激，并产生感觉材料；然后输送这些感觉材料给中央系统，中央系统对它们进行计算。这些感觉材料和外界对象的信息虽然有因果关系，但感觉材料本身并不包含这些真实的信息。由此可知，认知主义的认知根本不是对外界事物的认知，而只是心灵的“空转”。马克思、恩格斯说：“观念的东西不外是移入人的头脑并在人的头脑中改造过的物质的东西而已。”①。这表明人们的认识是

① 《马克思恩格斯选集》第2卷，人民出版社1995年版，第112页。

人们在认知对象时，人们能够获得对象的真实的信息，即心灵的观念反映对象；并且人们在认识事物过程中并不是“拷贝式”地反映事物，而是按照主体的尺度对事物的信息形式加以修改才存储事物的信息。

但是，人的认识活动并不是主体能够完全主观臆想的。事物的客观存在是认识得以发生的前提条件。即认识具有客观实在性。“意识在任何时候都只能是被意识到了的存在……甚至人们头脑中的模糊幻象也是他们的可以通过经验来确认的、与物质前提相联系的物质生活过程的必然升华物。”① 由此可知，认识得以发生是因为有认识对象存在，即使人们的认识是错误的，或者荒谬的，人所认识的内容最终都可以从外界的相关事物中找到相应的根源。由上述可知，根据马克思、恩格斯的思想，第一代认知科学是错误的。从他们的论述看，意识是大脑的功能，大脑神经系统及身体等必然对认知产生影响，而且，人的思维和意识通过操控身体也对外界环境产生影响。另一方面，主体的相关环境要素，特别是文化历史要素必然影响人的身体和大脑及神经系统，影响人的认知过程。“如果进一步问：究竟什么是思维和意识，它们从哪里来的，那么会发现，它们都是人脑的产物，而人脑是自然界的产物，是在自己所处的环境中并且和这个环境一起发展起来的。”② 在马、恩看来，意识不仅和身体相关，认知的相应环境也紧密相关。当今的涉身认知范式类同于马克思主义的认识思想，它基于“身体”的角度论述生理性的“身体”不仅仅具有生理的作用，其也具有存储经验和加工经验的作用，是人认知的必要因素。情景认知范式则认为，任何的认知活动都是在具体的环境下发生的，没有任何抽象的认知活动，因此环境因素是构成认知要素之一。这些思想与马克思、恩格斯的思想有共鸣之处。

---

① 《马克思恩格斯选集》第 1 卷，人民出版社 1995 年版，第 72—73 页。

② 《马克思恩格斯选集》第 4 卷，人民出版社 1995 年版，第 374—375 页。

当然，从马克思、恩格斯的角度看，外界自然环境因素和社会环境因素都对人的认知产生相应的影响。“外部世界对人的影响表现在人的头脑中，反映在人的头脑中，成为感觉、思想、动机、意志。”[①] 这和以现象学为基础的认知科学观点也不相同。现象学认知科学观，基本上无法说明环境，特别是社会环境对认知的影响。因为它的认知无法超越身体的范围。对于那些超越身体范围的环境因素，现象学认知科学便无法说明。

四　反映的工具性

在反映中，人的大脑和身体是认知的必要条件，就这点而言，反映是涉身的。即在反映过程中，不仅心理起着重要的作用，身体对于反映也是必需的。另一方面，马克思主义反映论认为，认知离不开认知对象和认知环境，因此，境遇认知和马克思主义反映论有相似的地方。

从马克思、恩格斯的著作看，认识是认知主体在实践共同体中，在各种实践活动中认识对象的过程。认知不是一个静止的状态，而是不断发展的过程。因此，认识活动不仅包括单个人对客观对象的直接认识，并且认识活动是一个工具间接的反映过程和分布式的认知过程。首先，无论哪个认知主体都不可能直接认识所有的认识对象，其总是在以实践共同体为媒介，间接获得相关对象的认识。可以说，共同体中的任何成员都是以其他成员的反映对象的认识活动为媒介和基础开展自己的认识活动。

其次，任何的实践都是以工具展开的，对于人而言，没有工具也就无所谓的实践。由此，对于某个具体的人，他要认识某一个对象时，他总是以工具为中介，然后才能够认识这个对象。

最后，反映的工具性还表现在规则层面。从分布式认知范式

---

① 《马克思恩格斯选集》第4卷，人民出版社1995年版，第232页。

看，由于共同体总是有组织地，按照既定好的计划和目标开展着不同的认识活动，这些认识活动按照一定的规则分布在不同的时间和空间。如果没有相应的规则，那么面对庞大的认识任务共同体是无法开展其认识活动；如果共同体的规则不恰当，那么也会导致共同体活动产生混乱。另一方面，无论是哪个共同体成员他的认识活动总是按照自己的计划，有目的开展自己的认识活动，完成自己的认识任务。在完成认识任务过程中，共同体和成员都是以规则为中介，相互依赖，相互促进，以达到认识客观对象的。总之，共同体的认识活动和目标的实现是按照相应的规则，通过把不同成员分布到不同任务，不同角色而完成的；成员则按照规则完成自己的认识任务的。

由此可知，当代延展认知范式，境遇认知范式，分布式认知方式都和马克思、恩格斯关于反映论的相关思想有诸多类似。然而，按照马克思主义认知工具不可能是心智认知的一个部分，认知工具只是一个媒介。它和延展认知范式是不相同的。虽然，马克思主义认识论和第二代认知科学都反对笛卡尔的二元认识论，但是它们也有根本性的差异。延展认知、分布式认知、境遇认知都承认认知主体内部存在着物理符号。这些物理符号和认知主体外部的各种认知符号具有等价性。但是按照马克思主义反映论，认知主体内部不可能存在任何的物理符号，认知只是认知主体大脑的机能而已。外界的认知符号是和其他劳动工具一样，对主体的心灵发挥重要作用，是人们高级心理机能得以形成的重要东西。

在马克思与恩格斯那里，反映主要是关注集体性的反映，几乎不太关注个体的反映，比较少涉及个体如何反映客观对象；并且当心理学产生时，马克思、恩格斯已经年老，基本没有吸收当时心理学成果阐明反映论。这是马克思、恩格斯的时代局限性所在。但是，当代认知科学大量讨论个体如何认知对象，这可以丰富马克思主义认识论。

五 文化历史心理学派的反映思想

文化历史心理学派认为心理反应是一个活动过程，人在活动过程中才能反映认知对象。“反映是物质和意识之间的联系环节，既表现出这些对立面的统一方面，又在自身体物质基础的特性……但同时又不是物质实体。”[①] 活动作为马克思主义哲学的一个特殊的范畴是从劳动与实践的关系中发展而来的。主体在活动过程中创造了人类文化，同时，主体的本质也是在活动过程中，被塑造起来。卡甘认为活动是“生物的能动性形式，它的使命是再生产它的存在的超自然条件，即社会关系、文化以及它本身”。[②]

首先，活动作为反映认识在主体活动过程中产生，这个过程是一个客观性的过程。活动是人们创造世界的形式，是把自然对象转化为人类社会对象的过程。因此，活动是一个对象性的过程。自然界实体性的东西是这个过程的一部分。在主体把自然界的客体转化为自己的对象的过程是客观的。当然，就此而言，动物在寻找食物、满足自己的需要时，它的活动也是对象性的过程。然而，人的活动的对象性比动物更复杂、更高级。人的活动是按照自己的尺度、价值观对自然客体的再制造而满足自己的需要。动物只是按照自己的本能直接满足自己的需要。因此，动物活动是一种本能的对象性活动。人的活动是一种社会文化历史性的对象性活动。这种对象性是在人掌握生活共同体的规范，并对共同体中固定下来的“主体与世界”关系的规范中，把自然客体“人化”。

但是，心理反应活动又超越自然界的实体性。人类通过各种活动，特别是生产劳动的活动，是自己从自然实体性的世界中分离出

① ［苏］C. Ⅱ. 斯米尔诺夫：《映像心理学》，张耳译，中国人民大学出版社 1990 年版，第 16 页。

② 引［苏］C. Ⅱ. 斯米尔诺夫：《映像心理学》，张耳译，中国人民大学出版社 1990 年版，第 38 页。

来，形成相对独立的人类世界。人类作为有机体从此与自然界的“非有机体”分离，但是人类作为有机体依然依赖于自然界的“非有机体”而生活。另一方面，人类在活动过程中形成“观念形态”。这些观念形态对于人的“再活动”，产生新活动的条件，改造自然客体具有重要意义。

其次，不但人与人之间的活动的形式是主观的，而且人与物的活动形式也是主观的。人的活动不同于动物本能的活动，它是一个有计划的过程，是一个有目的的活动。通过活动，把人与自然分化，并形成主客观为两极。人的活动把自己的模式印刻于世界的客体中。在活动过程中，人根据客体的特性形成了自己的逻辑。这种逻辑在新的活动中又对活动的本身产生重大的影响。通过活动，人使世界按照自己的目的，计划和需要的方式重新显现。另一方面，活动具有指向性，这种指向性不仅仅是指向客体本身，而且指向于人的身体和心理本身。

最后，心理反应活动是一个中介的过程。一是活动的社会中介性。二是活动的工具中介性。活动的社会中介性主要表现在生产劳动对象中。任何人与任何生产对象的关系都是以“在生活共同体”中不同人之间的社会关系为中介的。没有生活共同体的社会关系为中介，任何单一个人而言，就不存在所谓的生产对象和认识对象。因为劳动作为反映活动是集体性的活动。就劳动的目的而言，劳动作为人类的基本活动方式，它主要是改造客观对象。自然客体作为生产对象进入人类的对象是因为它能够承载人类的价值。但是，价值不仅仅存在于客体之中，价值主要存在于主体与客体能否满足的关系之中；主体与客体的价值关系只有在生活共同体中才得到体现。

心理反应活动的工具中介性主要是指人的活动并不是与客体直接相互发生作用。当然，活动中的工具既包含物质性的工具，也包含非物质性的工具，比如符号等。虽然，动物偶尔也会使用一些工具获取食物之类的活动。但是，动物的这种工具性的活动紧紧限制于某个个体的范围，并且动物获取食物的活动紧紧满足有机体的生理的需要。人的工具性活动不但为了满足生理的需要，而且满足心理的需要。例如，艺术的创作主要是为了满足精神层面的需要。人类的工具性活动的另一个特点是：集体性。人是在生活共同体中使用不同的工具开展各种形式不同的活动。但是，他们活动的共同目的都是获得价值。符号工具对人的心理反应活动具有重要的意义；特别是语言符号的运用使人类能够超越时间地开展活动。比如，今天，人们通过文献的阅读，依然能够了解古代人的活动，并且能够复制古代的活动。符号活动也是超越空间的，不同地域的人，通过符号的沟通，可以开展相同的活动。符号的中介性活动使人类活动获得创新性的发展。

总之，马克思、恩格斯首先丰富了实践的内涵，强调普通民众的生产劳动是实践的根本形式，强调实践的认知功能，强调实践是评判一种真理的标准，强调只有实践才能真实评价我们的认知结果的正确或错误。在这一过程中，马克思坚持把实践和反映结合起来，坚持把反映建立在实践的基础上。在马克思、恩格斯看来，在实践过程中才能发生反映，在反映过程中必然伴随实践，实践不仅仅在精神层次发生。他们更强调物质劳动作为一种实践的重要性，特别是成千上万的普通生产劳动者的劳动实践是批判一切认识的标准。在实践过程中，人们能够正确反映客体，人们能够认识外界对象；认识活动本身也是一种实践方式。反映则是人们认识活动的基本方式。虽然马克思没有涉及其他认识方式，但是马克思并没有否定其认识方式。

第二章

马克思主义与认知科学:挑战 VS 机遇

当代认知科学始于20世纪五六十年代，有不同学术背景的学者从不同角度反对行为主义，并相互交汇而形成信息加工范式。心理学、人工智能、语言学、哲学等都认为认知是一个符号的信息加工过程。后来，它也被称为认知主义。在20世纪八九十年代，以涉身认知、境遇认知等坚决反对认知主义，形成认知二次革命。它们把自己称为第二代认知科学，把认知主义称为第一代认知科学。

认知主义对现象学和马克思主义学带来巨大的挑战。然而，认知科学的第二代范式认为身体、环境是认知的必要因素。比如，涉身认知范式等都承认身体和环境对认知的作用，因此，它和现象学、马克思主义的发展具有互惠作用。当然，我们在这里不探讨认知科学和现象学的关系，而是探究认知科学对马克思主义有哪些挑战，它对马克思主义又有哪些机遇。

第一节　认知主义

第一代认知科学也称为认知主义，它是多门学科结合的产物，其中核心是心理学“操作定义”与人工智能的“信息加工模型”的联姻构成认知主义的中心地带。认知主义是在行为主义的危机和衰亡的过程中产生。一般认为认知主义诞生于1956年，西蒙

(Herbert Simon)、明斯基(Marvin Minsky)、乔姆斯基(Noam Chomsky)、麦卡斯(John McCarthy)等人为认知主义提出了一个研究纲领。但是，这个时候，他们并没有用“认知科学”这样的术语指涉他们的研究。因为，他们那时的共同目标是反对行为主义；对于建立一个新的研究纲领，他们还没有达成共识。随着，计算机的产生和发展，为不同的认知研究模式提供一个现实的智能模型可以借用，由此，认知主义作为认知科学的第一个范式而得到确立。

第一代认知科学主要是基于计算机隐喻作为自己的研究纲领。其认为人的大脑和计算机的中央系统，比如，CPU 等的功能是相似的，而人的身体和计算机的其他硬件具有类似的功能。人的器官犹如计算机的输入和输出设备，而人的心灵犹如计算机的软件。从计算机的模型来看，计算机的中央系统相对于其他设备是相对独立的，即使缺少计算机的某个设备，中央系统依然能够运作，比如，计算机的键盘的某个键坏了，其对于计算机的中央系统的工作影响非常微弱，就如同一个人的一根手指坏了，其大脑的工作依然能够运作一样。计算机的各个部件的功能也是具有相对独立性。

计算机的硬件和软件更是具有相对独立的特点。我们知道，当某人买了一台计算机之后，他还无法让计算机运作起来，他必须得为计算机安装各种软件。如果某人想做财务方面的工作，那么他就得买管家婆之类的软件安装到计算机，计算机才能够做财务方面的工作。也就是说，计算机的硬件和软件是相互分离的，并且没有硬件，软件可以程序的形式单独存在；没有软件，硬件也可以单独存在。这些思想可以追溯到古希腊关于灵魂和身体可以分离的观念，身体随着人的死亡而消失，而灵魂能够离开身体继续存在。柏拉图的理念说对这方面做出了系统的论述。到了近代，笛卡尔明确提出身体和心灵是两种不同实体的理论。这就是身心二元论。按照笛卡尔的身心二元思想，身体是一个物理的实体，因此身体具有广延性。身体的广延性总是占据相应的空间。心灵是一个精神实体，它不占据空间。后来，普特南、福多等人为了克服二元论的困难，提出了功能主义。

根据上述，我们可以把认知主义的研究纲领简单概括如下：①

“问题1：什么是认知？

答：作为符号计算的信息加工——基于规则的符号操作。

问题2：认知是如何活动的？

答：通过能够支持和操作离散的函数元素（即符号）的任何装置。这个系统仅仅与符号形式（它们的物理属性）相互作用，而不是与它们的意义。

问题3：我如何判断一个认知系统的运行是否令人满意的？

答：当符号恰当地表征真实世界的某些方面，并且信息加工能够成功解决系统所遇问题时。”

我们从这里可以看到，认知主义在本体论上是坚持二元论，亦即认为世界由对象以及表示对象的符号构成。但是，二者的关系如何？认知主义无法说明，其只能坚持平行论。在认识论上，认知主义似乎是不可知论，因为对象和表示对象的符号没有任何的统一性，也没有什么因果关联。

一 认知主义的产生

大约在20世纪五十年代，行为主义一统天下的局面开始发生变化。认知革命的篝火稍稍燃烧着。许多学者都反对行为主义把认知等同于行为，反对行为主义把心理驱逐出心理领域；他们把意识等心理现象视为认知的基本研究对象。

首先，认知革命第一把火由缪勒（George Millery）点燃。他研

① F. Varela, E., Thompson, E., Rosch, 1991, The Embodied mind: Cognitive Science and Human Experience, The MIT Press.

究短期记忆时，他发现，一般人在有限的时间内只能记住“5—7”个数目以内的东西。比如，给出许多杂乱无章的符号，一般人最多只能记住 5 到 7 个符号；或者给出许多单词，人最多只能记住 5 到 7 个单词等等。但是，他进一步研究又发现，人们能够用长期记忆克服短期记忆的局限性。其主要方法是人们把相关的信息编码起来，然后加以存储；当人们需要的时候，人们对这些信息重新解码，然后取出来。因此，人的记忆无法按照行为主义解释。人有内部的心理。这一发现突破了行为主义对心理学的研究信条。在行为主义那里，心理学研究者应该只研究有机体的行为和刺激以及二者之间的关系，没有必要研究有机体内部的运作。可是，缪勒对记忆以及记忆的编码和解码的研究却突破了行为主义的藩篱。由此，点燃认知心理学革命的篝火。

认知革命第二把火由乔姆斯基（Noam Chomsky）点燃。他否定行为主义关于语言学学习的思想，提出语言学习是通过人们心理语言法则进行，而不是通过行为刺激反应进行。乔姆斯基在语言学领域，从人的心理内部攻击行为主义。他在《语言学理论的逻辑结构》中提出，人的说话方式总是按照一定的句法，这种句法是语法的形式，并且这种语法形式不受到具体情境的语言环境影响；人天生就具有人类语言的基本语法的结构。其可称为普遍语法。在认知科学界，许多学者认为，乔姆斯基对行为主义，特别是斯金纳的行为主义的研究方法及相关假设的批判是当代认知科学产生发展的基本动力源之一。乔姆斯基的一些著作甚至成了认知心理学的研究典范。

乔姆斯基的普遍语法理论对行为主义产生巨大的挑战。因为按照行为主义者，他们认为心灵内部的东西不可观察，所以是没有意义的东西。按照乔姆斯基的思想，斯金纳等行为主义的缺陷主要有两方面。行为主义仅仅在实验室研究动物，由此得出相关原则，并把这些原则应用于实验室之外的人。乔姆斯基指出“强化理论者

（斯金纳，笔者注）在实验中取得的成果虽然让人很信服，但是，他由此将这些结论推广到复杂的人类性，其做法是很草率，很肤浅。"[①] 因为实验室中的行为和现实生活中的行为的发生条件等方面都不相同，斯金纳的这些概念机械地应用于现实中人们的行为，其不能解释、预测和控制现实中的行为；所以斯金纳的错误是显然的。乔姆斯基指出，如果要理解人的复杂行为必须假设人的大脑有某种实体作为最终的基石（虽然这种实体还没有被观察到）。

由于乔姆斯基对行为主义的批判，这导致学界认为，认知研究重点不应该是行为，而是人的内部心理活动。即，研究人的心理如何加工语言等信息，由此形成"信息加工范式的认知科学"。亦即当今占主导地位的"认知主义范式"或称为"第一代认知科学"。第一，乔姆斯基说："描述复杂有机体的行为……除了需要知道外部刺激之外，还应了解有机体内部结构的知识和其如何处理信息，怎样组织它自己的行为等等。"[②] 意识是真实存在的，其存在于大脑中，大脑包含人的各种精神状态。在行为主义那里，只存在"刺激——反应"模式，没有刺激就没有反应。但是，按照乔姆斯基的思想出发，我们可以知道，即使没有外界的刺激，大脑也能够产生各种心理状态。第二，人的智力天生就有的。尽管儿童不是生下来就会说话，但是，儿童具有学习语言的能力是天生就有的。后来，许多心理学家把这一思想应用于心理学的实证研究，并在一定程度上得到确认。第三，乔姆斯基提出"模块"的思想，他认为模块是人们认知的基本结构。大脑是由各种不同的模块或子模块相互作用而构成一个认知系统。当然，模块本身也具有一定的认知功能。

第三把革命之火来自人工智能。约翰·麦卡锡（John McCarthy）、马文·明斯基（Marvin Minsky）、艾伦纽厄尔（Allen New-

---

① Chomsky, N. 1959, Review of Skinner, *Verbal Behavior*, *Language*, Vol. 35, pp. 26 - 58.

② Ibid..

ell)、赫伯特·西蒙（Herbert Simon）开始创建了人工智能模型。这四位学者和前面的两位学者可以被认为是认知科学的创立者。实际上，这把火的相关内容在本章的许多地方已经有所论述，因此，我们就不另外详细论述了。

哲学虽然不是这场革命的点火者，但是，哲学为这场革命之火提供了充足的思想燃料和革命理念。一方面，哲学是认知科学的重要组成部分，因为哲学为认知科学说明心灵的表征和计算等基础性的问题提供思想燃料。尽管一般的人工智能研究者，心理学研究者在日常的研究当中无须理会“计算”和“表征”之类的概念，但是，如果整个认知科学要向前进一步发展，就得需要哲学界探讨“计算”、“表征”之类的概念。另一方面，哲学早就对认识论探讨，对身心问题探讨，并研究心理、大脑和身体关系的许多问题。虽然哲学主要是纯粹思辨方式地探讨这些问题，但是，这依然是认知科学研究不可或缺的。因为这些问题对于说明人们如何思考，如何行动，思考与行动的关系是非常重要的，而认知科学正是要说明这些现象。

哲学，特别是自然主义的心灵哲学是认知科学的一部分。首先，认知科学的许多问题在传统的认识论，形而上学与伦理学那里都已经讨论认知科学所研究的问题。因此，认知科学可以直接从哲学中吸收营养。其次，认知科学的许多理论假设无法经验加以确证，特别认知主义关于心灵的表征与计算的假设是不可能用直接经验可以验证其真或假的。这需要哲学为它做形而上学的辩护。因此，哲学主要通过概念分析、逻辑分析等对其进行批判性考察，帮助认知科学理清前进的方向。另外，认知科学的许多问题和哲学是相同的。这是前者主要以经验方式展开研究，后者更多以思辨方式进行研究。

当前，哲学主要讨论认知的先天性问题与后天性问题。第一，即人的能力在多大程度上是先天的，在多大程度上是后天的。第二，思维语言问题。它主要研究符号所运用的概念、规则与亚符号的网络又是怎么的？第三，心理映像。心灵的运作，除了类句子之外，还有映像。在视觉中尤为显著，那么心灵如何用映像认知事物。第四，意义问题。符号表征本身没有意义，那么符号表征如何获得表征内容与表征的意义。另外，表征之间的关系如何？第五，心脑关系问题。心理状态是大脑状态吗？或者说心理状态可以用其他材料实现？心理学与神经科学的关系是怎么样？唯物主义是正确的吗？

二 表征及其涵义

唯心主义者认为，主体不能真实地认识客观对象。极端的唯心主义，比如，贝克莱等甚至认为，客观对象根本不存在，客观对象只是人们心灵表征投射之物。温和的唯心主义，比如，康德等认为，物自体是存在的，但是，主体无法认识物自体。因此，按照唯心主义立场，心灵的表征只是纯粹的心灵之物，认知只是这些心灵的表征投射到外面世界，由此产生对象而已。

在当代认知科学，从本体论层次上看，表征有两种含义。“表征”强立场的观点认为，人们心灵里面存在着某个真实的东西，这个东西是物质性的实体。这个物质性的实体，在本体论层次上，犹如树木、石头存在自然界那样实存于人们的心灵。这是很强的表征实在论。因为，人们具有了这样的“表征”实体，所以，人们才能根据这个表征实体行动和认识对象的活动。在认知主义看来，人们心灵里面的“表征”是以符号的形式存在于人们的内部。这些符号具有“关于（aboutness）”的性质。这就是意识具有意向性的根源。[1] 那么为什么符号具有“关于”的性质？不同的学者有不同的看法。但是，这些学者都认为，心灵内部的表征内涵其所指涉的对

① 当然，也有些学者认为意识比意向性更为根本。

象性质等方面的意义；并且表征和表征的对象之间具有因果必然性。

弱立场的表征认为，表征就是地图上的图标和其所表示的山脉、河流等等东西。在这里"表征"并不是一个存在于心灵里面的物质性的东西。"表征"只是人们把某物"A"表示另一物"B"。在本体论上，其并没有承诺任何东西，其只是在认识论和方法论的层次应用"表征"。另外，关于 A 和 B 并没有任何的因果必然联系。也就是说，A 指涉 B 只是一种偶然的关系，A 可以指涉 B，也可以不指涉 B，其实 A 可以指涉任何的东西，或者 A 根本不指涉什么东西。因此，这里 A 指涉 B 并不意味着使用 A 指涉 B 的主体具有人的心理那种意向性。某个主体使用 A 指涉 B，更多是处于认识 B 的需要，更多是为了找到一种方法以便自己能够认识 B，并表示 B。在弱的立场上，"表征"没有任何本体论的承诺，其只是满足了认识论和方法论上的需要。

关于表征本身和其所指涉的对象关系看，唯物主义认为，在意义方面，表征和其所指称的对象是相一致的，也就是说，心灵里面的表征能够真实地指涉外界的对象。比如，张三心灵里面有一个指涉着石头的表征 A，那么张三心灵里面的表征 A 是真实地指称他外面的石头的。按照这种观点，表征和其所指涉的对象是一种平行的关系。

由此可知，在认知主义中，所谓表征就是人的心理有某个确定的符号指称着外界对象的相关对象。认知主义认为，人与计算机都是拥有确定的符号表征对象，比如，人之所以认识"8"是因为人的心理有"8"的符号。认知主义关于表征的实在论实际上隐含着相应的背景：（1）在现实世界中，主观和客观可以相互分离存在；（2）主观和客观通过符号系统相互作用；即主观通过符号可以选取或复原客观；（3）人们生活的世界是一个可以形式化的世界，所有的事物或事项都可以用符号来指称。

三　计算及其过程

认知主义事实上深受逻辑实证主义的影响。按照认知主义，主体的认知总是符合某一算法的，而算法本身是一个根据逻辑构成的东西，并且这个算法的相关部分是可以操作的。根据算法我们可以对算法里面的各种要素计算。另一方面，无论是在构造算法的过程，还是计算过程，我们总是遵守着某些确定的规则。即，人的认知是基于某些规则认知对象的。按照认知主义，认知的过程就心智的计算过程。

什么是计算？计算就是指对表征的移动、删除、改变等各种操作。马尔提出三个层次计算。第一，系统能够做什么事情？第二，执行系统运作的事物所需要的方式是什么？第三，在硬件层次上如何实现系统的这些算法？系统上述所做的事情都是计算。由此，所谓的“计算”，其预设心智的表征是可形式化的，并且可以用物理的东西对它们进行描述。即，它们是“可用符号表达的表达式”，或者是系统中物理状态相对应的排列方式。认知过程中的语义则是由符号的表达式，符号的转换形式及其关系等来确定。

计算是一个逻辑推理过程。早期维特根斯坦认为，思维没有别的，只是逻辑操作的过程。逻辑实证主义基于这原则解释科学的认知活动。在逻辑实证主义看来，所有的科学认知活动，包括科学观察，科学知识获得过程以及对科学知识的检验都必须遵守逻辑，特别是他们所强调的数理逻辑。那些不符合逻辑的认知活动，其根本不是科学的活动。根据相应的逻辑运算，我们就可以把抽象的理论知识分解为某个具有原子性质的命题，然后就可以用可观察的经验验证原子命题的真理性。由此，我们便完成了科学认知活动。这一过程都是一个逻辑的过程。在认知主义那里，心灵就如同计算机的程序。在编写程序时，首先得做出相应的算法。在做这个算法的过程中，逻辑发挥着根本的作用。算法的每一个步骤都必须符合逻辑，算法之间的关系也是一种逻辑关系。

其次，在算法的基础上，我们就可以编写程序了。程序中的语句有点类似于逻辑实证主义的命题。当然，命题有真假，但是，一般而言，人们不怎么谈论程序中语句的真假问题。在逻辑实证主义那里，命题是否具有意义主要是命题本身是否可证实性；命题是否具有经验证实性。其二，一个程序和一个语句是否有效，它必须符合逻辑，并且它和其他语句之间的关系也必须符合逻辑，否则当计算机运行到这个程序时，由于该语句本身的原因引起系统的混乱等问题。其二，某个程序总是要能够解决某个问题，这个问题本身是程序员根据现实的任务设定的。因此，这个问题具有经验性。为了解决这个问题，程序员一般总是事先构建某个问题空间，然后把一个大的问题按照合乎逻辑的方式分解为诸多小问题。由此，各个小问题由不同的子程序完成。这和逻辑经验主义把理论按照逻辑分解为诸多的命题的方式是相似的。在一定程度上二者都坚持了还原论。另一方面，对于子程序是否有效性是它能否完成子问题的任务，而子问题的任务本身来自于程序员的经验。因此，子程序的检验标准之一就是其经验性。

最后，计算必须落实到符号的加工与处理。根据图灵的观点，计算机的所谓计算是把磁带上的 0 改写为 1，或者把 1 改为 0，然后把 1（或 0）移动到左边，或者把 1（或 0）移到右边。由于计算机的磁头都是由程序的指令控制的，而且一条指令规定了相应的一个条件，当条件被满足时，相关的动作便被执行。因此，所谓计算，就是心灵对各种表征符号的操作，或一组物理特征的符号发生变化。但是，这里的计算和符号的意义是没有任何关系的，计算和人的经验也没有任何关系；计算只是改变符号的顺序和特征。

认知作为一个计算过程就是基于规则的活动。按照认知主义，认知就是心灵对思维语言的操作，这个过程犹如计算机对软件的运作。在计算机对程序的运作过程中，其主要的方式是对各种符号的形状的改变，改变符号之间的顺序，或者删除某些符号或者增加某些符号。但是，当计算机运作这样的过程时，它总是按照逻辑的方式进行，并且它总是根据已经规定好了的相关规则进行。

如果认知主义是对的，那么它对马克思主义带来巨大的挑战。

第二节　第二代认知科学

以认知主义为代表的所有认知科学基本都承认：认知就是对物理符号的信息加工；尽管它们对于认知机制，认知特点等有不同的观点，但是，由于它们都承认核心的符号信息加工模式，所以它们可以统称为第一代认知科学。

第二代认知科学目前没有统一的范式，但是，它们都反对物理符号，反对信息加工范式，并且在不同程度上承认身体是认知活动的必要因素，心灵作为一个抽象的事物只能呈现于身体，无法单独存在，也无法单独发挥认知功能。当然，有些涉身认知者，不仅认为身体具有认知功能，而且认为环境也是认知的必要因素。

第一代认知科学认为，心灵是一个表征系统，心灵里面有各种各样的符号。这些符号指称各种不同的对象。心灵和身体相互分离，心灵里面的符号和身体没有任何因果关系，心灵的物理符号和身体具有相对独立性。身体只是这些物理符号的载体，其形如计算机硬件只是计算机符号的载体一样。第二代认知科学坚决反对认知主义的物理符号假设。它认为根本不存在任何的物理符号；心灵和身体融为一体，心灵和身体不可分离，身体本身就是心灵的一部分。因此，人们不需要假设心灵里面有各种符号。其次，认知主义认为，认知者在认知过程中无须任何环境，环境对于认知活动没有任何影响；所有的认知活动只是发生在认知者心理；所有的认知活动只是认知者对物理符号的信息进行加工。从第二代认知科学看，认知的产生与发展根生于有机体和环境的相互作用。认知不依赖于表征及其算法过程。认知无须表征便能够在系统中发生，并且认知无须计算或表征过程也能够被解释。亦即，环境对于认知具有重要的影响。由此可知，第二代认知科学以有机体与环境的相互作用为模式，以身体作为认知基石取代第一代认知科学的核心：表征。

第二代认知科学在 20 世纪 80 年代发生了革命。在第二认知革命过程中，有许多不同的进路，涉身认知进路比较具有典型性。第二代认知科学在发展过程中，有三个重要的里程碑。第一，莱可夫（George Lakoff）和约翰逊（Mark John）在 1980 出版了《我们通过隐喻而生活》。该书指出人们对于语言的学习和空间的学习总是通过隐喻进行学习。所谓涉身认知，认知者在认知过程中，不仅依赖大脑，而且还依赖于身体的特征才能完成认知任务。在认知过程中，超越于大脑那部分的事物构成了认知系统的要素，至少超越大脑那部分要素在认知过程发挥因果作用，认知主体才能够完成认知任务。

瓦雷拉等人则基于现象学，特别是梅洛 - 庞蒂的现象学，吸收莱可夫等人的思想，并指出“认知并不是表征而是具身的行动，以及我们所认识的世界并不是给定的，而是通过我们结构耦合的历史生成的。”① 因此，瓦雷拉把认知界定如下：

“问题 1：什么是认知？

回答：生成：一种使一个世界得以诞生的结构耦合的历史。

问题 2：它如何工作的？

回答：通过一个由多层相互联结的、感知运动子网络构成的网络来完成。

问题 3：我如何知道一个认知系统何时充分发挥作用的？

---

① F. 瓦雷拉等：《具身心智：认知科学和人类经验》，李恒威等译，浙江大学出版社 2010 年版，第 161 页。

回答：当它成为一个正在进行的、存在的世界的一部分时（正如每个物种的幼子所做的那样），或当它塑造了一个新世界时（正如演化历史所发生的那样）”①

从瓦雷拉对认知的界定看，我们认为，身体对认知作用是根本的，物理符号根本不存在；并且环境是认知的必要条件，环境通过和身体耦合对认知做出贡献；人的认知和动物的认知都遵从相同的机制。我们觉得其有一定合理性，但是也有谬误；在后面的相关章节，我们将从实践认识论立场进一步论述。

第二代认知科学分别从境遇认知、涉身认知、延展认知、分布式认知突破认知主义的框架。在哲学层次上，一方面，这四个子范式都得到心理内容外在主义的支持。另一方面，这四个子范式都要突破笛卡尔传统的身心二元论的思想。从认知科学的角度看，境遇认知和延展认知都保留了“表征”作为主体认知对象的媒介地位，但是它们弱化了表征的作用，强调外界环境的重要性。因此，境遇认知和延展认知可以归结为“弱涉身性认知范式”。在涉身认知中，有些学者基本上否定表征存在于人们的心灵，并且表明认知无须表征。它被称为“强认知范式”。分布式认知对于人们的心灵内部几乎没有讨论。它更多是强调认知是一种社会文化的功能，认知是一个历史文化的过程。

关于身体在认知中的地位问题，笛卡尔认为身体对于认知是没有任何贡献；以“我思故我在”的思想把身体排除出认知的领域。认知主义沿着这个思想，继续把身体排除在认知领域外面。现象学为第二代认知科学关于身体在心灵的位置、作用、能力等方面提供了丰富的思想，特别是胡塞尔、梅洛－庞蒂等人的思想为涉身认知提供直接的思想。按照梅洛－庞蒂，人的心灵已经延伸到身体，身体和心灵融为一体。因此，身体必然对认知有贡献。第二代认知科

---

① F. 瓦雷拉等：《具身心智：认知科学和人类经验》，李恒威等译，浙江大学出版社 2010 年版，第 165 页。

学充分吸收现象学的思想，坚决反对认知主义把身体排除出心灵的思想，莱可夫在《肉体哲学》一书中，明确指出身体对认知具有不可或缺的作用。另一方面，一部分认知学家吸收马克思主义心理学家，比如，维果茨基认为身体和身体的活动对认知都有贡献。我们把第二代认知科学关于身体是构成认知要素的议题称为“构成性”议题：在认知过程中，身体不仅是认知的载体，在认知过程中产生因果作用，而且身体或世界是认知的必要因素。一般而言，身体在认知中有三个方面的作用，其一是认知系统的载体，其二是认知因果链的因果节点，其三是认知系统的构成因素。身体构成作用和身体因果作用有什么区别？比如，水；H_2O，一方面，氧是水的构成的一部分，因为水包含着氧原子与氢原子的化合；另一方面，氧在水形成的过程中发挥因果作用，因为没有氧的出现化合不可能发生。同样，根据构成性，身体是认知系统的构成一部分，而不仅仅是因果关系。

另外，涉身认知学者也从维特根斯坦吸收语言游戏的思想。按照他的思想，概念是思维的基础，其通过语词表达出来，而语词根生于语言。通过语言，人们训练初学者，纠正其学习过程中的错误。个人则通过语言汇报自己的心理、提出计划等。这表明人们并不是一个孤零零的认知者和解释者，而是生活共同体中的社会互动者，通过交流、互动、仪式等方式认识他人和世界。因此，我们要知道行为的意义，了解他人的心理状态，我们就得了解他人的相关社会情景。在这个意义上，行为不可还原为生理性的东西，更不可能还原为物理运动。

许多心理学背景的学者提出心灵的相关观点。他们认为许多心理现象是人们社会互动的产物，这些心理现象具有社会性与文化性，既是私人性的东西，也是公共性的东西。第一，作为私人性的东西，其主要是思维。只有思想者才知道自己的思维。作为公共性的东西，其主要是行为。行为则是任何人都可以观察的动作。当然，大部分行为都是思想的外在表现。第二，个人所使用的各种符号都是根源社会互动过程的，这些符号根生于人类环境中。人们在生活共同体中，总是遇到各种各样的事情，为了克服社会共同体的共同任务，人们必须相互了解，知道对方的目的和意图，由此，人们便开展了交流。在交流的过程中，各种不同的符号便应运而产生。第三，行动者的情感、决定、态度、人格和个体互动等等和自己的社会互动技能相关，并且它们根生于生活共同体，根生于那些隐含在共同体中的意会知识。① 这些学者反对传统关于心理的看法。传统认为心理现象纯粹是个人的东西，这些心理现象和外界的环境没有任何关系。他们认为，人们的心理及人格都根生于生活共同体的历史、政治、文化、社会和人们之间的社会互动之中。在某种意义上，心灵是社会建构的，心灵是在人们社会活动过程中形成的。比如，布鲁纳（Bruner）的“犹大的眼睛”（Judas Eye）的实验表明知觉判断和归类不仅仅依赖于感觉器官，而且依赖于社会生活经验。在实验中，让被试判断硬币的大小，当对被试说，某一圆形的金属所代表的硬币的数值比较大时，被试对其大小的估算也比较大，反之，如果告知某一金属代表的硬币的数值比较小时，被试对其大小的估算也比较小。这个表明，人们的心理确实受到生活共同体经验的影响。

马克思和恩格斯也对于人们如何认识对象做了许多论述，但他们的论述都不是系统性的论述，只是出于他们创立历史唯物主义的目的而论述意识等东西。这些思想对当今的认知科学产生了重要的影响。他们为认知科学提供不同的问题域和研究领域，为认知的研究提供不同的视域和途径。实际上，马克思、恩格斯以及马克思主义者对当今的认知科学影响比较小，也没有给当今认知科学留下什么问题，更不可能解决认知科学的问题。但是，不可否认马克思主

---

① Harré, R., The second cognitive revolution. *Springer Science Business Media*, B. V., 2009, pp. 181 - 187.

义哲学对认知科学的核心地带：心理学依然有影响，特别是苏联心理学，比如，文化历史学派的心理学是以马克思主义哲学为基础的心理学。马克思主义对德国本土心理学也产生很大影响，比如，批判心理学则吸收马克思主义批判思想而建立的心理学。并且，随着涉身认知范式的出现，学界又重新思考文化历史学派等马克思主义心理学派的思想了。笔者作为哲学专业出身的研究者也不可能在经验层面上解决任何的认知问题，而是将在本专著中，从马克思主义哲学的角度梳理相关思想脉络，为认知科学提供一个视域，提供一个经验研究的反思途径与历史经验，为经验研究提供一个哲学研究平台。另一方面，从自然主义的视域推进马克思主义认识论的发展。

第三节　认知科学对马克思主义哲学的挑战

意识问题在整个马克思主义哲学体系中处于突出的位置。第一，在本体论层次马克思对物质与意识的关系做出基本的界定，并且对意识的本质做出相应的阐明，然后才开展马克思主义的辩证唯物主义的理论建构。第二，在认识论层次，马克思分析了意识的基本特点和意识活动的基本原理，在此基础上进一步阐明马克思主义实践能动反映论；并且马克思分析人的意识和动物的意识做出深刻分析，由此阐明人作为类特性和人作为个体存在物的特性和个体的发展历史过程。第三，马克思深刻分析意识与社会的关系，认为意识根源于社会的存在，特别是社会的物质生产活动；意识反映着社会存在，意识随着社会的发展而发展；并且他把这一思想推进历史领域，研究人类发展过程，由此提出人类发展由原始社会→奴隶社会→封建社会→资本主义社会→社会社会主义社会的过程，阐明了人类社会发展具有规律性，阐明历史是一个有规律的过程。虽然人类历史有规律，但是人类历史的规律是在人的实践活动的基础上形成，因此人只要发挥主观能动性，人就可以改变规律的形式和规律某些因素。即人的主观能动性和社会历史规律是辩证统一的。由此他们完整地提出历史唯物主义。

由此可知，认知主义在本体论层次和认识论层次都与马克思主义哲学、现象学等有许多不同之处，它给现象学和马克思主义哲学带来严重的挑战。在本体论层次上，按照认知主义，如果心灵真是如软件那样，而身体仅仅起着硬件的作用；那么智能确实只是一些纯粹逻辑性的符号与算法而已；并且，没有身体，智能依然能够单独存在。这和柏拉图关于灵魂可以脱离身体存在的思想完全一致的。对于概念功能主义，心理状态的属性也不是由于人们内部的属性所界定，而是由外部环境刺激，输出的行为及心理状态之间的因果关系所界定。心理状态的属性只是因果关系的属性。另外，无论是概念功能主义，还是计算机功能主义，它们都必须承认心灵是一个由符号构成的表征系统，即它们都必须坚持物理符号主义的立场，并且它们所确定的认知边界必然是感觉材料。如果超越感觉材料，认知主义就无能为力了。因为外界环境因素只是起到刺激的作用，而主体在刺激的条件下必然能够产生感觉材料，所以，认知主义必然得坚持心灵里面的符号和符号所指称的对象是一种平行的关系，符号本身并不是必然地指称外界的对象，或者说，心灵里面的符号和它所指称的符号可以没有任何关系。

一　思维对象与思维的关系

事实上，马克思和恩格斯并没有论述符号指称之类的东西。但是，关于这类问题他们有所涉及，其主要是关于思维与思维对象的关系。关于思维本身与思维的对象具有统一性的观点，马克思主义哲学的基本立场和一般唯物主义的立场都没有根本性的差异。但是，马克思主义哲学与一般唯物主义不同的是，马克思主义认为，思维对象和思维本身的运动过程都遵从着历史唯物主义规律。一般唯物主义认为，外界事物和人们的思想发生关系纯粹是一种知觉的关系，纯粹是反映和被反映的关系。马克思主义认为，虽然二者是知觉关系和反映关系，但是二者是通过人们的实践活动而发生关系的。实践活动是人们应用工具作用于对象的社会性活动。因此，思维与思维对象具有社会性的烙印，劳动工具和语言等符号工具在二者的关系中具有根本性的作用。

当然，思维的形式是主观的。思维本身并不是物质性的存在，而是其对外界对象的反映，是人们感觉器官对外界对象的“复写、摄影”形成。按照马克思主义，虽然感觉的内容包含外界事物的客观内容，但是，这些具有客观性的信息本身并不是外界对象事物本身。这些信息却反映了外界事物的客观的性质。它们是按照人们的感觉器官的机能产生，以某一形式存储于人们的心灵。因此，这些信息的形式具有主观性。这些信息本身的形式和外界事物发射出来的信息虽然在内容方面是相同的，但是，外界事物发出来的信息的形式和存储在人们的心灵里面的信息的形式不一定相同。马尔关于视知觉的理论对于这点有明确的论证。比如，关于“杯子”的信息。在真实的环境中，杯子的信息是以三维的空间发送相关的信息的，但是，在人们的眼睛里面，这些三维的空间信息变成了二维的空间图像，即三维的信息格式变成了二维的信息格式；随后又恢复为2.5维的信息，最后恢复为三维信息。杯子三维的空间信息的内容和二维图像的信息内容是相同的，但是，这些具有相同内容的信息的格式中，一个是二维的形式，一个是三维的形式。另外，心理的三维信息和对象的物理性三维信息也不相同的。

二　马克思主义与认知主义的本体论矛盾

按照认知主义，物质和意识处于对等的地位。马克思主义则认为物质决定意识，世界统一于物质，意识具有能动性作用。二者的哲学基本原则具有巨大的矛盾。认知主义基于计算机的硬件和软件相互独立存在的事实类比推理：肉体和心灵可以相互分离，那么世界将不再统一于物质；物质也不能决定意识，意识对物质也没有所谓的反作用。世界将是一个二元的世界。一个世界是物质的世界，另一个世界是精神的世界，而且这两个世界是可以相互独立而存在。

恩格斯在《自然辩证法》中，明确指出，人是自然界长期进化的产物，大脑作为身体的一部分也是进化形成的，大脑的功能是由于人们在进化过程，在社会性的实践与互动过程中形成的。思维是大脑的机能，意识是人们实践的产物。大脑本身是物质的，没有大脑这个物质，主体也就没有思维能力，也就没有所谓的意识了。因此，意识也是自然界的产物。前苏联，维果茨基根据马克思主义哲学，在研究人的认知能力时，他也指出，人的心理分为低级心理机能和高级心理机能。低级心理机能主要是受到人的生物性因素的影响，动物也有低级的心理机能。但是，只有人才具有高级心理机能，高级心理机能主要是受到人们后天的各种社会互动、社会文化和社会教育等的影响。然而，人的低级心理机能并没有消失，这些心理机能通过后天的发展逐渐融入了高级心理机能。

从马克思主义角度来看，认知主义的哲学基础是错误的。首先，认知主义关于心理物理性符号与身体具有同等本体地位假设和马克思主义关于物质第一性，精神第二性的原则相互矛盾。从马克思主义角度看来，心灵里面不可能存在一些物理性的符号。物理符号假设的存在使物质与精神分裂，使大脑和意识相互分离，相互独立；物质在本体上不再处于第一位，意识也不是处于第二位。如果按照认知主义，其结果是，物质世界是另一个封闭性的世界，而精神世界也是一个封闭性的世界。精神和世界是对等的。并且，根据认知主义的认知机制，物质的大脑无法作用于意识，意识也无法作用的物质性的大脑。这和马克思主义关于物质第一性，精神第二性的原理相互违背的。

其次，物理符号的假设导致二元论，它和马克思主义关于世界统一性的一元论思想相互矛盾，并且它和世界要素相互联系性相互矛盾。如果心灵确实存在着物理性的符号，而这些符号和其所指称的事物没有必然的联系，那么世界将被分为两个物质世界，一个物质世界是在认知主体的外面，另一个物质世界是在认知主体的心灵里面：物理符号。这两个物理性的世界按照所谓的“指称”发生联系；按照所谓的“意向性”发生联系。按照第一代认知科学，主体的心灵里面存在着某种实体，这个实体代表这心灵外面的某个东西，心灵的这个实体称为“表征”。这“表征”就是某个“符号”。这符号在本体层次上是真实的，具有客观性的。比如，外界有“木头”，那么主体的心灵里面也有某个符号代表“木头”。心灵里面代表木头的那个符号和主体外面的“木头”都是具有客观性，是真实存在的；二者具有同等的本体地位，它们是平行的关系。

因此，按照第一代认知科学，物质世界是分裂的。一个物质世界在主体外面的物理世界，如山川、河流、白云等等。另一个物质世界就是主体心灵里面的物理符号所构成的世界。这两个世界都具有客观性。这两个世界犹如两条平行线。世界是无法统一的。并且，由于心灵里面的物理符号和它所指称的对象没有必然的关系。符号和符号指称着的对象并没有任何因果关系。这将导致符号和其指称的对象不能产生相互作用，它们之间根本没有因果力。对象不能对符号产生任何因果力。反之也如此。因此，整个世界是一个没有因果相互关联的世界，世界是一个分裂的世界；物质世界无声无息，精神世界自娱自乐。

三　马克思主义与认知主义的认识论矛盾

马克思主义认为实践是知识的根本来源，认识是一种实践性活动。但是，按照认知主义的物理符号假设，人们的心灵里面已经有了相应的符号，并且这些符号指称着外界的对象。由此，思维只是对心灵里面的符号的操作。由于心灵和肉体可以相互分离，相互独立。认知只是心灵里面的物理符号相互作用的过程，是物理符号的转换等操作过程。主体的认知不需要主体的实践，也不存在心灵对外界对象的反映；人们的认知，人们的思维的本质只是改变这些符号的顺序，改变这些符号的形状，删除或增加这些符号的数量。但是，这些物理符号从哪里来？认知主义却难以解释。认知主义的铁杆子的支持者和领军人物：福多只好说物理符号是遗传获得的，是天赋的，每一个正常的人生下来就拥有这些符号。

按照马克思主义，认知主义的这些观点是错误的。从马克思主义角度看，心灵里面根本不可能存在任何的物理性符号，认知能力只是大脑的机能之一而已。知识来源于人的实践；认知本身是一种实践活动。一方面，实践是一种感性的活动，而不是抽象的活动。基于马克思主义哲学立场，从认知的角度来看，我们认为实践中的所谓“感性活动”就是实践离不开一个具有肉体身体的人对客体对象的作用；物质性的身体是实践活动的重要因素；身体在实践中发挥重大作用。身体不单是一个血肉的身体，也不仅仅是一个现象的身体，在主体不断地实践过程中，身体逐渐变成一个实践的身体。人的身体的根本特性就是实践性。另一方面，实践作为一种物质性的活动，其必然具有身体性，因为实践是物质性的活动，离开主体的身体，人们便无法开展物质性的实践活动。实际上，在这里关于实践的许多思想都可以从马克思主义哲学的实践相关的思想那里找到源泉的。当然，笔者认为，有些关于实践认知的思想应该吸收了现象学关于认知的因素，比如，在现象学中的“生活世界”；在作者看来，与其说“生活世界”，不如说“实践世界”；现象身体只是实践身体的一个侧面，真实的世界中，人的身体是在实践活动中形成，而不是梅洛－庞蒂所说的现象身体。梅洛－庞蒂坚持现象身体而将不得不承认先验身体，由此坠入唯心主义。我们则坚持历史唯物主义，坚持在实践心智和实践身体基础上探索认知的性质和特点。作者将在后面相关章节进一步详细论述与发展实践认知的性质和特点。我们认为心里根本就没有符号，认知活动绝对不是对心灵的物理符号的顺序，形状的改变，绝对不是删除或增加一些物理性符号。在人作用于客观对象的过程和对象反作用于人的过程中，人便能够认识对象，人便获得对象的知识。

其次，认知主义的认识论的“方向”也和马克思主义认识论的“方向”发生矛盾。按照马克思主义，认识过程是一个反映过程。因为有机体对外界的刺激不仅仅具有反应性能，同时具有反映特性，并且有机体的反映特性是更为根本的性质。我们认为，人经过实践之后，身体便转变为实践的身体，实践的身体必然具有反映的性能。然而，按照第一代认知科学，认识就是心灵里面内部的符号操作或者是心灵的符号向外面世界投射的过程。因此，认知主义的认知活动过程就是从心灵到外部世界的过程，其知识的形成过程是：心灵→符号→世界的过程。就此而言，知识必然是纯粹主观性的东西，知识的内容和外面的世界没有任何真实的关系；外面事物也只是一个虚幻的东西。这是一种唯心主义的知识论的立场和唯我论的立场。

按照马克思主义，认识是从外面世界→感觉→心灵的过程。这个过程是一个反映的过程。在没有任何人之前，自然界已经存在，在没有任何意识之前，自然界已经按照其自己的规律运作。经过自然界长期发展与进化以后，人便产生了，能够产生意识的人脑也就是产生了。因此，没有自然界便没有意识，没有自然界便没有可以意识的对象。当然，这只是一个哲学立场问题，这并不是说，对于个体而言，没外界事物就无法产生意识。对于某个人而言，只要他是正常的，他必然能够产生意识。然而，对于一个种族而言，没有自然界，这个人类种族就不存在了，就没有所谓的意识了。没有外部世界也就没有意识的对象了。

认知主义把形式化认知系统的智能等同于人的自然智能。这导致了各种谬论。比如，机器人总有一天会取代人统治这个世界等等。按照马克思主义，人的自然智能一方面是自然界物质长期进化的结果，另一方面，人的自然智能具有社会属性。人之所以是人是因为人是社会关系中的人，而不仅仅是生物意义上的人。人的心理有低级心理机能和高级心理机能。低级心理机能还具有生物性的痕迹。但是，心理高级机能几乎是被社会经验在后天塑造起来的。机器人等人工产物，无论它们多么精巧，它们始终没有社会性、没有主观能动性、没有主体性、没有自觉知性和创造性。另外，由于第一代认知科学难以解释塞尔中文屋的思想实验、计算爆炸问题、大众心理学、意向性与意识的分裂等问题，所以有些学者提出了第二代认知科学。

由此可知，认知主义在本体论和认识论层次对马克思主义都有挑战性。按照第一代认知科学，人的智能是一个静态的、没有发展、没有联系的符号操作过程而已。按照马克思主义，人的自然智能是一个发展的，变化的，主体与客体相互联系的历史性的过程。按照马克思主义哲学：（1）在本体论的层面上，心理的表征根本不存在，或者心理的表征无法脱离身体及环境而存在。（2）在认识论层面上，没有社会文化历史等常识性的经验或知识，人们将无法认识一个具体的对象。任何人都是一个感性的人，都是处于一定社会文化历史当中的人们，不存在抽象的个人；都是一个实践性的人。任何人都必然在某个生活共同体中开展自己的认知及行为，都是基于共同体的实践以及自己与他人的社会互动中认识某一个具体的对象，由此，个体的认知是基于实践的基础上被塑型起来。

如果认知主义是对的，那么马克思主义和科学心理学则是不共戴天之仇。我们在下面将从理论和事实层面阐明马克思主义和科学心理学是相辅相成的。

第四节　马克思主义哲学与认知科学的互惠

一　涉身认知可借鉴马克思主义的思想

马克思主义能够为“涉身认知”等范式提供本体辩护的思想资源。在个体层次，马克思主义能够为第二代认知科学提供了本体论的思想，有力地回击认知主义思想。马克思主义认为思维与存在的统一性于物质，意识根植于身体的实践活动。这些思想为第二代认知科学关于认知主体的心理机能是在身体的生理的相互作用的基础上产生和形成的思想提供一个本体的基础。在这里，身体是一个客观存在物，思维则是人们基于一个感性的“身体”的基础上认识某一对象的运作过程。我们认为，思维是大脑和身体运作而表现出的一种高级的形式，意识也是大脑和身体运作而表现出的一个过程。意识不是精神实体，而是一个心理过程。当然，这里的运动是哲学意义上的运动，而不是物理学意义上的运动，不是神经的放电。大脑不存在符号；认知的对象比其表象具有优先的地位，表象映射着对象。另一方面，按照马克思主义实践论，实践是某个活生生的人应用工具作用于客观对象，虽然在马克思那里的实践主要是生产活动，但是，其实践主体依然是一个具体的人、现实的人，而不是一个抽象的理论实体（比如，经济理性人就是一个抽象的理论实体，而不是一个具体的、现实的人）。如果实践的主体是一个现实的人，那么其必然通过他的身体开展实践活动，其必然用身体作用于客观对象，而不是用思维、意识之类直接作用于客观对象。客观对象对于主体的作用也不是直接作用于主体的意识、思维，而是作用于主体的手脚等身体各个部位，然后通过身体作用于意识和思维。另外，马克思主义认为实践具有认知的功能，由此可知，身体必然对认知系统的各个要素有因果性关系，同时身体也是认知系统不可少的必要要素。在后面我们将从马克思主义哲学立场详细论述，由于主体的实践，所以身体具有实践性，而实践的身体具有认知功能。

从认识论层面上看，马克思的实践唯物主义为第二代认知科学提供了动态的认知观，并且对认知境遇性与延展性提供丰富的思想资源，这将有力回击认知主义的静止认知观。第二代认知科学认为身体和社会文化历史等环境对认知都有影响。关于人与对象的关系，按照实践唯物主义，二者的关系是"对立面的相互渗透，量变与质变和矛盾"①。人们是基于实践的基础上，主观作用于客观，然后才能认知对象。本书主要是在认知层次探讨实践唯物认识论及相关的机制，因此，我们主要是从"分析"的视角进行论述认知，而不是从辩证视角论述认知。

从群体的层次上看，马克思主义的实践论具有重要的意义。实践作为人的存在方式，实践是以共同体为单元开展活动的。人与对象的认知是建立在共同体的实践基础上的；人们基于实践的需要而形成共同体，因此，认知在一定程度上是群体性的活动。实践对认知活动具有根本性的影响。第一，实践促进了共同体的世界观产生，并且促使不同的成员皈依相同的世界观；第二，实践为共同体的认知活动确定了范围和对象，确定了"常识时期"的问题；第三，实践活动为共同体培养新手。按照马克思主义，人们在认识对象过程中，社会文化历史等因素对人的认识过程起着根本性的作用；环境因素对认知的作用则是在主体实践的基础上，使得环境影响人的认知过程。这些思想和涉身认知具有共鸣之处。因此，马克思主义的思想非常值得第二代认知科学吸收和借鉴。

马克思主义为第二代认知科学提供一个方法的导向，提供了研究认知的一个新视角。马克思主义包含丰富的系统思想。它可以为认知科学提供系统的思想。按照马克思主义哲学，任何事物都是相互联系的，都是不断地发展着。事物的相关要素构成一个系统，离

---

① ［美］奥尔曼：《辩证法的舞蹈——马克思方法的步骤》，田世锭、何霜梅译，高等教育出版社 2006 年版，第 72 页。

开系统的要素将不再是原来的要素，同样离开要素的系统是不存在的。涉身认知和分布式认知都认为认知系统是人，认知对象和环境构成一个动态的系统。认知作为一个系统而得以产生和发展。其次，马克思主义心理学：文化历史学派认为，心理机能与对象是以工具为媒介发生作用的。基于此，作者认为，认知科学可以从马克思主义认识论中吸收认知中介性的思想。即，认知不仅仅研究人体内部的心灵本身，而且应该研究人与对象的中介体：物质工具和符号工具。但是，笔者不同意延展心灵的观点：认知工具，比如笔记本是认知系统的构成要素之一。作者认为，人们应用工具开展实践活动时，人们的认知得以延展，然而，这种认知延展只是扩大了人们的认知活动的强度，放大了人们的认知能力，比如，扩音器扩大了人的声音，笔记本扩大了大脑的记忆能力等等。一方面，由于认知工具对认知系统中的各个要素只有因果性作用，无法离开主体而单独发挥功能，所以，它们不是认知系统的构成要素。另一方面，认知工具对于主体的认知系统的认知活动并不是必要的因素，因为没有认知工具，主体依然可以独立地开展认知活动。然而，如果主体没有身体，那么主体的认知系统几乎不能存在，更不可能开展认知活动，因此身体是认知系统的必要因素。我们认为身体的边界就是认知主体的边界。

二　认知科学为马克思主义开拓新阵地

第二代认知科学扩大了马克思主义哲学的研究领域。在本体论层次上不仅仅是关注人文社会科学“实践”本体的问题，而且也把实践拓展到自然科学关于“身体”和“认知”的问题。“身体”和“认知”并不是传统辩证法的对立统一，而是既有统一性，又有差异的问题。我们认为，从马克思主义哲学看，身体与认知的辩证关系是“差异统一”，心智、身体和认知统一于人的实践活动。这有力地回击二元论关于“身体”与“认知”分裂的本体思想。在认识论层面上，第二代认知科学由于承认认知的“涉身”性，因此，身体是认知产生和发展的基本要素，而认知本身会引起身体的相应的行为。即第二代认知科学认为认知是“主体与客体交互”影响的过程。这为辩证法找到一个新领域。“辩证法的主体就是变化：一切变化和相互作用；一切性质和程度的相互作用。这并不是说，辩证的思想家认识到了变化和相互作用的存在，而非辩证的思想家则没有。那种看法是愚蠢的。每一个人都认识到，世界上的一切都在以某种方式和在一定程度上发生变化，并且对于相互作用来说，这同样是正确的。问题是如何思考它们，如何捕捉它们到思想中……这是辩证法提出的关键问题，也是所有辩证法都要解决的问题”。① 第二代认知科学为唯物主义辩证法注入了新鲜的血液。长期以来，许多学者认为唯物主义辩证法只能应用于社会现象的解释，难以用其解释自然科学的现象。由此，这些学者认为恩格斯的自然辩证法有悖于马克思主义的辩证法。② 第二代认知科学的范式表明唯物辩证法关于事物相互联系，普遍发展的观点，对立面相互渗透的观点是正确的。即人与认知对象的相互作用是在实践的基础发生的，由此人认识了对象。另一方面，这有力地回击了马克思的辩证法与恩格斯的辩证法不相一致的说法。

第二代认知科学巩固了马克思主义哲学在自然科学和人文社会科学的地位。由于马克思主义哲学强调对象是在“各种关系”中存在，这和物理帝国主义的自然科学寻求事物的“原子”的思路存在巨大的鸿沟。另一方面，近代以来，物理学的一系列成果导致了其科学的典范地位。因此，马克思主义哲学对于自然科学的影响相对比较弱。或者说，在许多自然科学家的心目中，马克思主义哲学不是哲学，更不是科学，它只是政治经济学。甚至一

① ［美］奥尔曼：《辩证法的舞蹈——马克思方法的步骤》，田世锭、何霜梅译，高等教育出版社2006年版，第72页。

② 同上书，第122页。

些哲学学者心理，马克思主义哲学似乎不是哲学，而是社会学或历史学等。笔者在美国访学期间，在哲学系里，基本没有任何关于马克思主义哲学的理论。只有在经济系或历史系才有人研究马克思主义的理论。但是，在第二代认知科学中，强调要素之间的结构的耦合，强调认知是通过认知系统中各个要素的相互作用中产生和发展。由此，这巩固了马克思主义关于对象处于“关系”中才是“对象”的思想。

第二代认知科学为马克思主义哲学的发展提供了新的动力，为马克思主义与自然科学的直接对话提供了一个平台。长期以来，马克思主义哲学主要是在人文社会科学产生影响，推动马克思主义哲学发展的力量也主要是人文社会科学，特别是政治学、经济学和历史学。在西方马克思主义哲学中，无论是欧洲大陆的马克思主义哲学，还是英语世界的马克思主义哲学，他们都不怎么关注马克思主义哲学对自然科学的发展。他们主要关注马克思主义的政治经济学。在中国更是如此。在前苏联虽然有的心理学家和心理学哲学家试图在马克思主义哲学的基础上建立心理学，并且获得巨大的成果。但是，由于种种阻力和原因，在苏联解体之后，这些理论成果才得以真正放射光芒。我们将在后面详细论述马克思主义哲学对认知科学的核心地带有什么影响。亦即马克思主义哲学对心理学的影响。

认知科学的出现为马克思主义哲学提供了新的动力。认知科学为马克思主义哲学提供新的研究材料。由于认知科学本身包括人文社会科学和自然科学，因此，这些不同的学科所收集的材料都可以成为马克思主义发展的“粮食”。当前认知科学的革命，即第二代认知科学对第一代认知科学的挑战需要新的哲学基础，而马克思主义哲学的许多思想都可以提供必要的支持，特别是马克思主义关于人学的思想和实践认识论的思想。但是，我们认为“新的战斗不能用旧的武器”，不能生搬硬套地把马克思主义经典著作的话语作为武器，而是基于马克思主义的基本立场，发展关于人的“身体认知”、“实践身体”、“实践世界”等等思想，才能推动认知科学的发展。

我们在上面只是在逻辑层次阐述马克思主义与认知科学的互惠，下面我们将在经验层面阐述马克思主义对认知科学的核心学科：心理学的积极作用。

第五节　马克思主义与心理学的发展

实际上，在认知科学反对行为主义之前，苏联心理学家早就以马克思主义哲学为基础建立了许多马克思主义心理学派，并积极地对行为主义发动认知革命，只是由于意识形态的原因，马克思主义心理学对行为主义的革命直到20世纪80年代才被欧美国家发现和承认。

从总体上看，马克思主义心理学的理论体系的建构是一个学术领袖向导，集体学者共同开拓的过程。在这一历史潮流中，虽然，苏联学者都是从马克思主义哲学视角研究心理学，但是苏联产生了三个心理学派。① 维果茨基、列昂捷夫、鲁利亚等人主动地从马克思主义哲学视角研究心理学，它们提出：心理高级机能的社会文化起源的学说。由此形成了文化历史学派，该学派的领袖人物是维果茨基。它对整个世界的心理学界产生重大的影响，对当今的认知科学界也产生很大的影响。第二个学派是由安纳耶夫和莫洛夫等人提出的人学之派：列宁格勒学派。第三学派是乌兹纳捷等人提出的定势学派：格鲁吉亚学派。后面这两个学派对当今心理学的影响非常小。

---

① 杨鑫辉：《心理学通史》第5卷，山东教育出版社2000年版，第401—604页。

一　文化历史学派在苏联的发展

文化历史学派的骨干成员主要是维果茨基、列昂捷夫和鲁利亚。后来，查包罗赛茨、赞科夫、加里培林、艾利康宁和包若维奇等人也加入了这个学派。维果茨基是该学派的领袖。维果茨基反对把人的心理和动物的心理等同的观点，他把马克思主义的历史唯物主义基本原则注入心理学研究中，把马克思关于社会存在决定社会意识的思想贯彻到了心理学领域，提出高级心理的社会文化决定论：认为社会文化决定着个体的心理。另一方面，人的个性本质是社会的。马克思指出“人的本质并不是单个人所固有的抽象物，实际上它是一切社会关系的总和”。[①] 维果茨基把这些思想推进到心理学。他认为，个性发展的动力源于其所生活的社会环境，任何个性都是具体社会历史的产物。由此提出高级心理机能的思想。

列昂捷夫在考虑马克思关于实践的思想基础上，他吸收鲁宾斯坦提出的“活动”概念，根据高级心理机能社会文化起源的基本原则，人的心理是人与对象相互作用的过程形成主客的关系而发展起来的思想，他提出：心理工具在主体活动中发挥作用，并且主体在活动中内化相关的活动结构和内容；当高级心理机能形成之后，其通过主体的活动外化为主体的行为，并作用于活动对象和调节活动本身。然而，人和对象相互作用是在社会活动中才得以实现。这种相互作用主要通过主体的活动才得以存在。按照列昂捷夫的思想，活动有三种形式，其分别是游戏、学习和劳动。在不同的年龄阶段，不同的活动对于人的心理的发展所产生的作用不同；有的活动处于次要的地位，有的活动则处于主导的地位。活动总是包含一定对象的活动，即活动具有对象性。活动对象包括主体、外界的客观事物和该事物在主体中的映像。客观事物制约着活动本身，心理映

① 《马克思恩格斯选集》第 1 卷，人民出版社 1995 年版，第 18 页。

像则调节主体自身的活动。主体的活动动力源于主体某种需要。当满足主体的这种需要的对象出现时，主体的需要就转变为动机。主体在活动过程中，总是按照自己的动机对客观对象加以改造。因此，在活动过程中，主体和客体出现相互转化的特点。一方面，在活动中，客观对象被主体积极地反映，成为主体的映像；另一方面，主体的映像在活动过程中体现出客观性；映像在主体活动中，通过中介转化为客观产物。在活动过程中，人的心理和意识得以产生和发展，活动塑造了人的个性，使人能够认识周围的世界。反过来，当人的心理和意识产生之后，人就按照自己的心理改造活动。活动可以分为外部活动和内部活动。内部活动主要是人的各种心理活动，外部活动则是人的各种实践活动。对于个体的人而言，他的内部活动起源于外部活动。一方面，由于他内化外部活动，所以他形成了自己的内部活动。另一方面，他的内部活动可以外化为外部活动。这两种活动具有相同的结构，可以相互转化，保持双向动态的互化特点。因此，心理学不能如内省主义那样仅仅研究内部心理，也不能如行为主义那样仅仅研究外部行为，而是应该研究心理活动和人的实践活动。

鲁利亚则根据马克思和恩格斯关于心理是物质长期发展的产物，是大脑的属性等思想，结合维果茨基的高级心理机能的基本原则，批判那些把心理看着皮层某一局部定位的机能的观点。维果茨基在世时，他就开始思考大脑皮层的动力定位学说。该学说只是写了一个提纲，维果茨基就去世了。随后，他的学生鲁利亚在《神经心理学》中加以阐述。他认为，心理机能是大脑不同区域相互协调的结果。其认为大脑有三个联合区，这三个区相互协调形成了人的心理。第一个功能区由脑干网状结构及边缘系统构成，其负责觉醒，调节紧张等功能。第二个功能区由大脑皮层的枕叶、颞叶、顶叶以及其他相关的东西构成。这个功能区主要功能是接受信息、存储信息和加工信息。第三个功能区是大脑皮层的额叶，其负责控制和调节人的心理活动，负责生产一些程序。

当然，文化历史学派也有不足之处。虽然文化历史学派，维果茨基及其他创始人在研究心智认知的问题时，对于意识的内容及其机能，他们坚持了历史唯物主义的基本精神，并产生了一系列的理论，但是他们没有彻底地贯彻“意识的辩证唯物主义”基本精神，淡化马克思主义关于自然界等物质世界是辩证发展和联系的思想，特别是恩格斯关于“自然辩证的思想”。这导致他们撇开意识的物质属性，忽视大脑及身体等各种器官是意识产生的事实。由此，他们的理论面临一系列的难题。

二　人学学派：列宁格勒心理学派及其思想

安纳耶夫和洛莫夫等人也主张应用马克思主义哲学的相关原则于心理研究。他们主要从人的生物属性研究人的心理，他们也注重从人类起源与演化的历史和人类个体的心理产生、发展角度研究心理，并且他们坚持把人置于社会环境中研究人的个性。

安纳耶夫认为，心理学作为一门新兴的学科，其是自然科学和人文科学的融合地带。人性的东西并不是抽象的，人性是随着社会实践的变化而变化，随着社会发展而发展。马克思列宁主义哲学是人学的基础。安纳耶夫说：“对人进行研究极其复杂的系统包括几乎全部认识领域（从物理—数学科学到人文科学）。它对关于人的哲学学说提出了各种新的要求，只有马克思列宁主义哲学才能满足这些要求。”①

按照安纳耶夫的思想，任何个体的人，其个性的形成和发展由该个体所在的全部的社会历史条件所决定。个体即是社会的客体，也是社会的主体，所以，任何人的个性都是历史的、具体的，而不是抽象的，脱离现实而存在的。

① 安纳耶夫：《人学》，北京广播人民出版社 1993 年版，第 12 页，转引全国维果茨基研究会编《龚浩然与俄罗斯心理学研究》，浙江大学出版社 2006 年版，第 102 页。

该学派的普拉托诺夫提出了个性的结构。按照他的思想，人的个性是一个动态的结构，其由人的种族生物性，个体的生理性，个体的经验水平以及个体的社会环境所制约。这四个方面的因素相互作用、相互制约，促进了人的个性的发展。

莫洛夫也推进了人学的研究。首先，他在神经生理学的层次上研究人学，试图找到人学的神经机制。其次，从个体层次上看，个性包括三种心理功能：（1）认识的心理功能；（2）调节功能；（3）交往的功能。最后，从社会层次上看，个体的人是社会中的人，是作为社会之一分子存在，因此，人的个性的根本属性是社会的。

三　定势学派：格鲁吉亚心理学派及其思想

定势学派也是在反对行为主义的过程中发展起来的。按照行为主义，外界的刺激直接决定着有机体的行为，这抹杀了有机体的内部积极因素。在艾宾浩斯、缪勒等人的工作基础上，基于马克思主义哲学关于人的社会性等思想，乌兹纳捷等人进一步提出了定势理论。

定势学派首先是在知觉领域研究定势现象。这些成果主要集中于乌兹纳捷的《普通心理学》中，并被苛勒等格式塔学派大量采用。第二阶段主要是研究人在社会现实中的定向现象，探讨社会各种因素对人的心理学的影响和人对社会的相关的反应。按照该学派，所谓的“定势”就是有机体的某种暂时状态，并且这种状态对于有机体以后的心理发生相应的影响。其表现为主体对于某种体验总是具有准备性、倾向性。比如，知觉的定向性、思维的定向性、社会互动中的定向性等。有机体的这种定向性的根本来源于其在长期的生活。

定势的产生并不是纯粹出于有机体的内部需要，也不是仅仅是外界环境因素刺激的结果，而是二者相互作用使得有机体产生了定势的现象。因此，定势产生的条件是：第一，有机体对现实的需要，第二，满足有机体需要的现实条件。人的定势现象包括有意识定势和无意识定势。

从定势的相关理论来看，它基本上坚持了马克思主义哲学关于人的本质是社会性的基本原则。一方面，它坚持有机体的定势生物性的物质基础，另一方面，其也坚持外界社会环境对定势的产生和形成的作用。对于人在社会互动中的定势中，人的社会实践性原则。另外，该学派对于定势形成的机理坚持辩证的观点，认为定势是由于有机体内部因素和社会环境相互作用而形成的。

四　鲁宾斯坦的马克思主义心理学观

鲁宾斯坦集成了苏联心理学，对马克思主义心理学做出很大的贡献。他主要做了如下贡献。[①] 第一，他提出意识和活动是相互统一的思想，并做了相应的论述。人的意识、心理等起源于人的活动，但是，当意识和心理产生之后，意识和心理又制约、指导着人的活动。第二，他把辩证法注入了心理学的研究及理论建构。按照马克思主义哲学，物质第一性，精神第二性，物质决定精神，而精神反作用于物质的基本原则；社会存在决定社会意识的基本思想；他认为，人的心理和意识由人们社会生活所决定，并且随着社会生活的变化而变化。但是，人的心理和意识产生以后，人就主动地作用于其生活环境。然而，动物的心理是由环境及其生存方式所决定。动物的心理只是适应环境的被动的产物。第三，他提出用发展的理念研究心理学。马克思主义哲学认为，世界的任何事物都处于运动的，不断发展变化的状态。由此，鲁宾斯坦认为，人的心理不是外界推动产生的结果，也不是纯粹遗传和发育的结果，而是在外界环境影响下，人在各种活动中产生和发展起来的。另外，龚浩然还认为鲁宾斯坦首次提出“活动”的概念。[②] 鲁宾斯坦在分析行为

---

① 全国维果茨基研究会编:《龚浩然与俄罗斯心理学研究》，浙江大学出版社 2006 年版，第 72 页。

② 同上书，第 73 页。

主义的弊端的基础上，充分吸收马克思主义实践活动的思想，提出用“活动”代替“行为”。这为苏联的许多心理学家指明了研究对象。当然，其学者也做出诸多的贡献。维果茨基虽然英年早逝，但其贡献却非常杰出。列昂捷夫、鲁利亚、安纳耶夫、洛莫夫、乌兹纳捷等人对马克思主义心理学也做了诸多贡献。

苏联心理学界基于马克思主义立场，在心理学领域取得许多重要的成果，马克思主义心理学有了很大的发展，但是，他们过于僵化地理解马克思主义关于物质第一性的思想，过于迂腐地坚持社会存在决定社会意识的思想，因此，当他们研究心理学时，他们提出的思想只是关注了心灵具有反映性，忽视心灵的指向性或关于性。苏联心理学的哲学基础是马克思主义哲学，其自然科学基础则是反射学说。由于其科学基础的片面性，至少现在看来，许多学者认为反射说作为心理学的科学基础是不充分的。

然而，苏联心理学获得的成功远远超越它的不足之处。在苏联，以维果茨基为核心的文化历史学派的学者，基于马克思主义哲学为基础，把马克思主义关于实践的思想，关于人的本质的理论等应用于教育学、心理学等领域研究，由此获得巨大的成果，形成了文化历史学派，对整个世界产生巨大的影响。维果茨基吸收了唯物辩证法的研究方法论，提出了双重刺激研究方法。他把马克思、恩格斯的人类实践活动论，特别是劳动实践理论于心理学，提出了心理活动的思想。同时，基于马克思主义，他深入分析巴甫洛夫的信号系统理论，根据其第一信号系统和第二信号系统的思想，提出高级心理机能起源不同于低级心理机能起源的思想。他对教育学和心理学做了广泛深入的研究，创造出杰出的思想，概括起来大致有五方面。首先，任何人都是社会历史的产物，只要他出生来到这个世界，他就得接受共同体强加给他的文化。维果茨基虽然承认人具有生物性的特点，但是，在文化历史学派那里，人的生物性特点并不能决定人的本质，决定人的本质是人的社会性因素。这一思想和马克思关于“人是社会关系的总和”的思想一脉相承。其次，人要生存与发展总是产生各种各样的需要，但是，人在满足自己各种需要的手段和方式并不是先天获得，而是后天学习获得的。动物满足自己需要的各种手段主要是通过动物本身的物种遗传获得，当然有少量的技能是后天习得，然而，动物的这些后天习得的技能在动物的生存和发展中并不是占着支配性的地位。人和动物不同，人几乎所有的技能都是后天习得，并且人的这些后天习得的技能对于人的生存和发展是至关重要。再次，在社会中，人的心理发展形势主要是教育和教学形式。关于人的心理如何发展问题，许多学者都归于先天的因素，虽然有部分学者认为心理的发展是后天的，但是，他们往往把心理的发展归因于个体自己的建构。这忽视了社会文化对于个体心理的决定作用，忽视心理的文化历史性。第四，人的心理发展是在掌握人类满足需要的手段、方式的过程中进行的。实际上，维果茨基是把马克思关于实践，特别是恩格斯关于劳动实践形成人的思想应用于心理学。从这里可以看出，在实践过程中，人不断地把握新的手段和方式；这些新的手段和方式有力地推动心理的机能不断地发展。第五，人与人的交往最初表现为外部形式，以后内化为内部心理形式。由于人的心理发展的动力根源于人的实践，因此，许多心理的形式在人的外部已经形成，当某个具体的人操作这些外部形式时，他便内化这些外部形式，转化为自己的心理形式。

小　结

总之，认知主义主要是基于英美分析哲学的基础上产生、发展和形成的。它的两个支柱是心理的表征理论和心理的计算理论。即心理的东西都可以表征的，而表征是可以按照一定的算法开展计算的。认知主义对现象学和马克思主义哲学都形成严重的挑战。首先，在本体论层面，认知的根基是心灵中的表征，其方式是计算，因此，按照认知主义，思维和存在并不统一，实践也不是认知的基本活动。其次，在认知层面，实践形成的社会文化历史的因素无法影响认知过程，具有经验的身体也无法影响认知，更不能决定认知。从马克思主义角度看，本体论和认识论是相一致的。

如果马克思主义是对的，那么认知主义是错误的。我们将在以后相关章节论述表明认知主义是错误的。

第二代认知科学认为，身心是统一的，而且二者不可分离。因此，第二代认知科学和马克思主义在一定程度上是一致的。但是，第二代认知科学主要是以现象学为哲学基础，它把人和动物的知觉、认知等同的观点等等思想是错误的，我们将从马克思主义哲学立场批判性吸收现象学认知，阐述心智及其认知的实践性和可塑性；并且提出实践身体和实践世界的概念，阐明心智是在主体的实践活动过程中涉身于身体，论述身体具有认知的功能，身体的认知具有可塑性。

第三章

认知科学的炼金术

行为主义心理学从20世纪20年代占据统治地位，到了五六十年代，人工智能、语言认知等对行为主义发动了革命，提出信息加工范式，促使认知心理学逐渐产生，由此形成认知科学。即第一代认知科学，也称为认知主义。

随着认知主义取得一系列的胜利，人工智能专家西蒙曾经豪言：20年之内，机器人能够做人所能做的东西。明斯基在1977年也曾经说：在一代人之内，人工智能的问题将能够解决。然而，认知主义范式作为典范的认知科学走过半个多世纪，它依然没有达到认知主义先贤们的目标。原因是什么？我们认为认知主义所做的工作犹如当年炼金术士所做的工作类似，他们都是在错误的道路上行走。当年炼金家虽然也走错了道路，但是，他们的错误却给后人很大启发作用，认为当今的认知主义也如此。因此，我们无须害怕认知主义对马克思主义认识论的挑战。当然认知主义的错误也可以给我们启示。

第一节　认知主义的哲学困境

认知主义的哲学基础是功能主义。功能主义认为，心理只是物质器件的功能表现，它的核心理念是所谓的多样可实现性。根据多样可实现性思想，人们用不同材料都可以构成心灵。功能主义认为心灵的根本特点是不同的心理实体可以承载相应的因果角色。因为相同的因果角色具有相同的功能，所以，当某一实体承担的因果角色和心理实体承担的因果角色相同时，它便具有了心理的功能。根据功能主义，不同材料可以实现相同的心理。但是，功能主义本身存在诸多难以解决的问题。

一 功能主义的整体性与内省性问题

功能主义的重要特点是整体性。按照功能主义，刺激输入、内部状态、输出三者之间通过因果关系联结一个整体的因果网络，并且认知系统的内部状态也通过内部的因果关系联结为一个整体的因果网络的一部分。心理状态在整个因果关系链中，具有一定的角色。它的角色是在整个因果关系链中才获得意义。例如，“信念”就是在认知系统的输入和输出以及信念相关的心理状态所构成的整体的因果关系网络中获得“相信”的角色。实际上，其他心理状态的意义也是从整体因果关系网络中获得意义。因此，功能主义必然是整体主义。然而，这个整体主义造成很大的麻烦。其一，一个心理状态的因果关系链几乎是无限长。由此，当一个人要知道自己的心理状态时，他就得穷尽自己的因果关系链。这会把认知者的心理资源几乎都耗尽。其二，按照多样可实现性的思想，任何认知系统，只要相应的内部器件通过因果关系构成一个整体；某个器件 A 如果能够起着疼痛“C 神经纤维”所起的因果作用，或者说器件 A 承载着“疼痛”的因果角色的心理，那么这个认知系统就具有“疼痛”的心理状态。但是，比较低级的有机体，例如，蚯蚓几乎没有“信念”等心理状态，虽然它内部有某个器件 A 承载“疼痛”的因果角色。然而，按照功能主义，因为在整个因果关系网络中，它确实没有信念心理状态，所以似乎它没有疼痛心理状态的。因此，这就达不到多样可实现性的要求了。可是，从经验上看，我们说蚯蚓没有信念是很正常的，但是，如果我们说蚯蚓没有疼痛，那是不符合经验的。其三，认知者在一定程度上都有不同的生活经历；认知者获得的信息输入、经验或多或少都有差异。由于功能主义是整体主义，因此，这些输入必然影响整个因果关系网络。其结果必然是不同的认知者有不同的心理状态。如果不同的认知者有不同的心理状态，那么不同的认知者根本无法交流。

其次，功能主义还面临心理因果性的问题。从功能主义角度看，心理状态只是心理状态的承载者的一种功能，这种功能是因为心理状态在整个因果关系网络中起着某一“因果角色”而确定的。由此，当人们要说明某一心理状态的功能角色时，似乎不需要这样心理状态。例如，疼痛的心理状态是因此“C 神经纤维”在整个神经网络以及相应的输入和输出的因果关系网中承载着“疼痛”的因果角色。当人们说“我很痛”的时候似乎是不适当的，因为真正起因果作用的不是“痛”的状态，而是“C 神经纤维”。这样高级心理状态只是一种多余的副现象而已。

最后，功能主义和内省等直接认知的心理状态也存在矛盾。功能主义认为，心理状态以及心理状态之间，输入和输出通过因果关系形成整体的因果心理网络；如果认知者要获知心理状态，那么认知者必然经过一系列的因果推理过程才获得相应的心理状态。这就意味着认知者没有任何可以直接认知的心理状态。实际上，一般而言，认知者存在两类直接认知的心理状态。第一类直接认知的心理状态是内省心理状态。从日常经验来看，目前没有人认为自己内省自己的心理状态时自己总是要推理才知道的。阿姆斯特朗指出内省获得的心理状态就是认知者对自己心理内部状态直接扫描获得的，因此，内省获得的心理内容根本没有什么推理过程。① 第二类直接认知的心理状态是感觉。感觉也是一种直接的心理状态，比如，我睁开眼睛就看见前面的太阳，我不需要任何的推理，我就知道我是

① Armstrong, D., 1968, *A Materialistic Theory of the Mind*, London: RKP.

否感觉到东西。由此，这两类心理状态似乎没有和其他心理状态构成因果关系。

二 可感受性与因果角色的鸿沟

功能主义面临着可感受性问题。在人们的感觉、知觉等心理状态中，人们总是感到这些心理状态的一些性质只有自己本人感觉到，只有自己可以验证，他人难以验证。即，感觉、知觉等心理状态总是存在主观特性。哲学界用“可感受性质”（复数“qualia”，单数“quale”）指涉可以内省认知的，反映着我们心理活动的性质，心理状态的面貌。当然，有些学者否认心理状态的可感受性质。然而，在内省意义上，人们无法否定心理状态的可感受性质。心理状态的可感受性是心灵哲学讨论的热点问题。因为它是意识本质的特征之一，也是身心问题的焦点所在。但是，什么心理状态具有可感受的性质？可感受性质与物理性质的关系如何？这些问题都是仁者见仁，智者见智。

当然，不同学者用“可感受性质”时，其意义的侧重点有所不同。一般而言，其大概有四方面的含义。其一，可感受性质是一种现象性的特征。其二，可感受性质是感觉数据（sense-date）的属性。其三，可感受性质是不可被表征的性质。心灵表征主义者都认为心理状态是可以表征的，但是，可感受性质却难以表征。其四，可感受性质是本质性的东西，是非物理性的，不可言喻的性质。

从功能主义角度看，认知者的可感受性质应该是相应的因果角色承载者的某种功能性的东西。例如，疼痛是认知者内部某个器件在认知内部系统承载着这个因果角色。按照多样可实现性思想，对于人来说，疼痛的因果角色承担者应该是C神经纤维；对于狗应该是不同的神经纤维承担这个因果角色的；对于机器人（如果机器人有疼痛），那么承担疼痛的因果角色的器件又是有所不同的。然而，有些学者认为相同的因果角色不一定有相同的可感受性质。在现实生活中，有些人是色盲的。红色盲的人总是把紫色看着蓝色，把绿色看着黄色等等。红色盲的人内部认知器件所承载的因果角色和正常人内部认知器件所承担的因果角色应该是相同的，但是，他们对红色的可感受性质却不同。为什么？功能主义显然难以说明，因为按理来说他们的可感受性应该是相同的。当然，也许有些神经科学家说，因为二者的内部结构不同。但是，二者内部结构不同并不影响各种认知器件能够承载相同的因果角色，因为，功能主义认为不同认知系统都可以按照“可多样性”实现相应的心理状态。

第二方面，可感受性质缺席问题。如果心灵可以用不同的材料、器件等通过因果关系构成认知系统，由此形成一个心灵；并且，只要认知系统内部某个器件承载确定的因果角色，那么，认知系统就具有相应的心理状态。如果认知系统具有相应的心理状态，比如，疼痛、感觉等等心理状态，那么认知系统就应该具有可感受性质。但是，布洛克（Block）提出一个思想实验“全体中国人”的思想实验。[①] 现在，我们给所有中国人一人一部双向通讯的工具，即信号可以输入，也可以输出的通讯工具，然后在中国上空有一个巨大的屏幕，所有中国人都可以看见屏幕上相关的指令。由此，整个中国人由双向通讯工具和屏幕的指令构成一个巨大的认知系统。这个认知系统和人的神经元所构成的认知系统实际上几乎都一样的。一个中国人等价于一个神经元，双向通讯工具的输入和输出等价于神经元通过“兴奋”和“抑制”等方式输入和输出信息。屏幕上的指令和人心理的各种指令也没有什么差异。由此，按照心灵可多样实现性思想，整个中国人按照因果关系组成了一个认知系统。虽然，某一个中国人在这个巨大的认知系统中承载的因果功能角色和人的大脑某个神经元所承载的因果功能角色是相同的，但是，当人感到疼痛时，“全体中国人”认知系统难道也有疼痛的感

---

① Block, N., 1980, “Troubles With Functionalism”, in Block, N., ed. *Reading in Philosophy of Psychology*, MA: Harvard University of press. Volume 1. pp. 268 – 305.

受性质？显然它是没有疼痛的感受性质的。

另外，具有相同的功能表现也不一定意味不同器件具有相同的因果角色。例如，用一台计算机分别运行两个不同的程序 A 和 B，其分别得出 X 和 Y 两个数目。我们能够说，这台计算机在运行程序 A 时，它里面的器件所承担的因果角色和它运行 B 时，相同的器件承担的因果角色是相同吗？显然我们不能这么说。因为程序 A 和程序 B 的算法不同，并且程序 A 和程序 B 的语句也不同；也就是说，程序 A 和程序 B 中相应的因果关系网根本不同，相应的因果关系链也不同，其相应的因果角色当然难以相同的。由此可知，相同器件承担不同的因果角色却表现出相同的功能。如果，我们用两台不同的计算机分别运行程序 A 和程序 B，那么不同的器件，承载不同的因果角色，却表现出相同的功能。比如，苹果计算机运行程序 A，联想程序运行程序 B。苹果计算机的内部器件肯定不同于联想计算机内部器件；并且它们分别运行程序 A 和程序 B 时，苹果计算机内部器件和联想计算机器件所承载的因果功能角色也不相同，但是，它们运行的结果都一样，即它们表现出相应的功能。

事实上，认知主体的可感受性质和功能主义之间存在解释的鸿沟。从功能主义上看，即使满足功能主义的所有条件，许多认知系统依然无法出现可感受性质。如果可感受性质是真实的，那么功能主义必然有问题的。如果功能主义有问题，那么以功能主义为哲学基础的认知科学：认知主义范式也必然有问题。

三 功能主义的遗漏

功能主义虽然能够从因果关系角度刻画了心理状态与心理状态及它们与行为的关系，但是，功能主义却漏掉了第一人称的心理体验。每一种心理状态都有特定的性质，即第一人称对于每一种心理状态的体验根本不相同。比如，张三体验到“我相信这是水”的心理状态和他体验到“我想喝水的心理状态”是不相同的。基于第一人称对心理状态的体验的性质的不同，许多学者反驳以功能主义为基础的第一代认知科学。这些反驳论证有“感受性质的缺席”“色谱颠倒”，托马斯·内格尔提出的“成为一只蝙蝠会怎样?”佛兰克·杰克逊提出的“黑白玛丽”的思想实验和塞尔的“中文屋”的思想实验。基于本专著的需要，我们在这里主要是阐述塞尔“中文屋”的思想实验。

塞尔坚决否定认知主义的观点。他认为认知主义把强人工智能建立在功能主义的基础上，把人的大脑类比作计算机的硬件，心灵比作其软件是错误的。意向性是自然智能的基本特点之一，但是，基于符号与计算形成的人工智能不可能产生意向性。因为，符号并不是计算机的物理属性，符号是相对于程序员而言的东西，是程序员为了解释计算机的工作而赋予计算机的。计算机符号能够“关于”某物是程序员的意向性派生出来的意向性。

第二，基于功能主义难以说明：语义的理解。塞尔提出了“中文屋”的思想实验。设想有一个懂得英文、却不懂中文的人在一个屋子里；屋子里有一本中英文词典。他可以根据词典找到相关的中文。那么，当外面的人用字条提问问题时，屋子里面的人总是能够根据字典，然后写在字条上回答相关的问题。因此，外面的人往往认为屋子里面的人理解中文，但是，实际上这个人根本就不认识任何的中文。

按照这个思想实验，中文屋里面的词典相当于计算机里面的各种程序，整个中文屋及里面的人相当于计算机的硬件。从图灵测试的角度看，某个人向房间里面的一台图灵机提问题；图灵机做出相应的回答，如果当这个人通过对话无法分辨房间里面的图灵机到底是人，还是计算机在回答他的问题。那么，我们就可以认为这台图灵机具有了智能。中文屋的思想实验满足了图灵测试的相关要求，那么现在我们要问：中文屋里面的人真的理解了中文吗？显然，屋子里面的人确实没有理解中文。因为，中文屋里面的人面对的是纯粹的句法学的东西。但是，纯粹的句法学，比如：符号、字符串并不包含任何的语义学；中文屋里面的人根本无法从句法学中获得相应的意义。可是，理解必然包含语义的理解。对语义无所知不能称为理解。塞尔的中文屋其实包含两方面的事情："其一是在人类进行思考时他们所自觉意识到的那些真实符号，其二则是那些被附加给这些符号的意识、解释或含义"。①

按照这个思想实验，其满足了认知主义的要求。第一，输入输出都用了相应的符号（字条写着相应的中文）。第二，在处理这些输出输入的符号过程中，也是按照相关规则进行。这和计算机内部处理符号在本质上是相同的。虽然屋子里面的人每次都能够给出相应的答案，但是，他始终都没有真正理解中文。因此，人工智能只是模仿了人的智能的形式，却没有能够使计算机产生真正的智能。

第二节 形式化系统蕴含的谬误假设

所谓形式化系统："……对于有待计算机解决的任何问题，须要确定符合形式系统所用的符号，确定符号合成符号串的规则（语法）以及合法符号串怎样表达问题域的意义（说明）。然后，创制一些规则，阐明可以用什么样的方式处理这些符号。由此，其可以用符号串表达要解决的问题，并且可以用一些条件约束以表达一个解。因此，求解过程就计算机从表达问题的符号串出发，根据规则进行加工处理，最终输出符合要求的符号串。这一系列办法就是形式化。"② 从这里我们知道，形式化认知系统只能处理一些符号性的信息，并且它本身无法对没有形式化事物进行自动地形式化；也

① ［美］约翰·塞尔：《心灵导论》，徐英瑾译，上海人民出版社 2008 年版，第 92 页。

② Dreyfus, H. L., 1994, *What Computers still Can't Do: A Critique of Artificial Reason*, London, England & Cambridge, Massachusetts: The MIT Press, p. 4.

无法对形式化的处理结果提供相关的解释或赋予意义。

德雷福斯认为，把形式化系统作为一个认知系统，其背后隐含着四个假设。其分别是生物学假设、心理学假设、认识论假设和本体论假设。

一　生物学假设的谬误

按照德雷福斯，所谓生物学假设就是“某种生物学上的假想，即在某一运算水平上：一般被认为是神经元的水平上——大脑以离散的运算方式加工信息，采用某种生物学的办法，等价于开关的闭合与断开办法”。[①] 机器唯物主义者喜欢把大脑类比各种机器说明大脑的工作。在近代，他们把人比作钟表之类的机器，电话机发明之后，他们又把大脑比作大型的交换机；计算机被创造出来之后，他们又把大脑比作计算机。他们认为，神经元之间的信息沟通方式：要么全无，要么全有的方式，并且是通过电子脉冲传递各种信息；因此，神经元的电脉冲或尖峰信号与计算机的信息单位是类同的。

这一比喻是否适当？实际上，机器唯物主义者无法在逻辑上给予确证，他们更多只是一个经验假设。这种经验假设本身就存在问题。首先，不管机器唯物主义把大脑比作任何的机器，大脑和机器都没有任何的相似性作为基础。因为大脑是一个有机物组织，机器仅仅是一个无机物构成品。前者是自然界经过上千年的进化而形成，后者只是人类为了自身的沟通等社会实践而创造出的工具；它们的产生的方式根本不同。其次，大脑内部的神经元相互作用的方式是通过复杂的化学反应、电磁等等相互作用。大脑的这种相互作用本身具有自主性、自治性和自足性。大脑本身的活动不需要外界任何干预就可以活动，可以完成自己相关的任务与历程。但是，任

---

① Dreyfus, H. L., 1994, *What Computers still Can't Do: A Critique of Artificial Reason*, London, England & Cambridge, Massachusetts: The MIT Press, p. 166.

何机器，即使是计算机，它们都需要外界的条件约束下才能开展活动，比如，外界给予初始条件、终止条件、预定目的等等。否则，机器无法运动的。最后，大脑的神经元活动方式和机器内部构件的活动方式也不相同。机器唯物主义看到计算机内部器件只是全有或全无两种工作方式，由此假定大脑的神经元也只有这两种方式进行工作。实际上，神经元的工作方式是非常多的，除了输入、输出信息之外，神经元还对各种肌肉的运动进行控制，并且做出相应的解释；同时，控制各种肌肉的运动及其他的功能；对肌肉运动做出解释。另外，从量上看，神经元以及神经突触的数量远远多于计算机内部器件的数量。神经心理学家罗森布里斯（Walter Rosenblith）说："我们不再坚持以前那种广为流传的看法，认为神经冲动的所谓全有或全无定律，使我们有理由把继电器看作是神经元的恰当模型了。此外，我们越来越看清神经元之间发生的相互作用：在某些情况下，一个神经冲动序列，可以按精细分级的方式反映出数千个神经元的活动情况。在无数个单元这样强烈地相互作用的系统中，对该系统的功能的最好理解，不一定能在一个一个的神经元的基础上进行，就像每个神经元都有一独立的品格似的……在人脑和计算机系统的组织之间做详细对比，也同样证明是无法进行和没有结果的。"① 由此可知，基于计算机隐喻说明人的智能只是基于继电器说明人的智能的高级版本，只是机械唯物主义的升级，并没有真正说明人的智能本质和运作方式。

二　心理学假设的错误

认知主义认为，大脑的神经系统就如一部按照全无或全有的方式处理信息的机器。但是，认知主义又认为，人们无法根据神经活动说明心理现象。心理现象无法被还原为生理现象。如果认知主义

① ［美］罗森布里斯：《论控制论与人脑》，《美国学者报》1966 年，第 247 页。

认为无法用生理现象说明心理现象，那么必然存在一个心理层次。这个心理层次是什么？认知主义认为，这一心理层次就是由符号性的加工系统构成。德雷福斯对于认知主义的这一心理学假设提出了质疑。德雷福斯指出，心理学假设就是“某种心理学上的假想，即大脑可被看作一种装置，这一装置按照形成规则加工信息单位。于是在心理学看来，计算机的作用相当于大脑的模型，就像休谟这样的经验主义者所设想的那样（那些信息单位作为基本印象），也像康德这样的唯心主义者所设想的那样（由程序提供规则）。无论经验主义者还是唯心主义者都为把数据加工作为思维模式的想法提供了背景，这是一种第三人称的加工过程，在这一过程中，‘加工者’并无实质性的作用”。①

首先，从科学方法论的角度看，这一心理假设的证据有问题。认知主义把符号形式系统当作一个独立的心理层次的一个重要根源是它把信息理论与意义理论混淆了。

实际上，他们认为经验是一种孤立的、原子的、中立性的状态；无论信息，还是意义，它们都只是经验的一种表现，一种形式；因此，信息和意义也是一种原子式的，可以和背景分离的、中立性的东西；信息和意义在某种程度上是等价的。实际上，这种观点混淆了信息理论和意义理论。沃伦·韦弗（Warren Weaver）认为“信息”（information）是在特殊的情景中，在特别的语境中使用的；信息和一般的意义有区别。② 当然，我们认为，信息和意义确实有共同之处，比如，当我们从信息源传输到信息终端时，我们往往也把意义从信息源传到信息终端。电话就是典型的方式。在电话的通信中，信息和意义有许多共同之处。香浓说：“通信的根本

---

① Dreyfus, H. L. , 1994, *What Computers still Can't Do: A Critique of Artificial Reason*, London, England & Cambridge, MA: The MIT Press, p. 166.

② Neisse, U. , 1967, *Cognitive Psychology*, New York: Appleton-Century-Crofta, 1967, p. 6.

问题是在某一地点准确地或大致地复制在另一地点所选择的信息。这些信息常常是有意义的；也就是他们涉及在某种系统中相关特定物理的或概念的东西。通信的语义方面与其工程问题全不相干”。[①]由此可知，只有在通信系统中，信息和意义才能等价，对于非通信系统，特别是计算机的形式系统不能不言而喻地把信息和意义等价起来。认知主义明显犯了这一错误。认知主义把信息理论和意义理论等价的结果必然导致认知主义把神经系统的连续的物理变化、化学变化以及各种连续的生理变化所产生的各种信息以及传输的各种信息看作是许多分离的信息，看作是离散的信息。实际上，这是变相地把神经系统连续的物理变化、化学变化和生理变化过程作为一个离散的过程。因此，认知主义心理假设是错误的。

按照纽厄尔和西蒙的思想，认知理论和其他科学理论一样具有通用性，即在理论范围内解释相关现象。由此，形式化认知系统的成功或失败的一个重要标准在于相应的程序的通用性。如果某个形式化认知系统的程序能够在其他相关情景中通过了测试，那么这个程序就成功了；如果没有通过则失败了。也就是说，在相应的情景中程序都可以应用，形式化认知系统才是成功的。但是，到目前为止，所有形式化认知系统的通用性都很差的。其一，没有那一个形式化认知系统能够在自然语言方面得到应用；几乎所有形式化认知系统都排除了自然语言。虽然在模式识别中，形式化认知系统得到很多应用，但是，它只能在一定程度上说明信息加工原型最有利的方面得到应用。其二，认知主义的形式化认知系统只能在有限的程度内应用，比如，它所追踪的对象只能与某个具体的行为匹配，它无法和某个行为模式匹配。亦即形式化认知系统对于单独的行为可以批判，但是，对于从单独行为抽象出来的行为模式则无能为力。因此，形式化认知系统所谓的认知仅仅是部分认知，而不是全局认

① 香浓：《通讯的数学理论》，载香浓与韦弗《通讯的数学理论》，伊利诺伊大学出版社 1962 年版，第 3 页。

知。人的心灵认知系统则完全不同。不管是复杂的认知环境，还是简单的认知环境，心灵都能够把认知对象的相关要素聚集起来，把相关要素的信息关联起来，由此认识相关对象。并且心灵出于认知的需要，既可以把对象某一部分信息相关联，也可以把整体的相关对象信息相关联。

如果认知主义是一种科学研究范式，那么显然它有很大的缺陷。因为任何科学定律不许有例外，其必须适用于一切对象。比如，自由落体定律，它适用于地球上的一切物体。但是，形式化认知系统只能在非常局部的情况适用。

三　认识论假设的错误

从认识论层次看，形式化认知系统隐含着“某种认识论的假想，即一切知识都可被形式化，也就是说，凡是能理解的都可通过逻辑关系来表达，更确切地说，通过布尔函数来表达，即表达为支配信息单位按规则相互关联的方式的逻辑演算。”① 并且“……虽然不能用假设人实际上在一系列无意识运算中遵循启发规则的方法，解释人类活动，但是，智能行为仍然可用这种规则加以形式化，因此又可用机器加以复制。这便是认识论假想。”② 由此可知，认知主义认为，不但人类那些书面化的知识可以形式化，而且人们心灵产生知识的能力，即人的智能也可以形式化。我们认为，人类书面化的知识可以部分形式化，但是不能全部形式化，然而人类的智能进行形式化存在巨大的困难。

波兰尼关于知识的论述表明，有些知识是可以表述的，但是，有些知识是不可以表述的。可以陈述的知识可为公共分享，不可以表述的知识只是个人默会的知识。我们认为这种默会知识不可形式

---

① Dreyfus, H. L., *What Computers still Can't Do: A Critique of Artificial Reason*, London, England & Cambridge, Massachusetts: The MIT Press, 1994, p. 166.

② Ibid., p. 197.

化。因为这不可排除存在着根本不能用形式语言描述，但是，仍然可由诸如人脑这类东西执行的事件或过程。我们看一下波兰尼在《个人知识》一书中的例子。一个人骑着自行车时，为了防止摔倒，他总是不断地调节自己身体的方位，从而补偿摔倒的倾向，由此达到平衡。如果按照认知主义，对他骑自行车过程的行为与心理活动的形式化，那么应该是他沿着某一条曲线前行，在这一过程中相关的曲率与速度的平方成反比。那么骑车的人在运动过程中他的行为和心理活动真的可以用曲率和速度平方成反比的方程说明吗？或者说用认知主义的形式化系统描述骑车人的运动过程能够反映他当时的行为和想法吗？这显然无法用这种形式化的方程说明骑车者的行为和心理活动的。骑车者几乎不考虑自己身体的方位，除非在特殊的情况下，为了防止自己摔倒，他才会考虑自己身体的方位。这一方程不能说明骑车者行为的目的，骑车者的心理活动等。

实际上，认知主义认为可以用计算机复制非随意性行为的规则。也就说，只要是非随意性行为就可形式化，并且可以复制及加工这些行为。认知主义在这里所谓可以复制非随意性行为。从弱意义的角度看，非随意性行为就是指人们有序性的行为。从强意义的角度看，非随意性行为就是“行为规律”。认知主义只是把骑车人的运动当作一种物理运动来描述，由此它得出能够用计算机形式化系统描述行为。但是，人的行为的本质不是一种物理性的运动，而是一种有意义、有目的、具有主观性的运动系列，是一种“实践性”的运动。不管是弱意义的行为，还是强意义的行为，其根本特点是体现了行为者的主观性。行为的主观性其不仅表现为行为者的行为体现着行为者的心理的意向性。行为总是根据心理状态所指涉的对象而发出，并指涉相应的对象，而不是毫无对象地发出行为。行为的主观性还体现为行为本身是行为者心理的意识的表现。行为的发出总是在行为者觉知的情况下发出。因此，认知主义把行为仅仅作为一种物理运动来描述是片面的。

行为除了具有主观性之外，其还具有社会文化性。在日常活动中，人们的行为，特别是人们的复杂的劳动行为不可能是仅仅一种物理运动和行为者的主观性。人们的行为更为根本的是行为的社会文化属性和实践性。不同的行为者哪怕在相同的情景中发出相同的行为，比如，摇手，对不同的人具有不同的意义，有的人摇手时表示“拒绝”，有的人表示“再见”等等；因为行为者个人的经历不同而造成自己不同的表达习惯。另一方面，对于行为的观察者而言，不同的人观察相同情景的行为也可能得出不同的解释和意义。行为的社会文化性在复杂的劳动行为中尤为明显。其一，在劳动过程中，人们总是应用工具而劳动，然而工具本身不是仅仅一个自然的实体，同时也是一个社会实体；是一个人工创造物。工具本身体现着人类社会的文化，因此，当一个人运用工具劳动时，他的行为虽然具有认知主义所谓的“行为规律”，但是，更为根本的是他的行为体现着共同体的文化。其二，劳动者劳动过程的行为不是单独的行为，不是孤立的行为，而是在社会分工条件下的行为，这种行为本质是共同体的集体性行为的一部分而已。

其次，即使我们承认，人们的行为是一种物理运动，认知主义的形式化系统也不是真正加工行为者的物理运动的信息。也就说，认知主义所加工的信息也不是来自骑车者的物理、化学变化所产生的信息。骑车者在骑车过程中，他的一系列运动来自于他身体的一系列的物理化学变化过程。这些物理化学变化过程是连续的，并且在变化过程中会产生许多信息。然而，形式化系统所处理的信息和骑车者运动过程中的信息没有什么关系的。因为，形式化系统进行的一种逻辑性的加工，它所加工的信息是根据系统本身的特点而确定的。例如，系统能够加工什么信息，那么就输入什么信息；哪些信息符合系统的逻辑过程就选择哪些信息等等；对于那些不符合形式化系统的信息就会被视而不见。因此，形式化系统往往是根据系统的特点，编造一个方程然后强加给对象。该方程只是偶然适合描述相应对象，不是必然地可以刻画对象。因为形式化系统加工的信息都不是被描述对象发出的信息。另外，即使我们承认认知主义可以按照物理运动的方式描述行为，它依然有难以克服的困难。布里默曼（H. J. Brenmermann）说："没有任何一种数据加工系统，无论是人工还是自然的，能加工每秒每克大于（2×10^{47}）比特的信息"。① 由此可知，形式化系统的速度有极限性，然而信息的数量却无限地多，无论多么快的形式化系统都无法加工这些信息。

认知主义往往以语言可以形式化的案例来支持自己的认识论假设。这主要是从乔姆斯基那里开始。然而，并不是所有的语言都具有严格的规则。维特根斯坦指出："一般说来，人们不是按照严格规则使用语言的——人们也不是通过严格的规则学习语言的。"② 如果语言不是按照严格规则进行，那么语言必然不能完全形式化。如果语言完全形式化，那么必然会牺牲语言的其他要素为代价。另外，对于人而言，对许多语言的理解根本就不需要规则。然而，形式化的认知系统如果没有规则，那么它将无法加工语言。在语言方面，形式化认知系统对于违反语法规则的语言是不可能理解的，这是认知主义不可克服的困难。因为，形式化认知系统只能加工符合逻辑的东西，对于违反逻辑、违反规则的东西，无论多么强大的计算机都不可能对它们进行加工。但是，对于那些违反语法规则、违反逻辑的语言，正常的人总是比较容易理解。

实际上，认知主义的认识论假想之所以存在上述问题是因为它假定存在可以从知识背景剥离出来的数据库。这种数据库是独立的数据库。但是，当数据库脱离知识背景时，那么它就必然存在歧

① ［美］纽厄尔·西蒙：《GPS：一个模拟人类思维的程序》，第 293 页；转引［美］休伯特·德雷福斯《计算机不能做什么：人工智能的极限》，宁春岩译，生活·读书·新知三联书店 1986 年版，第 204 页。

② ［奥地地］维特根斯坦：《蓝皮书和褐皮书》，（牛津：Basil Blackwell，1960），第 55 页，转引［美］休伯特·德雷福斯《计算机不能做什么：人工智能的极限》，宁春岩译，生活·读书·新知三联书店 1986 年版，第 211 页。

义。如果它想避免歧义，那么在把数据库剥离知识背景的过程中必须一层一层的规则。可是这将导致无穷倒退。总之，认识论假想会碰到两难问题："……（认识论假想）受到两面夹攻：使用规则的不可能性和找到终根非歧义性数据的不可能性，他们将不得不完全放弃认识论假想"。①

四　本体论假设的错误

形式化认知系统在本体论上则隐含着"……由于输入数字计算机的一切信息必须取得信息单位（比特）的形式，因此这种计算机大脑模型预设了关于外部世界的有关信息，以及对智能行为的产生有实质意义的一切，原则上都必须可分解为一组与局势无关的确定的元素。这是关于存在就是一组在逻辑上完全相互独立的事实那种本体论的假想。"②；德雷福斯指出："关于世界可以全部分解成对上下环境无关的数据或原子事实的假想，是 AI 研究及整个哲学传统中隐藏得最深的假想。我们将把这一假想称作本体论假想。"③由此可知，认知主义在本体层次认为世界是一组事实，并且这一组事实可以单独存在，可以脱离局势而存在，脱离背景而存在；因此，人们可以用形式化系统对整个世界进行刻画。在认知主义中，不管是什么形式化系统，都认为智能根植于一个独立元素的事物。

实际上，这种思想不是认知主义那里才产生。整个西方哲学传统就要求知识、智能等的确定性。从柏拉图对知识的定义：知识是可确证的，真的信念，我们就知道知识是按照规则确定的。莱布尼兹进一步把这种确定性解释为世界是由离散的元素来构成。因为，世界是原子式的构成，那么我们就可以用离散的、原子式的概念说

---

① ［美］休伯特·德雷福斯：《计算机不能做什么：人工智能的极限》，宁春岩译，生活·读书·新知三联书店 1986 年版，第 213 页。括号里面是笔者加进去。

② 同上书，第 166 页。

③ 同上书，第 214 页。

明世界。在休谟那里，人关于世界的经验是一个个的映像，映像单独存在，按照规则联结在一起。罗素则汇合了经验主义和理性主义的思想，提出逻辑原子主义。维特根斯坦的早期思想则从原子事实立场上试图重构世界。认知主义基于这一思想脉络，结合当代的经验，试图由此构建智能的大厦。

事实上，这只是分析哲学传统对世界做出的错误图像的结果。认知主义试图以此构建智能大厦，其将面临诸多问题。按照梅洛-庞蒂的思想，西方传统追求的确定性想法是常识性预设。这种常识性预设和人们现实生活中的经验根本不相符合。德雷福斯指出，认知主义实际上混淆了人类局势和物理状态。实际上，认知主义者往往把人类活动的局势等价于某一确定的实体。麦卡锡在《具有常识的程序》中说："我们的理论有一个基本的实体是局势……一个系统的运动规律能从某一给定局势决定所有未来局势。因此，一个局势对应于状态空间中一个点的观念。"然而，把局势等价于状态空间的点是错误的，或者说局势不可能是空间中的某一物理状态。因为局势中，包含时间、地点、主体和客体。对于局势基本性质起决定作用的东西不是时间，也不是地点，也不是客体，而是主体。尽管相同类型的局势不断出现，并且它们在地点、对象方面有诸多相同或相似之处，但是，由于主体的不同，使得它们不可能是同一物理状态，因此不能把局势看着空间的点。即使两个局势中的地点、主体和客体等都完全相同，但是，由于主体的目的、欲望、意图等等不相同，它们就不是同一局势，它们就无法看作空间的一个点。实际上，几乎有多少个主体就有多少种局势；主体有多少不同的意图和目的，现实就有多少局势。因此，如果局势不是空间中的一个点，那么它们就无法用方程进行刻画。

我们重新讨论麦卡锡的例子"在家里"（Being at home）。按照认知主义，"在家里"等价于"在房子里面"。"在房子里面"是整个物理空间的一个点，一种物理状态，因此，认知主义可以对它进行形式化。但是，在房子里面仅仅是在家里的一种方式，一种状态；或者说，在家里不一定意味在房子里面。在日常生活中，某个人在自己花园里，他也往往说我在家里。有的时候，某个人在小区里散步，他也说我在家里。反过来，在房子里面不一定意味在家里，比如，一个人出差，他住进旅馆，也一般不认为自己在家里，别人也不认为他在家里。有时，某个人刚刚买了新房子，但是，他没有搬家具进去，尽管他待在房子里面，他也不会说在家里。他还没有感到这是家。由此可知，认知主义把局势等价一种物理状态，然后用方程刻画，但它没有捕捉到局势的本质。

认知主义基于世界是由一组独立的事实构成的假想，然后试图对世界进行形式化，并利用经验来经营智能事业。这种假想本身就存在问题。德雷福斯指出不存在中立性的数据库，单独一种孤立的事实是没有任何意义的东西。任何的事实都是基于比自己大的背景中存在才是有意义的事实。在日常经验中，人们感觉的事实也不是一组单独存在的事实。人们的真实感觉是世界相关联系的，各种信息都处于“相关”的状态。某一信息如果离开背景，那么这组信息也就不是信息了。因此，真实的世界不是一个可以形式化的世界。这对于形式化认知系统而言是巨大的难题。

首先，形式化认知系统在处理信息时它遇到的难题是世界不可形式化，因为世界不是孤立的一组事实。任何的机器认知系统当其要“认知世界”时，它总是得处理相关的信息。但是，世界的信息是无限多的，在无限多的信息中，哪些信息是相关？哪些信息是无关？比如，一个形式化认知系统要认知一个“椅子”。那么什么是“椅子”？椅子有四只脚，一个靠背，一个座板。但是，有的椅子却只有一只脚。有的椅子的脚、靠背和座板都是连在一起，等等。认知主义如何形式化椅子？显然这很难形式化的。椅子之所以是椅子，那是因为椅子是在人们日常的吃、喝、住、穿等的日常生活中，它才是椅子。离开了人的生活活动，比如，人们抛弃的废旧椅子，它不再是一张椅子，因为它离开了人们日常生活的活动。因此，如果形式化认知系统要认知一张椅子，它就得把人们的日常生活活动形式化。然而，这似乎是一个不可逾越的难题。即使认知主义能够对日常生活形式化，日常生活背后还有更大的背景，比如，生产劳动；生产劳动后面又有历史文化背景。总之，这种相关性是无穷无尽的。认知主义是无法完全形式化的。当然，认知主义认为椅子只是具有“坐”的功能，因此，只要把“坐”这种功能形式化了，就可以认识椅子了。实际上，“坐”的功能就是“椅子”依然需要背景，并不是所有“坐”的东西都是椅子。比如，某人坐到阶梯或地上，那么阶梯或地球就是椅子？显然不是。实际上，离开背景，一个事实仅仅是事实，没有任何意义。一个形式化认知系统面对无限多信息的世界根本无从下手。

当然，也许在初始阶段，在外界的启动下，认知系统就可以自行其是了。比如，一台计算机，开始时，按一下开关，自举程序就开展了。但是，这种自举程序根本没有涉及加工外部信息的选择，不涉及“相关”性问题。即使我们撇开初始阶段，认知系统在运作过程依然碰到难题。因为机器在工作过程中，其总是不断处理相关性的信息。可是，世界的信息似乎是无限多的信息，那么机器如何从无限多的信息挑选出与自己相关的信息呢？什么信息是相关的？这需要一个标准。这个标准却无法单独列出来，或者说根本没有这样的标准。德雷福斯认为，判断是否相关取决于相应的语境（context）。即语境决定着什么信息是相关的，什么信息是无关的。德雷福斯在《计算机仍然不能做什么：人工理性批判》指出：为了理解一段话，把一个问题结构化，或者识别一个模式，计算机必须按照一个语境选择和解释其数据，可是，我们如何将这个语境赋予计算机呢？认知主义能够获得语境吗？或者说语境可以独立的数据存在吗？从目前看，不存在一个不须任何解释却能够被认知主义利用的语境。因为认知主义只能处理形式化的信息，而无法处理“意义性”的信息，并且，所谓语境，其根本特点是意义。没有意义就无所谓语境了。也就说，只有将语境的意义形式化了，认知主义才可能有一个不须任何解释，而可以依托和利用语境。可是，认知主义就先天排除了“意义形式化”的观点。如果意义可形式化，那么它就不是认知主义了。

如果语境不可形式化，那么人类活动世界就不可能最终被形式化了。因为，例如，认知者要认识对象：苹果。认知者要认识什么是果，并且要认识什么是树等等，并且他还要认识什么不是果等等。由此可知，果之所以是果，而不是其他的东西，那是因为果总是以所有不是果的东西为语境。不是果的东西为语境则需要更大语境，最终、最大的语境就是整个世界。整个世界都处于相互联系之中，不同事物都处于互为对方的背景。由此，世界是不可能形式化的。结果，认知主义无法刻画世界，按照认知主义建构的认知系统无法真正认知世界。

实际上，德雷福斯对此做了深刻地批判。我们把他的批判重构如下：

认知主义认为：世界是一组单独存在的事实。

德雷福斯认为：

单独存在的事实是没有意义的事实。

认知系统要加工的是有意义的信息。

信息的意义来源于相关的语境。

如果形式化认知系统要获得有意义的信息，那么必须将“终极语境”形式化。

但是，不存在“终极语境”的事实。

由此，没有“独立于语境的数据”。

因此，可以用独立于语境的数据描述世界的本体论假设是错误的。

世界不是一组独立的原子事实。

因此，不可能把世界形式化。

认知主义的人工智能方案不可能。

第三节　形式化认知系统的斑瑕

我们在上面论述了认知主义的形式化认知系统是不可能的，亦即图灵机在现实中是不可能的。即使我们撇开图灵机是否可能的问题，我们在本节将看到论证人类构造的任何机械性的、形式化的认知系统本身都存在不可逾越的矛盾。

一　形式系统与哥德尔定理

认知主义认为，因为形式化系统能够通过图灵测试，那么这意味着形式化系统完全等价于人的心灵。那么形式化系统能够等价人的心灵吗？哥德尔定理表明，不能够等价心灵。从认知系统内部来看，认知能力本身不可以用形式化系统完全刻画的。

（一）形式化系统的基本要素

按照认知主义范式，一个典型的机器认知系统应该具有三个层次：第一是形式化系统；第二是模型，亦即图灵机模型；第三是物理实现方式。这方面典型的就是马尔的视知觉理论。就机器而言，计算机解决问题必须具备三个条件：一、待解决问题能够形式化；二、待解决问题存在算法，即其是可计算的；三、待解决问题在有限的资源内得到解决。

形式化系统则包含：字符、句法与规则、前提假设（公理）、算法或解题步骤等等。

（1）字符。字符就是一些人工文字，是出于方便，根据形式系统的特点，目的等选择一些英文字母、汉字、拉丁文等，甚至出于主观需要而临时创造的一些符号等等。

句法也是根据形式系统的特点、任务、目的而确定。其主要指什么符号可以构成简单句，符号构成简单句遵循什么模式；简单句如何组成复合句等等。基本假设就是形式系统在运算之前总是把某些命题当作前提条件。这些前提条件是不证自明的公理。

（2）前提假设（公理）

（3）句法与规则。规则就是在形式系统范围内，如何从基本假设推导、演算出相应的结论。

（4）算法。把形式化系统中的字符合成字母串称为算法。这一算法有三个步骤：一、确定字符是否是合成公式；二、确定符号是否是一个公理；三、字符组合成字符串是否符号规则。这些算法可以用图灵机实现。图灵还证明，存在特殊的图灵机可以模拟别的图灵机，即存在通用的图灵机。

（5）解题步骤。

图灵机解决问题如下：（a）给定问题；（b）对问题进行形式化表达；（c）符号句法；并对符号串付以意义；（d）按照规则对符号进行处理；（e）得出结论。

（二）形式化系统的一致性与不完全性

哥德尔定理表明，包含初等数论的任何形式系统，都必然有不可判定的命题。如果把哥德尔定理应用于图灵机模型，那么必然得出这样结论：任何形式化系统的机器必然存在一个至少不可为该机器本身无法证明的真命题。但是，这个真的命题可以被人们所认识。因此，虽然机器模拟人的智能，但形式化智能的机器永远不能超过人的智能。

内格尔（Ernest Negel）和纽曼（James R. Newman）在《哥德尔证明》一书中证明机器不可能代替人类的心灵。卢卡斯（J. R. Lucas）发表了《心灵、机器与哥德尔》一文证明基于形式化系统的任何机器都无法超越人的心灵。他们证明的思路如下：如果存在一台能证明算术定理的机器，并且它是某一形式化系统的物理体现者，那么哥德尔不完全定理表明，至少有一个真的命题，这台机器本身不能证明该命题是一个真的命题，然而，这个真的命题却被人们所认识。

许多学者认为人的认知能力不可能完全形式化，如果人的认知能力不可能完全形式化，那么心灵的认知本质不可能是计算的。也就说，形式化和算法不能刻画心智的认知及其过程的全部东西。卢卡斯（J. R. Lucas，1961）运用哥德尔定理对心灵的计算理论提出了质疑。他的论文《心灵、机器与哥德尔》在《哲学》期刊发表。他用哥德尔不完全定理证明：机器的能力超过人的思维的能力是不可能的。因为任何的机器只是一个形式化的系统。在任何的形式化系统中，其至少都存在一个真的命题，并且这个形式化系统无法证明该真的命题。但是，人对任何形式化系统中的命题，人能够认识形式化系统本身无法证明的命题。卢卡斯说："任何具有一致性，且能做初等算术定理的机器，都必然有一个公式无法被这台机器证明……但是，我们能认识公式是真的。因此，任何机器模型都无法完全充分体现心灵"。①

英国学者罗杰·彭罗斯（R. Penros）于 1989 年进一步扩展卢卡斯的论证，其论文《皇帝新脑——计算机、心智和物理定律》一文中坚决否定了人工智能超过人的心灵。他指出："数学真理的概念不能包容于任何形式主义的框架之中，人心，特别是人的意识完全是非算法的，计算机不过是强人工智能专家所钟爱的一副'皇帝新脑'而已"。②

我们重构卢卡斯和彭罗斯的论证如下：

如果一台机器承载着一个能够导出算术定理的形式化系统。

因为这台机器的形式化系统是一致的，所以，它至少存在一个

---

① J. R. Lucas. . Minds, Machines and Gödel, *Philosophy*. Vol. 36, No. 137 (Apr. - Jul. ,), 1961, pp. 112 - 127.

② ［英］彭罗斯：《皇帝新脑——计算机、心智和物理定律》，许明贤译，湖南科学技术出版社 1996 年版，第 17—18 页。

哥德尔语句，但是，这台机器本身无法证明该系统里面的哥德尔语句是真的。

因此，这台机器在其本身系统里面不能证明至少一个真的命题。

人能够认识这一个真的命题。

由此，人的智能中至少有一部分是机器所没有的。

根据上面的相关定理，计算并不能完整地刻画人的心灵，不能完整描述人的智能。我们认为思维的本质不是计算能力，而是抽象能力，智能本质不是计算能力，而是抽象能力，智能本质不是计算能力，而是实践能力。

二 图灵机与勒文海姆—斯科伦（Lowenheim-Skolem）定理

（一）图灵测试的特点

图灵机把因果性与符号性联系起来，并且它提供了一个操作性模型，使得相关的符号具有因果效力。该模型是评价形式化是否有因果性的标准。图灵测试虽然有行为主义的特点，但是，它并非完全重复行为主义。因为在图灵测试中，认知者的行为并不是具体的行为，是一种行为的模式。可是，在行为主义中，认知者的行为是一种具体的行为。例如，在 A、B、C 三人的游戏中，A 对 B 说："我爱你"的行为，对于行为主义而言，刻画 A 的行为应该是描述 A 的喉咙、嘴巴等肢体的具体活动。但是，在图灵测试那里，这一行为可以是纸条上的文字，也可以通过第三者来传递。或者说，在图灵测试中，当 A 对 B 发出"我爱你"的行为时，A 可以通过多种不同的具体行为表达，可以通过打字机、纸条传递、游戏的中介人等等。它需要其他符号作为传递的媒介。但是，在行为主义那里，智能只是描述 A 的喉咙等具体的肢体行为。因此，二者不同之处是行为模式和具体行为。所谓行为模式只是智能主体的一种外在表现，只是智能主体思维方式的一种表达方式。某一机器表现出某行为模式并不等价于其有智能，但是，某一认知系统以某种行为模式行动达到自己的目的，其必然包含一定的智能。因为行为模式是有多个具体行为构成，也可以通过不同的具体行为方式组成，其包含主体的目的，或者说，以主体的目的为中心，主体通过一系列行为到达自己的目的，也可能是主体选择不同的行为方式而达到自己的目的。比如，A 对 B 说“我爱你”的行为，对于行为主义而言，A 用打字机表达不同于 A 用机器的声系统表达；但是，在图灵测试中，A 的这两个具体的行为都只是一个行为模式而已，对图灵测试而言这两个具体行为都是等价的。由此可知，图灵测试中，虽然是一种行为模式，但是，这种行为模式只是在媒介中发生传递，并没有产生真实的意义。或者说，图灵测试中的意义是观察者把意义赋予图灵测试系统的。测试系统本身没有无法判断测试是否成功或失败。其成功或失败只是观察者界定某一标准作为最终判断。因此，通过了图灵测试并不一定意味就具有智能，因为图灵测试并不是智能存在的充分条件。另外，图灵测试本身也无法否认智能存在的其他标准与条件。因此，形式系统当中认知本质是片面的。

（二）图灵机与勒文海姆—斯科伦定理

实际上，图灵测试中包含语言、行为和特定的语境。如果一个形式化系统能够通过图灵测试，那么其必须理解相关的语言、行为和语境。对于一个形式化的认知系统而言，行为、语言和句法也许相对容易被它所刻画，但是，即使它可以刻画它们，这些东西也不能够充分解释语义。图灵机的本质是用机械性的程序模拟心灵的运算。图灵机运作的两个条件（1）输入和输出必须是形式化的东西；（2）任何东西都是可计算的。认知主义认为，心灵也如此。如果心灵也是一种按照形式计算方式运作，那么其必然涉及句法和语义的问题。形式化的句法是否蕴涵语义？

许多学者对此都质疑。因为在逻辑学中勒文海姆—斯科伦定理定律表明：在数论领域中，每一个形式符号系统至少有一个解释；

如果人的心灵是一个符号系统，那么该定律也是适用的；按照该定律，任何的心理语言（Mentalese）的句法，因为，心灵语言对象并不是数，所以，在原则上，心灵语言符号至少映射着一些非数的对象。因此，形式化句法和语义并不存在必然的联系。

普特南曾经指出，根据逻辑学中的勒文海姆—斯科伦定理，任何一个形式符号系统在数论中都有一个解释。如果把勒文海姆—斯科伦定理应用于计算心灵模型，由于在心灵系统中符号并不是对应着数，每一个符号描述的是心灵的语义。根据这些思想，某一心理语义 S1 作为规范性解释，根据相关约束条件，其将至少映射着一个不是数的对象。但是，根据勒文海姆—斯科伦定理，至少存在另一个解释 S2，根据相关约束条件，映射着系统。也就说，同一形式系统对应两个本质上不同的解释 S1 和 S2，那么到底 S1 是真的，还是 S2 是真的？对此，这个系统本身无法确定。

由此可知，实际上，形式化认知系统除了前述缺陷之外，还存在符号与语义问题，或者说存在语形和语义问题。对于形式化认知系统机器——图灵机其要通过图灵测试时，其不仅仅涉及符号，而且涉及语义。因为在图灵测试中，其主要途径是言语行为，亦即图灵测试中，既涉及行为，也涉及符号和语义。那么符号和语义是一一对应吗？或者说形式化系统的解释模型是唯一吗？按照勒文海姆—斯科伦定理，我们可以知道任何一组公理构成的形式化系统存在多个语义解释模型，而且这些语义解释模型本质上不相同。如果说，哥德尔不完全定理只是表明，任何形式化系统的描述能力都存在局限性，那么勒文海姆—斯科伦定理则表明，即使形式化系统的描述能力是充分的，形式化系统的符号和意义也不是充分对应的。对于形式化系统而言，“真理性”与“描述性”是分离的；一个形式化的认知系统哪怕它具有充分的刻画能力，但是，这种刻画能力也不一定获得真理性的命题。然而，人的心灵不同，人的心灵不但能够刻画外界相关对象，而且人的心灵能够获得真理性的命题。由此可知，形式化系统中的符号并没有反映任何语义，符号和语义根本没有任何因果关系。

认知主义认为图灵机可以等价人的心灵，图灵机就是心灵的机器版本。但是，哥德尔不完全定理却给以形式化认知系统重大的打击。因为，它表明任何形式化认知系统不可得兼于鱼和熊掌，即任何形式化系统不能同时具备一致性和完备性。勒文海姆—斯科伦定理则表明，即使形式化系统是充分的，形式化系统也无法获得真理。按照该定理，即使世界可以完成形式化，但是，形式化出来的形式化系统也无法获得真理。

三　符号不是认知系统的物理本性

认知主义自从产生以来获得巨大的成功，在人工智能方面不但在理论上有重大突破，而且在应用方面也有巨大的影响。在心理学领域，认知心理学获得巨大的进展。在其他领域，认知主义都产生不同程度的影响。但是，作为认知科学的第一个范式——认知主义也面临许多困难。从机器认知系统与形式化系统的关系来看，认知主义也存在语形和语义问题。

在上面，我们从数学逻辑角度论述形式化系统的缺陷。除此之外，从系统本身的性质来看，形式化系统在语形和语义方面也存在缺陷。塞尔在《心灵的再发现》中对认知主义做出了诸多的质疑①，并且学界认同塞尔对认知主义的批评有许多合理之处。

首先，按照符号主义，计算机运作是通过操作符号而表现出智能，计算机中的计算是按照语言的形状进行的。但是，语言的形状本身并不是计算机硬件具有的物理性质，而是程序员为了解释计算机的工作流程，按照功能主义的“多重可实现性”的思想而赋予计算机的。比如，芯片有质量等物理性质，并且芯片的这些物理性质

① ［美］约翰·R. 塞尔：《心灵的再发现》，王巍译，中国人民大学出版社2005年版，第164—189页。

不随着外界的程序员的解释而变化。但是，计算机中的语形和语义则随着程序员的主观性而变化。因此，计算机芯片中的语形并不是如其质量那样内在于芯片的物理性质。如果，语形不是内在于芯片的物理性质，或者说芯片本身根本就没有“语形”的性质，那么芯片所产生的任何物理效应和语形没有任何必然的联系。实际上，语形之间的因果关系以及语形和其他事物的因果关系只是程序员根据程序的需要而做出不同的因果解释而已。反之，语形之间的各种相互作用也和芯片的物理效应没有什么因果关系。塞尔指出：“因为真正深层的问题是：‘语形’的本质是与观察者相关联的概念。计算等价过程在不同物理媒介中的多重可实现性不只是过程抽象的标志，而且它们根本上不是内在于系统的。它们依赖于外部的解释”。① 这导致了严重的后果：（1）按照多重可实现性的思想，任何物体都是可以做成计算机式的心灵。因此，只要程序员愿意，他都可以用“0”和“1”描述任何东西。或者说“1”和“0”的形状按照一定规则进行操作就可以表现出任何的智能；（2）由于“计算机的语言的形状”只是程序员把某种物理现象定义为符合程序需要的“语言的形状”，因此，语形本身不是芯片的物理性质，它无法产生物理效应，如果语形不是芯片本身的物理效应，那么语形就无法产生因果效力。如果它没有因果效力，那么，语形本身并不能促使计算机产生各种动作。然而，认知科学作为一门自然科学，它的目标是发现世界的内在性质，并描述自然世界的内在性质。但是，按照认知主义，计算和认知的相关定义都不是描述认知过程本身的性质，而是按照程序员的主观意愿所确定的。因此认知主义难以使认知科学成为一门自然科学。

由此可知，由于计算机中的0和1等语形并不真实地存在于计算机和我们的大脑中，不是计算机和大脑的物理性质的表现，因

① ［美］约翰·R. 塞尔：《心灵的再发现》，王巍译，中国人民大学出版社2005年版，第175页。

此，0和1本身并没有能够在芯片中产生任何的物理效应。0和1作为程序的一部分，其只有执行媒介的能力，无法对计算机的相关动作产生真实的因果关系。但是，计算机确实执行着某些意向性的、因果性的动作呀，注意，计算机所执行的所有因果性的、意向性的动作的背后不是里面的小人，而是外部的程序员强加给机器的。

四　认知形式与认知内容的分裂

按照认知主义，计算机和人的大脑都具有某些符号，这些符号总是关于（about）相应的对象。即，这些符号总是指称着某一确定的对象（这一对象也许存在，也许不存在），或者说这些符号总是表征着某一事物。这就是所谓的意向性（注意：意向性并不是说某人想达到什么目的，或开展什么计划，或想法、意图等之类的意思）。然而，这些符号如何与相应事物产生相关性？即符号如何关于或表征某一事物？人们知道，计算机的符号指称什么事物来自于程序员编程的过程中确定下来的。不同的程序员用相同的符号指称着不同的事物。因此，计算机的"意向性"是一种派生的意向性。这种派生意向性的形式和内容都是由人来指定的。人们的意向性又如何？按照认知主义，福多（Fodor）认为，人天生就具有思维语言，因此，人的意向性的能力是天生的，但是，意向性的内容由后天的部分因素构成。然而，这些后天的因素如何与先天的能力构成人的意向性？这是一个没有满意答案的问题。因为按照认知主义，符号之间以及符号和其指称的事物之间的因果关系是通过符号的形状特征和符号的顺序形成的。符号本身的内容对于这些因果关系没有任何的作用。因此，按照认知主义，人们和计算机的认知过程是一样的，人们的认知仅仅是对符号的特征和序列进行计算；在认知过程中，计算机和人一样根本不知道这些符号的内容，也不需要知道这些符号的内容。如果说计算机不知道它所计算的东西是什么内容是很正常的，但是，如果说人们在计算符号的过程中，人们仅仅处理这些符号，不知道这些符号的内容。这是难以置信的，并且与现实情况也完全不符合的。比如，一个机器人去冰箱拿一个冰淇淋给我，此时，我可以认为机器人不知道冰淇淋是什么意思。但是，如果是一个小孩去冰箱拿一个冰淇淋给我，这个小孩不知道冰淇淋是什么意思，他必然不知道拿什么东西给我。因此，认知主义自身存在矛盾：符号和符号表征的内容本身只是偶然的联系，没有必然的联系，认知和所认知的东西是没有任何的关系。或者说，认知主体根本就不需要知道所要认识的东西是什么事物。这显然不是真正的认知。另一方面，如果人心里面的符号是天生的，这些符号的指向是后天的过程，那么，这些天生的符号和它们所指向的内容可以分别存储于不同地方，并且无须任何联系。

我们在前面看到认知主义虽然对马克思主义存在巨大的挑战，但是，认知主义由于自身矛盾重重，它难以继续引导认知科学继续前进。因此，认知科学发生了二次革命，我们在此将积极参与认知科学二次革命，但是，我们不是以现象学为哲学基础，而是以马克思主义哲学为导向，提出心智认知的实践性和可塑性，阐明心智认知的文化历史性、辩证性和涉身性等特点。然后，我们吸收“现象身体”和“生活世界”、“知觉世界”等概念，阐明实践身体、实践世界的概念，论述身体和世界都是在实践活动过程中形成，论述身体具有认知功能，阐明身体和身体认知都具有可塑性的特点。

总之，在后面的相关章节，我们将从马克思主义立场提出自己的认知观。阐明认知根源于实践，心智和身体都具有认知的功能，它们认知的共同特点是：认知可塑性。即心智认知和身体认知都具有可塑性。因为实践能够导致世界（包括身体和心智）的改变，而身体和心智都根源于人的实践活动。认知可塑性表现为在认知过程充满着社会文化历史性、辩证性、对象性和神经认知可塑性等等。在最后两章，我们将历史唯物主义推进身体认知领域，我们将进一步在认知领域推进马克思主义认识论的自然化，进一步详细论述实践身体及其认知的特点和本质，并且阐明认知涉身性的本质是身体实践性具有的相应认知功能，论述认知主体的认知和行为统一于实践身体的活动。

第四章

心智及认知的实践性与可塑性

既然认知主义是一场炼金术，那么我们应该为认知科学重构新的哲学理论构架。我们认为，从实践认识论和历史唯物主义立场看，人的心智与认知的最根本的性质是它们具有实践性和可塑性。首先心智与认知在实践活动中形成，并且心智与认知的可塑性随着实践活动的变化而变化。因为心智及其认知具有可塑性，并且心智与认知的塑造动力来自实践活动，实践总是具有一定的文化历史性和社会性，所以，心智与认知必然受到社会环境和文化历史的影响。因此，心智与认知呈现出文化历史的性质和社会属性。另外，实践是主客观互动的过程，心智及其认知在主客相互作用中形成和发展。由于主客观相互作用是一个辩证的过程，所以心智的机能及其认知必然表现出辩证的特点。我们将在本章从马克思主义实践认识论立场，以心理学材料为题材，将历史唯物主义贯彻到心智及其认知活动，由此，论证心智及其认知的可塑性，阐明心智及其认知的实践性、文化历史性、社会性和辩证性。

马克思主义哲学认为，社会生产劳动的实践形式是整个社会实践的根本形式，实践是人类赖以存在的方式，因此，实践决定着人的心智及其认知的性质。实践决定人的心智及其认知的产生和发展，对心智与认知具有塑造作用。如果实践决定人的心智及其认知，那么人的心智及其认知的特点就表现为文化历史性与辩证性等特点。当然，笔者认为认知也具有生物性的特点，但是，认知的生物性主要是一种遗传性的特点，它支配动物的认知活动，对于人而言，认知的生物性因素处于次要的地位，认知的文化历史性和辩证性则支配整个人的认知活动。从现实的条件看，如果人类的认知仅仅依靠生物性的认知，那么人类是无法获得生存的资源，由此必然灭亡。

虽然认知科学的产生不是由心理学革命引起的，但是，心理学是当代认知科学的所有学科群中的核心学科。马克思主义反映论对当代认知科学的影响主要体现于对心理学的影响。这是马克思主义认识论在认知领域发展的必然结果，也是马克思主义认识论自然化的重要表现。由此，在认知领域形成新的马克思主义认识论。认知领域的马克思主义认识论不仅具有哲学性质的认识论，也具有自然科学性质的认识论。它不仅是思辨性的认识论，也是可实证性的认识论。

马克思主义在唯物主义反映论的基础上发展了实践的、辩证的反映论。首先，马克思、恩格斯把实践引入了反映论，由此克服机械唯物主义关于人直接地反映和被动地反映的片面思想。机械唯物主义那里，把人和动物等同起来，由此无法解释意识的本质和来源，并且把人和动物都等同为机器，只是二者复杂程度不同而已。这抹杀了有机体心理的能动性与主观性。其次，关于意识和物质问题，马克思和恩格斯以辩证的方法提出物质第一性，意识第二性的思路；意识虽然被物质所决定，但是，意识能够能动地反映客观对象。这克服了机械唯物主义把有机体等同于机器的思想。第三，马克思和恩格斯提出意识的内容具有社会性和集体性的思想。这为后来的社会认知提供了哲学基础。许多马克思主义者，特别是列宁进一步论述了身心问题，进一步论述意识社会起源的思想，并且认为身心关系是辩证统一的，意识只是物质对象的反映等思想对于心理学产生重大的影响，特别是苏联心理学的文化历史学派及其他三个小学派和德国批判心理学派都宣称自己的心理学的哲学基础是马克思主义哲学。虽然，这些心理学在阐述自己的思想理论时，他们有时在某些地方，生搬硬套地应用马克思主义及其经典作家的话语，但是，从整个苏联心理学和批判心理学的理论思想体系来看，它们确实如它们所言：它们的哲学基础就是马克思主义哲学。即使它们的批评者和对手，大多数人也都承认这一点。

从目前的文献看，是否存在“马克思主义心理学”有诸多争议。因为大部分学者都认为许多心理学者确实吸收了马克思主义哲学的某些思想；文化历史学派和批判理论心理学以及比较小的心理学派确实是以马克思主义哲学为基础，建构自己的理论。它们都称自己是“马克思主义心理学”。这并没有被心理学科的建制承认。当然，在马克思主义心理学阵营中，不同的学派有不同的研究视角，不同的心理学家对马克思主义哲学的理解有所不同。因此，他们根据自己的研究视角和自己对马克思主义的理解，应用马克思主义哲学的某些基本原则于心理学研究。针对心理学的相关问题提出自己的理论假说。他们都试图按照自己的假说统一心理学的研究纲领，至少是统一的马克思主义心理学研究纲领，事实这是不成功的。我们认为，存在马克思主义心理学，但是，马克思主义心理学不是学科建制的马克思主义心理学，而是马克思主义认识论自然化运动的一部分，是马克思主义思想科学化的一部分。

事实上，对于心理学而言，从其产生到现在都不曾有过统一的研究纲领。即使是基于实证主义的西方心理学，不同派别的心理学的理论假说的差异也非常大，也存在某些难以相互协调的基本原则。心理学自诞生那一天，其就处于四分五裂的状态，直到现在心理学依然处于诸侯割据的状态，并不存在一个统一的心理学王国。其次，因为他们对马克思主义哲学的理解并不完全相同，并且他们在相当程度上把一些马克思主义思想生搬硬套地作为他们理论的基础，因此，他们的理论假说也有很大的差异，甚至他们之间的理论假说的某些基本原则是相互冲突的。但是，他们都称自己的理论是基于马克思主义哲学的心理学。我们认为，尽管他们的理论之间有差异，并且有时是把马克思主义片言片语强加给心理学，但是，他们的理论确实都是基于马克思主义哲学建立起来的。由此，“马克思主义心理学”只是作为一场思想运动和科学实践运动存在，而不是学科建制存在。

在20世纪前半期，马克思主义哲学在整个心理学家的影响范围想的比较小，其主要是在前苏联、德国和法国。后来，随着前苏联马克思主义心理学的强大，文化历史学派的形成，维果茨基的科学遗产被后人重新挖掘，特别是欧美心理学家对维果茨基理论的翻译和传播，使马克思主义心理学在西方心理学界产生巨大的影响，同时对当代认知科学也产生了巨大的影响。

在众多的马克思主义心理学家中，维果茨基对欧美心理学的影响最大，对当代认知科学也有巨大的影响，特别是第二代认知科学范式，许多学者经常引用他的思想观点。虽然他生前，因为苏联政治体制的原因而不被人所看重，并且曾经被压制，但是随着政治因素的消散，维果茨基的思想光芒为主流心理学传播和接受。他留下许多尚未出版的手稿也重见天日。许多欧美著名的心理学家在开展自己的研究时都引用维果茨基的相关研究成果，并吸收维果茨基相关的思想。当代认知科学家也是不断地从维果茨基的科学遗产那里吸收养料。比如，哈钦斯在《荒原里的认知》中，多处直接引用维果茨基的著作，并且整个《荒原里的认知》所论述的社会认知的相关思想都可以从维果茨基那里找到影子。许多学者认为，维果茨基尽管英年早逝，但是，他的科学遗产表明，他在心理学家的地位不亚于皮亚杰。

第一节　马克思、恩格斯的心智哲学思想

心理学是在19世纪下半期诞生的。心理学的创始人冯特认

为，人的高级心理机能不同于人的生理心理机能。人的生理心理机能能够用实验室的实验方法研究。这使心理学如同物理学和化学等，其可以走一条自然科学化的道路。但是，人的高级心理机能难以用实验室的实验方法研究。高级心理机能应该研究人处于自然状态下的各种表现，通过研究人类学家田野调查的相关成果，研究前人相关的历史文化的文献才能够研究人的高级心理机能。

心理学诞生时，那时马克思已经进入晚年，他几乎没有专心关注过心理学，他也没有发表专门的论文或出版相应的专著讨论心理学。因为他的兴趣爱好是哲学，是要改变众多生活在贫困线下的老百姓的非人性的生活。他关于心理学的思想主要体现在于他关于人的本质的思想，关于人类精神生产和精神生活的内容。

在黑格尔那里，主体精神、客体精神和绝对精神是不相同的。主体精神主要是某个具体的人的心灵，其包括感觉能力、意识、理性、信念、愿望、记忆等等。客体精神主要是指社会共同体的“心灵”，其表现为某一历史时期的社会道德等各种社会规范。绝对精神主要是表现在宗教和哲学领域中。马克思批判地继承了黑格尔的许多思想，并认为心理学应该融入自然科学的体系中。马克思批评心理学忽视社会文化和政治经济对人的心理的影响，他呼吁规范地研究心理学，认为在心理学研究过程中，应该把被试置入具体的文化历史环境中，置入相应的社会生活中。心理学不应该研究抽象的个体，不应该研究超越社会生活和历史文化的个体的人。按照马克思主义思想，人的本质是社会关系总和，因此，作为研究人的心理科学应该把其研究对象置于现实的社会文化生活中。在实验室里面，把研究对象和其他的社会文化等情景隔离起来，其只是研究了生物意义上的心理，但是，这却遗漏了社会意义上人的心理，而社会意义上人的心理才是人的心理本质。

一　劳动实践是塑造心智的根本力量

按照马克思主义，劳动是人类最基本的实践活动，劳动有两个特点。第一，劳动的工具性。任何的劳动都是主体使用某些工具作用于劳动对象。第二，劳动的产品性。任何的劳动都必然有某种成果。在马克思之前，人们研究只是根据人与自然界的直接关系研究人的心理。根据马克思的思想，这种研究方式抹杀了人的心理和动物的心理的区别。事实上，人和动物有根本性的区别，人通过劳动作用于自然对象，使自然对象变成满足人们需要的产品。动物只是本能地、直接地从自然界中获取食物。动物只能通过改变自己的器官以便适应自然环境的变化。随着自然环境及社会环境的变化，人则通过改变工具而适应环境。人在适应环境的过程中，人同时也创造人化了的自然环境以便让环境适合自己，使得自己能够更好地生存和发展。比如，人们创建城市，城市的人并不种粮食，但是他们做其他的工作，然后用他们的劳动成果和农场主交换粮食。这种城市的生存方式所具有的心理特点和乡村生活方式形成的心理特点有很大的差异。当然，人、动物都和自然发生直接的关系，但是人和自然界的关系并不仅仅是直接的关系，在这种直接关系的基础上，人和自然还有更高一层的关系。这层关系是间接的，劳动是它们之间的中介。对于整个人种而言，其主要中介媒体是劳动工具和劳动产品。对于某个具体的人而言，他和自然的中介媒体包括劳动工具、劳动产品和他人及他人的劳动。

按照马克思立场，因为心理的东西往往无法直接观察，因此人们只能在劳动过程中，从劳动的工具和劳动的产品探讨心理。人在劳动过程中，人总是按照自己的心理意愿，按照意识来制造产品的，人总是按照自己的意愿开展劳动的，所以，我们可以从这些产品中了解人们的心理，研究人们的思维模式。马克思写道："工业的历史和工业的已经产生的对象性的存在，是一本打开了的关于人的本质力量的书，是感性地摆在我们面前的人的心理学……。”[①] 因此，马克思又说：“还没有打开这本书……这种心理学就不能成为内容确实丰富和正在的科学。”[②] 从这里我们知道，按照马克思的思想，心理学本身必然是涉及人的文化历史的，涉及人的实践活动，心理学的研究对象应该是“人们劳动产生的对象性存在”。另一方面，由于劳动过程也是一个心理运作的过程，所以心理学研究的范围不应仅是意识的内部现象，还应该包括和意识相关的外部环境。从当今的认知科学来看，马克思的思想有合理之处，但是，马克思由于时代的限制，他忽视了个体的心理内部的体验，忽视认知主体的自我分析和自我感知。

劳动不仅产生了满足人们生产需要的物品，而且促进了人的器官的发展，造就了人心理的产生和发展。马克思、恩格斯认为，劳动这种对象性的活动是人本质力量的体现。劳动包含两个过程（1）劳动本身产生了社会产品；（2）劳动本身还产生了人的心理和能够劳动的器官。“只是由于人的本质的客观地展开的丰富性，主体的、人的感性的丰富性，如有音乐感的耳朵、能感受形式美的眼睛，总之，那些能成为人的享受的感觉，即确证自己是人的本质力量的感觉，才一部分发展起来，一部分产生出来。因为，不仅五官感觉，而且所谓精神感觉、实践感觉（意志、爱等等），一句话，人的感觉、感觉的人性，都只是由于它的对象的存在，由于人化的自然界，才产生出来的。”[③] 由此可知，按照马克思、恩格斯，人的感觉、人的心理及其他精神都是从实践那里形成；人的意识的产生与发展是由社会历史文化所决定的；人的主观心理对社会需要具有依赖性。因为社会分工对感觉知觉的影响，并且社会分工造成知觉的差异远远超过自然因素造成人们感官的差异。我们从这里可以知

① 《马克思恩格斯全集》第 42 卷，人民出版社 1972 年版，第 127 页。

② 同上。

③ 同上书，第 126 页。

道，马克思认为高级感觉和知觉等心理的性质是由劳动活动所决定的。并且，这些高级感觉和知觉的产生，发展由社会生产的需要所决定，它们的灵敏程度则由社会分工程度所决定。例如，美术专业的学生对色彩的灵敏程度比普通人要高很多。这就意味着，心理的性质被社会劳动的性质所决定。第二，不但人的感觉、知觉等受到社会分工的影响，人的情绪也由社会分工所决定，人的情绪也是依存于社会的需要。比如，从事政治活动的人，特别是在儒家传统文化的国家中，他们总是喜怒哀乐不形于色，总是隐藏自己的情绪。从事音乐的人，他们的情绪多变。不但劳动过程本身决定着人的知觉和情绪，而且劳动的后果、劳动的产品也反作用于人的知觉和情绪。第三，按照马克思的思想，研究心理学的方法必然不能是纯粹的内省或行为主义纯粹的刺激——反应方法。人们应该从社会角度探究人的心理，应该把被试置于一定文化背景中才能揭示被试的心理。

马克思反对机械唯物论，反对纯粹的物理刺激来研究人的心理。根据他的思想，只有进入生产活动的对象，才能促进人的感觉的分化，丰富人的感觉能力。马克思主义认为，唯心主义把意识禁闭于人的体内，其研究意识的方法是片面的。唯心主义往往从人的心理内部解释人们的行为，并且把人的心理当作认识外部世界的前提条件。这种立场使得他们认为人的思想、意志等内部心理活动是人们行为的第一推动力。但是，这种解释往往难以说明人的行为的意义。其实，同一个行为有不同的意义。因为行为本身的意义并不是完全由心理内部决定的，行为只有置于环境之中，只有置于人的社会活动中才能够获得意义。另一方面，唯心主义的这种解释心理学的方法往往导致循环论。

二　心智的规律性

关于心理的决定论的思想或者说心理具有规律性早就存在，特别是近代的机械唯物主义，无论是对于人的生理，还是对于人的心理，他们都坚持彻底的决定论。比如，霍布斯等人用机械力学解释人的心理的立场。按照机械唯物主义，人是自然界的一部分，人的身体、大脑及神经系统都是由自然界的物质构成。因为这个自然界都是遵循机械力学的，所以作为自然界的一部分的人及其心灵也必然遵循同样的力学规律。比如，斯宾诺莎认为，心理现象只是物质实体的一种属性。霍布斯则把人当作一台机器，人的心理只是这台机器运作过程中的表现。机械唯物主义把心灵当作身体的派生物。后来，庸俗唯物主义则把决定论从人的生物性贯彻到心理现象。庸俗唯物主义者用生理学的立场解释人们的心理。庸俗唯物主义者往往只是从大脑的物理化学反应解释人的心理变化，甚至把意识等心理现象看着是大脑的分泌物。

马克思、恩格斯本人并没有专门研究人的心理的问题。按照他们的立场和观点，心理学应该遵循历史唯物主义规律的，心理的性质由历史唯物主义规律的性质所决定的。他们主要是对于人的形成和意识的形成做了论述。“……但是劳动还远不止如此。它是整个人类生活的第一个基本条件，而且达到这样的程度，以致我们在某种意义上不得不说：劳动创造了人本身。”① 从这里，我们可以知道，人及其意识的形成是因为人的劳动活动，因此，我们只有把人及其意识放到劳动生产系统中才能说明人及意识的本质。另一方面，由于生产系统是一个客观存在的物质系统，并且任何客观存在的物质系统都具有规律性，因此，作为物质世界一部分的生产系统也必然有规律性。这个规律也就是人之所以成为人以及人的心理的规律。由此可知，按照马克思、恩格斯心理学应该是一门具有规律性的科学。既然心理学是一门有规律的科学，那么心理学必然具有决定论的特点。

---

① 《马克思恩格斯全集》第20卷，人民出版社1972年版，第516页。

如果心理学的发展具有规律性，那么贯穿于心理学的规律是什么规律？马克思、恩格斯认为，人是一个社会存在物，从动物进化到人的过程中是一个社会文化历史的过程，这个过程是一个社会规律的过程，而人的心灵也是在这个过程中形成，因此，人的心理的产生发展也必然受到社会规律的支配。由于人总是在应用符号工具和习得文化过程中形成自己的心理，所以，支配人的心理的根本规律是文化历史的规律。“甚至当我从事科学之类的活动，即从事一种我只是在很少情况下才能同别人直接交往的活动的时候，我也是社会的，因为我是作为人活动的。不仅我的活动所需要的材料，甚至思想家用来进行活动的语言本身，都是作为社会的产品给予我的，而且我本身的存在就是社会的活动；因此，我从自身所做出的东西，是我从自身为社会做出的，并且意识到我自己是社会的存在物”。[①] 由此人的根本特性是人的社会性，心灵是社会的产物。当然，人的生理属性等依然发挥作用，但是人的生理规律对于人的心理的产生和发展并不是属于支配性的地位。由此可知，马克思、恩格斯对于人的产生和发展及其心理的产生和发展是坚持社会历史文化决定论的立场。即：人们的心理的产生发展规律受到社会文化发展规律的支配。

当然，马克思恩格斯的心理决定论与机械决定论不同，它是历史唯物主义决定论。虽然，马克思、恩格斯和旧唯物主义关于自然物质世界是第一性的立场是相同的；二者都认为整个世界只有一个实体——自然界；恩格斯说：“……脊椎动物，在它身上自然界达到了自我意识，这就是人”；[②] 但是，旧唯物主义对于心理的解释立场要么从力学角度说明心理现象，要么从生理属性说明心理现象。马克思、恩格斯则承认这些前提条件，然而，他们不是从这些条件说明人的心理现象，他们是从人的实践活动说明心理的产生和

① 《马克思恩格斯全集》第 42 卷，人民出版社 1972 年版，第 122 页。

② 《马克思恩格斯全集》第 20 卷，人民出版社 1972 年版，第 373 页。

发展。他们特别强调劳动实践活动对人的产生及其人心理活动的产生和形成起着根本性的作用。由于劳动实践是一个对象性的活动，这个活动是一个具有客观实在性的活动。即劳动实践活动及其所构成的系统是一个物质系统，这个物质系统是整个自然界的物质系统的一个子系统。整个自然界的运动是一个有规律的过程，而劳动实践系统是一个物质系统的子系统，因此整个劳动实践活动也必然具有规律性，并且劳动实践规律支配着心理产生和发展的过程。

总之，对于心理的决定论思想，马克思、恩格斯和旧唯物主义的根本不同，因为前者是从实践的对象性是物质属性角度来论述心理的规律性，后者则从人及其身体都是物质，并且人等同于机器或等同于动物为前提条件论述心理的规律性。其共同特点是承认物质世界第一性。但是，他们所理解的物质性的内涵确实有所不同。旧唯物主义认为物质是某种具体的物体形态，马克思主义则认为物质并不是某种具体的物质形态，而是所有具体物体形态的抽象，即：客观实在。因此，二者对于心理性质的理解不同，对于心理和身体的关系的理解也不同。

三　心智的历史性

旧唯物主义者仅仅把人当作一个客观对象的客体。在经典力学时代，他们把人比作机器那样的客观实体。在生物进化论时代，他们把人当作一般的动物那样看待。因此，当旧唯物主义者论述人的心理问题时，他们往往不能把人的心理和自然实体分开，也难以区分人和动物的心理。以实证主义哲学为基础的行为主义也把人当作一个客体看待，其忽视了人的主观能动性。行为主义把人的意识排除出心理学研究领域。另一方面，在行为主义那里，人的社会性、人的历史性、人的文化性都被其严格的实验条件过滤了，或者被实验员主观地抛弃了。

马克思、恩格斯则认为人不仅仅是一个客体，而且人也是个主体，并且作为主体的人和客体的人统一于人的社会实践中。作为客体的人通过社会实践产生了人的主体性，形成人的心理。旧唯物主义认为，由于人是一个物质性的客体，因此人在和自然界的其他客体的相互作用中产生人的心理。人受到外界环境的物理性刺激产生了心理。实际上，这是从机械论的角度看待心理。马克思、恩格斯则认为，人的活动，特别是人的实践活动对于人的内部的作用促进心理的产生，实践是人心理产生和发展的根本动力。由于实践是一个历史的过程，因此，心灵不是一个原子的实体，不是一个精神实体；心灵是一个历史的过程；心理状态也不是实体，它只是心理运作的某个片段、一个特定的过程。

在实践活动过程中，同时产生心理的东西和非心理的东西。心理的东西主要是人的意识，非心理的东西主要是活动过程中产生的人工产物。这些人工产物不同于自然界的天然物品。它们印刻着人的心理，同时体现着人的文化历史性。另一方面，实践活动本身也是一个历史文化过程。由此，人的心理必然是一个历史文化过程。"每一时代的理论思维，从而我们时代的理论思维，都是一种历史的产物，在不同时代具有非常不同的形式，并因而具有非常不同的内容。因此，关于思维的科学……是……关于人的思维的历史发展的科学。"① 由此可知，人的心理的产生是人与客观对象在实践过程中，经过二者辩证地相互作用产生的，并且在这一过程中，人的生物性因素下降为次要地位，社会文化因素上升为主导的地位，因此人的心理充满着社会文化历史性。

第二节　列宁的心智认知思想

一　心理学的研究方法

我们知道当今科学心理学不再从灵魂的角度解释和说明心理现

---

① 《马克思恩格斯全集》第 20 卷，人民出版社 1972 年版，第 382 页。

象，而是把心理概念和经验事实结合起来。针对心理学的研究方法，列宁根据当时的现状，认为心理学有主观研究方法和客观研究方法。主观研究方法主要是内省方法，其在当时是处于统治地位。内省方法虽然在一定程度上能够分析人的心理状态，并且直接地知道心理状态，但是，通过内省获得的数据太过主观，比较随意，很难得到一致性的结果。例如，不同的被试对同一事物的内省的结果有很大的差异。后者主要是巴甫洛夫关于神经科学的客观研究方法。客观研究方法撇开人的主观因素，把人当作一个物理对象，纯粹以第三人称的方式研究心理。

列宁从心理学哲学的历史考察心理研究的方法，其主要将贝克莱和狄德罗的理论及立场进行对比，论述主观方法和客观方法。贝克莱认为，人应该研究纯粹的精神实体。在研究心理的方法中，其强调内省等主观方法，通过个人的体验，自我观察就可以知道心理。狄德罗则基于机械唯物主义立场，研究人的心理，其强调外部对象对主体心理的作用，强调感觉经验是心理产生和发展的来源。因此，研究人的心理不能用主观方法，而必须用客观方法。

贝克莱和狄德罗关于人的思想和人的心理的来源等方面进行了广泛的争论。列宁根据当时正在发展的心理学相关成果，对贝克莱和狄德罗进行评判。认为狄德罗的思想比贝克莱的思想更具有科学性，客观方法优于主观方法。实际上，从今天的心理学和认知科学的发展来看，列宁在哲学层面上的论述是比较符合事实的，但是，列宁本身并不太了解心理学，因此，尽管在哲学层面上评价贝克莱和狄德罗是适当的，但是，在心理学层面上评价贝克莱和狄德罗则是不太符合事实的。尽管贝克莱的哲学立场对于心理学而言是错误的，但是，贝克莱关于心理的理论比狄德罗的心理的理论更深刻，更符合客观事实，更能推动心理学的发展，因此，贝克莱的心理理论更具有科学价值。一方面，列宁由于过分强调客观方法的哲学立场，这也是不恰当的。因为，客观方法虽然能够说明许多心理现象，但是，对于人的意识和感觉特质之类的心理现象似乎是无能为力的。以客观方法作为看家本领的行为主义的发展则表明了这点。另一方面，随着当今涉身心理学的产生和壮大，主观方法也逐渐被重视。

列宁从辩证唯物主义出发，根据世界物质统一性原理，认为心理学的研究必须采用客观研究方法，应该吸收神经科学的研究成果，心理学的研究对象不能仅仅是内省到的心理现象，而且还应该包括和心理现象相关的生理现象，包括神经生理学等。按照列宁的思想，研究心理学时，其研究范围包括心理方面，也包括身体方面。这和当今的涉身心理学有点相似。列宁虽然在心理的本体论层次上坚持了辩证唯物主义的基本立场是可以理解的，但是，在方法论层次上，他片面强调客观研究方法，这是不恰当的。这导致巴甫洛夫的神经科学及其研究方法走向了苏联心理学的神坛，并由此走向行为主义，而具有科学性的维果茨基的心理理论被苏联打入冷宫几十年。

二　感觉的唯心主义及二元论的批判

列宁从辩证唯物主义出发，基于世界统一于物质的哲学立场，反驳感觉二元论，从可知论的立场，论述感觉与被感觉对象的同一性。

贝克莱主要是从唯心主义的角度来说明感觉。他认为物是观念的集合，“存在就是被感知”。他否认在人的感觉之外存在着一个不依赖于感觉的实体。按照他的思想，感觉和客体是同一个东西，而人只是知道自己的感觉。如果存在一个在感觉之外的客体，那么这就把客体和感觉分开，这是一种空洞的抽象，是没有意义的客体。“事实上，客体和感觉是同一个东西，因而不能把一个从另一个中抽象出来。”[①] 后来，马赫吸收了贝克莱的思想。在 1871 年，马赫指出“科学的任务只能是：（1）研究表象之间的联系的规律（心理学）；（2）揭示感觉之间的联系的规律（物理学）；（3）阐明感觉和表象之间的联系的规律（心理物理学）”。[②] 在科学层次上，马赫的观点是局部有效的。但是，根据列宁思想，我们认为如果把这些观点进一步上升到哲学层次，其必然走向唯心主义。后来，马赫在 1883 年进一步说：“……世界的真正要素不是物（物体），而是颜色、声音、压力、空间、时间（即我们通常称为感觉的东西）。”[③] 由此可知，根据马赫的论述，我们认为感觉唯心主义的论证模式是：感觉的数据（sense data）是由主体的感觉器官产生的，在这一过程中，感觉对象只是起到刺激的作用，感觉数据经过神经传输之后，大脑进一步加工，由此形成了感觉的对象；这个过程都是一个主观过程，由此，我们不能用一个主观的东西肯定客观的东西存在；我们唯一能够肯定的是我们的主观的东西确实发生了。

列宁指出，贝克莱和马赫两人在思想是一脉相承的。在哲学立场上都坚持感觉是世界的本原：感觉是第一性，物质是第二性。他们的感觉唯心主义是矛盾的。按照他们的立场，如果世界的最基本要素是感觉，那么感觉必然独立于任何物质而存在。第一，如果感觉真的独立于物质而独立存在，那么，无论是贝克莱，还是马赫都无权认为神经系统是有机体产生感觉的物质基础。事实上，他们二人都承认神经系统是产生感觉的物质前提。没有神经系统便不存在任何感觉，然而，神经系统本身是物质的东西。第二，列宁借助马赫关于视觉的例子，反驳马赫。按照马赫，视网膜上产生的那东西称为感觉。可是，视网膜产生的那东西是因为有光线的作用，如果

① 转引《唯物主义和经验批判主义》，人民出版社 1998 年版，第 16 页。

② ［奥地利］恩·马赫：《功的守恒定律的历史和根源》，（1871 年 11 月 15 日在波希米亚皇家科学学会上的讲演）1872 年布拉格版，第 57—58 页；转引《唯物主义和经验批判主义》，人民出版社 1998 年版，第 33 页。

③ 转引《唯物主义和经验批判主义》，人民出版社 1998 年版，第 33—34 页。

在没有光线的世界中，视网膜无论如何也无法产生视觉。在视网膜之外，总是有光线在运动着。即使世界上不存在任何视网膜，世界上依然具有光线，并且光线在传播过程中，光携带许多真实的信息。

有些学者对感觉的唯心主义不满，但是，又不愿意接受感觉的唯物主义，由此，他们提出了感觉二元论。感觉二元论在缪勒那里就有萌芽的思想。缪勒认为有机体是自我封闭的系统，他虽然承认人的感觉须要外部的影响才能够产生。但是，缪勒否认外界对象与感觉具有同一性，否认感觉能够使人直接认识事物，否认感觉认识事物的真实性、客观性。由于近代的神经科学的发展，使得一些学者借助神经科学成果考虑感觉问题。他们认为，在体内除了神经的“特殊性能”之外，他们没有找到任何与感觉的性质相符合的东西。也就说，在神经中，没有任何东西与人的外界对象有关系。因此，人内部的东西和人外部的对象没有必然性的联系。如果二者没有必然联系，那么内部的东西与外界的对象是两个不同的东西，二者没有同一性。这实际上是感觉二元论。

赫尔姆霍茨进一步发展了感觉二元论。根据达尔文的进化论，因为生物在进化过程中要适应环境，所以神经组织在进化过程中逐渐专门化和固化。由此，感觉既依赖于神经系统，也和外部条件发生定向的联系。然而，从神经科学来看，神经仅仅由于被刺激而产生效应形成心理过程：感觉。这似乎和外界对象没有必然性的联系。因为，即使没有任何外界对象，只要我们刺激神经也能够让自己发生感觉，比如，电刺激感官使得人们有感觉，并且电刺激感官和木头机械地刺激感官的效果是一样的。普特南的缸中之脑的思想实验就表明这点。实际的经验也表明电刺激可以产生感觉。神经科学似乎和达尔文关于感觉的进化论有矛盾。对于这个矛盾，赫尔姆霍茨提出象形文字论的观点，以说明感觉依赖于外界环境。他认为感觉是神经系统中的特殊能量的释放，而符号是区别外部客体的工具。

列宁认为，这个观点是“象形文字论（或符号论）的唯物主义或半唯物主义的。”[①] 根据列宁的思想，如果感觉是由外部对象和人心理内部的符号相互作用的结果，那么外部对象与内部符号则是不同实体的，这种二元论导致不可知论。实际上，这种二元论具有机械论的特点，其把物理学中宏观现象不同的对象之间的相互作用的模式应用于感觉器官与外部刺激物的关系。这是经典力学的模式。由此，赫尔姆霍茨落入了主观主义“在实用的真理的意义之外谈论我们表象的真理性是毫无意义的。我们关于物的表象，只能是客体的符号和天然标志。我们要学会使用这些标志来调整我们的活动和行动。”[②] 对于赫尔姆霍茨的观点，列宁指出：“如果感觉不是物的映像，而只是同物没有‘任何相似之处’的记号或符号，那么作为赫尔姆霍茨的出发点的唯物主义前提就被推翻了，外部对象的存在就有些问题了，因为记号或符号完全可能代表虚构的对象……”。[③]实际上，列宁是从整个人类物种的角度质疑他的记号论，但是，赫尔姆霍茨等人似乎更注重从个体层次论述这种符号论。

我们认为，如果贝克莱等唯心主义者主要从个体层次论述感觉的主观性，而列宁在反驳唯心主义的感觉论时，其主要是从人类种族的层次论证，并且列宁的论证必须假定进化论是正确的。那么，从逻辑角度看，贝克莱的论证逻辑和列宁的论证逻辑不是直接的关系，而是间接的关系。因此，列宁对于贝克莱、赫尔姆霍茨等人的反驳并不是那么强有力。虽然在哲学层次上，列宁似乎更合理，但是后来的心理学者更倾向认同贝克莱对心理学的贡献。从内容来看，他们的论证都是同一个内容，对于同一个内容只有一种正确的

---

① 《列宁全集》第14卷，人民出版社1957年版，第247页。

② 转引《列宁全集》第14卷，人民出版社1957年版，第247页。

③ 同上。

观点。如何判定他们的是非？这应该回到经验科学。目前而言，经验科学认为，人的感觉离开神经系统，感觉的对象和感觉的主体应该遵循因果规律。这似乎更偏向列宁的观点。但是，如果从第一次认知革命来看，符号论却给认知主义提供了必要的思想资源。对于感觉二元论，列宁在一定程度上确实切中其要害。然而，这并不意味列宁在具体的心理学上比赫尔姆霍茨更能推动心理学的发展。因为，列宁只是在哲学层次批判他们的心理学的唯心主义因素，并没有提出任何具体的心理学研究纲领和研究建议。

第三节　生理心理的可塑性

从马克思主义立场，我们认为心智及其认知的基本生理条件之一是身体机能的反射性，特别是条件反射为人提供了必要的认知生理机能。并且生理的反射具有可塑性，特别是有条件反射的可塑性非常强。它基本都是在后天形成。人的许多有条件反射和动物的有条件反射有根本性的区别。动物的条件反射是动物通过遗传获得，也通过后天本能活动获得。但是，人的条件反射是人在实践活动中获得。人的条件反射既能够在自然对象刺激下发生，也能够在社会条件下刺激发生。

一　马列生理心理的哲学思想

马克思恩格斯对于心理的看法有许多自然主义因素。马克思主义认为意识是大脑的机能。我们可以从大脑及其神经系统中了解人的心理。恩格斯说“终有一天我们可以用实验方法把思维归结为脑子中的分子和化学的运动；但是难道说这样一来就把思维的本质包括无遗了吗？”① 由此，从马克思角度看，精神、意识之类根源于

① 《马克思恩格斯全集》第20卷，人民出版社1979年版，第591页。

物质，并且我们可以从物质的大脑及神经角度探究人的心理和意识。列宁进一步把大脑机能纳入马克思主义认识论。他指出，思维和意识等心理都是大脑及神经系统的机能。“任何人都知道（自然科学家也在研究）观念、精神、意志、心理的东西是进行正常活动的人脑的机能，把这种机能同一定方式组织的物质分开，把这种机能变为抽象概念，把这种抽象概念代换整个物理世界，这是哲学唯心主义的奔想，这是对自然科学的嘲弄。”① 虽然，从神经探究心理，可以获知心理，但是，这并不能全面了解人的心理。因为人的心理是在人类整个历史进化过程中形成的，研究心智认知不能撇开人的历史研究；只有将具体的人，现实的人放置于具体的历史环境中可以考察才能解开心智认知之谜，只有从社会文化角度才能看到人心理的真实面目。

虽然，马列都强调从人的内部研究心理，强调神经在心理活动中的重要意义，但是，他们也强调社会环境对心理的形成的重要意义。恩格斯的《自然辩证法》一书对于人的心理产生和发展过程并不纯粹是从生理度描述，而是从自然环境的变化、社会环境的发展、人的劳动等方面阐明人的心理的产生和发展。马克思关于认识活动也不赞同从内省角度研究，他更倾向于从人的环境等可以观测的因素，可以验证的角度去研究人的心理，特别强调从社会环境角度去研究人的心理。马克思指出“工业的历史和工业的已经产生的对象性的存在，是一本打开的关于人的本质力量的书，是感性地摆在我们面前的人的心理学……”② 由此可知，心智和认知虽然是人内部的心理的、精神的活动，它们不可能直接观察，但是，人们可以从现实的社会环境和社会历史研究心理认知的特点。亦即，人们可以用非心理的变量描述心理的变量，从自然化的社会变量研究心理活动和发展。因此，“如果心理学还没有打开这本书，即历史的

---

① 《列宁全集》第 14 卷，第 240 页。

② 《马克思恩格斯全集》第 42 卷，人民出版社 1972 年版，第 96 页。

这个恰恰最容易感知的、最容易理解的部分，那么这种心理学就不能成为内容确实丰富的和真正的科学”。[①] 心理学仅仅研究人内部的心理状况还是不够的，需要研究人们认识的对象，并从辩证角度研究心理和心理对象的关系，由此才能够揭示心理的本质。

二　反射是心理的生理条件

苏联学者既不同意内省主义，也不同意行为主义，他们一方面从马克思主义哲学立场分析内省主义和行为主义的缺陷，另一方面，基于马克思主义立场，从俄罗斯传统的唯物主义吸收合理因素，发展自己的相关理论。巴甫洛夫提出反射学说之后，他吸收了马克思主义的辩证唯物主义，进一步提出神经系统的第一信号和第二信号的学说。但是，他仅仅考虑马克思主义的辩证唯物主义应用于神经研究，其并不考虑马克思主义的历史唯物主义于神经研究。因此，巴甫洛夫探讨这两个信号时，主要考虑神经系统本身的信号，他没有充分考虑这些信号的社会属性，几乎也不考虑这些信号的历史性，不考虑第一信号、第二信号与社会环境的关系。他主要是考虑第一信号和第二信号自然属性及之间的辩证关系。

巴甫洛夫在其活着的时候几乎不承认自己是心理学家，他不允许其他人员在他的实验室谈论“心理”、“意识”之类的东西。但是，无论是苏联的马克思主义心理学者，还是美国的行为心理学者，都把巴甫洛夫当作心理学家看待。巴甫洛夫本人过分强调“意识的辩证唯物主义”的基本原则，即：强调意识只是大脑的机能。但是，他忽视意识的“实践性”、“社会性”，忽视“意识的历史唯物主义”内容，忽视意识的社会文化性，并试图从其神经反射理论解释人的行为与思考的问题。一方面，在很大程度上，巴甫洛夫的生理心理学和马克思主义心智观相一致，因此他被苏联学者称为马克思主义

① 《马克思恩格斯全集》第42卷，人民出版社1972年版，第96页。

心理学家。另一方面，由于行为主义对他的思想断章取义地吸收，后来，他也被行为主义者捧成了行为主义心理学的始祖。笔者认为，就巴甫洛夫的高级神经活动学说而言，该理论确实和马克思主义关于“物质第一性，精神第二性”的基本原则相符合，但是，他的高级神经活动学说并没有明确地论证“意识的能动性”，也没有涉及“意识的社会文化性”所以，这有点偏离了马克思主义的历史唯物主义基本原则。实际上，他对马克思主义的理解只是片面的，他只是机械地应用马克思主义于神经研究与解释。尽管他的生理心理学不是完美的，但是，它作为马克思主义心理学的科学基础是恰当的。

巴甫洛夫认为动物和人的行为都是反射性质的，都是对机体内部和外部的刺激的反应。有机体的反应包括天生反应和习得性反应。他提出了神经反射学说。按照他的理论，人和高等动物具有反映外界对象的能力，其所依赖的物质是神经系统；在神经系统中，其活动的基本方式是反射。从马克思主义角度看，所谓“反射”就是有机体对外部刺激的反应和反映。反射包括有条件反射与无条件反射。由适当的刺激引发有机体本能行为的现象被称为“无条件反射”。有机体的无条件反射是其神经系统天生固有的。有条件反射则建立在无条件反射的基础上，通过有机体后天的习得而形成的。比如，每当拿食物喂狗时就摇铃，经过多次的食物与铃声的同时刺激之后，如果仅仅用铃声刺激，狗也会流唾液。在这里，食物对狗是无条件刺激，这种刺激形成的反射是无条件反射。铃声的刺激需要通过食物刺激为基础，由此，铃声的刺激是有条件刺激。然而，铃声刺激对狗形成的反射是有条件反射。其实，对于狗的进食而促使其流唾液，只有食物是有关的刺激，但如果期间摇铃，声音也变成了有关的刺激。由此可知，如果无关刺激按照某一时序就变成了有条件刺激了，条件反射得以形成。这时有条件刺激具有信号的性质。巴甫洛夫认为，条件刺激和条件反射在神经系统里面形成暂时的联系。

根据神经反射的相关实验，巴甫洛夫提出了两个信号系统的学说。他认为，动物只有第一信号系统；人不但具有第一信号系统，而且也有第二信号系统。动物只能接受具体的，其感官可以直接感知的刺激物，比如，光、冷、热、食物等等物理性事物作为刺激来源。这些事物对动物的多次刺激以后，其对动物而言便具有信号的作用。按照巴甫洛夫的观点，对具体事物刺激形成的条件反射系统称为第一信号系统。人除了能够接受具体事物的刺激之外，还可以接受抽象事物的刺激。比如，各种自然对象的刺激，人类制造的各种抽象符号的刺激，特别是语言符号系统的刺激。语言等抽象物对人的刺激形成的有条件反射系统称为第二信号系统。第二信号系统具有抽象性和概括性。当其出现问题时，人便出现了心理疾病，而动物没有该系统，所以动物几乎没有心理疾病。但是如果动物的大脑损伤或对动物的第一信号系统给予过强的刺激，动物也会出现神经性的症状。

然而，巴甫洛夫对于大脑的神经结构、机能与各种有条件反射，无条件反射之间的定位和联系被后来的神经心理学接受和发展。但是，他对于第一信号系统和第二信号系统的论述不够充分，更多是哲学上的论证，其还没有相关的神经证据支持。由于苏联神经科学的衰落，他的理论也没有进一步的发展。因此，他的第一信号系统和第二信号系统思想没有被其他国家的心理学家、神经生理学家、语言学家等采纳。

笔者认为，巴甫洛夫确实对心理学的发展做了巨大的贡献。在第一章里面，我们在论述行为主义心理学时也谈到了这一点。但是，后来他的思想被其他行为主义者把反射学说的基本原则推广到意识的一切研究领域，把这些基本原则用于解释一切意识的现象。一方面，一切意识的现象都成了人的生理现象或者人的行为现象。另一方面，对于意识的内容，他忽视“意识的历史唯物主义”，没有把意识现象当作一个“历史性事实”看待，并没有注意到意识内容根本来源于人的实践活动，他没有注意到意识的内容具有文化历史性。由此，他的理论承认了意识是大脑的生理机能，没有承认意识是人（大脑及身体等各种器官）在实践活动中形成，没有看到意识的产生与发展具有社会历史规律性。

从巴甫洛夫的理论来看，虽然高级神经活动理论由辩证唯物主义的因素在里面，例如，他认为行为的原因由有机体的外部或内部等刺激，然后引发有机体的神经反射形成的。事实上，巴甫洛夫的高级神经活动在神经生理学的层次上对马克思主义关于“意识是神经的机能”做了某种程度的研究与辩护。由于巴甫洛夫过于强调行为的客观性，行为主义心理学者片面发展这一思想，并把他作为行为主义心理学的始祖。这不符合巴甫洛夫的本意。

我们从上面相关生理心理学观可以知道，反射具有可塑性，特别是有条件反射，它随着环境的变化而变化，随着刺激的变化而变化。虽然在一定程度上看，反射具有先天性，但是，后天因素对反射，特别是条件反射的影响更大。

第四节　反映心理学的产生和发展

从马克思主义立场看，我们认为认知是实践性的反映。我们反对行为主义和认知主义把外界环境仅仅看作刺激的因素，我们认为外界环境能够为认知者提供相应的信息。人的知觉器官在接受环境刺激时，人也在接受环境真实的信息。因此，认知是在实践基础上的反映过程。

一　苏联的马克思主义心理学革命

实际上，首次对行为主义发动革命，并且取得巨大成功的不是认知科学，而是苏联心理学，特别是以维果茨基为首的文化历史学派。当今维果茨基的思想对学界的影响不亚于皮亚杰。只是意识形态的原因，直到20世纪80年代才成为主流心理学承认。但是，欧美学者的论文中依然有意无意地省略维果茨基对马列相关著作的引用。

维果茨基有力地推动马克思主义认识论自然化，为苏联的马克思主义心理学产生做出了巨大的贡献，并且在整个心理学界具有崇高的地位。图尔明称维果茨基被为心理学的“莫扎特”。[①] 布鲁诺则认为维果茨基是二十世纪上半叶最伟大的心理学家。[②] 格雷厄姆（Graham）指出，当维果茨基的《思维和语言》（1962年版）首次被翻译为英文时，大部分引注于马克思、恩格斯的内容被删除，所有引注于列宁的内容都被删除了[③]。一直到1986年，由科祖林（Kozulin）重新翻译和编辑的《思维和语言》才补充相关马克思、恩格斯和列宁的相关思想[④]。这导致西方主流心理学家往往不知道马克思主义哲学对心理学的影响。

在十月革命之前，苏联心理学界的一些学者已经对冯特的内省主义心理学有所不满。一方面，他们坚决反对行为主义。他们试图从俄罗斯的传统思想推进心理学研究，但是都没有获得成功。十月革命之后，苏共获得政权，马克思主义哲学成为主导性哲学。许多学者纷纷转向马克思主义哲学寻求思想资源。另一方面，苏共也对心理学界的学者提出，要求他们基于马克思主义哲学建立一门不同欧美的行为主义和内省主义的心理学。内省主义把人的行为置之不理，而仅仅研究主体体验到的意识，其本质是把意识封闭于认知者

① Toulmin, S., “The Mozart of Psychology”, *New York Review of Books*, September, 1978, p. 28.

② Bruner, J. S., “Prologue to the English Edition”, In *The Collected Works of L. S. Vygotsky: Problems of General Psychology, Including the Volume Thinking and Speech*, R. W. Rieber and A. Carton. eds. New York: Plenum Press, 1987, pp. 1 – 16.

③ Graham, L. R., *Science and Philosophy in the Soviet Union*, New York, Alfred A. Knopf, 1972.

④ Vygotsky, Lev S., *Thought and Language*, Transl. A. Kozulin. 1st ed. Cambridge, Massachusetts, MIT Press, 1986.

的体内，把意识孤立起来。行为主义则走向另一个极端，抛开意识的所有事实，只是考察主体的行为。这也是把主体意识孤立起来的另一种方式而已。如果我们把意识比作一枚硬币，那么内省主义和行为主义只是这枚硬币的各一面而已。

另一方面，在20世纪20至30年代，心理学家主要讨论心理学的还原主义、反还原主义和心理现象的系统分析。维果茨基认为西方心理学在错误的方向上纠缠着，心理学需要新的理论基础和哲学基础，需要新的方向。

维果茨基等苏联学者通过一系列的研究，他们看到马克思、恩格斯为新的心理学诞生提供了必要的哲学基础，列宁则对此做了相应论述，巴甫洛夫的反射论则为新的心理学提供一个自然科学的基础。

马克思把辩证法注入旧唯物主义反映论，并基于实践的基础上建立了辩证唯物主义反映论。同时，马克思把辩证唯物主义反映论推广到社会历史领域，由此形成历史唯物主义反映论。恩格斯则在《自然辩证法》中把辩证唯物主义反映思想应用于自然界中，由此发展出一种无主体的自然辩证反映论。当然，恩格斯与马克思关于反映论在根本立场上是一致的，但具体的问题方面并不是那么完全一致的，因为从物质相互作用的反映到主体与客体的相互反映具有根本性的区别。那么如何在物质相互作用的反映与主体、客体之间的相互作用的反映建立一条逻辑通道，对此，恩格斯试图用达尔文的进化论论证从无主体的反映论能够发展出有主体的反映论，并且论证动物通过进化成为人类，特别是论证了类人猿通过劳动进化成为人。

列宁则进一步发展马克思、恩格斯的反映论，试图在批判唯心主义的基础上，把马克思和恩格斯的反映论推进感觉领域，由此形成了具有心理学哲学特色的反映论。列宁在《经验主义与唯物批判主义》中，通过批判贝克莱等人关于“存在就是被感知”的观点，进一步论述了感觉的反映特性。前苏联的其他学者则分别从马克思主义的辩证唯物主义反映论和历史唯物主义反映论中发展心理学。

巴甫洛夫等人则从唯物主义反映论提出反射的心理机能。在巴甫洛夫那里，反射的发生基础上承认客观对象的存在，承认反射的内容的客观性。但是，巴甫洛夫片面地理解马克思、恩格斯的哲学论述，简单地把他们的思想应用于大脑的神经研究，造成诸多不良影响。

在总结和吸收他人对马列主义的革命形势的分析和相关思想之后，维果茨基认为，心理学正在处于危机的时期，因为心理学中，根本就没有统一的研究纲领，不同的心理学家都是各自开展研究相同的问题。表面上看，这些心理学家的研究工作是非常相关的，但是，他们之间的研究工作根本没有相关联。每个心理学研究者，即使是对于相同的心理学现象或心理学问题，他们都是自己提出自己的理论假设，然后按照自己的理论假设收集相关的研究材料，制定相应的研究路线。因此，每一个心理学家的结论都获得相应的经验证据的支持，但是，他们各自的理论假说都难以解释其他心理学家所收集到的经验成果。然而，这些心理学家总是热衷于把自己的理论假说推广到整个心理学。由此，维果茨基进一步指出，解决心理学危机的途径是用黑格尔－马克思主义传统的哲学灌入心理学。但是，黑格尔哲学和马克思主义哲学并没有关于心理学的现成的答案。维果茨基认为，我们不能教条地应用马克思主义哲学于心理学的研究，马克思主义哲学只是一个方法的原则，一个研究的基本路径。不同学科有不同的具体研究方法，我们必须在辩证法的基础上，创造性地提出心理学的研究方法。在维果茨基的引领下，苏联心理学创造了“双重刺激”研究法，阐明了“心理活动”理论、“高级心理机能”学说等成果。这些成果基本上都是基于实践反映论基础上取得的，苏联心理学也往往被称为反映心理学。

二　反射论与反映论的融合

（一）从反射论到反射心理学

维果茨基认为，心理学要成为客观性的科学必须把反射理论和心理学结合起来，即把科学的客观分析方法和个体内部主观世界有机结合起来，由此形成意识的客观心理学。这一阶段维果茨基在心理学领域比巴甫洛夫更是一名“反射心理学主义者”。

维果茨基早期的三部著作《教育心理学》《艺术心理学》和《反射论与心理学研究》表明他开始把巴甫洛夫的反射理论引进他的心理学。但是，巴甫洛夫的反射理论本身是关于生理性的条件反射，这种条件反射主要研究有机体的行为与刺激的关系，并且这种条件反射主要涉及有机体的肌肉运动等生理方面的东西，其涉及有机体的心理、意识等等东西并不太多。因此，以巴甫洛夫的反射理论为基础的心理学理论更大程度上是行为主义的理论。如果说，斯金纳等行为主义心理学者的理论是个体行为主义心理理论，那么早期维果茨基的理论就是一种社会行为主义理论。

行为主义对巴甫洛夫的反射理论做出重要的发展。在斯金纳那里，我们可以看出，斯金纳对巴甫洛夫的实验加以改造，然后，应用这些实验解释人的心理现象。

斯金纳认为，第一，巴甫洛夫把动物捆绑起来再做实验，其约束了动物的行为，因此他要求在实验中，动物可以自由活动。第二，巴甫洛夫的实验中，有机体的所有刺激都是由外界给予有机体的，有机体纯粹是被动地接受刺激。斯金纳认为有机体在真实自由活动中并不是总是被动地接受刺激。因此，他把有机体的行为分为两类行为。第一类行为是应答性行为：有机体受到外界的刺激，然后做出相关的应答反应。第二类行为是操作性行为：有机体首先主动地操作外界的东西，然后外界事物产生某种刺激，有机体选择性地接受这种刺激，并做出相关的反应。根据对行为的两类分类，斯金纳进一步把条件反射分为应答性反射和操作性反射。前者是 S（simulation）型反射，主要是有机体强化行为与刺激的关联。后者是 R（reaction）型反射，主要强化动作与动作相关对象的关联。第三，在巴甫洛夫那里，主要是研究有机体的各种分泌物，但是，斯金纳主要是研究有机体的肌肉运动。其实他们二者都不研究心理的相关问题，维果茨基和他们不一样，维果茨基早期虽然强调条件反射，然而他的研究焦点不是行为，而是有机体的心理。第四，在斯金纳那里，他强调研究不是关于有机体的大脑神经反应情况，而是研究刺激与反应的相关规律，然后可以有效地控制有机体的行为。维果茨基虽然也研究刺激与反应的关系，但是维果茨基吸收历史唯物主义因素，强调有机体本身的经验历史，强调刺激的社会性与反应行为的社会性，并且认为行为的发生过程中存在心理的作用；他关心的是有机体的心理运动，而不是关注有机体的肌肉运动。因此，尽管文化历史学派和行为主义都把条件反射作为自己研究的出发点，但是，二者还有许多不同的附加条件，他们关注的焦点也不同，研究的重点也不一样。这导致二者后来走不同的道路。

虽然维果茨基奉行马列主义，同时也看到了行为主义的缺陷，但是，他早期的理论还是无法避免行为主义倾向。随着维果茨基对马列主义进一步理解，他的思想越来越成熟，维果茨基认为人和动物不同，人是社会性的动物，人的刺激，即使是物理性的刺激事物也必然是社会性的，比如，人吃的食物是社会生产的结果，但是动物的食物是动物通过自己本能活动得到的，因此，人对刺激的反应也必然是社会性的反应；并且，按照维果茨基的理论，当研究人的刺激和反应时，不是把被试从其社会背景中剥离出来研究，而是把被试置于社会互动，社会文化的情景中加以研究。比如，关于研究儿童的教育教学问题和儿童心理发展问题，维果茨基强调，在儿童群体中，能力较强的同伴对能力较差的同伴的影响作用，强调教师对课堂教育教学中的作用。从维果茨基的理论，我们可以知道，要了解儿童的认知能力以及其认知能力的发展，我们必须了解儿童自身的成长历史。在最近发展区理论和实际发展区理论的关系中就表明了这点。

由此可知，维果茨基早期和西方行为主义都是从巴甫洛夫的条件反射论出发建构理论。西方行为主义由于过于强调个体主义，所以他们把人和动物直接等价起来。维果茨基只是把人和动物间接比较起来。

维果茨基认为，条件反射是建立心理学的基本原则，意识和心理可以看作言语行为的内在系统，或者说意识可以看作是“反射的反射”。但是，意识和心理活动不能还原为条件反射；条件反射只是它们的生理基础。由此可见，维果茨基认为，以条件反射为基础的心理学就是唯物主义心理学，就是马克思主义心理学。从维果茨基早期的著作看，他对辩证唯物主义、历史唯物主义与一般的唯物主义的理解并不太清晰，有时候他把马克思的辩证唯物主义、历史唯物主义和一般的唯物主义等同起来。尽管条件反射是唯物主义的理论，但是巴甫洛夫的这种唯物主义只是自然科学式的唯物主义，它还不是哲学式的唯物主义，还不是历史唯物主义，只是比较少程度上包含有“辩证因素”和“历史因素”等东西在里面，而且没有任何“实践性”因素在巴甫洛夫的条件反射论中。简单地说，如果说巴甫洛夫的条件反射论是唯物主义的，那只是因为在这个理论中，我们可以看到它隐含这“物质第一性，精神第二性，物质决定意识”的思想在里面，但是，包含这些思想还不能称之为马克思主义，因为所有的唯物主义都包含这一思想。如果它要成为马克思主义的东西，那么它还必须得把马克思主义关于“实践性”，或者“历史性”包含到里面。

虽然维果茨基喜欢别人称之为马克思主义者。在许多事件中，他试图把政治放在一边，他总是以历史唯物主义作为出发点，试图解释发展心理学、艺术心理学和临床心理学等。但是，维果茨基在其第一阶段，他试图把“反射思想”和“唯物主义反映论”思想结合在一起时，他对意识的理解主要是把意识作为“反射的反射”看待，以这一观点为基石，开展他对心理学的探索。他把意识仅仅作为有机体对外部刺激所产生的反射而已，尽管他在“反射”中增加一个“反射”，但是他的理论依然没有完全摆脱把意识当作一种生理性的事物。

尽管，由于政治的需要等原因，维果茨基和前苏联等学者把马克思主义的一些思想强加给反射理论以及巴甫洛夫，但是这种强加只是出于一厢情愿的强加。从当今我们看到的文献，巴甫洛夫的反射理论本身的马克思主义因素不够强，维果茨基早期的心理理论虽然本质上是马克思主义心理学。但是，它们二者都还残留少量行为主义色彩。这也是当代一些反对马克思主义的学者攻击文化历史学派和马克思主义没有联系的一个重要依据。

（二）从反射心理学到反映心理学

把反射作为心理学研究的基本原则，那么就得研究有机体的行为结构。行为结构来源于哪里？行为结构的产生机制又是怎么样？行为主义纯粹以量化的方式测量行为。按照文化历史学派的思想，对于动物而言，动物的行为结构是天生的、本能的、依靠遗传获得。比如，蜜蜂造蜂窝，乌鸦造鸟巢等等的行为结构都是天生的。根据实践唯物主义反映论，人的行为结构则不同；人的许多行为结构并不是天生就有的，比如，造房子，许多人如果没有学习造房子，如果没有参与造房子，那么他就没有造房子的经验，没有造房子的技能。因此，人造房子的一系列行为结构是后天获得的。文化历史学派认为，在社会中，共同体早已经形成关于造房子的一系列文化，这些文化包含各种各样的行为模式。个体的人从生下那一天起，他就开始习得这种文化。个体怎么习得共同体的文化？这个阶段，文化历史学派批判性地吸收机械唯物主义的反映论思想：有机体生下来就具有反映的能力，有机体生下来就必然不得不接受外界的事物，并且外界的事物总是按照已经存在的模样原封不动地印刻在有机体的心理。按照机器唯物主义反映论，对于动物的行为结构比较容易解释，比如，黑猩猩能够简单地应用木棍作为工具来获得食物；它的这种行为结构主要是模仿共同体中其他经验丰富的黑猩猩而形成的。当然，对非常简单的人类行为也可以解释，比如，儿童对成人某个行为的模仿等等。但是，对于人的复杂的社会互动等行为结构，却很难解释。比如，张三曾经向李四学习建造圆顶的房子，李四并没有教张三建造四方形的房子，但是，张三可以根据以前的经验，建造四方形的房子。虽然，圆顶房子和四方形的房子都是房子，但是，张三心理的房子包含圆顶房子的因素，然而，他建造的四方形房子也不完全是圆顶房子的拷贝。张三建造圆顶房子的行为结构和他建造四方形的行为结构具有相似性，但是，也有很多差异。因此，反映心理学也难以摆脱行为主义的困境。由此可知，早期历史文化学派还没有摆脱行为主义的影响。

随着维果茨基对心理学的研究不断发展，他认识到行为主义心理学本身有很大问题。因为心理的一个重要特性是意识。然而，行为主义以反射理论为基石，发展出操作性反射等理论，其本质是忽视意识在心理的作用，忽视了心理活动与有机体行为的关系。因为反射本身并没有任何意识性的因素，反射主要是一种生理现象，这种生理现象本身并没有能够说明生理如何产生心理。当然，西方的个体行为主义认为心理就是等同于生理反射。前苏联部分学者虽然不认同这一观点，但是，他们不加批判地把生理的反射现象当作不证自明的心理学第一公理来用，认为无须做说明就可以基于反射理论进一步建立马克思主义心理学。尽管他们把“马克思主义”的字幕挂到自己的研究，但是，结果其本质和行为主义是相同的。

在撰写“列宁格勒”报告之前，维果茨基以及前苏联的许多关于认知和心理的研究还是没有摆脱行为主义的框架。他们研究的重点依然是反射，并且试图把反射当作心理学来研究。随着研究的不断深入，维果茨基吸收了马克思主义关于意识是社会产物等思想，认识到意识并不是“反射的反射”，在一系列反射的过程中，有机体具有各种各样的行为，这些行为具有一定的结构，因此意识应该是行为的某种内部结构；所以心理学研究的焦点是行为的心理结构。从这点看来，虽然维果茨基等人还没有完全摆脱行为主义的影响，但是已经开始找到把唯物主义反映论的思想融入心理学的途径。维果茨基认识到，反射是一个抽象的概念：它是一种非常有价值的方法，但它不能作为心理学的基础，因为反射只是关于人的行为的理论，我们应该研究行为以及行为背后的心理机制、构成和结构，而不是研究反射及其机制。因此，意识问题主要是解决意识的相互作用问题，反射系统各部分的相互作用问题。

第五节　心智认知的实践性与辩证关系

马克思主义在批判旧唯物主义和唯心主义过程中，产生了心智认知的实践性和辩证性思想。机械性唯物主义发展了认识论的形而上学方面的因素，另一方面唯心主义却发展了认识的能动方面的因素。马克思说：“能动的方面却被唯心主义发展了，但只是抽象地发展了。因为唯心主义当然是不知道真正现实的、感性的活动的”。[①] 在认知领域，以机械唯物主义为基础的典型是行为主义心理学派。它否认意识的存在，认为认知的过程是一系列的行为过程。因此，它把人的行为当作外部刺激的反应活动，而不是心理活动和实践活动。行为主义心理学是错误的。马克思从有机体的需求的支配性、激发性因素分析人和动物的根本区别。“动物也生产。它也为自己营造巢穴或住所，如蜜蜂、海狸、蚂蚁等。但是动物只生产它自己或它的幼仔所直接需要的东西；动物的生产是片面的，

① 《马克思恩格斯全集》第3卷，人民出版社1972年版，第3页。

而人的生产是全面的，动物只是在直接的肉体需要的支配下生产，而人甚至不受肉体需要也进行生产，并且只有不受肉体需要的支配时才进行真正的生产，动物只生产自身，而人再生整个自然界，动物的产品直接同它的肉体相联系，而人则自由地对待自己的产品。动物只是按照它所属的那个尺度和需要来建造，而人却懂得按照任何一种尺度来进行生产，并且懂得怎样处处都把内在的尺度运用到对象上去，因此，人也是按照美的规律建造”。[①] 由此可知，从认知角度看，动物的认知活动被纯粹生物学的规律所限制，动物的认知被自己生理条件约束，被自己的感觉器官的局限性所决定；它只能根据自己生理和感官的尺度认识事物。人则能够超越自己的感官尺度认识事物，因为人是在实践活动中认识事物，特别是生产实践活动，对人的认知具有决定性的作用。在生产实践中，人能够超越生理的本能，突破生物规律的限制，根据自己的需要，按照各自事物制定相关的认知尺度，并应用相关的规律认识对象和改造对象。人的认识是一种实践的认知。动物虽然也认识事物，但是它无法按照事物的尺度认识事物，而是按照自己的生理需要认识事物。这种认识只是一种本能的认识。

马克思在《关于费尔巴哈的提纲》中写道：“以前的唯物主义——包括费尔巴哈的唯物主义——的主要缺点是对事物、现实、感性，只是从客体的或直观的形式去理解，而不是把它们当作人的感性活动，当作实践去理解。”[②] 由此可知，机械唯物主义和费尔巴哈只是从客观形式理解事物，认为认识只是事物作用于主体及主体的感官的结果，而不是把认识作为主客相互作用，主体能动改造事物的结果。马克思则认为，应该从现实的人考究主体认知对象的相关特点，从主体和客体的相互作用的角度探索主体如何认知客体，即从实践角度研究主体对客体的认知。因为实践是物质性的活

① 《马克思恩格斯全集》第 42 卷，人民出版社 1972 年版，第 96—97 页。

② 《马克思恩格斯全集》第 3 卷，人民出版社 1972 年版，第 3 页。

动，并且实践具有辩证的特点，所以从实践角度看，主体对客体的认知必然具有辩证性。

由此可知，根据马克思主义，认知活动是一种实践的活动，人在实践活动中把自己心理的观念物化为客观的事物。马克思指出"人应该在实践中证明自己思维的真理性，即自己思维的现实性和力量，亦即自己思维的彼岸性"。[①] 马克思主义心理学派进一步把马克思主义的心智观应用于心理学，提出活动的学说。苏联著名心理学家谢·列·鲁宾斯坦认为，认知是一种社会活动，在认知过程中，活动和意识是辩证统一的。"肯定它们的相互联系和相互制约性：人的活动制约着他的意识、他的心理联系、过程和特性的形成，而人的意识、他的心理联系、过程和特性则实现着对人的活动的调节作用，而成为他们的完全符合的完成的条件。"[②]

一　心智认知是动态的活动过程

马克思主义认为，人们通过实践才能认识对象。人们之所以认识外界的对象，那是因为人们作用于外界的对象，另一方面，外界对象在人的作用下，反作用于人，由此人们认识了外界对象。在人类所有活动中，生产活动是最重要，最根本的活动。通过生产活动，人由此进化为人，人的心灵也由此进化为人的心灵。维果茨基吸收了马克思主义关于人类的活动合理因素，分析马克思主义的实践活动，并把马克思主义的"实践"的内涵引入心理学领域。维果茨基认为，人的心理是在活动的基础上产生和发展的，是人们在生活共同体中，通过社会互动发展起来，并指出人的心理过程的变化与他的实践活动过程的变化是同步的。[③]

---

① 《马克思恩格斯全集》第3卷，人民出版社1972年版，第3页。

② ［苏］谢·列·鲁宾斯坦：《在苏联心理学史中意识和活动的问题》，《心理学的原则和发展道路》，生活·读书·新知三联书店1965年版，第262页。

③ Danies, H. ed., An introduction to Vygotsky New York: Routledge, 2005.

以维果茨基为核心的文化历史学派的其他成员深入研究马克思主义实践反映论的思想，他们认为，第一，在实践的基础上，人对于对象的反映和动物对于对象的反映有根本性的区别。因为人的实践首先是一个工具性的活动，这种工具性活动使得人不是直接作用于被反映对象，而是间接作用于被反映对象。第二，实践是一种社会性的活动。在动物界中，动物的活动往往不是以共同体的方式进行。人的活动往往以共同体方式进行。由于这种活动是共同体的活动，所以，在活动过程中必然产生共同体的文化与历史；人，不管是个体的人，还是群体的人对于外界对象的反映必然充满着文化与历史。第三，在实践活动中，人们形成各种各样的社会关系。这种社会关系随着实践的模式形成与固化，它们不再仅仅是不同个体之间的人际关系，而是已经发展为某种范畴。社会关系作为一种范畴就是概念性的东西。比如，在生产活动中形成的各种生产合同和商务合同等生产关系不仅仅是个体之间关系，其本质是社会关系，是社会产生范畴的东西。因为它们体现了整个生产活动的过程。人们的心理活动就是随着实践而产生。如果人们的心理随着时间活动而产生，那么，当个体心理产生和发展所表现出来的心理实践活动有哪些方面？根据文化历史学派的相关思想，我们认为，在文化历史学派那里，心理活动的第一层意义是有机体并不是处于休眠的状态，而是处于一种运动的状态。心理活动的第二层意义是有机体不断和外界的对象相互作用。心理活动活动的第三层意义是有机体和其他社会主体发生了一系列的社会互动。活动过程中，有机体的心理和行为不断发生变化。当然，这些心理活动都是在实践基础上发生的，或者说这是实践在心理方面的表现形式。

按照维果茨基的思想，心理活动和意识是统一的；它们统一于人的实践活动。西方心理学以个体主义为哲学基础，几乎所有心理学者都把意识当作某个人“头盖骨以内的东西”。在他们看来，人的意识纯粹是某个人自己身体以内的某些东西，意识和外界的事物没有关系。维果茨基反对这样的思想。他认为，高级心理机能的形成过程中，人的活动具有重要的作用。意识则是高级心理机能的重要部分。一方面，由于人们在活动过程中，人们总是对外界对象产生各种作用，外界对象也必然产生各种反作用，由此人们的高级心理机能得以形成，逐渐产生了意识。在活动过程中，因为人们具有反映能力，把外界对象的特点以及活动的结构等内化为人的心理的一部分，因此，人的意识具有客观真实性。另一方面，人总是具有主观能动性，人按照自己的目的开展活动，并且按照自己的想法付诸现实。因此，人们的意识得以表现，并且物化为外界的事物。

当然，意识并不是一个孤立的系统，而是由人的理智与激情、认知与情绪等多方面的因素构成的一个统一的、动态的意义系统。这些因素相互联系、相互影响、相互制约，由此推动心理机能的发展和变化，推动着意识的产生与发展。维果茨基明确区分心理和意识。人和动物都具有心理。但是，动物没有意识，人才有意识，意识是人高级心理机能的重要特征。

因此，马克思、恩格斯所谓的“实践”，其在心理学领域中，其可见的行为层面是人与人之间的社会互动，特别是人与人通过语言符号之间的交流；“实践”的心理层面则表现为人为了认识某一对象，人总是利用相应的工具使相关对象变成为心理的映像。然后，通过心理操作进一步抽象心理映像，由此认识客观对象。

二 实践塑造高级心理机能

按照马克思主义，劳动是人应用工具于自然对象的实践活动，由此人不断进化，脱了自然界，心理也进化为人的心理。维果茨基把马克思主义关于人的本质及人的活动的基本原理应用于教育学与心理学，并提出“交流符号之于心理犹如劳动工具之于人”。他认为，物质工具对于人及其感官的形成是关键的；符号对于人的心理及思维形成也是关键的。在人进化过程中，劳动工具中介于人与劳动对象，中介于人与自然；由于劳动工具的不断更新，人的劳动实践形式也不断发展；其不断地推进人的进化。符号和劳动工具也一样，其本身也是一种工具，通过符号作为中介，特别是语言符号的中介作用，对于人们的心理、思维与认知能力的产生、发展具有根本性的作用。

在深刻理解马克思、恩格斯关于心理与实践活动的相关思想之后，维果茨基把马克思、恩格斯关于人的文化历史性的思想应用于心理机能研究。由此他得出，人的心理具有高层次的心理活动和低层次的心理活动。低层次的心理活动中，人的生物性因素占着主要地位。低级心理功能主要是人类作为种系的遗传和发展的结果，比如，感觉、知觉、机械记忆等等。人的这些低级心理主要是人从内部自然而然地产生、发展起来。因此，低级心理功能是一种自然的形式，其具有直接性。然而，高级心理功能的本质则是社会性的，它是人在后天的实践活动中产生和发展起来的。高层次心理活动则充满着历史文化性。社会文化因素在其中占据主导因素。在高层次心理活动中，人们的心理能力主要是通过实践获得。

高级心理机能的一个重要特点是应用心理工具：符号，特别是语言符号，并且高级心理机能是在应用符号工具中被塑造起来。恩格斯在论述人与环境的关系时就强调工具的作用，特别是符号工具的作用，工具是人与自然的中介。维果茨基强调，儿童心理发展首先是掌握外部社会的工具和方法，然后改造自己心理内部。心理工具发展过程是有规律的，其规律是心理工具出现两次，首先心理工具是在人与人之间出现、传播和发展，在共同体中存在。其次，个体才把这些心理工具以及由它们建构起来的认知架构内化到自己心理。结果，心理工具及相应的认知结构成为认知者心理的一部分。在这里，维果茨基直接吸收了马克思的思想。马克思认为劳动是一个双重经验的过程。首先在没有劳动之前，劳动者在大脑里面已经具有关于劳动的意识，即劳动计划、劳动对象、劳动工具等已经在劳动者的心理被构建在一起，这是第一次“经验”。当然，马克思在这里是在群体层次意义的劳动者。但是，这个“第一次”仅仅是在劳动者心理产生相关的纯粹心理经验。当劳动者进入现实的劳动时，这些心理经验转化为现实的实践活动经验。这形成了劳动者关于劳动对象、劳动过程、劳动工具等外界对象的相关经验。这是第二次经验。第二次经验包括心理活动方面的经验，也包括劳动的现实经验。第一次经验主要包括心理活动的经验。由此可知，文化历史学派关于心理工具的思想及心理随着工具变化而不断发展的思想渊源于马克思主义关于人的本质的思想。

因此，按照文化历史学派的思想，他们所谓高级心理机能具有如下特点：（1）心理具有“随意机能”：当外界刺激物不是在线（on-line）刺激，或者根本不存在，或者刺激物对主体的刺激太弱时，主体可以按照自己的愿望和意志把相关的对象呈现在自己的大脑中；（2）心理具有“抽象”机能：主体对于相关现象具有概括的能力，形成不同层次的概念，并且基于这些概念进行各种判断和推理；（3）高级心理机能的产生与发展，其源于社会文化，其是个体通过社会活动内化社会文化的结果。因此，高级心理机能的产生和发展受到社会规律的支配，随着社会变化而不断发展；（4）高级心理机能的形成是通过工具为中介而形成的。当工具变化时，人的心智认知必然发生变化。①

如果高级心理机能是社会性的，那么高级心理的内容必然首先存在于共同体的社会文化活动中。存在于社会文化活动中的相应因素如何转化为人的高级心理机能？按照马克思主义哲学，这是人对客观世界的主观反映的结果。这一哲学立场在心理学领域的表现形式是怎样？马克思主义认为实践具有工具性的特点，由此文化历史学派认为，人与动物最根本的区别是人会制造和利用工具从事各种

---

① 王光荣：《文化的诠释——维果茨基学派心理学》，山东教育出版社 2009 年版，第 16 页。

社会实践活动，由于物质工具的制造和使用，使人离开动物界，慢慢进化为人。他们进一步提出，符号也是一种工具，特别是语言符号的制造和使用，其促使人的心理的产生与发展。由此可知，按照维果茨基的思想，高级心理机能和低级心理机能的最根本的区别是：前者的产生与形成是由工具中介而形成，后者的产生和形成是种系遗传的结果。

人从出生的那天起，其就受到各种符号的刺激，比如，母亲的微笑、声音等等。生活共同体把不同的意义承载于不同的符号之中，并且生活共同体中不同的符号指称不同的对象。因此，婴儿从出生起，就生活在一个由诸多符号构成的世界中，生活在一个丰富多彩的意义世界中。婴幼儿的行为不是仅仅由婴幼儿的本能所决定的，但是本能只是提供给婴幼儿行动的能力，而不是行为的结构。因为行为结构是一个有意义的过程，单一的行动只是本能的表现形式，它本身是没有意义的。婴幼儿的行为是和其周围的环境及对象相关的，符号起着中介的作用。因此，婴幼儿借助符号，获得意义，并把意义赋予对象，然后按照意义行动。这就产生了有意义的行为结构。

语言是一个系统性的符号体系，人类大部分的概念和知识都以语言为载体。人们总是用语言组织自己的思维，并且应用语言认知对象。另外，人们可以借助语言反思。由于人们应用符号认知对象，因此，人们以符号为中介认知对象时有两条路径。第一条路径是以他人为中介。因为，对于许多认知对象，人们不可能都是亲力亲为。人们只是通过他人学习，间接获得相关的知识。这一点类似于科学共同体的新手。新手总是首先得向他人学习。第二条途径就是人们以符号为中介直接认识外界对象。例如，直接用光谱分析仪获得相关数据等。总之，由于符号的中介作用，人的内部心理和外部现实世界得以链接，人们的意识得以形成。人们的心理由低级机能慢慢向高级机能发展。

三 心理机能及其辩证关系

那么高级心理机能与低级心理机能的关系怎么样？从文化历史学派来看，高级心理机能和低级心理机能的关系是辩证的关系。

按照维果茨基的思想，有机体有两种心理机能，一种是低级的心理机能，另一种是高级的心理机能。动物只有低级心理机能，而人具有两种心理机能。低级心理机能是有机体直接适应环境形成的心理机能。有机体被动地、随意地形成的低级心理机能。低级心理机能是感性的、具体的、形象的机能。低级心理机能主要是受到生物进化规律的限制和制约。低级心理机能有如下特点。第一，从个体的角度看，低级心理机能是被动的、随意的。它们是感性的、形象的、具体的；并且这些心理机能是直接的，无须中介的。低级心理机能的发展与成熟主要是伴随着个体的发育而不断发展，特别是随着个体的神经系统的发育而不断发展。第二，从种族角度看，低级心理机能的产生和发展主要是受到生物规律的约束，许多低级心理机能可以通过遗传获得，社会性的因素对它的影响非常小。

高级心理机能是在低级心理机能发展起来的。因此，高级心理机能不但受到生物进化规律的制约，而更要受到社会文化发展规律的制约。因为，人的生物性因素不但提供了心理产生和发展的必要条件，而且低级心理机能是高级心理机能发展的基本平台。当然，无论是人的生物性因素，还是人的低级心理机能都不是人的高级心理机能的发展动力和源泉。社会环境，特别是社会文化才是人的高级心理机能的产生、发展的根本动力和源泉。

首先，高级心理机能是在低级心理机能的基础上产生的，但是低级心理机能并不是产生高级心理机能的充分条件，只是其产生的必要条件。比如，动物虽然有低级心理机能，但是却无法产生高级心理机能。人则能够基于低级心理机能产生高级心理机能，为什么？从马克思主义角度看，人和动物的根本区别在于人会使用和制造工具，动物则没有这个能力，并且劳动以及劳动工具对于人的身体和其他器官形成具有决定的意义。由此，维果茨基认为，符号对于人的大脑和心理而言，其作用犹如生产劳动中的工具对于人的形成那样的作用。根据这些思想，文化历史学派认为，行为主义心理的形成的机制是：S→R 是错误的；心理形成的机制应该是：S→工具→心理。这就是维果茨基关于心理形成的工具中介性模式，也是高级心理机能产生的模式。但是，仅仅有工具中介还难以解释心理形成的。因为按照马克思主义社会存在是第一性的，意识是第二性的。维果茨基也认为，个体的高级心理结构和心理内容是由社会文化所决定的。社会文化如何决定心理内容和心理结构？按照他的思想，主体在应用符号工具，特别是语言符号时，主体把外界的结构和内容内化为自己的心理结构和心理内容。

高级心理机能和低级心理机能的发展具有相对独立性，但是，二者又相互交叉、融合。低级心理机能的发展主要是通过种族的遗传获得，是一种天然的、自然的发展过程，是有机体进化形成的。在低级心理机能的基础上，高级心理机能则起源于儿童参与社会互动。这两种心理机能在个体成长中交织在一起。当高级心理机能形成之后，它便主导整个心理性质。但是，维果茨基没有进一步思考高级心理机能和低级心理机能的同一性。他没有探究低级心理机能可以转化为高级心理机能的途径，也不研究高级心理机能促进低级心理机能的发展。这造成他的理论对儿童心理学研究具有巨大的困难。按照这种观点进一步研究，其要么堕入心理的生理化的陷阱，要么走人庸俗心理社会化的错误。

虽然对于高级心理机能与低级心理机能方面，维果茨基吸收了马克思主义哲学的辩证法的相关思想。但是，他对于二者的关系并没有彻底地贯彻辩证唯物主义。维果茨基太过于强调低级心理机能和高级心理机能的对立性，没有足够重视二者的同一性。维果茨基说："儿童高级心理机能发展问题的全部特点、全部困难就在于这两条路线在个体发展上是融合在一起的，实际上形成一个统一而复杂的过程。”① 高级心理机能主要是个体在生活共同体中，通过语言等符号系统内化文化历史而形成的心理机能。维果茨基认为，高级心理机能和低级心理机能是两个相对独立的过程，在人的心理形成的过程中，心理的生理过程和心理的社会文化过程是没有相互依赖关系的，低级心理机能也没有促进高级心理机能的发展，二者仅仅是交织、融合在一起罢了。但是，二者的交织和融合并不是辩证意义上的同一。当然，这也许是维果茨基认为高级心理机能和低级心理机能的相关关系，并不仅仅是辩证的关系，还有其他关系。然而，他英年早逝还没有时间研究这方面。

第六节　儿童心智认知的实践性与可塑性

列宁在马克思、恩格斯的基础上，从阶级的层次探讨了意识，特别探讨了工人阶级意识、工人阶级理论家的理论以及社会发展等关系。文化历史学派继承了这一思想，并在心理学领域进一步发挥。

文化历史学派根据列宁关于社会与个人发展的思想，通过类比的思想探讨了日常概念与科学概念。从当前文献看，我们认为，日常概念的认知和科学概念的认知以及二者之间的关系根源于列宁关于工人自发的阶级意识和工人自为的阶级意识以及二者之间的关系。在列宁那里，工人阶级只有自发的阶级意识，在其理论家的指导和影响下，工人自发的阶级意识发展为工人自为的阶级意识。维果茨基进一步应用这一思想原理于儿童心理学的发展，其认为儿童心理许多日常概念总是处于自发的状态，通过能力较强的同伴或老师的启发和引导下，特别是以课堂的形式引导下，儿童日常概念发

① 维果茨基：《高级心理机能发展史》，载于《维果茨基儿童心理与教育论著选》，杭州大学出版社 1999 年版，第 39 页。

展为科学概念。

一　日常概念与科学概念的认知

在马克思、恩格斯那里，意识是由社会劳动产生的东西。因此，应该从真实的社会活动和人生活过程说明意识的发展。不是生活由意识决定，而是生活决定着意识。但是，马克思和恩格斯关于意识产生的思想并不能直接应用于儿童的心智认知和儿童的心理发展。他们关于意识的论述不可能直接应用于心理学和意识科学的研究。一方面，因为，马克思和恩格斯那里，劳动是广大民众的一种实践活动；在心理学的研究中，儿童根本不是参与劳动。另一方面，儿童因为心智还没有成熟，并且儿童的所有活动几乎都没有马克思所说的"实践"性的活动。儿童是在不断学习的过程中逐渐成长的，而学习的一个重要形式是学校的课堂教育与教学。如何贯彻马克思和恩格斯的意识思想于儿童心理学？

马克思和恩格斯认为意识是社会的产物，只要人存在意识就一定是人关于其生活环境和对象的反映，是人和人之间的社会互动的产物。"意识一开始就是社会的产物，而且只要人们还存在着，它就仍然是这种产物"。[①] 他们主要是从种群的角度谈论意识的社会本质。但是，随着革命斗争的需要，仅仅从整个种群的角度分析意识是无法推动革命的进一步发展的。因此，列宁基于马克思、恩格斯关于意识的社会性的产物，意识的唯物主义思想，分析工人阶级的意识。列宁则进一步继承和发展意识的唯物主义立场。他主要是强调个体的意识作为社会的产物，它是根存于具体的社会生活条件、工作条件和历史条件。对于普通民众中的个体而言，这些条件太复杂，难以了解，所以个体的人对于相关阶级意识只有自发性的阶级意识。那么普通民众的个体如何获得科学的阶级意识？列宁认

① 《马克思照格斯全集》第3卷，人民出版社1960年版，第34页。

为，这需要本阶级的理论家负责把广大民众的自发阶级意识提炼，抽象为科学的阶级意识，然后引导广大民众内化这些科学的阶级意识。由此可知，工人自发的阶级意识实际就是工人关于“阶级”的日常概念；工人阶级的自发阶级意识其发展途径就是工人在日常的工作和生活中自己萌芽产生关于“阶级”的概念。但是这种阶级意识没有系统性，缺少理论性，很模糊。因为，自发性意识主要是根源于工人日常劳动。在现实的社会中，广大民众整天艰辛劳动，但他们却过着贫困的生活，而资产阶级却不劳而获，过着衣食无忧的生活。由此，工人阶级萌发出反抗的意识。比如，自发的游行活动，自发地破坏机器等活动。这些活动所形成的意识只是一种模糊的、零散的社会意识，并且是一种盲目的意识。随着工人自发的一系列斗争逐渐失败，工人的先进分子不断寻找原因，逐渐形成系统性的意识，并且把这些意识理论化。工人阶级理论家把意识理论化之后，这些先进分子不断地教导广大工人，工人开始觉醒，使得工人自觉地了解到自己的历史使命。由此，工人的自发意识也逐渐发展觉醒的意识，最后工人的自发意识成为自为意识。

维果茨基认识到，列宁把工人的意识和整个社会系统和政治系统联系起来；由此，列宁看到工人虽然不满足自己的生存的条件，但是工人并没有能力认识到自己的苦难来自于自己所创造的系统，根源于其日常的社会系统。工人要认识这个系统，那么他们必须通过学习先进的理论才能认识这个系统。维果茨基，分析了列宁相关思想之后，他也把儿童心理的产生、发展与儿童成长的社会环境也联系起来。由此，维果茨基认为，儿童在日常的生活和社会互动中也对外界对象产生自发的概念，并且这种日常概念在本质上和工人所产生的自发阶级意识的概念都具有类同之处。因为二者的产生途径都是一样的，二者的内涵非常模糊，都没有理论化，它们都没有系统化。他认为儿童在成长过程中，他们无法科学地认识周围的环境和相关对象，他们必须通过系统学习，学习另一系统的知识，通过学习之后，儿童认识那些无法直接看到的东西。这由老师帮助儿童才能完成这个任务。

首先，从列宁的著作中，维果茨基看到，列宁已经为他提供了一个系统性的概念和理论框架，只要通过比较、隐喻等方式就可以根据马克思主义关于意识唯物论来研究儿童心理学了。按照列宁的思想关于工人阶级的领导者引导工人的阶级意识，他是工人阶级的导师。维果茨基运用类比思维的方式，把这一理论概念框架移植于儿童的意识和心理的发展。对比二者的理论可以知道，列宁那里的“自发的阶级意识”、“工人”和“领导者”相当于维果茨基那里的“日常概念”、“儿童”和“老师”。从列宁的相关理论看，其实广大民众相当于“学生”，领导者相当于“教师”，但是，领导者并不是天生就是导师，而是不断地、虚心地向广大民众学习，调查和研究，最后青出于蓝而胜于蓝。

其次，如果把工人阶级的领导者和儿童的老师分别放到列宁的理论体系和维果茨基的理论体系，我们会看到，维果茨基继承和发展了“领导者”的引导角色。领导者在唤醒广大民众的阶级意识时，他不仅仅是组织者、管理者、更为重要的是他是广大民众的导师。同样，教师对帮助儿童从日常概念逐渐发展为科学概念起着非常重要的作用。特别是在课堂中，教师是课堂的组织者，他负责开展课堂的各项活动；他又是儿童的领导者，因为他按照相关的纪律要求儿童服从课堂的活动；作为教育者，他总是积极地引导儿童逐渐摆脱日常概念，逐渐发展为科学概念。

最后，从概念——理论框架渊源来看，维果茨基和马克思、恩格斯和列宁是一脉相承的。他们都坚持物质决定意识的唯物主义立场。在马克思和恩格斯那里，他们论述物质决定意识这一辩证唯物主义原理在社会历史领域中表现为：社会存在决定社会意识，亦即意识是社会的产物。因此，意识随着社会历史的变化而变化，不同时代的人们总是接受前一代人的意识，然后在此基础上进一步形成新的意识。由于每一个历史时代的条件不同，因此每个时代的意识也必然不同。在文化历史学派那里，意识是人们社会活动的产物，是人们应用工具中介于对象的产物，是心理活动的过程；意识能够真实反映活动的对象。

由此可知，维果茨基的自发概念和科学概念源于列宁的工人的阶级自发意识和阶级自为意识；维果茨基创造性地把列宁的思想框架融入概念的认知。列宁对意识的分析是从系统性分析意识的应用，从唯物主义立场分析社会条件和关系，根据行为的目的抽象出意识，总结意识的概念。列宁把工人阶级的意识区分为自发意识和自为意识。列宁认为工人阶级的专家把政治概念输送给广大民众之后，广大民众的思想认识便有了巨大的发展。维果茨基通过类比的思考，由此得出，儿童的老师通过不断引导儿童掌握科学概念，由此促进儿童的心理发展，使得儿童心智进一步提高，儿童由此能够认识更复杂的事物，解决更难的问题。

二　实践真理观与最近发展区理论

维果茨基认为科学概念和日常概念不可分开，二者是辩证的关系。科学概念和日常概念相互影响。科学概念的获得和发展依赖于儿童日常概念的产生和发展。只有日常概念发展到一定程度，儿童才能接受科学概念。儿童对日常概念的认知相当于儿童认知的某一"实际发展区"；或者说，儿童所把握日常概念的能力是儿童在某一时期具有的实际认知能力。儿童对于科学概念的认知则是儿童的某一"最近发展区"；即儿童在把握日常概念之后，他们所具有进一步发展的潜能，进一步把握更抽象性概念的潜能。

实际发展区和最近发展区是辩证唯物主义真理观在认知领域的一种表现形式。按照辩证唯物主义，真理具有绝对性，也有相对性。真理总是从其相对性不断地靠近真理的绝对性。因此，真理总是从某一阶段的知识上升为另一阶段的知识；后一阶段的知识往往比前一阶段的知识更靠近客观事实。真理是一个历史的过程。这个过程是不断变化的动态过程，是人们对客观事物不断深化认知的过程，是从一个低层次认知到高层次的认知过程。当然，相对真理都包含着绝对真理的颗粒，而任何历史条件下的绝对真理则都只是某一阶段的相对真理。按照马克思主义真理观可知，人们对真理的认识也是一个过程，这个过程是不断变化的。但是，在心理学领域，这个过程如何变化？维果茨基创造性地把绝对真理和相对真理以及二者的辩证关系应用于心理学。于是他提出实际发展区和最近发展区。实际发展区就是儿童独立完成确定的知识的能力。实际发展区就是人们在某一时期具有认识和使用某一相对真理解决相应问题的能力。或者说，人们某一时期能够活动某一具有相对性知识的能力。这相当于儿童在某一阶段获得的“相对真理”的能力。

最近发展区则是儿童借助于外在的力量认识更高一级的知识的能力或借助外部力量解决实际问题的能力。最近发展区的知识对于实际发展区的知识更具有绝对性，也就说，最近发展区的知识比实际发展区的知识更具有客观实在性。如果说，实际发展区里面的知识是一种相对性真理的知识，那么最近发展区里面的知识则是一种绝对真理性的知识。

任何的最近发展区都建立在实际发展区上，或者说任何的最近发展区都由许多实际发展区构成。一方面，任何的实际发展区，都隐含着下一个最近发展区。最近发展区和实际发展区只是一个相对的阶段。今天属于最近发展区的东西，明天就可能属于实际发展区了。某一阶段 Xn 是实际发展区，那么它的最近发展区则是 Xn + 1 阶段；Xn + 1 的最近发展区则是 Xn + 2；另一方面，往前溯源可知，Xn 阶段本身则是 Xn − 1 的最近发展区。如果从真理角度看，从 Xn − 1 到 Xn + 1 这一真理过程中，我们可以看到 Xn 是某一阶段的绝对真理，则 Xn − 1 则是它的相对真理；但是，当人们达到 Xn 之后，人们逐渐发现还有比 Xn 包含更多真理颗粒的绝对真理 Xn +

1。再次，Xn 总是影响 Xn－1，同时为 Xn＋1 提供必要的基础。实际上，如果我们考察科学发展历史，我们也会发现，科学概念是由日常概念而来，当某一科学概念当它被广大民众所认识接受后，那么它便成为常识。比如，牛顿理论，经过几百年的传播与发展，对当今的人们来说，现在已经成为一个日常的知识；相对论则成为一个科学的知识。或者说，牛顿理论是当今人们认知的“实际发展区”；相对论则是当今人们认知的“最近发展区”。科学概念已经产生形成，它又影响自发概念的发展。科学概念通过重新塑造日常概念，使得儿童的心理产生新的意识和意识觉知，由此实际发展区不断地走向最近发展区。

最近发展区与实际发展区的思想胚芽在列宁的理论那里也得到体现。从列宁的理论中，我们可以看到，工人阶级的理论家为工人的自发意识创造了一个新的发展区。也就说，工人的自发意识是工人的实际发展区，而工人理论家总结出的理论则为工人创造出最近发展区。工人的自发意识是一种自发的概念，而工人理论家总结出的理论则是一种科学的概念。工人理论家通过不断教育工人，工人认识了这些科学概念之后，他们便自觉地改造自己的自发概念，由此工人便由一个实际发展区进入下一个的最近发展区，形成新的实际发展区。

对于列宁而言，工人的经济斗争的想法只是工人对现象意识的实际发展区。其需要工人先进分子的启发和教导，由经济斗争走向政治斗争。因此，政治斗争相当于工人意识的最近发展区。亦即，工人的自发认识仅仅在于经济的认识，而难以到达政治的认识；经过工人的理论家指导之后，工人便由经济认识逐渐发展到政治认识。当然，列宁并不认为，工人阶级自发地从经济认识走到政治认识，由此，由经济斗争走向政治斗争。维果茨基也认为儿童不可能由日常概念自然而然地走向科学概念。通过对比二者，我们可以知道，他们都认为一般的群体都需要相应的领导者应用先进的理论引导这些群体，这些群体才由一个阶段的认知走到一个更为高级阶段的认知。

由此可知，维果茨基只是把列宁关于工人阶级和工人阶级领导者以及二者关系的相应理论构架应用于心理学研究而已。比如，关于人的低级心理机能和高级心理机能，维果茨基认为高级心理机能是由人的社会存在以及各种社会关系决定的。根据上述，我们可以得出两个结论，其一，就是维果茨基确实用列宁的概念——理论框架于心理认知研究，至少用这个理论框架于参考。其二，列宁和维果茨基都用唯物辩证主义于自己的理论研究。因此，无论从哪个角度来看，维果茨基的理论都是马克思——列宁主义传统的。列宁和维果茨基都关心教育方法和意识的发展过程。通过对比列宁和维果茨基的理论，我们发现维果茨基的心理学发展根植于列宁的社会发展的概念。

列宁试图用辩证唯物主义于社会、经济、文化和历史传统。维果茨基则试图应用辩证唯物主义于发展心理学。从社会发展与个人发展的关系来看，维果茨基关于认知的发展理论确实和列宁关于工人意识觉醒理论是一脉相承的。列宁根据辩证唯物主义，提出了社会发展的理论，即工人本身具有自发的阶级意识，但是工人本身的自发阶级意识难以发展成为自为的阶级意识，由此工人本身没有任何发展。由于工人是社会的基本群体，工人如果没有发展，那么社会也难以发展。

那么社会如何发展？社会需要一个理论家，领导者引导工人；使工人对社会的认知从自发的认知走向自为的认知。维果茨基认为，个人是社会的产物，离开社会人就不是人。但是，列宁所论述的是群体的认知与发展，对于发展心理学而言，维果茨基要研究的是个体的心理发展与认知。如何吸收列宁关于群体发展的思想？维果茨基根据意识社会性的思想，吸收意识可以分为自发意识和自为意识的思想：在列宁那里，自发意识可以转化为自为意识，其条件是工人接受先进理论家的启发和指导；由此，维果茨基从区分日常概念与科学概念出发，并把二者抽象为不同阶段的认知能力的表现，由此创造性地提出实际发展区和最近发展区理论。在这个基础上，他进一步应用列宁的理论框架于发展心理学研究。按照维果茨基的理论，自发意识实际上就是工人当前的实际意识水平，自为意识就是工人基于当下条件，其意识可到达的潜能或水平。如果把意识缩小到心理领域，从心智认知角度考察意识，那么就可以得出自发意识其本质就是：在没有他人帮助下，工人本身当前的心智认知能力；自为意识则是工人基于现有条件，在他人帮助下，其认知能力可能到达的水平。根据这些思想，维果茨基最终从心理学角度提出最近发展区和实际发展区理论。由此可知，最近发展区理论的思想渊源于列宁关于工人自发意识和自为意识的思想。可以说，列宁关于工人意识的发展是群体心理宏观的模式，维果茨基的儿童认知发展是个体微观的心理发展模式。后者只是把前者的模式个体化了而已。二者都强调教育教学的作用，二者都强调辩证法。可以说列宁是应用唯物辩证主义于社会发展的一个成功的范例，维果茨基则是以这个范例作为自己理论建构的原型，进一步推广到心理学领域。

总之，文化历史学派把马克思的真理观和列宁的阶级意识有机融合在一起，并由此提出自己的心智认知理论。

三　心智可塑的过程

如果教育教学是儿童心理发展的主要形式，那么我们如何引导和教育儿童？或者说，我们如何促进儿童的心理发展？

维果茨基把历史唯物主义的思想应用于教育学与心理学，提出了最近发展区的理论。按照历史唯物主义，人是社会性的产物，没有抽象的个体，任何的人都是具体社会历史中的人，人的成长受着社会文化的制约。由此，维果茨基提出，儿童的智力发展是一个动态的过程，在这个过程中，儿童从一个较低的智力阶段走向另一个更高的智力阶段，以此为出发点，又开始向更高的智力阶段发展。在这个发展中，教育的作用非常巨大。根据人的思维与认知是基于符号与外界环境相互作用而不断发展观点，他进一步指出，儿童等人通过成人，老师或能力比较强的同伴应用符号等引导下，其心理、思维和认知能力将发展得更良好。因此，教育应该走在人思维与认知的发展的前面，引导人心理与思想的发展。由此，他提出“最近发展区”理论。从心理的角度看，最近发展区实际上是儿童以成人为中介性的工具，通过教与学的社会互动，内化社会文化的知识，促使自己在较低级的心理机能发展出高级心理机能。

维果茨基区分了三种情况：第一，儿童的实际发展水平；第二，儿童的潜在发展水平；第三，儿童潜在发展水平与儿童实际发展水平的差距。这个差距就是儿童的最近发展区。其教育教学中的表现形式是儿童不需要任何帮助就能够独立完成某一认知问题；儿童无论得到什么帮助，他都无法完成某一认知问题；在教师等外界的帮助下，儿童能够完成仅仅依靠自己无法完成的问题。比如，（a）某人，比如，张三在没有外界的帮助与引导下，他独自不能够完成认知任务 X；（b）在能力比较强的人，例如，老师等的引导下，张三能够完成认知任务 X。那么，此时，张三的最近发展区 =（b）-（a）。如果我们要教育、引导张三，那么，我们首先了解张三最近发展区的“（a）和（b）”，然后，在二者的区间，选择适合的学习任务，这才能有效地促进张三的思想、能力等方面的发展。由于作为外在环境的（a）和（b）都不断发展变化，例如，张三的小学、中学、大学的环境都不断发生变化，因此，张三的心理、思想以及他的“最近发展区”都不断地发展与变化。

维果茨基站在历史唯物主义立场上创建最近发展区理论，同时也批评了传统智力测试。儿童传统的智力测量往往测试儿童在没有别人的帮助下，测试儿童完成任务的能力。维果茨基指出，传统的智力测量只是静态地反映儿童的智力水平，无法预测儿童的潜在智力；由此，传统智力测量无法引导人们对儿童的教育。他指出，儿童的潜在智力是儿童在他人的帮助下所具有完成任务的能力。由此，儿童在他人帮助下具有完成任务的能力与儿童在没有人的帮助下，具有完成任务的能力之间存在很大差距。教育工作者只有找到这个差距，找到儿童的最近发展区，才能引导儿童的学习。

总之，从马克思主义立场看，我们认为一个实践心智认知观应该如下。首先在社会中已经存在共同体的活动，由于共同体的活动产生了相应的群体文化。并且，共同体在活动过程中，相关成员的沟通需要相应的文化符号，特别是语言符号，这些符号是在共同体长期的活动中产生，并且被固化下来。这些符号代表相应的事物，也就说这些符号包含一定的信息，因此，这些符号在沟通过程中就成了信号。因为有了符号作为信号，人们之间的交流便可以摆脱物理性的事物的约束，可以摆脱具体情景的约束相互沟通，交流自己的思想。由此，个人借助于符号等工具，在共同体中开展各种各样的社会互动，这就形成了个人的活动。在个人活动的相关模式和风格产生并固化的过程中，个人的意识便产生了，并且在个人不断活动中不断发展。这可以归结为集体性活动→（产生）社会文化和集体活动的历史→形成文化信号→（个体应用文化信号）形成个体活动→个体意识。

第五章

实践身体及其可塑性

实际上，当今在认知科学中占统治地位的认知范式是认知主义。认知主义基本立场是强调心灵的作用，忽视身体的认知功能。其继承柏拉图灵魂可以脱离身体存在的思想，同一灵魂可以寄存于不同身体；由此坚持心灵犹如软件，身体形如硬件，软件可以脱离硬件存在，同一软件可以寄遇于不同硬件。莱可夫、瓦雷拉等人坚决反对认知主义，以现象学为基础，论述了涉身认知。但是，他们认为智能只是一种自然产物，由此他们认为心智根植于现象身体，根植于纯粹生物性的身体和纯粹自然的环境。他们忽视了心智的社会性、文化历史性。我们从马克思主义实践认识论立场出发，坚决反对这一错误观点，并阐明心智根植于实践身体和实践世界，心智的根本性质是社会文化历史性；并且实践身体具有认知的功能。

在前面章节中，我们可以知道，文化历史学派和批判心理学派等马克思主义心理学派虽然把历史唯物主义、实践认识论等融入认知领域，阐明了心灵及其认知具有可塑的性质。但是，他们在反对行为主义时，他们忽视了行为主义关于身体及其行为在认知活动中的作用，他们只是强调心灵、意识等在认知中的作用。结果，马克思主义心理学者把心智抽象地从身体剥离出来，他们在批判行为主义时，犹如在倒掉洗澡水时，他们把洗澡盆里的水和婴儿一起倒掉了。实际上，从马克思主义生产实践论看，社会实践包括精神生产活动和物质生产活动。二者都是通过身体与对象相互作用的基础上开展生产。离开了身体，任何的实践活动都无法开展，因此，心智的实践性根源身体实践性和世界本身的实践性，即心智根源于实践身体和实践世界。

第一节　实践认知观的历史渊源

希波克拉底在医学方面探讨了医学治疗的实践与医学治疗的理论的相关问题,[①] 柏拉图为了区别技术制作的知识与理论的知识也涉及实践。[②] 由此，关于理论知识和实践知识的应用方面的问题，他曾经与毕泰戈拉学派的欧多克索和阿尔基塔发生争论。[③] 但是，这些学者都没有真正、全面地阐述实践的相关理论体系。在这些学者中，实践似乎没有目的性。后来，亚里士多德认为，人的行为具有目的性；并且因为理论活动虽然是自由的，但是理论活动的对象是具有普遍规律的东西，实践并不能列入理论的范围。由此，亚里士多德把目的性引入实践，明确地界定实践的内涵，并提出相应的理论。西方其他学者对实践的运用和亚里士多德的实践理论都有内在的关联，黑格尔的实践概念，马克思主义的实践概念的历史渊源于亚里士多德的实践理论。当然，毛泽东的实践论主要成分虽然根源于马克思主义，但是，他的实践概念毕竟注入的中国文化的基因在里面。

一　古代实践观念

从亚里士多德的思想来看，实践和真理性认识没有任何的关系。在认识论的范畴里面没有实践的因素；理论活动高于实践活

① 汪子嵩:《希腊哲学史 1》，人民出版社 1997 年版，第 991 页。

② Lobkowicz, N., *Theory and Practice: History of a Concept from Aristotle to Marx*. London, University of Noter Dame Press, 1967, p. 3

③ 汪子嵩:《希腊哲学史 2》，人民出版社 1993 年版，第 385 页。

动，而创制活动是最低贱的；理论知识与实践没有任何关系。这样观点符合于当时奴隶社会的分工：奴隶主从事精神生产，而奴隶从事物质生产的社会现状相符合的。按照亚里士多德思想，一般的暴民和乱民只是追求感官刺激和感官感受到生活。贵族追求更高层次的政治生活，追求合乎准则的荣誉，也就是“实践”。还有一种是哲人的“理论”生活，它是对“永恒真理”的追求，是一种沉思的追求。这种生活相当于今天的“科学探索”。但是，“理论”生活是根源于“好奇”，“求知欲”，而不是源于“实践的必然性”。

亚里士多德把当时的奴隶社会的活动分为三种不同的活动，第一种活动是理论性的活动，这种活动主要探讨事物的普遍性的问题。比如，物理学等。它几乎接近神的活动。物理学等知识活动主要由奴隶贵族等人从事这种活动。这种活动是以自身为目的。因为，这种活动本身和活动成果为活动者所占有，其目的和行为相一致。第二种活动是实践性的活动。这种活动主要是关于政治和伦理的行为方面的，虽然其也是由奴隶贵族从事，其目的也是为了自身的，但是它没有第一种活动那样具有普遍性。因为人的行为具有主观的选择性，主观选择的行为只有好坏之分，没有必然性与偶然性的区别。在某种环境下，有的行为是好的，但是，如果环境发生变化了，相同的行为可能是被认为坏的行为。第三种活动是创制活动。这种活动主要是奴隶从事的劳动。创制的结果是产品。由于创制活动没有选择性，因此，是没有自由可言。另一方面，创制活动也没有理论的普遍性，创制活动只是一种手段，这种活动的目的不是为了自身的。它的目的是外在的。奴隶创制并不是奴隶自己的目的，而是奴隶主强加于奴隶，控制奴隶的活动；奴隶的创制体现奴隶主的目的。因此，这活动的产品不为活动者本身所占有，其产品是由奴隶主占有；它仅仅是手段性的。

古希腊具有两种实践形式：“Praxis”和“Poiesis”。对于Praxis而言，从亚里士多德的相关著作看，实践主要是指人们参与政治活动和艺术活动；这些活动没有真和假的区别，没有对与错的不同，其只有好或坏的差异。Poiesis 主要指人们生产活动或制造某种东西的物质活动。因此，在当时的奴隶社会条件下，按照亚里士多德的观点，实践仅仅是奴隶主和自由公民的政治活动、艺术活动及伦理道德的行为。因为，奴隶没有这些权利，所以他们的所有活动并不是实践活动。然而，奴隶从事着生产活动，由此生产活动不属于实践活动。但是，在马克思那里则把生产活动作为根本的实践活动。在亚里士多德那里“实践生活就是积极的公民生活，是对城邦生活的主动参与。相反，理论生活则是从政治参与中分离出来的生活”。① 按照这种思想，当涉及理论和实践的关系时，并不一定涉及思想和行动的关系。因为理论活动作为一种生活方式是奴隶主及贵族们的一种精神活动，是一种纯粹的沉思冥想的思维活动。一般的公民基本上无法从事这种精神生活。实践作为一种生活方式主要包括奴隶主及贵族和一般公民的政治活动。由此可知，奴隶的任何生产活动，任何创制活动都是和实践活动没有关系的。

按照亚里士多德的思想，人类的各种活动可以大致将其划分如下：②

表 1　　亚里士多德关于人类活动的三分法

理论领域	实践领域	创制领域
1. 活动观察（view）	行动（act）	做（doing）
2. 知识类型科学（science）	深思熟虑（deliberation）	技艺（skill）
3. 达到的目的幸福（happiness）	恰当的生活（proper life）	福利（welfare）

按照亚里士多德的思想，理论活动具有普遍性，它如果足够

① 罗布卡维奇：《理论和实践：从亚里士多德到马克思的思想史》，1961 年，第 5 页，转引［英］乔治·莱尔因《重构历史唯物主义》，姜兴宏、刘明如译，中国社会出版社 1991 年版，第 112 页。

② Rotenstreich, N., *Theory and Practic*, The Hague, Martinus Nijhoff, 1977, p. 18.

真实，那么其将适合任何对象，但是，人的行为具有自主选择性，相关的学科是伦理学和政治学的任何一条规律或规定都不可能适合所有的行为。这些学科和第一哲学、数学和物理学有根本性的区别。

因此，如果从今天看亚里士多德的实践，那么，实践并不是技术行话，并没有“行动”“执行一些活动”的意思；实践只是一些自由人从事的一些活动，包括一些商业活动与政治活动，但是，实践并不包含涉及身体劳动的活动和智力活动，比如，思考、反思等等。实践本身就是一种生活方式，它像吹笛子，不像建造房子；因此，人们无法离开生活本身达到生活；实践作为“行动”，其如同理论的“沉思”一样都具有目的性和理性。第一，实践的探索并不产生知识，而只是实践本身而已。比如，我们在行动中已经知道那些行为是勇敢的行为，但是，我们却不知道勇敢的含义；因为勇敢没有真和假的区别。我们期望自己是健康的，但是，我们却不知道什么是健康。健康也没有真假差异。勇敢和健康都是实践的体现形式。第二，关于实践的重要论述是主体问题。在政治活动和伦理活动中，有不同的观点和许多不同的观点和许多不确定的情况。这些关于主体性的事情往往是约定成俗的。这些行为无法从智力的思考中获得准确的理解。因为伦理活动和政治的主体问题太复杂；无法分析这些事实及规律。当然，也可能这些东西本身就没有规律的。

另外，按照亚里士多德，奴隶主的实践活动和奴隶的制作活动的目的不同。奴隶主的实践活动是一种善的活动。所谓“善”的活动就是人们对道德，对精神的一种终极的追求。这种善表现为个人在城邦的活动中适当的行为，是一种合乎正确性的行动。实践的“善”的活动其必然表现为城邦共同体的和谐性。这是实践的伦理方面的表现。

理论与实践的二分表明，亚里士多德认为科学规律不能覆盖一切。事实上，柏拉图也认为规律并不是在所有的时间都是有效的，规律也不是对所有的东西都有效的，规律只是在大多数情况下有效。

二 近代实践认知的观念

在古希腊，“实践”的内涵与当时的政治生活紧密相关，“理论”则与当时的哲学活动关联在一起。按照亚里士多德的思想以及当时社会环境，我们要理解“理论”与“实践”就必须考虑古希腊市民生活的实际结构。到了中世纪，笛卡尔关于“实践”的思想和十四世纪到十六世纪的数学的思想相关联的。

在亚里士多德那里，实践仅仅是人们交际活动的道德，其不包括人和自然的关系，不包括技艺活动，也不包括生产活动。后来，F. 培根和百科全书学派的学者把工匠的手艺、人们对自然的认识、科学的各种实验纳入了实践的范畴。一方面，由于培根等人把技艺、实验等纳入了实践的范畴，因此，他们看到了实践的力量。看到了知识通过实践而发挥作用的物质力量。但是，这种力量仅仅是人对自然的力量，并没有包含实践对社会历史发展的推动力量。以往，人们只是用知识来论证信仰，论证上帝的存在性。然而，由于培根等人把技艺和实验纳入实践，这有力地促进人们摆脱宗教的精神束缚，使得人性得以自由。另一方面，由于技艺和实验纳入实践，使得知识可以转化为力量，使得“知识就是力量”。由此，知识仅是信仰，更是一种力量。由于实践范畴的扩大，人们关注的对象便从精神实体走向自然实体。当技艺和实验成为实践的一部分以后，自然界和人的关系便成了人们关注的重要内容。实践具有了认知的功能。但是，实践还没有改造的能力。科学实验本身的目的是在模拟自然对象在人为控制的条件下，其所表现出的过程。由此，人们获得自然对象的真实面目。即人们认识了自然对象。

德国哲学家沃尔夫（1679—1754 年）把亚里士多德的学科三

分法改为二分法。[1] 康德则沿着沃尔夫的用法，提出“理论理性”与“实践理性”。前者主要是本体领域中的道德实践；后者主要是现象领域中的技术实践，即科学技术活动。随后，费希特为了突破康德“物自体”对认识的桎梏，他把实践引入认识论的范畴。黑格尔在结合康德和费希特的思想，提出劳动是一种特殊的实践形式，不过在黑格尔那里，劳动只是一种精神活动，是概念到达自我认识的一个阶段。[2] 实践对于黑格尔而言只是一种思辨的技巧。这些学者的实践观的一个共同特点都是把理论性的、思辨性的活动视为实践的根本属性，他们看不到一般民众的劳动的实践的基础性地位，工业生产活动的实践力量及这种实践具有普遍性。从总体上看，他们和亚里士多德关于“理论活动高于实践活动”的立场是相同的。他们根本没有把“创制”纳入实践的范畴，因为他们根本看不到从事生产活动的民众才是认识对象，改造对象的基本力量。

费尔巴哈从宗教的角度批判了黑格尔的体系。他分析了宗教的世俗基础，坚持了实践的唯物主义观点。但是，他关于实践只是一种直观的实践，只是一种自然主义的实践，只是把“宗教的人”的日常活动看着实践。他还没有把那些从事“创制”的民众看着实践的主体，没有看到民众的实践力量。费尔巴哈那里的实践则更多以蔑视的态度来谈论犹太人的各种商业活动和普通人的日常生活。因此，费尔巴哈没有看到实践的力量。马克思看到了费尔巴哈的唯物主义的缺点，马克思把生产活动纳入了人的实践活动，特别是普通人的生产活动成了实践的核心。在马克思看来，人的生产活动决定人们的其他方面的活动，特别是人们的精神活动。人们的科学实验，技艺等活动的源泉都来自人们的生产活动。正是人们的生产活

① 黑格尔：《哲学史讲演录》第 4 卷，贺麟、王太庆译，商务印书馆 1995 年版，第 189 页。

② 陶秀璈：《黑格尔对实践概念的变革》，《求是学刊》1995 年第 4 期，第 15—19 页。

动，推动了人类社会的科学实验的产生和发展。人们的各种技艺也是由于生产活动的需要所以长促进各种技艺的产生和发展。

由此可知，今天我们谈到“理论”是指相对于生活的“抽象观念”，或相对于人的行为的“纯粹思考或反思”。在古希腊中，实践和理论只是用于区别当时不同的生活方式。亚里士多德区别三种生活方式“享受生活”“政治生活”和“沉思生活”，而这三分法可以追溯到毕达哥拉斯（Pythagoras）。今天，我们说的“理论”相当于亚里士多德的“沉思生活”，“实践”则起源于“政治生活”。

根据实践的观念的历史变迁过程，我们知道，理论和实践二分起源于哲学生活和政治生活二分。然而，亚里士多德认为，体力劳动的工作，特别是生产劳动并不是“生活方式”。后来的学者没有突破他的思想藩篱。在马克思之前，实践虽然和认识活动相关，但是，实践并生产的实践，实践并不包含身体的实践，实践和身体并没有任何关系。

三 马克思主义生产实践认知观

当代马克思主义者伊格尔顿所说：“几乎在亚历山大·鲍姆嘉登为新学科命名后一个世纪，马克思号召重新确立它……马克思在《经济学哲学手稿》中对历史和社会作了重新思考，这一次是从身体开始的”。[①] 根据马克思主义理论，整个人类社会产生和发展从四个基本条件出发。第一，物质生产活动。在马克思看来，“任何人类历史的第一个前提无疑是有生命的个人的存在”。因此，第一个需要确定的具体事实就是这些个人的肉体组织，以及受肉体组织制约的他们与自然界的关系。[②] 马克思主义认为，历史得以产生的前提条件是有现实的人的存在。人要存在就得维持自己生命，维持

① 伊格尔顿：《审美意识形态》，王杰等译，广西师大出版社 2001 年版，第 193 页。

② 《马克思恩格斯全集》第 1 卷，人民出版社 1972 年版，第 240 页。

生命就得获取生活资料。但是，自然并不是自动地满足人的生活需要，因此，人的生存的第一要务是进行生产活动，以便维持机体生存的需要。我们认为，这种生产必须依赖于生产者的身体才得以进行。如果没有身体，那么物质生产就无法进行。第二，当人们满足了基本的生存之后，人们便产生更高层次的需要的实践活动。这种更高的需要推动人们开展其他的实践活动。我们认为，这种需要包括心理的需要和身体的需要。第三，是人口的繁殖活动。也就是说，人口的自我生产和人口的再生产活动。前面的三个条件并不是人类实践活动的三个历史阶段，而是人类历史活动三个不同方面或者三个基本要素。第四，社会关系便在社会生产的基础上产生，然后，社会关系由于人们的实践活动而不断地被再生产。这种社会关系是围绕生产者的劳动能力和劳动成果的使用权利和占有权利开展的。没有身体显然就没有所谓的劳动能力，没有劳动能力当然就没有劳动成果了。由此可知，在马克思主义中，物质生产是最基本的实践活动，这些活动对其他实践活动产生根本性的影响，当然其他实践活动也对物质生产活动有反作用。当然，马克思的实践生产包括精神生产，包括知识的产生。人们在生产实践中认识和改造世界。在马克思主义那里，凡是把自然的东西转化为社会的东西的活动都是实践的，实践是人的存在方式，是社会历史发展的基石与动力；唯物主义和历史主义统一于人的感性的实践活动。莱尔因指出，马克思把古希腊的“Praxis”和“Poiesis”的两种活动形式混为一体。① 根据马克思的实践思想，我们知道，生产实践必然包含生产者的身体的社会活动。

马克思等人主要是在社会层次和种系层次论述实践与认识；他们很少涉及个体的意识、身体与认知的关系。但是，不可否认马克思的实践包含着身体的实践，如果没有一个物质的身体，马克思的

---

① ［英］乔治·莱尔因：《重构历史唯物主义》，姜兴宏、刘明如译，中国社会出版社 1991 年版，第 112 页。

实践将不是一个物质性的活动。因此，在个体层次上，我们认为，从心智认知视角看，实践感性的活动就是身体融入认知系统的认知活动；身体具有实践性导致身体具有认知功能，导致意识具有身体实践性。意识就是人有目的、有计划、有意图地操作身体与对象相互作用等的实践活动引起人的有机体产生的机能。

第二节 身体—主体的实践性

我们认为躯体和身体不相同。身体是在人的实践活动不断发展和完善，并且逐渐呈现出身体主体。躯体是纯粹由肉体构成的有机体，只是具有生理的生命活动的肉体集合。比如，植物人的躯体只是维持了他的生命存在，只是吸收了外界能量的有机体。身体是由躯体和环境相互作用过程中形成的，因此身体和环境对象不可分离。如果身体和环境对象分离，那么身体就变成了躯体。

一 无主体性的身体

无论行为主义，还是当今以认知主义为范式的认知心理学，它们都认为身体是一个自在的客观对象，是客观世界中的自在存在物；它们只是把身体看作躯体；它们用生理学的机械方式描述身体。结合梅洛-庞蒂物体的定义，① 我们界定机械的身体观：身体存在着部分之外的部分，因而就是在物体的各个部分之间或在它和其他物体之间，只承认外在的和机械的关系。如果把身体当作一个物理客体，那么客体对身体的刺激是客观的，心理事件和物理事件的因果关系是同类型的。比如，当刺激身体的感应器和接收器，身体就做出反应。这种“刺激—反应”模型具有确定性和恒定性。

但是，没有一种刺激对应一种感觉。据此，机械唯物主义总是

① 梅洛-庞蒂：《知觉现象学》，姜志辉译，商务印书馆2001年版，第106页。

用恒常性假设说明身体的行为。并且他们对身体的行为也只是进行第三人称的观察；因为他们总是认为身体是一个客观的对象，“刺激—反应”也确有确定性。当生理学获得新的进展之后，人们发现在许多情况下都不存在恒常性假设，也没有刺激—反应的一一对应。比如，当用头发之类的东西刺激皮肤时，人们先感觉到点状的刺激，随着刺激次数增多，感觉准确率下降，并且感觉不是点状，而是被刺激的空间扩大了；然后，人感到或冷或热而造成的灼热感。逐渐感觉就变成圆圈，最后没有感觉了。① 因此，身体的行为并非纯粹的机械因果关系，身体并不是被动地接受对象的刺激。身体总是具有一定的主动性，并按照自己的主动性筛选、加工外部的刺激；接受或排斥特定的刺激。这表明身体不但具有第三人称自在的性质，也具有第一人称自为的身体；身体是一个鲜活的身体。

二　身体—主体的自在与自为的辩证关系

梅洛－庞蒂提出现象身体，并对现象身体作出解释。他应用许多身体经验佐证自己的身体观。按照他的思想，纯粹的生理不能充分说明身体。比如，有些人因为肢体受伤而被截肢，或大脑损伤之后具有一种病理的痛。在特定条件下，病人总是体验到那已经被截掉的肢体还在痛，并且似乎真实地描述它的存在。在麻醉的情况下，幻肢依然存在。因此，即使没有生理刺激，幻肢也存在；并且患者体验到的幻肢的大小总是有所变化。有时，大脑损伤之后，肢体没有任何问题也产生幻肢痛。有时候，人们纯粹的情绪变化也产生幻肢痛。这意味着我们的身体不是纯粹的躯体，身体现象不能还原为生理现象。因此生理学无法说明身体。心理学也难以说明幻肢。因为当用药物对神经治疗时可以消除幻肢痛，比如，切断通向大脑的感觉神经时，幻肢痛就消失了；或者用中医的针灸也能消除

① J. 斯坦因：《感觉病理学》，第 362 页，间引梅洛－庞蒂《知觉现象学》，姜志辉译，商务印书馆 2001 年版，第 106 页。

幻肢痛。这意味着心理不能充分说明幻肢痛。

梅洛－庞蒂认为身体是现象身体，身体是自在存在和自为存在的综合。他认为身体存在天然的综合自在因素和自为因素。例如，当一只狗的脚被切断时，它依然能够继续行走，只是它不再是自然的行走方式，而是用另外三只脚继续行走。它的三只脚的行走模式代替了四只脚的行走功能。这是有机体的身体“替代”现象。但是，如果把某个动物的一只脚仅仅绑起来，那么它就几乎不能行走。在这种情况下，替代现象没有发生。如果身体是“刺激—反应”的身体，那么它的每一只脚应该按照原来的方式走路。然而，它失去一只脚的情况下，它依然能走路。这意味身体有自为的因素。当然，身体也不是纯粹自为的身体。因为如果纯粹自为的身体，那么即使捆绑时，动物依然具有替代现象，依然能够走路。按照梅洛－庞蒂，因为身体是“在世存在的运动”，所以身体具有替代现象。身体综合着自在和自为。

但是，梅洛－庞蒂认为身体综合自在因素和自为因素是先验存在的，并且它们的关系是身体内部的先验的关系。我们认为，身体能够综合这两方面的因素是因为身体不断参与实践而形成的。但是，梅洛－庞蒂的现象身体是一个静止的身体，是一个没有社会内容的身体，一个没有文化历史性的身体，因为他的身体观排除了实践观。我们认为，身体是一个实践的身体，人身体的自在因素和自为因素随着实践变化而变化。

首先，人身体的自在因素和自为因素基本在后天实践活动形成，并被实践所塑造；动物身体的各种因素只是本能的结果。动物的自在因素是纯粹生物本能的因素，它的自为因素也是本能的因素，人的自在因素虽然也有本能方面，但是，人的自为因素不仅仅具有生物性的自为因素，而且也具有社会性的自为因素。人的社会性自为因素是人在后天实践过程中形成的。比如，蜘蛛织网抓昆虫，这只是蜘蛛本能的活动。蜘蛛的这种自为因素只是本能的自为，是通过遗传获得的自为。人织网抓昆虫，并且人还会织网抓鱼或抓其他动物。然而，蜘蛛却不会这些活动。这意味着蜘蛛的自为因素是先天形成，人的自为因素是在后天活动中获得的技能性的自为因素。

人身体的自在因素也是被后天的实践活动所支配。昆虫的腿被捆绑时，替代现象就不发生。梅洛－庞蒂说，这是因为昆虫身体的自在因素制约着，所以没有代替现象。因为昆虫的腿依然存在，它的其他腿不可能替代这只还连在它身上的腿；被捆绑的腿的自在因素支配着自己的空间。替代现象是先验身体的现象，是现象身体的基本特征之一。但是，人捆绑时替代现象依然存在，并且发生作用。当一些监狱的罪犯有机会逃跑时，虽然他的手或脚戴着镣铐，但是，他们依然按照自己的意志逃跑。犯人逃跑时，犯人会把戴镣铐的脚或手让渡出空间，以便其他手或脚得以发挥作用，让身体得以运动。这表明在人身体显然具有自在的因素，并且自在的因素也发生作用。然而，人身体的自为因素是在后天的社会活动中产生。当身体的实践性自为因素产生以后，它变逐渐获得支配地位，身体的自在因素被自为因素所支配；并且随着实践环境的变化而变化。

梅洛－庞蒂当谈论现象身体时，他混淆了动物的身体和人的身体。从整本《知觉现象学》看，它没有区分出动物身体和人的身体。动物和人身体都具有生理学性和现象性，但是，人的身体是在实践过程中形成的；因此，人的身体还具有实践性；并且实践性的因素在人的身体中占有主导的地位。然而，梅洛－庞蒂在论述身体具有综合自在因素和自为因素的机制时，他先用替代的现象说明身体的自在因素和自为因素。然后，以幻肢为案例分析身体存在先验的综合机制。

实际上，动物的代替机能不适合人的代替机能；动物的自为因素和自在因素的描述不适合用于人的身体描述。替代现象在动物失去肢体情况下发生，这是自为因素的表现。事实上，人在失去肢体时，人也可能继续走路，在战争条件下就如此。人也总是本能地想获得生存。但是，如果在和平条件下，人失去肢体，人不继续行走。因为继续行走会带来更大的伤害。这意味着动物身体的自为的因素是自发发生，并获得自配地位。人的自为因素则根据自己后天实践的需要，随着条件变化而变化。

梅洛庞帝的替代观念只是一个静态的替代观念。但是，身体本身具有历史性。身体随着实践变化而变化。动物身体的自为因素只是以其他感官替代为条件；人身体的自为因素则以工具替代为条件。即使人失去肢体时继续行走，人也会借助工具，比如，截肢的人借助假肢行走。人借助假肢行走的方式虽然也存在替代的机能，但是，这种替代的机能不是一种本能的替代，是一种实践的替代。当今智能义肢几乎和真实肢体一样。许多带假肢的人刚开始时也有许多障碍，但是，经过训练之后，他们逐渐适应假肢，并且能够利用假肢行走。他们行走的方式和正常人区别不是太大。当然，如果让一个失去一条腿的人去掉假肢，然后让他行走，这种条件下他的行走方式确实如梅洛-庞蒂说的那样：身体的自为因素发生作用，他依靠一条腿歪歪斜斜地前行。因为失去一条腿，他的身体只能让另外一条腿发挥行走的功能。可是现实的人总不会让这种替代现象发生，如果没有假肢，他就用木棍撑着走。

三　身体图式的实践性

梅洛-庞蒂反对无主体的身体，他认为身体既是被认知的客体，也是感知的主体，客体性和主体性综合于身体；身体主体是在世的存在；这种在世的存在最终根源于身体内在的意向性运动；身体图式就是这种意向性运动的机制。身体图式中包括客体性因素，也就是自在因素；也包括主体性因素，亦即自为性因素。这两种因素在身体中得到先验的综合。因为在世的身体是一个先验的现象身体。我们认为，梅洛-庞蒂反对无主体身体是正确的，但是，他只是从现象角度看待身体是片面的。从马克思主义角度看，我们认为身体是实践的枢纽。人的身体在后天的实践活动中形成，人的感知器官、人的感觉和知觉都是在实践活动中形成。因此，身体的在世存在只是实践身体的一个侧面，身体的实践存在是整个身体存在的基石。对于人而言，身体停止了实践，它就不再是身体，而且躯体。躯体只是具有一般生命本能的机体而已。

"图式"起源于康德，它的功能是联结范畴和现象。按照康德，同质认识有两种认知方式。第一，经验归纳。比如，"圆"与"盘子"，从经验中，人们都知道一般的盘子都是圆的，因此，对"圆""盘"的关系的认识都是根据经验得出来。二者通过同质的东西：经验发生联结。第二，根据演绎的认知。老虎是猫科动物。通过逻辑获得隔壁概念是"种"和"属"的关系。但是，同质性认知无法说明主客体之间的关系，无法说明异质性的东西怎样联结在一起。因此，康德提出"图式"的思想。康德说："它一方面和范畴同质，另一方面和现象同质，并且这样就使得前者在后者上的运用成为可能。这种中介性表象必须是纯粹的，即，抽离了所有的经验的内容，然而它必须在一方面是理智的，在另一方面是感性的"。[①] 由此可知，图式具有双重性质，一方面它和范畴同质，另一方面，它和感性杂多具有相似性。图式不是抽象概念，也不是具体对象，而是感性化又抽象化的东西。图式是介于概念和表象之间的东西。康德的图式限制于思维。

梅洛-庞蒂则把图式推进身体，但是他没有对身体图式界定。根据他的思想，身体图式就是身体的能力的结构。这种身体图式意味，身体主体对外界的开放，同时身体主体也走人世界。身体主体和世界存在交互的现象。但是，梅洛-庞蒂不承认身体和世界的交互是在实践基础上发生，他认为二者交互只是身体的意向原初结构

① Immanuel Kant. *Critique of Pure Reason*, translated by Norman Kemp Smith, London, Palgrave Macmillan, 1918, p. 181.

的体现。他认为身体内部的意向性原初结构是现象世界的基石。

另外，根据康德思想，时间是基本的因素之一；时间的感性直观形式就是图式。在梅洛－庞蒂那里，虽然他没有明确强调时间，但是，身体的变化总是需要经历一定的时间，因此，时间也是身体图式的必要因素之一。按照梅洛－庞蒂的思想，身体图式也是身体把两种不同性质综合在一起的机制；身体图式包括自为因素和自在因素。图式把自为因素和自在因素有机联结起来。

概括起来，我们认为，图式既是主体和客体的联结方式，也是主体建构客体的方式。我们不同意神经图式的观点，我们认为图式具有神经硬链接的特点。但是，我们不同意梅洛－庞蒂现象身体图式关于主体和客体先验地联结在一起，也不同意他关于现象身体只是交互地构建起来。我们认为主客体在实践活动中联结在一起，主体在实践活动中构建实践的身体。

梅洛－庞蒂以幻肢痛论述身体的在世存在，他对身体的研究做出巨大贡献。在他的基础上，我们也以幻肢痛为案例。但是，我们论述幻肢痛根源于身体的实践活动。身体实践活动，造成身体的自在因素、自为因素的更新和变化，并形成冲突。这导致幻肢痛。身体的实践活动导致身体旧图式的瓦解以及旧图式和自在因素、自为因素的不兼容也造成幻肢痛。身体旧图式和新图式的冲突也造成幻肢痛。

第一，自为因素更新和自在因素被刷新造成幻肢痛，它们二者之间的矛盾也造成幻肢痛。一方面，由于患者缺少了肢体，但是他的身体依然和环境相互作用，身体的自为因素随着环境的变化而不断地变化，随着身体实践方式改变而改变，然而，这种改变会受到身体旧图式的抵制，并引起二者的冲突。这种冲突就会造成幻肢痛。另一方面，身体的自在因素也随着身体的实践活动不断被刷新。由于自在因素和自为因素都随着身体的新实践活动而变化，所以，自在因素和自为因素的相互联结模式的均衡性被打破。它们之间的均衡被打破之后，它们之间的关系不稳定。这种不稳定的关系常常造成身体主体的幻肢痛。自在因素和自为因素的平衡打破之后，身体旧的图式逐渐瓦解。但是，如果新的平衡无法建立起来，患者就会感到幻肢痛。即使新的平衡已经产生，然而新的平衡并不稳定，新的平衡处于动荡状态。这意味着患者时而感到幻肢痛。另外，部分自为因素已经僵化，难以随着新实践模式改变而造成幻肢痛。

第二，自为因素、自在因素和旧图式的冲突造成幻肢痛。当患者被截肢之后，残缺的身体开始新的实践活动。患者截肢以后，身体依然与外界环境相互作用，身体依然处于实践状态。在肢体残缺的条件下，身体的实践活动模式必然不同于肢体健全下的身体活动，所以身体的自在因素不断地被新的实践活动模式刷新，身体的自为因素则随着身体的新的实践活动模式而不断变化。由于缺少肢体下开展新的实践活动方式，身体和外界对象的相互作用方式不同。由此，身体对环境刺激的反映不同，身体获得的映像等信息也不相同。在肢体健全的条件下，主体获得的信息必然是健全的信息，形成健全的图式。但是，失去肢体的情况下，作为人，主体的实践活动并不是梅洛-庞蒂的替代活动，替代活动只是一种本能的活动；人的实践活动是人能动地和外界对象相互作用。因此，新的信息必然打破以前身体的平衡，造成肢体的疼痛。另外，身体的自为因素变化和自在因素的变化总是受到旧的图式抵制。因此，这可能造成身体的幻肢痛。

随着新实践模式不断传入新信息，使身体自在因素不断地被刷新，但是，由于旧图式的影响和自在因素随着年龄增长而固化，所以，它们之间也造成冲突而导致幻肢痛。当截肢之后，身体的旧图式因为身体新实践模式而受到破坏。身体旧图式的破坏必然导致幻肢痛。但是旧的身体图式的某一局部已经固化，身体新的实践模式无法刷新固化了的局部图式。由此，患者会时而感到他的幻肢还存在。当已经固化的局部图式和被新的实践模式所刷新的自在因素、自为因素发生冲突时，这会造成患者感到幻肢痛。当然，旧图式也无法容纳更新了的自在因素和自为因素。这也造成幻肢痛。也可能是身体新图式产生、发展过程中，它总是无法把身体旧图式部分已经固化的因素综合到新图式。由此，造成二者处于很大的张力状态。这导致患者的幻肢痛。

第三，新图式和旧图式的矛盾造成幻肢痛。随着患者不断实践活动，当旧图式无法同化被刷新的自在因素和被更新的自为因素时，在这种条件下，身体便催生了新图式。身体的新图式是在身体残缺的情况下产生，是残缺身体的实践活动的结果，因此身体的新图式也必然是残缺的图式。然而，这种残缺的身体却必须完成正常身体的各种实践功能，与此相对应残缺的身体图式也要完成健全身体图式的所有功能。患者要完成正常的功能时，他的身体必然呼唤失去的肢体，自己产生了幻肢。当患者产生了幻肢，而自己真实的肢体已经不存在时，患者的必然伴随幻肢痛。

旧身体图式不仅仅依然停留在身体，而且在认知中心的大脑也记录旧图式。一方面，在这种情况下，即使患者处于麻醉状态，患者依然感到自己的残肢体。由于中央认知系统可以支配身体的活动，所以患者总是试图按照旧图式开展自己的身体实践活动，患者总是试图用失去的肢体支配外界的客体，但是，这只手已经不存在。这只不存在的手和旧图式中存在的手相互冲突，相互矛盾，造成主体总是感觉到那只不存在的手似乎存在，并且感觉到它受到伤害，它在痛着。另一方面，新图式和旧图式之间不兼容也会发生幻肢痛。实际上，并不是所有截肢患者都有幻肢痛。因为有些患者经过适当的护理，使得身体旧图式转化为身体新图式。这就好像软件升级，如果新旧版本能够相互兼容，那么身体就不会发生幻肢痛。如果新版本软件无法兼容旧版本时，它会造成死机或计算机运行异常。当然，也可能是计算机内部不同软件冲突造成。身体的新图式和旧图式冲突也造成幻肢痛。

梅洛-庞蒂把身体自为因素和自在因素的变化当作先验身体的自然现象，我们则认为身体是实践的现实基点；自为因素和自在因素的变化根源于身体的实践。因此，他把幻肢痛根源于身体在世存在，我们把幻肢痛根源身体实践存在。

然而，当有机体失去肢体之后。幻肢不是所有的人都发生。经过适当的护理，大约有70%—80%以上的截肢患者会出现幻肢感和残肢痛，其中出现幻肢痛的概率约为50%—80%。① 患者的幻肢痛的持续时间不是一辈子；并且幻肢是在截肢一段时间以后才发生。按照梅洛-庞蒂的思想，人们无法解释这些现象；人们也无法治疗幻肢的。因为幻肢根源于先验的身体。但是，按照我们的观点，幻肢是可以治疗的。治疗的途径是在截肢的前后一段时间中，人们给予幻肢适当的刺激，促使患者身体的自在因素和自为因素随着身体的变化而更新，促使它们随着身体的实践模式变化而变化，重新塑造身体旧图式的僵化的那部分。在此基础上，让患者按照设定的条件开展日常活动，促使患者形成身体的新图式，并把新图式巩固，然后形成稳定的新动态平衡。

第三节　实践身体观

一　实践身体的文化历史性

马克思反对任何抽象的自我和意识出发建构思辨性的理论大厦，他以感性的、现实的身体建构认识论，由此终结了柏拉图主义以来一切以“灵魂”“自我”等虚空的理性观。按照马克思主义，身体不是生物科学意义上的纯粹客观的身体，也不是现象学的“先验身体”，而是在实践的基础上形成的具有历史维度和社会维度的

① Halbert J., Crotty M, Camron ID. Evidence for the optimal management of acute and chronic phantom pain. a systematic review [J], Clin J Pain, 2002, 18: pp. 84-92.

身体。马克思主义中的“异化”“感性”“阶级斗争”“剥削”“解放”等都是统一于身体的基础上。身体是在实践中不断生成和发展的。马克思主义认为，人的身体不仅包括弗洛伊德的生理欲望；人身体的感觉在许多方面类同于动物的感觉，然而，人身体的感觉等具有自我意识和对象性特点。身体作为生命的根基和意义源泉是在实践中不断发育和生长，是在历史和现实的具体对象化活动中逐渐发展起来。“马克思把活动这个概念引入认识论之中，使活动这个概念具有严格的唯物主义的意义：按马克思说来，始初形式的和基本形式的活动—这就是感性的、实践的活动。人们通过这种活动，以身体为中心同周围世界对象打交道，经受着它们的反抗，并按照它们的客观属性对它们施加影响。然而，唯心主义只是从活动的抽象形式、思辨形式去理解活动。马克思主义关于活动的学说同唯心主义关于活动的学说的根本区别正在这里。”① 这表明身体并不是天然的身体，而是在后天不断实践过程中形成的身体；身体是主体和外界交流信息的通道，身体具有感知的能力。

马克思继承了亚里士多德、黑格尔等人关于实践的思想。首先，马克思把“Praxis”和“Poiesis”都认为是实践活动；但是，这并不是说他把实践简化为“Poiesis”。按照马克思主义的思想，人的劳动，特别是社会下层的工人阶级的劳动是整个资本主义社会的产生、发展和灭亡的基础。从整个历史来看，劳动是社会实践的主要活动，广大民众的劳动处于根本性的地位。由于广大民众都是处于社会的底层，所以广大民众的劳动必然是身体的劳动。由此看来，实践性和身体性统一于民众的劳动。按照马恩的思想，一切理论活动，无论是宗教的精神活动，还是科学理论的创新活动，都是根源于广大人民的劳动。如果没有广大劳动人民的生产劳动，那么，那些从事宗教活动的僧侣和从事科学理论研究的科学家便不能

---

① ［苏］A. H. 列昂节夫：《马克思与心理科学》，伍棠棣、张甘臣译，译自 A. B. 彼得罗夫斯基编《心理学文选》，此文在 CKN 下载，原文没有表明页码。

够生存。因为他们必须得吃、喝、住、穿才能够开展他们的精神活动。另一方面，广大人民的生产活动产生了巨大的社会需要。正是这些社会需要，推动了人们从事各自精神生产活动，特别是从事改善生产条件的科学技术创新的活动。由此可知，劳动人民的这种“身体”的劳动推动人们认识的产生和发展。亦即身体的实践间接决定着知识的产生和发展。

其次，马克思和黑格尔等人不同，他颠覆黑格尔的立场，并吸收费尔巴哈的观点。按照马克思的观点，不但劳动生产活动属于劳动实践，而且，理论的创造和发现活动也属于实践；但是，物质的生产活动处于实践的根本地位。因为不管是理论活动，还是生产劳动活动，二者不但具有认识的功能，其更具有改造世界的力量。因此，在马克思那里，理论性活动和物质性生产活动不再分离，二者都统一于认识世界和改造世界的实践活动中。马克思在关于费尔巴哈的提纲中，明确指出：“哲学家们只是用不同的方式解释世界，而问题在于改变世界。”① 而且，理论活动从属于实践活动，理论活动的正确或错误，有效或无效的检验标准是实践。从认知主义角度看，所谓大脑或中央系统负责理论推理，逻辑运算等理论性活动；身体并没有任何的推理和逻辑功能，身体如同一台机器，它只是按照中央系统的推理结果、运算结果执行相关的动作，因此身体活动纯粹是物质性的活动。但是，按照马克思主义实践观，实践活动就是改造世界的活动；在生产实践活动中，人们不断改造劳动对象。因此，身体在劳动过程中参与认识世界和改造世界。身体的这种认识世界和改造世界是理论知识转化为身体的能力的一个过程，是身体产生技能和发展技能的过程，由此，导致身体具有认知的能力。另一方面，在劳动中，劳动者是以身体和对象相互作用而完成的。没有身体显然无法改造劳动对象。由此，身体不仅是实践的载

---

① 恩格斯：《路德维希·费尔巴哈和德国古典哲学的终结》，中共中央马克思恩格斯列宁斯大林编译局，人民出版社 1997 年 3 月第 3 版，2005 年第 3 次印刷，第 59 页。

体，而且身体具有改造对象的物质力量和技能。亦即身体具有实践的能力。总之，如果承认实践本身具有认知性质，如果承认身体具有实践能力，身体能改造世界，那么，必然得出身体有认知性能。

涉身认知认为认知者的自然环境和社会环境对于认知都具有因果性的作用。但是，它主要是从现象学吸收关于“身体”的思想，从“现象性身体”为立场，论述身体的认知功能，所以，涉身认知关于社会环境与认知系统的因果性关系是一种当下的因果性关系，是身体作为有机体直接接受环境作用的因果关系。没有任何历史性的因素在里面。因为现象性身体本来就有如此性质。这种性质是“身体的现象”而已。

笔者不完全认同现象性身体观念。我们认为实践具有历史性，不同社会环境下实践的方式与内容并不相同。一方面，根据马克思的思想，“理论活动”和“创制活动”都融入了生产劳动的领域，而且一般民众的“创制活动”才是实践的根本。另一方面，实践的主体是有血有肉的现实劳动者。在黑格尔那里，实践的主体只是自我意识。自我意识等同于现实的人；“黑格尔唯一知道并承认的劳动是抽象的精神劳动”，“人的本质、人，在黑格尔看来是和自我意识等同的”。① 在费尔巴哈那里，实践的主体只是那些从事宗教活动的人，只是那些具有爱、恨、情、仇的自然人。按照马克思的思想，实践的主体是那些从事生产活动，并且在生产过程中形成各种社会关系的人。因为人和动物区别的根本属性是人具有生产劳动性，而不是黑格尔的“精神实践”活动的自我意识，也不是费尔巴哈那种从事“宗教”活动的自然人。由此可知，按照马克思的思想，因为实践具有社会文化性质和历史性质，所以认识必然和社会文化以及历史相关。

根据实践的认知性质，在认知层次上，我们反对认知主义否定

---

① 《马克思恩格斯全集》第 42 卷，人民出版社 1972 年版，第 163 页。

认知的社会文化性质和历史性质。我们认为，身体固然具有“现象性”；根据实践认识论，身体还有“实践性”。因为，在日常生活、生产活动中，人并不是能够自然而然地完成某些认知任务；如果人仅仅依赖身体天然具有的“现象性”机能无法完成认知任务，无法生存与发展。例如，种植稻谷，农民必须在生活共同体中不断练习，使得自己的眼睛能够区别稻谷的品种，使得自己的手能够栽培秧苗等。在这一过程中，农民的手、眼睛由“现象性”的手和眼睛逐渐变成“实践性”的手和眼睛，农民的身体由现象性身体变为实践性的身体。另外，农民会根据每年的气候等因素调整他们的种植稻谷。许多农民对于气候之类的东西要敏感，因为他们种植需要这方面的信息，他们在长期的实践中形成了特殊的实践能力。他们的身体形成特殊的认知技能。这种身体性的认知技能也许可以称为默会知识。这种身体认知技能既是“现象性”的，也是“身体性”的。

总之，人类劳动是实践的一种方式，作为实践的劳动是人自我表现的方式。实践既是人类物质生产的范畴，也是人类社会再生产的范畴。物质生产活动和精神生产活动及其他社会活动都是实践的范畴。由此可知，马克思关于实践认知的基本思想中包括认知者的身体认知，因为在马克思看来，实践的主体不是抽象的理论实体，而是一个具体的活生生的人，是一个真实的社会身体实体，是一个具有认知功能的实体。

二　实践身体图式的对象性

马克思指出“为了创造同人的本质和自然界的本质的全部丰富性相适应的人的感觉，无论从理论方而还是实践方面说！人的本质的对象化都是必要的。”[①] 由此可知，在猿人进化为人的过程中，

---

① 《马克思恩格斯全集》第3卷，人民出版社1960年版，第30页。

在实践方面，由于劳动的作用使得人的本质和自然的本质相适应。这种相适应表现为人的感觉器官发生根本性的变化，感官和对象相互作用过程逐渐区别出自己和对象，使得感官和身体成为一个对象性之物。感官和身体都是身体图式的一部分，因此身体图式也必然是对象性之物。从理论角度看，人要按照自己的需要和内在尺度获得自然资源，人本身必须和自然界事物构成一个对象性的过程，即通过自然事物表现出身体本质的力量；特别是自己的感官从一个纯粹肉体的器官逐渐变成一个可以识别不同对象的认知器官；身体从一个生理性的肉体发展出一个具有加工不同对象的信息能力的身体。身体与不同的对象相互作用的过程中，形成不同的功能。身体的这些功能是因为对象存在而发展出来，没有这些对象，身体根本就不可能具有这些功能。比如，医生看 X 图片。医生是在后天不断地实践中才具有鉴别不同的 X 图片，并且医生对 X 图片的鉴别是通过眼睛的观察，而不是通过心灵思辨想出来的。眼睛无疑是身体的一部分。当人把自己身体和自然事物区别出来，并且以外界对象为认识对象，身体逐渐形成了加工对象的信息能力时，身体便渐渐成为一个对象性的事物。在这个过程中身体图式逐渐形成。当今学者把图式分为不同种类的图式，我们在这不详述它们，我们只是阐明身体需要图式，身体生产图式和身体认知图式的对象性。

（一）实践身体需要图式的对象性

人的存在是对象性的存在，人的需要本质上是对象性的实践需要。“说人是肉体的、有自然力的、有生命的、现实的、感性的、对象性的存在物，这就等于说，人有现实的、感性的对象作为自己的本质即自己的生命表现的对象；或者说，人只有凭借现实的、感性的对象才能表现自己的生命”。[①] 人在对象性的实践活动中得以确证自己的存在，并产生对象性的需要，追求超越于本然的对象。

① 《马克思恩格斯全集》第 42 卷，人民出版社 1960 年版，第 168 页。

“饥饿是我的身体对某一对象的公认的需要，这个对象存在于我的身体之外、是我的身体为了充实自己、表现自己的本质所不可缺少的”。[①] 身体的需要总是指向某个外在的对象，并且这个对象是已经改造了的对象，而不是纯粹的天然物。

首先，人的需求具有结构性，具有结构性的需求必然指向确定的对象；并且超越自然条件，指向实践的对象。动物有需要，人也有需要。但是，动物的需要只是一种本能的需要，一种生理性的需要，其需要仅仅是生命活动的需要。人的需要则超越本能的需要，是一种在实践性的基础上的需要，这种需要是一种对象性的需要。因此，人的需要图式也必然是对象性的。其体现为，一方面，人的需要和需要的对象具有统一性，但是，人的需要又不完全依赖于需要对象本身。人可以超越于现有条件，创造新的对象以满足自己的需要。比如，人工品。“人直接地是自然存在物。人作为自然存在物，而且作为生命的自然存在物，一方面具有自然力、生命力，是能动的自然存在物；另一方面，人作为自然的、肉体的、感性的、对象性的存在物，和植物一样，是受动的，受制约的和受限制的存在物，也就是说，他的欲望的对象是作为不依赖于他的对象而存在与他之外的；但这些对象是他需要的对象；是表现和确证他的本质力量的所不可缺少的、重要的对象。”[②] 由此可知，人的需要不同于动物的需要，人的需要具有结构性。这种结构确证了人的本质力量，并且通过有结构的需要图式，人需要的对象可以超越自然条件和对象，把需要指向社会领域。在实践中，创造对象满足自己的需要。

由此可知，人的身体从生理层次看，它和其他有生命的机体没有本质的区别，人的身体只是一个物质的、生理的组织系统。人的身体总是受到自然界中的其他事物的制约和限制；并且人的需要的

---

① 《马克思恩格斯全集》第42卷，人民出版社1960年版，第168页。

② 同上书，第167—168页。

对象受到对象本身所限定。但是，由于人的身体具有能动的力量，所以身体所需要的吃、喝、住、穿等的对象并不依赖于对象本身而存在，而是依赖于身体需要的内在尺度而存在。因为人的需要具有一定的结构，即需求图式，并且人需要的结构是在主体实践活动过程中形成。例如，人肚子饿时，肚子需要食物，由于人身体本身的需要具有内在的尺度，所以人需要的食物并不完全是自然界中的稻谷、小麦等没有加工过的食物，而是根据身体内在需要的尺度，然后进一步加工了的米饭和面包等等。这种需要表现出结构性的东西。动物肚子饿时，它们只是按照自己的本能去寻找食物，可是当动物肚子不饿时，动物根本不去找食物。虽然有些物种学会存储食物，但是它们的食物是天然的食物，它们的存储食物的行为也只是遗传的结果，而不是后天学习获得。当然，我们也可以说动物需要也有结构，但是这只是适应自然的结构，不是改造自然的结构。"动物仅仅利用外面的自然界单纯地以自己的存在来使自然界改变，而人则以他所引起的改变来迫使自然界服务于他自己的目的，来支配自然界。这便是人和其他动物最后的主要的区别，而引起这一区别的还是劳动。"① 因此，身体的对象性是在劳动过程中塑造起来的。我们认为人的意向性正是根生于图式的对象性；意向性是以实践身体主体的对象性基础上产生的。

其次，身体需要的工具性。身体需要图式的对象性还表现为身体能够以外界工具为媒介表现出自己的本质力量，表现出身体本身具有的内在尺度。一方面，以工具为媒介，身体通过和外界对象相互作用，不断和外界事物交换能量和物质资源，表现出生命的存在，体现出生命的本质，由此身体把自己生命的特征和其他非生命的特征区别出来。另一方面，身体具有物质性的力量，通过工具表达出来，它能够以自己的物质力量改造对象以满足自己的需要。因

① 恩格斯：《自然辩证法》，人民出版社 1957 年版，第 145 页。

为身体总是按照自己需要的图式改造对象，使对象不再是纯粹自然的对象，而是身体化的对象，被身体图式化的对象。这种身体化的对象印刻着身体内部图式的痕迹，表现出身体图式需要的特征。

最后，身体按照自己需要的图式改造对象时，身体图式本身在这个改造活动中发生一定程度的变化。这种变化不是身体内部图式本身性质的变化，而是身体内部图式的形式和结构发生变化，使得身体的图式形式和结构能够更好地借助外界对象表达自己而已。另外，在实践过程中，身体图式不但使得身体和非身体的事物具有对象性关系，身体和另一个身体之间也构成相互对象的关系。身体和另一个身体的对象性关系不是一种主客关系，而是在实践活动中形成的互为媒介的关系。在生活共同体中，任何人都是以他人为媒介以便认识外界事物，改造外界事物。一个人当自己以他人为媒介认识和改造外界事物时，自己也就成了他人认识和改造外界事物的媒介。

（二）身体生产图式的对象性

身体生产图式的对象性表现为身体在劳动生产中总是包含着某一确定的客体。身体首先是一个生产实践的身体，在劳动生产实践过程中，肉体身体才逐渐转换为身体主体。身体是生产力和生产方式的汇合点，是经济基础和上层建筑的关系联结枢纽，是阶级斗争和人类解放的关系等的重要物质基石之一。人类的解放首先是身体的解放，人类的自由首先是身体的自由，没有身体的解放和自由，任何的解放和自由都是没有意义的。“我们首先应当确定一切人类生存的第一个前提，也就是一切历史的第一个前提，这个前提是：人们为了能够‘创造历史’，必须能够生活。但是为了生活，首先就需要吃喝住穿及其他一些东西。第一个历史活动就是生活满足这些需要的资料，即生产物质生活本身。”① 由此可知，所有这些关

① 《马克思恩格斯全集》第1卷，人民出版社1972年版，第25页。

系都可以在劳动实践中找到原因，身体图式也是劳动实践的产物。然而，离开身体，人便无法劳动，劳动是身体的劳动；劳动实践是人的身体按照人的内在的图式，通过身体这种物质力量改变自然事物，改变自然对象的一种实践活动，是推动人类社会发展的根本实践活动。由于人的身体劳动实践活动的作用，所以生产力不断地发展，生产力的发展促进了生产关系的变化；生产力的发展又促进了经济基础的发展，经济基础的变化必然引发上层建筑物的变化。这些变化则通过阶级斗争方式而得到体现。利益斗争，特别是物质利益的斗争则是阶级斗争的核心所在。利益，特别是物质利益的最基础部分是身体的吃、喝、住、穿，这是整个人类利益的根本基础，也是个体生命存在的根本基础。由于劳动实践不断发展，生产力不断进步，人类由阶级社会进入无阶级社会，人类获得更大程度的解放。人的解放首先表现在人的身体获得解放，身体生产图式的革新。无论那个时代，解放首先是身体的解放。在奴隶社会中，身体从被自然力的压迫中获得解放；在封建社会初期，奴隶从奴隶主中获得生命的支配权和部分的身体解放；由此他们由奴隶转变为农奴。在资本主义社会早期，农奴从地主的奴役中获得解放，妇女从封建制度中获得支配自己身体的权利。他们变成了工人。在社会主义社会中，身体从被资本所异化的身体中获得解放，身体不再被资本所支配。在身体解放过程中，身体生产图式的动态平衡不断被打破，形成新的动态平衡，造就了身体新的生产图式。

其次，身体生产图式在人类自我生产中也表现出对象性。“人是直接自然的存在物。作为自然存在物，作为活生生的自然的存在物，人……具有自然的力量，同时是活动的自然存在物，这些力量是作为素质和能力而在他的身上存在着……”。[①] 身体在人口自我繁殖中表现为对象性。这种对象性既有自然性质的对象性，也有社

① 马克思：《经济学哲学手稿》，人民出版社 1979 年版，第 120 页。

会性质的对象性。身体生产图式体现出社会性和自然性。“生命的生产。无论是自己生命的生产（通过劳动）或他人生命的生产（通过生育）立即表现为双重关系：一方面是自然关系，另一方面是社会关系”。这表现为两个方面的性质，一方面是两性的生理需要，这是人具有生物性的特点，这是人的自然属性的表现。当然，人类两性之间的关系并不仅仅是纯粹生理的关系，因为人的两性之间的关系互为对象性的关系。亦即男性和女性之间互为对象性的关系。这种对象性的关系包含两性之间的身体对象性关系。另一方面，人口的生产和再生产具有社会属性。其表现为人口的再生产活动是社会性的活动。人口生产活动不论是部落的群婚制度，还是家庭的一夫一妻制度，都是共同体的实践行为，都是受到共同体的规则与文化的约束。由此可知，身体生产图式在进行自我生产和生产另一个身体时表现出自然属性和社会属性。

（三）身体认知图式的对象性

马克思指出“……正是因为这些感觉和特性无论在主体上还是在客体上都变成人的。眼睛变成了人的眼睛，正像眼睛的对象变成了社会的、人的、由人并为了人创造出来的对象一样。因此，感觉通过自己的实践直接变成了理论家。感觉为了物而同物发生关系，但物本身却是对自身和对人的一种对象性的、人的关系。”① 由此可知，身体认知图式的对象性体现为人的感知器官不断地与外界对象相互作用，这导致感知器官的结构和功能随着对象和条件不断变化。一方面，由于客观对象的变化促使感官结构变化。另一方面，当客观对象变化时，即使感官结构没有发生变化，感官的功能也发生变化。感官的对象性正是通过感官的结构和功能的变化体现出来。

身体认知图式的对象性还表现在感官觉察的范围和感官觉察的

① 《马克思恩格斯全集》第42卷，人民出版社1960年版，第124—126页。

程度变化上。“眼睛对对象的感受与耳朵不同，而眼睛的对象不同于耳朵的对象。每一种本质力量的独特性，恰恰是这种本质力量的独特的本质，因而也是它的对象化之独特方式，它的对象性的、现实的、活生生的存在的方式。因此，人不仅在思维中，而且以全部感觉在对象世界中一肯定自己。”① 比如，受过专门训练的特种兵对外界各方面各种事物都比一般人要敏感。感知器官的变化还表现为某些职业的人对特定事物的感知能力更强。比如，农民对天气的感知比城市的工人要明显。从主观上看，人的感知器官总是按照主体意志和实践所塑造。比如，音乐人士不断地练习，使得自己对各种声音更加敏感，更能识别各种美妙的声音。由于长期的练习，导致自己的相应神经部位都发生变化了。虽然有些人认为人的感官的结构等是先天的，因此人的音乐能力主要是先天的。但是，我们认为人的感官具有可塑性，人的音乐能力在很大程度上可以在后天的训练中获得。当今的神经科学研究也表明，一个普通人经过外在的音乐训练，特别是童年时期的音乐训练对其感知器官和认知神经结构及功能发生深远的影响。相关的神经解剖学的实证研究也表明，音乐专家在大脑解剖学与神经功能性方面与普通人在这方面有很大的差异。② 从音乐对人的影响看，普通人和音乐专家的感官及相应的神经结构和功能都明显不同，这是因为感官和外界对象相互作用的过程中，不但感官的结构发生了变化，而且感官的功能也发生变化。

由此可知，身体认知图式在实践活动中把身体和外界事物分离出来，并且把它们作为自己认识的对象。同时，认知对象总是按照主观的需要和主体身体图式被塑造起来。

---

① 马克思：《经济学哲学手稿》，人民出版社 1979 年版，第 79 页。

② Schlaug, C., Schlaug, G., Brainstrueturesdifferbetweenmusieians and non-musieians. *The Joumal of Neuroseienee*, 23 (27), 2003, pp. 924 -9245.

第四节　实践身体主体性及图式的历史与逻辑

梅洛庞帝提出现象身体，论述身体的认知功能，并且论述身体图式在认知中的作用，但是，梅洛-庞蒂的身体主体性的地位并不稳定。在胡塞尔那里，主体的地位由意识的先验性获得保证，当然，其意识的先验性只是一种形而上学的假定而已。一方面，梅洛-庞蒂把主体下降于身体，由于身体是一种形而上学的事实，其不证自明。然而，主体和身体是两个东西。主体是静态的主体，是一个意识的主体，是一个“我能”的主体。现象身体却是一个静止的、鲜活肉体。这两个不同性质的事物为什么组合在一起？它们又如何协调在一起？首先，从现象学来看，主体只是偶然寄遇于身体，因此身体主体性只是暂时的。其次，梅洛-庞蒂的主体是静止的主体，身体也只是一个静态的身体，他的主体和身体都缺少历史经验和社会内容；身体图式是静态的、没有历史经验和社会内容的图式。因为在梅洛-庞蒂那里知觉是天生就具有的，并不随着身体的发展而发展，也不随着身体的发育而变化。另一方面，梅洛-庞蒂的身体及知觉并不受到环境的影响，即使环境发生巨大的变化，身体和知觉浑然不变。身体只是在世存在，但是身体的在世存在并不能改变身体本身，世界也不能被身体在世存在所改变。最后，梅洛-庞蒂的身体包括肉体身体和现象身体的二元论痕迹。肉体身体和现象身体如何统一？统一于何处？他无法做出说明。

马恩从资本角度出发，阐述了身体被资本异化为生物性的肉体，异化为利润的机器，异化为商品消费的身体等；同时阐述了身体是一个文化历史过程和社会过程。我们则把辩证唯物主义注入认知。我们认为，身体必然是一个发展的身体，身体图式随着实践活动的发展而发展，身体图式随着实践环境的变化而不断变化。主体不是寄遇于身体，主体本身就是身体在实践活动中，随着实践活动而被催生，随着实践环境而不断变化。主体只是身体在实践活动中的本质表现。我们认为身体是一个动态的身体，身体图式及其知觉被实践所塑造，随着实践发展而变化。身体和身体图式具有自己的历史过程，身体并不是如梅洛－庞蒂那样是一个形而上学的事实，身体是实践活动中客观的物质事实。肉体身体和现象身体通过人的实践活动融合为实践身体。身体在实践活动中催生主体，由此得以表明自己的存在。因此，身体是一个历史性的身体，是一个社会性的身体，是一个具有社会内容的身体，是一个具有能动性的身体。

一 肉体身体、现象身体与实践身体

我们认为个体的身体包含三种性质的身体，即肉体身体的性质、现象身体的性质和实践身体的性质。这不是说人有三种身体，而是人的身体图式体现出三种性质。低等动物只有肉体身体性质，它只有肉体的身体图式。高等动物具有肉体身体的性质和现象身体性质；它的身体图式则体现出现象性和生物性。人的身体图式则表现出肉体身体的性质、现象身体的性质、实践身体的性质。肉体身体和现象身体在实践活动中融合为实践身体，因此，实践身体的性质主导肉体身体的性质和现象身体的性质，主导整个身体的活动。

肉体性身体图式。在低等动物中，比如，水螅等动物根本没有认知科学所谈论的那种所谓的“心灵”，也没有所谓的“知觉”。因为它们只有一些简单的神经，根本不存在神经中枢。许多海绵动物、腔肠动物也没有神经中枢，所以这些动物根本不具备条件反射，也没有神经调节。因此，它们没有神经反射。因为条件反射是有机体在后天的生命活动中，在大脑皮层参与下形成的，是一种高级的神经活动方式。由于它们没有反射功能，所以也就没有神经调节作用了。这种身体纯粹是肉体的身体，其没有任何认知的功能，其只具刺激—反应功能。

现象身体图式，在梅洛－庞蒂那里，高等动物的身体和人类的身体都是现象身体。按照他的思想，高等动物和人类的身体都具有知觉能力，正是有知觉能力，因此，身体具有认知功能；身体成了现象身体；在知觉基础上产生了主体身体。我们不赞同这点。我们认为高等动物的身体虽然具有知觉能力，但是，高等动物的知觉能力只是对信号的知觉，无法对符号和意义产生知觉。当然，梅洛－庞蒂不加区别，几乎把人的认知和动物认知等价性地阐述。他认为高等动物和人的认知差别在于二者的行为结构不同；动物只具有可变行为，人则具有象征行为。我们认为梅洛－庞蒂是片面的。因为论述现象身体时，他只是以格式塔心理学作为科学基础，并且他那个时代，学界普遍认为中枢神经等身体的东西是天生的，大脑及神经等都是不可塑造的。他只是从静态视角描述了人和动物的身体、大脑神经及知觉，并且神经的运作模式基本停留在巴甫洛夫的概念。但是，当今神经科学发生了巨大的变化，神经的运作模式内涵和外延远远超越于巴甫洛夫那个时代的神经概念的内涵和外延。虽然动物研究表明动物和人的神经中枢都具有可塑性。但是，动物所面临的环境是一个自然环境，相对于人的实践性丰富环境而言，动物的生存环境是一个贫瘠环境。因此，动物大脑在后天变化不大。人则生存在一个实践世界。无论是生活世界，还是现象世界，它们都只是反映了实践世界的某个侧面。在真实的实践世界中，人的大脑神经在后天变化非常大。因此，在社会环境的压力下，人的身体由现象身体通过实践活动变成实践身体。如果身体是一个现象身体，神经以及大脑应该不可以变化。反之，如果神经及大脑可以变化，那么这表明身体必然是一个实践身体。

实践身体是人类的身体在实践活动中形成的身体及其相应的身体图式。人被生下来那一天就毫无选择地处于实践世界。在实践世界中，由于人总是不断地和不同主体互动，总是不断地和各种客体相互作用。亦即，个体之所以成长为人是因为个体不断地参与各种社会实践才成长为人。在实践过程中，人的身体由肉体的身体逐渐产生出具有“现象性质”的身体，然后在肉体身体和现象身体的基础上又进一步产生出具有“实践性质”的身体。身体性质发生改变过程中主要体现为身体图式的结构和内容发生变化。人的实践身体是有肉体身体和现象身体逐渐转化过来，其典型的表现为神经可塑性和大脑可塑性。亦即实践身体及其认知功能的科学基础是神经的可塑性。另一方面，人的身体有许多技能，这些技能一般都处于离散状态，它们只有在实践中才获得统一。例如，眼睛的视觉和耳朵的听觉功能在后天的实践活动中才得到统一。手的技能和脚的技能也是在实践中得到统一，如果大家练习过开车，你会发现，单独用脚踩刹车或油门，你会觉得没有问题，或者单独旋转方向盘，你也觉得没有问题。然而，如果让你倒车入库，手脚并用时，你就觉得这些分离的技能很难协调在一起。只有你不断地练习才能使得分离的技能融合为你身体的技能。在实践过程中，身体图式的性质不断变化，内容也不断丰富。

二　从肉体身体到实践身体

从种族来看，实践身体及其图式需要一个漫长的历史进化过程。当低等动物出现时，一个具有生命的肉体身体便形成，如果说低等动物具有主体性，那么它只是本能的主体。它的身体图式也只是本能的图式。随着物种不断进化，高等动物开始出现，这时他们具有接近人类的认知器官，比如，类人猿的大脑比较接近人的大脑，这时候它们的身体不但是一个肉体的身体，而且是一个现象的身体。如果说类人猿具有主体性，那么其主体只是被动的主体。当类人猿下到地面，开始劳动时，它们的身体逐渐在肉体身体和现象身体的基础上出现实践身体，同时世界也因为他们的实践活动逐渐变成实践性世界。身体图式的性质和内容不断丰富和发展，此时一个能动的主体便形成了。恩格斯关于劳动创造人的论述中均蕴涵着这些思想。我们无意从宏观物种史角度论述这些思想，而是从个体层次论述，并发展这些思想。

我们认为，身体随着个体的经验而变化，体现出身体的历史性，人作为认知者的身体从肉体身体到现象身体，再到实践身体。在身体层次上，从自组织角度看，所谓认知就是有机体与环境相互作用，当身体从环境中获得有序地获得相应的物质流、能量流和信息流，如果身体所获得外界环境的物质流、能量流和信息流，并按照一定秩序结合为一体，然后达到一定阈值时，将导致有机体内部各子系统形成新的关联，在原来有序的基础上，产生更高级的有序性，形成更强的自组织。

实际上，脑瘫患者的恢复过程就是身体的物质流、能量流和信息流从混乱恢复为正常过程。脑性瘫痪（简称“脑瘫”）患者的康复过程论述肉体身体到现象身体，然后到实践身体的过程。在医学界，脑瘫的病理学机理目前并不清楚，到底什么才是造成脑瘫的因素也不清楚；学界目前只是对脑瘫做出描述性的说明。一般认为，脑瘫是有机体从受孕到出生后一个月之内发生的非进行性的脑损伤，由此导致姿势各种运动功能障碍为主的综合症状；常常伴随智力缺陷，癫痫，行为功能异常，精神障碍及听觉、视觉、语言等障碍。脑瘫和其他脑疾病不同。一般脑疾病往往导致某些功能丧失。脑瘫却导致身体综合性的障碍。脑瘫不一定导致功能丧失，而是导致功能的歪曲表达和多种功能的混乱，不协调。我们认为，因为神经系统损伤，导致身体图式非正常地发展，导致感知器官处于异常状态。又由于身体图式和感知器官的异常，所以大脑等认知中心无法获得环境的正常刺激。这导致身心关系处于恶化循环状态。比如，脑瘫走路时，或做其他事情时，手脚及身体总是畸形怪状的动作。实际上，并不意味身体和感官丧失功能，而是功能处于异常状态。这导致患者的大脑及神经没有得到正常刺激而难以发育。医学也认为“脑发育是遗传信息与环境因素相互作用的结果”和“临床上可观察到早期的病理性脑损伤的经验可能导致恶性循环，脑损伤→患儿正常的早期经验减少→行为和社会交往能力改变→早期经验异常→脑发育异常。”[①] 因此，脑瘫的根本原因是患者的身体缺少实践认知能力，患者无法通过实践活动塑造自己的身体，特别是塑造自己的大脑及神经系统往有序的方向发展，这导致整个主体认知能力处于异常状态。

脑瘫的康复治疗也没有一套标准方法，脑瘫康复的基本治疗方法是不断地创造各种人工环境与人工刺激，患者身体处于被动的刺激状态，然后重新塑造患者身体及其神经系统，唤醒脑瘫患者身体的性能，纠正各种动作。例如，帮助患者按照正常人的动作标准促使他的肢体运动，通过针灸或电磁刺激其身体的特定部位使身体回到正常状态。这些康复治疗的基本原理是大脑及神经可塑性。根据康复治疗书籍及视频，笔者认为，脑瘫治疗的基本原理不仅是大脑可塑性，更是身体可塑性，亦即包括大脑在内的整个神经与肉体的可塑性。脑瘫患者不仅恢复正常的神经秩序，而且恢复正常的肌肉功能的秩序。脑瘫患者康复过程包括三个阶段。

脑瘫患者一般都不会正常走路，其手部的各种动作也非常困难，他们很难生活自理。然而，部分脑瘫患者的心理都是正常的，他们的智商也是正常。可是，他们正常的心理却无法和非正常的身体形成有效的互动。相当多的脑瘫患者，在年幼时，经过各种训练以后，他们都能够恢复走路，能够生活自理，成为正常人。笔者认为，脑瘫患者在接受治疗的过程中，被迫训练各种动作，比如被动操，迫使他们的身体重新被塑造。这一过程是他们身体被动接受实践的过程，或者说他们是被实践的过程。由于先天和后天的多种因素，脑瘫患者的身体只是一个肉体的身体，这个肉体的身体仅仅能够为寄遇于其中的主体提供物质营养，但却无法表现出现象身体的性质，也无法表现出实践身体的性质。由于他们的知觉功能和知觉

---

① 曹云：《国外医学妇幼保健分册》2002 年第 13 卷第 1 期，第 28—30 页。

运动功能等处于歪曲的状态，身体的各种动作和功能处于歪曲的状态，并且他们的心理无法控制他们的身体各种动作，因此他们的心智得不到环境的信息刺激，导致其心智迟滞。他们的身体和心灵似乎存在着一个巨大的鸿沟。他们无法形成一个正常的身体图式。我们认为并不是他们身体丧失了功能，而是他们无法得到环境的刺激，特别是社会环境的刺激，由此现象身体和实践身体的某些功能依然处于休眠状态。比如，有些患者，手脚的外观都没有问题，但是，他们就是难以协调地按照自己的意愿做出相应的动作。当然，有些脑瘫患者的身体歪曲地表现出现象身体的性质和歪曲地表现出实践身体的性质。例如，他们会走路，而且他们的脚的形态和正常人脚的形态都相同，但是，走路时却歪歪斜斜的。这种情况下，他们的身体图式是一个异常的身体图式，是一个没有得到正常实践训练的身体图式。

在他们没有任何治疗之前，他们的身体似乎只是具有刺激—反应的能力，难以开展社会互动，身体和心理没有任何社会内容。这是因为他们难以参与社会活动，所以他们身体无法得到社会环境的塑造，无法表现现象性机能和实践性机能。身体没有这些机能，其非常类似于普特南所提出的“缸中之脑”的“缸”。在这个思想实验中，“缸”的作用仅仅是让大脑和营养液具有一个可以放置的载体。它无法感知外界信息，无法为脑提供任何信息，也没有任何可塑性，没有学习能力。当然没有“缸”，那么这个大脑也难以存活的。脑瘫患者也如此，没有身体，那么他们的心灵也就不能存在，但是身体只是纯粹一个肉体的身体，只是维持生命存在的“缸”。他们的身体只有发育，没有发展；无法随着成长环境的变化而变化。

当患者接受治疗时，他们的肉体被动地与环境产生各种物质流，比如，打脑营养液的针。能量流，比如，弱电刺激，选择相应的部位用电流刺激。信息流，比如，听统训练、听觉训练等等。由于外界的物质流、能量流、信息流（笔者称之为“外流”）的有序作用，促使他们身体内部各子系统打破原来的关联，由此导致患者身体内部的物质流、能量流、信息流（笔者称之为“内流”）走向混沌。当患者身体内部的物质流、能量流、信息流形成混沌之后，因为患者体内的原有物质流、能量流、信息流的平衡被打破，患者身体的现象身体的机能得以复苏，身体及神经被重新塑造。由于患者接受治疗的外流总是有序的外流，并且是强势的、有序的外流；这种外流促进内流由混沌重新走向新的平衡、新的有序性；同时也能够有助于唤醒现象身体的机能。比如，电流刺激肌肉，针灸刺激穴位等等作用于身体及神经，对唤醒和塑造肉体身体中休眠的现象身体性质具有重要的意义。当患者体内的能量流、物质流、信息流达到新平衡时，现象身体的性质得以在肉体身体中形成。在这种情况下，身体各个器官的功能发生重新联系，感知器官与心灵重新形成了正常的关联，并且各个子系统恢复了正常的功能。

但是，患者身体还无法表现出任何潜在的技能。其需要继续训练和治疗。这种治疗主要是对患者开展各种动作训练，要求患者按照正常的、标准的动作开展练习。在训练和治疗中，由于持续外流的作用，患者身体的能量、物质、信息进入更高层次的混沌状态。为了应付这种混沌状态，身体的中央系统需要调集各个子系统在一起，形成更高层次的关联。在调集子系统过程中，中央系统在外流的刺激下，其总是向各个子系统发出各种信息指令，同时，各个子系统由于也受到外流的作用，它们之间也相互沟通信息，并且向中央系统反映这种信息。经过一定时间之后，随着各个子系统关联的逐渐形成，患者身体的内流和外流达到新的平衡。此时，身体在肉体身体和现象身体的基础上恢复了实践身体的潜在性能。在这种情况下，患者身体开始具有学习技能的潜在性质。患者在医生的指导下，发挥自己的主观能动性，让自己的身体和环境的各种要素相互作用，慢慢习得各种动作的技能，当他们习得各种动作技能，并且能够内化为身体的技能的时候，他们的身体就是一个实践身体了。

由此可知，实际上脑瘫患者的治疗过程就是从一个肉体身体形成一个现象的身体，然后在此基础上又形成一个实践性的身体。当然，笔者并不是说，人有三个身体，笔者意思是在人的身体中表现出三种性质身体，其分别是肉体身体、现象身体、实践身体。三者在本体层次上都是同一个东西，在认识论层次上却具有差异，在现实世界中它们统一于实践活动。亦即，肉体身体只是本能的身体，现象身体则是机能的身体，实践身体是技能的身体。肉体身体由本能主导着身体，现象身体则机能主导身体，实践身体则技能主导身体，并且同化身体的本能和机能。

我们认为脑瘫患者不能正常发展的根本原因是他们的心灵和身体无法正常交汇。这导致他们的心灵无法正常运作，也造成他们产生各种怪异的行为。因为，从脑瘫的治疗方法看，纯粹药物治疗是没有效果的，纯粹心理治疗也没有效果，纯粹行为训练的治疗也不行。患者需要多种方式同时开展治疗才逐渐恢复相关的心理能力和身体机能。因此，我们认为正常心灵与身体必须有交汇实践。

实际上，脑瘫早就发现，但是梅洛－庞蒂在《知觉现象学》中几乎不提及，这是因为现象身体无法说明脑瘫现象。

三　身体主体的实践性

根据马克思主义实践认识论，结合脑瘫等患者的康复方式与过程，我们认为身体是个人开展实践活动的第一个场所，个人解释世界和改变世界的第一个对象是自己的身体。人首先认识自己身体，然后才逐渐认识外界对象。在开始的时候，出现了一个朦胧的、混沌的身体主体。然后，幼儿继续参与各种社会互动，逐渐认识到自己的心理活动。在这个阶段形成一个自我的主体性。幼儿比较清楚知道自己的身体及心理。但是，他对于他者的行为和心理处于朦胧状态。当幼儿认识到他者的真实信念和错误信念时，他才真正了解他者和自己。这时候，属于人类社会的实践身体主体才逐渐在个体身上出现。

婴儿早期的吃喝活动过程中逐渐产生了朦胧主体性。从日常经验看，几个月的婴儿喜欢把自己的手放到嘴巴吸吮。有人认为婴儿肚子饿了，需要这个动作满足饥饿而已。当然，在婴儿肚子饿的情况下，把他的手放进他的嘴巴确实能够暂时满足他的饥饿需要。实际上，婴儿喜欢把手放进嘴巴出来满足饥饿感之外，另一原因是婴儿喜欢拿手进自己嘴巴是因为婴儿好奇，他想知道那手是什么。梅洛-庞蒂说，人用左手摸右手时，人既是认知主体，也是认知客体。这种行为及其相应的活动并不是身体的什么现象，而是婴儿自我实践和认知的开始。当人长大以后，这种实践行为模式还保留在心理而已。在许多情况下，婴儿不饥饿，在清醒时，都喜欢把任何东西放到嘴巴的，然而，由于他的手还没有能力拿任何东西到嘴巴，所以他就把自己的手放进自己嘴巴了。婴儿用自己的嘴巴和手开展了自己人生的第一次实践认知活动，是婴儿认知事物活动的开始。婴儿通过多次把自己的手和嘴巴相互作用，婴儿慢慢地感知到在嘴里的那个东西是他的手，而不是奶嘴；然后逐渐区别有些在他嘴里的东西不是他的手，而是米饭或牛奶等等。在婴儿那里“吃”不仅是满足生命活动的第一需要，而且“吃”也是婴儿第一次认知活动。婴幼儿通过“吃”的实践活动，以自己的嘴巴和手作为认识对象，开展自己人生的首次实践活动。在婴儿“吃”的实践活动的过程中，婴幼儿用自己的手、嘴巴和食物初步构建了自己朴素的实践世界。在这个朴素的实践世界中，婴幼儿开始区别什么东西是自己身体的，什么东西不是自己的身体；他认识到属于自己身体一部分的手和不属于自己身体的食物有哪些不同，又有哪些相同。在“吃”的实践中，婴儿不但认知了手和嘴，而且婴儿通过多次“吃”的实践活动，提高了自己手的实践能力和嘴巴的实践能力，他由此得以不断改变自己，改变由自己的手和嘴构成的实践世界，并逐渐扩建新的实践世界。婴儿“吃”的活动，不但认识了自己的身体世界，更是改变了自己的身体世界。脑瘫婴儿基本没有能力开展这种“吃”的各种实践性动作。

当婴幼儿的手脚活动能力增强后，他们除了用嘴巴认识活动之外，他们逐渐用自己的肢体认识自己身体和非身体的事物。由此，自我身体主体性逐渐产生。人们用一般动物做实验视觉自我认知的实验，比如让动物看镜子里面是否是自己，大部分都无法认识镜子中的图像就是它们自己。这些动物不知道自己身体，因此没有所谓的自我和他者。从这来看，现象身体是无法说明的，因为按照梅洛－庞蒂，动物也具有现象身体主体，并且动物和镜子里面的自己交互作用，然而大多数动物却无法认识自己。人们用成年黑猩猩作为实验对象，在实验前对黑猩猩进行培训，然后在黑猩猩的额头涂上红色的标志，让黑猩猩对着镜子看自己，它都会用手擦掉那红色的标志。这表明黑猩猩初步知道红色的事物不是它身体的一部分。它初步能够区别自我和他者。后来以婴儿作为被试做该实验。实验表明，一般而言，15 个月以下的婴儿，偶尔会用手抹去脸部的红色点。随着年龄增长，他们越来越有意识地抹去脸上的红点。但是，在 15 个月以下的婴儿，他们还没有形成抹去红点的稳定行为模式。大部分婴儿在 15 个月至 19 个月之间，逐渐形成抹去红点的稳定行为模式。因此，15 个月的婴幼儿让他对着镜子看自己时，他们一般还不知道镜子里面的人是他自己。[①] 在这个阶段，婴幼儿对于自己和他者还没有区别能力。他还无法认识哪部分是自己的，哪部分不是自己的。他还不知道自己身体和外物之间的区别。他和动物一样还没有从自我和他者的混沌状态中脱离出来。在这个阶段，幼儿需要不断地参与社会互动，不断地操作自己的肢体，操作那些他能够操作的对象，并在这一活动过程中逐渐区别出自己和他者。在梅

---

① 杨红升：《自我面孔识别的独特性》，《心理科学》2005 年第 28 卷第 6 期，第 1517—1519 页。

洛-庞蒂的现象学中，对于自我和他者，主体总能够在知觉中天然区分它们；自己和对象依赖于先验身体而得到区别；并且自我和他者处于静止的状态，因为知觉总是静止的。其实不然，婴儿的知觉总是不断发展中，随着婴儿知觉的发展，随着婴儿实践活动能力变化而变化，婴儿对自我和他者的认识更为广泛和深刻。因此，个人对自己的身体的认识并不是天生具有的，而是在后天的生活过程中，通过自己身体和非身体的相关事物相关作用，由此慢慢才知道哪部分是自己的耳朵，哪部分是自己的鼻子等等。在这一过程中，婴儿也认识到什么东西不是自己的。当婴儿以自己身体为实践中心，学会区别什么东西属于自己的，什么东西不属于自己的时候，婴儿的自我主体性便产生了。

身体主体性出现于自我和他者的相互作用过程中。虽然幼儿能够知道自己的心理，但是，幼儿还无法理解他者的行为和心理。因为幼儿的自我主体性仅限于自己身体和心中而形成；幼儿还没有从自己身体活动与他者身体活动之间的关系中发展自己的主体性。自闭症患者的相关行为和心理表明了这点。自闭症患者有时具有惊人的智商，他能够认识物理对象的知识，但是，他无法了解人的心理和行为。按照现象身体的解释显然是困难的，因为拥有身体就知觉世界，但是自闭症患者只是知觉了物理世界，却无法知觉人类世界。人类世界是一个实践的世界。自闭症表现为语言交往障碍，社会交往障碍，喜欢刻板的行为和刻板的环境；无法觉知他人的心理及行为目的，视他人犹如一个没有心理活动的物理性事物。自闭症的病因并不明确，治疗方法也不是很明确。我们认为，自闭症患者根本缺陷在于无法区别自我和他者；在于他缺少一个实践身体主体。两三岁的小孩一般都喜欢各种伪装游戏，在游戏中，幼儿扮演老虎的角色、扮演兔子角色、扮演警察角色等等，但是，自闭症患儿基本不出现伪装游戏的行为。实际上，伪装游戏中，幼儿扮演不同角色的本质是以自我和他者之间的关系为中心开展认知活动的过程；在扮演不同的角色活动中，幼儿不但需要知道自己的行为和心理，而且还猜测其所扮演的角色的行为和心理。由此，幼儿与同伴展开自我和他者之间的社会互动。这导致幼儿更清楚地理解自我和他者的异同。另一方面，由于伪装游戏涉及不同角色的转换，这将促使幼儿在心理和行为活动中，产生自我和他者的关系；幼儿将会认识到自己不但可以是自我的，而且自己也可以成为自我的“伪装他者”。当自己伪装他者时，幼儿知道自己的行为和心理活动并不是自己的真实行为和心理状态。经过多次的伪装游戏活动，幼儿逐渐清楚地理解自己和他者及二者的关系。自闭症儿童由于难以开展伪装游戏活动，难以进行角色转换等各种社会实践活动，所以自闭症儿童的自我主体封闭在自己身体里面，无法开放、无法进入他者。错误信念实验也可以确证我们的观点。实验员，把三岁小孩和五岁小孩分为两组，然后分别让他们看：张三把自己的巧克力放到盒子中，张三就出去玩了；张三妈妈把那巧克力拿到篮子里面；然后实验员问：张三回来时，他在盒子找巧克力，还是在篮子找巧克力？三岁小孩说在篮子找巧克力，五岁小孩则说在盒子找巧克力。自闭症患者中，虽然有些人智商非常高，但他们到了十岁左右才知道张三会在盒子找他的巧克力。正常儿童不超过5岁就可正确回答这个问题。该实验表明，张三把巧克力放到盒子，那么他的心理状态必然是“我的巧克力在盒子”，因此，他回来时必然在盒子找巧克力。但是，巧克力被放到篮子了，在这一条件下，张三关于巧克力的信念已经和现实不符合，他的信念对于现实条件而言是错误的。三岁小孩则无法认识到张三的信念是因为现实条件变化而成为错误的信念；五岁小孩则认识到张三的信念有错误和正确的区别，自闭症患者不管智商多高，他们都很困难区别人的正确信念和错误信念。因为信念本身无所谓对和错，信念等心理状态只有置于现实的环境中，才具有对错之别；只有自我和他者的关系中，信念等才具有对错的意义。由此可知，三岁儿童因为还没有很好地分化自我和他者，还没有形成社会主体性，所以他们不知道信念的真假。五岁小孩则初步具有社会主体性，由此他们理解信念对错。自闭症患者的主体纯粹是自我的主体性，他们的主体性缺少社会内容，因此，他们难以认识信念的对错。另外，一般而言4岁的小孩不会说"我"。相关的记忆经验也表明，一般人无法记忆四岁之前自己所经历的事情。这表明婴幼儿小的时候还没有形成自己的社会主体性。

总之，婴幼儿在后天的生活过程中，在吃、喝、住、穿的过程中，通过身体的活动了解自己身体，而且改变了自己的身体，形成了实践身体。身体主体得以形成。身体是个人的第一次实践场所，是个人的第一个实践世界。

四　身体主体的实践性的神经依据

根据神经科学相关研究，人的大脑及神经系统都具有可塑性。由于人的大脑及神经系统具有可塑性，因此人在后天的实践活动中，人的眼睛、耳朵等知觉器官得以进一步发展；各种知觉器官在实践活动中进一步一体化；成为中央认知系统的子系统；成为身体的一部分属性与功能。由此，身体主体性得以产生。我们批判性吸收现象学思想，以当代认知神经科学的经验材料和思想为依据，在微观层次论述人实践身体及其可塑性。

虽然动物神经也具有可塑性，但是，这并不表明这些动物具有实践身体。从神经科学来看，有些腔肠动物根本就没有神经系统，因此它们的身体根本没有条件反射，它们身体的活动也不受神经调节，它们身体对环境的变化只是刺激—反应地应对。据此，笔者认为它们的身体只是一个肉体的身体。许多高等动物具有神经中枢系统和比较完善的神经系统，并且它们的神经系统表现出可塑性。但是，我们并不认为它们的神经是一个实践身体。因为大脑及神经可塑性分为经验依赖可塑性和经验期待可塑性。经验期待可塑性是物种长期进化形成的，是物种本身的特性，物种内的每一个个体都一致的。对于这些高等动物而言，尽管它们的神经系统经验依赖可塑性，但是，它们的经验依赖可塑性无法在神经系统的活动中占据主导地位。亦即这些动物的经验期待可塑性在它们的神经活动中占据主导的，支配的地位。比如，蜜蜂的神经系统虽然也表现出神经经验依赖性可塑性，但是，即使它们经过经验依赖可塑性之后，它们的能力并没有随着环境变化而变化，它们只能够被动地适应环境。例如，上述关于护理工蜂和采蜜工蜂，因为它们的环境不同，所以它们的神经被塑造不同的神经，然而，当一只蜜蜂变成工蜂以后，让它放到花草的环境，它无法学会采蜜。反之，一种采蜜工蜂，如果让它回到蜂巢里做护理工作，它也无法做到这点。因此，它们的身体只是本能的身体。

梅洛-庞蒂首先论述身体主体的神经基础，但是他提出现象身体的时代，占统治地位于神经科学领域的依然是神经的条件反射，并且几乎所有学者还停留在大脑及神经系统不可塑性的观念之中。梅洛-庞蒂的知觉现象学的哲学观念以此为科学基础开展论述。他所提出的现象身体是一物种性的现象身体，是一个被动性的现象身体。虽然，在他的现象身体中也表现出可塑性的特点，但是，他的现象身体的可塑性是一种消极的可塑性，是一个主体无法发挥作用的可塑性。结合梅洛-庞蒂的现象身体的思想以及它的科学经验基石，根据神经科学发展的思想变化，笔者认为，高等的动物只有现象身体，没有实践身体。

如果身体是一个实践身体，那么身体有什么特点？我们必然能够推理出大脑等各种知觉器官及其认知必然具有可塑性。实际上，恩格斯早就在自然辩证法中论述了劳动创造人、劳动塑造人的感官的思想。按照他的思想，人的身体是人类在长期的劳动实践过程中被塑造起来的。人的手脚、知觉器官、思维器官都是在实践活动中被形成。但是，恩格斯是吸收了进化理论，根据漫长的、宏观的历史材料论证的。这些历史材料无法获得重复验证，更不可能做实证验证。因此，我们不再从物种历史角度论证身体的可塑性。

实践身体只有人类才具有。目前关于经验依赖可塑性与经验期待可塑性虽然做了相应的区别，但是，神经科学家由于无法直接研究人的神经系统，他们总是借助动物神经的研究，根据动物的神经表现，然后理所当然地应用到人的身上。故此，往往把动物和人等价起来，这和行为主义当年犯同样的错误。其将影响神经心理学的健康发展。笔者认为，神经系统的两种类型可塑性是一种辩证关系。它们表现出对立统一的辩证关系。亦即，当神经系统处于病理状态，或损伤状态时，经验依赖可塑性和经验期待可塑性都是要夺取神经系统的控制权。在这种条件下，二者争夺的结果不可能同时都拥有控制权。其结果只能是一方获得支配性的控制权。当然，人类早期的成长过程中，不但一个正常、健康的人其神经经验依赖可塑性和经验期待可塑性也出现对立统一的辩证关系；而且在异常条件下，二者也呈现辩证统一。比如狼孩，当一个人出生以后，他被动物叼走，被动物养大。由于，他无法得到社会环境的刺激，只是得到自然环境刺激，所以神经经验期待可塑性占据主导地位。当然，如果一个正常、健康的人，他生活在人类社会环境中，由于他生活在实践世界中，他得到足够的实践环境刺激，在这种条件下，他的经验依赖可塑性获得支配神经系统的控制权。即实践性的神经系统克服经验期待可塑性，支配神经系统的运作。亦即，实践身体占据身体的主导地位。

然后，当一个有机体的成年之后，其神经系统基本发育成熟，这种情况下，经验依赖可塑性和经验期待可塑性是一种差异性统一。它们已经不存在控制权争夺的问题。虽然它们之间有差异，但是，这种差异是一种互补的差异，它们共同的目的是服务于身体主体的认知，调节身体主体各方面的活动。它们是相辅相成的关系。

笔者虽然说人的身体是实践身体，但是，笔者并不否认人的肉体身体、现象身体，笔者只是说，动物只有肉体身体和现象身体，没有实践身体，人所具有身体则表现出三种身体的性质，其中实践身体的性质处于支配的地位。但是，当人处于病理状态时，例如，瘫痪等病时，人的身体的主导性质可能是现象身体的性质，甚至是肉体身体的性质。这时身体由实践身体退化为现象身体，甚至退化为肉体身体。比如，植物人基本上只是具有肉体身体。

总之，以分析哲学为基础的心灵哲学往往把心灵当作一个纯粹的实体。现象学始祖胡塞尔则把心灵当作一个先验现象的东西，把它置为最高的本体论。梅洛－庞蒂吸收马克思唯物主义思想，去掉心灵的先验性，把心灵置于物质的身体之中；以先验身体为本体，以知觉为原发点，由此论证心灵与身体在知觉世界的活动中得到统一。它们有各自的优点，也有不同程度的缺点。如果把心灵当作纯粹的精神实体，那么世界就是纯粹的科学帝国主义世界。在这个世界中，只有客体存在，没有主体存在。因为，按照因果律，只有物质与物质才能发生因果关系，心灵是一个精神实体，心灵是无法作用于物质实体的。如果心灵无法作用于物质实体，那么心灵不能存在于物质世界中的任何因果关系链。亦即物质世界中根本没有主体可以存在的时间和空间。梅洛－庞蒂看到，事实上我们的心灵总是存在于我们的身体，我们总是具有主体性的特点。因此，他把心灵置于身体之中。但是，梅洛－庞蒂依然把身体和心灵当作两个不同东西，然后才基于格式塔原则探讨身体与心灵的结合。实际上，心灵与身体按照格式塔方式结合只是梅洛－庞蒂的一个形而上学假设而已。从现实来看，虽然我们可以肯定大脑是心灵的核心部分，然而，我们无法知道某个人的身体中那部分不属于心灵。比如，梅洛－庞蒂认为幻肢痛不能根据生理解释，也不能根据心理解释，其根本原因是知觉场受到破坏造成的。但是，知觉场到底是物质性的东西，还是精神性的东西？梅洛－庞蒂把先验身体当作最高本体。这和胡塞尔把意识当作先验本体没有本质性的区别。因此，身体和心理的统一在梅洛－庞蒂那里的统一也是先验的统一。另外，梅洛－

庞蒂的身体以及心理没有文化历史性，也没有社会内容。他的身体只是一个静止的身体；身体只是自然而然地知觉对象；并且，知觉也是静止不变的。

我们从历史唯物主义立场看，心灵不是一个实体，而是一个过程。心灵是在身体的实践活动中产生、发展起来的性质和功能。知觉不是静止不变的。知觉具有可塑性。知觉可塑性表现为知觉机制的可塑性和知觉内容的可塑性。知觉可塑性的基本动力来自身体与认知对象的相互作用，来自身体的实践。亦即，知觉机制是在实践活动过程中产生、发展、完善的；知觉内容则反映着实践活动的相关内容；并且知觉机制和知觉内容都随着实践发展而变化。

第五节　认知神经及其图式的实践性与可塑性[①]

在哲学层次，我们从实践唯物主义认识论证明实践世界的可塑性，而且，我们将以当今的神经科学经验成果表明实践世界的物质也可塑。从历史唯物主义看，身体是实践世界的物质一部分，马克思说："自然界，就它不是人的身体而言，是人的无机的身体。人靠自然界生活。这就是说，自然界是人为了不至于死亡而必须与之处于持续不断地交互作用过程的、人的身体。所谓人的肉体生活和精神生活同自然界相联系，不外是说自然界同自身相联系，因为人是自然界的一部分。"[②] 由此可知，如果实践可以被改造，那么身体作为世界的一部分，身体包括大脑及其神经系统等都是实践性物质，都是实践的产物，亦即它们具有可塑性。

当人们知道神经是认知活动的主要载体时，人们就萌发了神经可塑性的思想。在赫布（Hebb）之前，关于认知可塑性的思想更多是猜想或观察到的纯粹事实，没有任何理论框架开展研究。当

---

① 此节相关内容发表于《哲学动态》2015 年 9 月。

② 马克思：《1844 年经济学—哲学手稿》，人民出版社 2000 年版，第 56 页。

时，流行把大脑看着一个简单的配电盆。赫布反对这种思想，因为在许多情况下，大脑额叶被破坏时，大脑的功能并不是完全丧失。按照赫布的思想，有机体的智力来自经验，而不是先天遗传活动。对于有机体而言，年幼时所获得的经验比年长时获得的经验对其智力的影响更大。

1949 年赫布在《行为的组织》中提出了神经学习理论。巴甫洛夫的学生卡诺斯基（Konorski）在 1948 年也独立提出神经学习思想，但是，其没有赫布的论证那样有力、深刻、简洁。因此，其研究成果被赫布所遮蔽。另外，行为主义心理学对当时的神经心理学的压制，使得学界不太注意他的贡献。[①] 赫布是第一个提出框架理论来研究神经可塑性的人，并且他在神经科学中运用实验加以证实研究。他提出了神经可塑性的思想。他认为，因为环境复杂，促使有机体不断被刺激与反射，由此在其大脑中形成新的神经回路。他的这些思想实际上就是当今“丰富环境”概念的雏形。但是，赫布本人几乎不研究环境与神经可塑性之间的关系。赫布的神经学习理论为学界得以从几方面开展研究。第一，神经解剖学的参数与环境关系；神经化学、功能与经验变化的关系。第二，环境变化与神经功能区变化的关系及神经活动局部化的关系。第三，人们有一个理论框架可以研究大脑与行为的关系。这些奠基了当代认知神经心理学大厦，成为当代认知科学的核心之一。我们基于赫布理论论证认知神经可塑性。

一　从巴甫洛夫反射论到赫布神经学习理论

在大脑中许多神经元通过突触（synapse）联结成一个网络，由此神经信号可以在神经元之间传递。赫布受到巴甫洛夫的反射思

① Boyke, J., Driemeyer, J., Gaser, C., Buchel, C. & May, A., Training-Induced Brain Structure Changes in the Elderly. *Journal of Neuroscience*. Vol. 28 (28), 2008, pp. 7031 - 7035.

想影响很大。[①] 在巴甫洛夫的条件反射中，给狗喂食时，就摇铃，经过多次刺激以后，狗听到铃声也流口水。这条件反射的神经机制怎样？实际上，神经元接受外界刺激时就产生兴奋，这些兴奋通过突触传递给相邻的神经元；经过多次传递之后，相关的神经元之间的联结便得到加强。当它们之间的联结强度达到一定阈值之后，不同神经元之间便形成新的神经回路。据此，狗进食时，它的大脑关于进食的相关神经回路是天生固有的，然而铃声与口水分泌的神经回路根本不存在，当狗进食时，铃声加载到进食的信号由此刺激相应的神经，这些神经便产生兴奋，并传递给周边神经。最后，铃声刺激引发口水分泌的神经回路就形成了。亦即新的神经回路被塑造出来了。

赫布、潘尼费德（Penfield）和拉斯利（Lashley）等人合作，经过二十多年努力在 1949 年出版了《行为的组织》（*Organization of Behavior*），它奠定了认知神经科学的基础。按照赫布的思想，神经网络的学习过程通过不同神经元之间的突触联结开展；突触联结强度和神经元活动强度相关，也和神经元之间活动的秩序相关；突触联结的变化量正比于两个神经元的活性。学习的本质是改变神经元之间的激活水平的权值。由此，当我们改变神经元之间的权值时，我们便可以表征不同的客观世界。神经网络的学习是自发的学习，它通过提取训练集的统计特点，按照信息的相似程度规律归类存储。这和人们对世界事物规律类同，在许多情况下，我们总是按照事物是否相类似放在一起。实际上，这个定律背后隐藏着不言而喻的假设。第一，共同激活的神经元联合为一个相对独立的单位。第二，神经元之间的联合能够在相邻的，或非相邻的神经元发生，因此，整个大脑皮层是联合存储。第三，因为神经元之间能够联合，所以认知是一个功能体或细胞集合的功能。

---

① Peter, M., A brief history of the Hebbian learning rule, *Canadian Psychology/Psychologie canadienne*, Vol 44 (1), 2003, pp. 5 - 9.

由此可知，对于有机体的智力，既有先天的作用，也离不开后天环境的作用。先天的大脑及神经系统只是提供了智力发展的潜在素质，并不意味某个人先天素质好，他后天的智力就高。后天的环境及经验在一定程度上决定着有机体的智力。确实有道理，即使爱因斯坦这样的科学家，他大脑的潜能仅仅被开发了少量的一部分。一般人大脑及神经等认知潜能比爱因斯坦之类的大脑及神经被开发的更少。

二　经验对大脑结构与功能塑造的机制

按照赫布的思想，在宏观层次上，大脑和大脑的表现是结构与功能的关系，但是，大脑的结构和功能不是简单的一一对应，因此，即使大脑的某些部位受到损伤，其结构被破坏了，大脑的功能还存在。因为，其他部位可以代替损伤部位的功能。如果按照当今的神经科学，笔者认为，除了大脑不同部位可以相互代替之外，大脑在损伤后依然能恢复功能的重要原因是大脑具有可塑性，即大脑具有重新生长相关神经突触，或重构相关神经连接等的作用。

当然，赫布虽然认为大脑是以结构和功能方式运作，但是，在神经元层次则按照因果关系运作。根据他理论隐含的假设可知，两个神经元之间按照一定秩序激活，并且不同的秩序激活的效果也不同。亦即，不同神经元之间的信息传递总是按照一定的时间顺序以及空间分布开展，由此构成一个联合的整体。赫布在《行为的组织》一书中说："当细胞 A 的一个轴突和细胞 B 靠近到能够以它产生影响，而且持久地、多次地参与了对细胞 B 的兴奋，那么，在这两个细胞之间或其中的一个细胞会发生某种生长过程或新陈代谢变化，以至于 A 作为能使 B 兴奋的细胞之一，它的影响加强了。"①

① Hebb, D. O., *The organization of behavior*. New York, Wiley, 1949, p. 62.

他的这一句话被广泛引用。这一机制以及某些类似的规则被称为突触学习假说，或赫布定律。后来，他首次用联结主义（connectionism）称呼大脑的这种特点。这一思想是当今联结主义的重要思想来源。由此可知，按照赫布的思想，在微观的神经元层次，神经元之间通过一定的时间顺序和空间分布发生因果联系。这种因果联系构建了一个网络式的大脑。

基于赫布的理论，结合当今的神经科学。我们由此认为大脑的结构是一个网络的结构，并且这个网络结构不仅仅是一个层次的网络结构。大脑的这种网络结构是多层次网络构成。有机体刚刚出生时，它的大脑只有基本层次的结构。这个基本层次结构是一个低层次的网络结构。虽然人类大脑是多个层次的基本结构；但是，这些基本层次结构没有成熟，并且各个层次结构之间的联系比较少。由于有机体不断地与生活环境中的相关事物发生作用，不断地接受刺激，这些刺激信号不断刺激大脑的某些神经，这导致神经元数量的不断增长，同时促进神经元的体积不断增大，并且催生更多的神经突触。因此，导致新的神经回路不断产生。当新的神经回路产生到一定程度时，它们交织成为一个新的网络，专门负责后天的环境刺激，因此，新的神经层次便产生。

根据巴甫洛夫思想及当今的认知科学，动物那里只有第一信号系统，没有第二信号系统，因此，动物的新神经网络的产生是非常有限的。人不但有第一信号系统，也有第二信号系统，所以，人后天产生的新神经层次则非常丰富。当人的多个新神经层次产生以后。人由于生活在语言的环境中，因此，人在语言等信号的刺激下产生第二信号系统。在第二信号系统产生过程中，由于语言等符号工具的刺激，促使新的神经回路产生，由此将导致不同于动物的更高的新神经网络产生。从经验角度看，幼儿在 1 岁作用开始发展语言，2—5 岁则是语言发展的关键时期。从天生聋哑而植入人工耳蜗的最佳年龄是 12 个月到 60 个月之间。如果儿童超过 60 个月才植入人工耳蜗，那么儿童对语言等符号的刺激和语言的执行能力都比较难恢复。有些聋哑人在成年之后才植入人工耳蜗，然而尽管有声音信号输入到他们大脑，但是他们依然不能听懂别人说什么，也不能说话。但是，有些人成年以后，由于突发性耳聋、药物性耳聋或先天性内耳畸形等原因造成耳聋，如果植入人工耳蜗，那么他们则能够听懂别人的话语，也能够说话。尽管医学界可以用人工耳蜗部分恢复人的语言能力，然而，目前没有真正关于大脑及神经与语言形成的相关机理给予有说服力地解释。笔者认为，那些从小就聋哑的人，在成年才植入人工耳蜗也不能促使它们语言的有声信号系统相关的神经网络产生。我们不否认他们具有第二信号系统，因为他们依然能够读书看报纸。但是，他们的第二符号系统是一个无声的第二信号系统。那些成年以后才聋哑的人，因为他们的第二信号系统的相关神经网络已经塑造好，所以当他们植入人工耳蜗之后，他们便恢复相应的语言能力。然而，如果他们过了很长时间才植入人工耳蜗，那么他们也难以恢复语言能力。按照相关神经科学，我们认为这是因为当一些神经突触长时间没有接受外界刺激时，它们便“用进废退”，逐渐丧失了相应功能。当然，也可能是这些突触的功能处于过度休眠状态而无法被激活。

三　经验与观念产生的神经机制

那么观念如何产生？观念或经验的产生的条件之一必然是有机体能够记住环境刺激事件以及环境刺激的顺序。亦即有机体必须有记忆能力。

从赫布理论那里，我们知道记忆和“激发”紧密相关。所谓“激发”就是当某一神经元接到一个信号后，它的树突上的跨膜电位差升高，由此，局部改变膜电位。如果突触高频，高速地激发就导致强化，由此形成所谓的“短时记忆”。然而，并不是每一个信号都能够引起神经元激发的。只有环境刺激足够多，足够强时，刺激往往引起多个突触共同激发，由此改变神经元膜电位，产生动作电位，并传递信号给回路中的另一神经元。

短期记忆是有机体受到环境事件刺激所引发的神经反射，并形成联结的结果。其时间往往少于一分钟。当环境事件刺激次数足够多时，那么其必然强化已经存在的短期记忆所对应的反射神经活动，由此导致短期记忆则转化为长期记忆。短时记忆转化为长期记忆的过程称为“凝固”。凝固的过程大概一个小时，其主要部位在海马。根据赫布的思想，环境对认知具有两方面的功能。第一，环境具有线索的功能。环境对于有机体而言，它能够把相关信息传递给有机体，使得有机体能获得信息。第二，环境具有刺激的激发功能。环境能够激发大脑的神经系统，使得不同神经元之间构成一个网络，并且活化为一个有机的系统。由此可知，感觉对认知不可或缺，因为感觉提供了有机体与环境的联系，是神经回路和环境关系联系的必要环节。

了解记忆机制之后，我们还得知道赫布“神经元细胞组合”的思想，才能知道观念如何产生。根据赫布思想，细胞组合是和有机体相关的环境事物联结的神经元细胞组。他认为，当事物多次地刺激有机体之后，有机体的神经元细胞便形成神经回路，回路的相关细胞就构成了细胞组。如果外界事物 A 没有刺激有机体的条件下，即如果外界事物 A 没有任何信号激发相应的神经细胞组，此时该细胞组却发生了激发，那么有机体便体验到关于 A 的观念。或者说，某时，有机体曾经接受外界事物 A 的刺激，由此，其对 A 产生了记忆；当有机体没有接触事物 A 的情况下，有机体的相关细胞组却被激发；这将导致有机体体验到关于 A 的观念。

上面只能说明单个事物 A 的观念的产生。如何解释多个事件系列的产生？根据赫布的思想，人们对多个事件的观念产生是以“阶段顺序”的神经反射方式进行。有机体接收到环境中的一系列事件 A、B、C 等的刺激，在其神经层次上就按照“阶段顺序”

存储 A、B、C 事件。如果 A、B、C 阶段顺序进一步被强化，当它们没有刺激有机体的情况下，A、B、C 相应的神经阶段顺序被激发，此时相关观念就被产生。从赫布的思想，我们知道，幼年时，有机体慢慢建立细胞组合和阶段顺序，并且相应的神经细胞也不断发展。年长的有机体则重新安排细胞组合及阶段顺序，但是，一般而言他们的神经元细胞没有发展。这相当于顿悟学习。由此，有机体年幼时获得的经验对智力的影响远远大于其年长时经验对智力的影响。

四　赫布学习理论的局限性及其发展

按照赫布的思想，神经网络的学习过程通过不同神经元之间的突触联结开展；突触联结强度和神经元活动强度相关，也和神经元之间活动的秩序相关；突触联结的变化量正比于两个神经元的活性。学习的本质是改变神经元之间的激活水平的权值。由此，当我们改变神经元之间的权值时，我们便可以表征不同的客观世界。神经网络的学习是自发的学习，它通过提取训练集的统计特点，按照信息的相似程度规律整合相关信息。这和人们对世界事物规律类同，在许多情况下，我们总是按照事物是否相类似对事物分类归纳。

但是，赫布理论只能够解释经验对神经的增长方面，无法解释经验对神经的削弱；并且按照赫布理论，神经元之间的联结强度可能会无限地增长。因为赫布的理论只是探究了不同神经元之间的兴奋，没有考虑神经元之间的抑制作用；当神经元之间没有抑制作用时，只要神经元产生哪怕极为微小的兴奋，也可能无限地增加神经元之间的联结强度。另一方面，赫布只是考虑了突触的电化学信号的传递，没有考虑突触细胞自身的状态。由此，赫布的理论难以说明经验对认知及神经的削弱作用。亦即经验对认知及神经的塑造有两方面：强化方面和弱化方面。赫布理论只能解释强化方面。第三，尽管赫布讨论的“阶段顺序”的方式，但是，因为他没有考虑神经元之间的抑制机制，所以赫布的理论也忽视前后突触信号的激发时间顺序所产生的不同效果：兴奋效果或抑制效果。第四，赫布的学习及观念产生理论仅仅是一种自发的性质，因此其有局限性。按照赫布理论，有机体，特别是人几乎无法创造新观念。因为外界环境没有相应的事物与新观念对应，所以有机体没有得到相应的刺激。这导致有机体无法产生新观念。这是因为赫布理论都是建立在动物的实验事实，没有涉及人。动物总是被动地接受环境，但是人对环境总是积极地应对，并且不断改造环境。另外，赫布的自发学习理论解释动物学习还可以，但是，难以解释人的主动学习所引发的神经活动。因为，动物是被动学习，人有主观能动性，人总是主动地学习。由此，人在没有外界相应对象的刺激下，能够根据自己的经验激发相应的神经活动，创造新观念，形成新神经回路。另一方面，人的主观态度对于新观念的产生也非常重要，一个态度积极的人往往比态度消极的人创造更多的方法和手段以应对环境。

后来，亨利·麦克拉（Henry Markram）在赫布的理论基础上，提出了“脉冲时间依赖可塑性”（Spike Timing Dependent Plasticity，STDP）的理论①。其拓展了赫布理论。它的核心思想是经验对神经元激发的先后顺序影响神经元之间联结的强弱。即通过调整神经元激发时间顺序塑造突触的重构，把神经元之间的“抑制”纳入了理论框架。某一神经 x，当 x 接受了神经元 y 的信息，然后 x 才发生反应，那么 x 和 y 之间的联结就会加强。但是，如果 x 在没有接受 y 传递信息之前，x 已经发生反应，此时，如果 y 才传来相类似的信息，那么 x 和 y 之间的联结就会减弱，甚至消失。因此，经验对认知神经可塑性表现在能够减弱或取消原来的

---

① Markram, H., Lubke, J., Frotscher, M., and Sakmann, B. Regulation of synaptic efficacy by coincidence of postsynaptic APs and EPSPs. *Science* 275, 1997, pp. 213 – 215.

神经回路。按照这思想，打个比方以便通俗说明一下，给狗喂食之前，让它看中国大妈的广场舞，次数多以后，狗看见中国大妈跳广场舞时就流口水。也许大妈们窃喜以为狗觉得她们秀色可餐的舞姿才流口水。但是，如果狗吃饱以后，大妈在它面前跳舞，狗就觉得是一种骚扰，时间长以后，狗看到大妈跳舞就会讨厌、倒胃口、不想吃东西。实际上，前者是狗控制口水的神经元与传递跳舞神经元联结加强的缘故；后者则是这两个神经元联系被削弱，抑制造成狗倒胃口的。

从目前来看，虽然认知神经心理学获得巨大的成功和发展，但是，学界对认知神经的研究局限于被动性的认知研究；并且他们总是把神经心理学当作纯粹客观的过程来研究，因此，这种研究将导致认知主体的缺少，导致研究的片面性，理论解释的狭隘性。未来应该吸收现象学和马克思主义心理学的思想，恢复认知的主体性与实践性。虽然有人提出神经现象学，但是，目前虽然神经现象学有些发展，然而只是少数派而已。前苏联神经科学家鲁利亚从马克思主义哲学角度也论述了相关的神经理论，但是，目前还没有一个体现人的主体性的神经理论。

简而言之，我们根据马克思关于实践不但可以认识世界，而且可以改变世界的思想，进一步论述实践身体和实践世界具有可塑的性质，并论述认知系统和认知能力具有可塑的性质。由此表明身体不是如梅洛－庞蒂所认为的那样：身体仅仅是现象身体主体、静态身体主体、无历史性和社会性的身体主体。我们认为身体不但是一个实践的主体，也是一个被实践的主体；即身体在改造对象时，身体自己也发生了改变；身体和世界都具有可塑性，身体与世界的塑造动力根源于实践；身体既是一个血肉之躯，同时是实践的系统，也是一个认知系统，一个具有加工信息能力和产生经验、存储经验的认知系统，所以，身体是一个具有历史感的身体主体，是一个社会文化性的身体主体，一个具有社会内容的身体主体，是一个动态实践的身体主体。在上述的基础上，我们在下面将进一步阐述实践身体和实践世界的概念，并且结合马恩的相关思想和中国哲学思想，论述了实践的阶梯性。

第六章

实践世界及其可塑性

第一节　身体空间的实践性与可塑性

梅洛－庞蒂把现象空间作为人的基本生存空间，现象身体则是现象空间意义的源泉。我们不同意他的观点。在前面的章节，我们阐明了身体是实践身体，基于此我们进一步论述人们基本生存空间不是现象空间，而是实践空间；现象空间只是实践空间的一个侧面。空间最原初是客观空间，但是，身体主体可以通过实践活动塑造客观空间，使得空间意义产生，形成实践空间。

一　倒视实验与空间体验

在日常生活中，人们很难体验空间，但是，斯特拉顿制作特殊的眼镜，让被试戴上，被试看到颠倒的景象，被试体验到空间的变化。被试体验到空间的变化。让被试自由地活动，被试大概经历如下过程。第一阶段，第一天图像还是处于颠倒状态，其他状态也没有变。视觉发生颠倒，触觉正常。第二阶段，第二天，被试感觉自己身体发生颠倒，但是看到的图像不再颠倒。视觉回到正常，触觉发生颠倒。第三阶段，从第三天到第七天，被试身体逐渐恢复正常位置。视觉和触觉逐渐综合。在第五天之前，被试总是无法准确地拿到指定的物品。第四阶段，被试的触觉、视觉、听觉等已经协调一致。第五阶段，当实验结束后，被试摘下眼镜，虽然他看到物体不是颠倒的，但是被试总觉得物体是怪怪的。让被试伸出右手时，被试则伸出左手。

因为视觉的颠倒，被试抓握某东西时，总是发生错误。到了第五天，被试可以正确地抓握指定的东西。第七天时，如果在视觉范围内有声音，那么被试不能够准确定位发声的物体。如果发声物体不在视觉范围内，那么被试基本上不能确定物体的位置。听觉和视觉不一协调。最后阶段，被试恢复完全正常的位置。

斯特拉顿实验有如下特征：（1）如果被试一动不动地躺着，那么被试看到的左边和右边的景象与被试没有戴眼镜时看到的景象是一样的。（2）被试实验结束之后，如果叫被试伸出左手，被试却伸出右手。（3）在实验过程中，被试活动越多，那么被试恢复正常位置越快。（4）许多被试戴上倒视眼镜之后，伴随头晕和恶心等症状。

如何解释斯特拉顿实验的空间颠倒景象及被试体验到的景象转换为正常景象的过程。

二 无主体空间

传统空间包括“被空间化的空间”和“能空间化的空间”。前者认为空间被客观对象构成。这种空间来着客体，它呈现多样性和不可还原性、异质性。它是一个实在论的空间。后者认为空间被主体主观构成，由主体的意识和观念构成空间。这种空间是单一空间，是同质性空间。实际上它是一种观念空间。因此，这两种空间都是非此即彼的空间。无论哪种空间都是纯粹对象化的客观空间。对象空间是客观空间比较好理解。为什么观念空间也是客观空间？因为，观念空间是先验意识展开的，其目的是寻找外部世界各个对象之间的稳定联系，探究事物之间的规律。但是，先验意识本身并不介入客观对象本身，它只是遵守客观世界对象所具有的规律。它所构建的空间最终还是一个没有主体介入的空间。这意味着先验意识并没有处于空间中，而是在空间外“看”着空间，然后根据看到的材料，由心灵重新构建为空间。因此，这种空间是“现成的空间”。如果说，实在论的空间是一个直接对象化的空间，那么观念空间则是一个间接对象化的空间。

根据实在论空间观，客观世界及对象是空间和方向的根源，它们作为感觉内容给予主体。这意味着，在感觉场中的感觉内容可以实际地标示出“上”　“下”等方向。亦即，感觉内容的“上”和“下”等方向不依赖主体存在。因此，这个方向是自在的方向。然而，描述客体的方向只是主体给予客体意义的手段；如果感觉内容中有一个和主体无关的自在方向，那么这个方向要么没有意义，要么无法被主体所认识。其次，如果，感觉内容中有自在的方向，当被试带上眼镜之后，看到颠倒的景象，那么颠倒的景象和主体没有任何关系。因此，从逻辑上说，颠倒的景象是无法恢复为正常的景象的。因此，实在论空间观无法解释倒视空间体验。

根据观念空间，如果空间来自先验意识的构造，那么空间方向必然仅仅是由主体内部因素所决定，空间方向根本和对象没有任何关系，因此空间方向是纯粹主观的方向。如果空间方向是纯粹主观的方向，那么被试带上眼镜时，他看到的景象应该是颠倒的。另外，先验意识在描述客观对象时，它可能需要一个基准。但是，这个基准本身需要另一个基准来确定。这会导致基准的无穷倒退而无法确定空间。观念空间观不能说明倒立空间体验。

斯特拉顿认为，空间根源于世界本身及客观对象，空间的方向也如此。因此，第一，视觉和触觉在空间上具有区别性。比如，视觉上颠倒了，触觉却没有发生变化。第二，视觉在空间方面比其他知觉具有可变性。一般情况下，人的其他知觉都比较难发生变化，但是，视觉只要适当的改变就会发生变化。第三，空间各要素之间的关系是由主体联想构成。被试由颠倒的图景逐渐转换为正常图景时，被试是通过联想进行。并且，被试的触觉和视觉的融合过程也是一个联想过程。通过联想，被试的触觉和视觉的矛盾消失了。被试在转换过程中，由于联想关系还不稳定，所以被试看到的图像也处于异常状态。当被试的联想稳定之后，被试看到的图像就变成正常的。梅洛－庞蒂认为，经验性联想不能说明正常景象和颠倒景象的翻转，因为联想需要一段时间，但是，有些空间翻转是格式塔的，需要的时间很少。

三　现象身体的空间

按照梅洛－庞蒂，现象空间根源于知觉，现象空间是最原初的空间。现象空间是现象身体对世界的原初把握。“这是通过我的身体对世界的某种占有，我的身体对世界的某种把握。”① 梅洛－庞蒂的现象空间中没有绝对性，没有确定性了，它只是先验身体知觉的结果。身体的知觉是整个现象空间的基石，身体主体通过知觉的体验构建现象空间“我对世界的最初知觉和我对世界的最初把握在我看来应该是先前在某个人和一般世界之间缔结的一个约定的执行，我的历史应该是一部史前史的继续，并且利益其获得的结果，我的个人生存应该是一种前个人习惯的继续”②。由此可知，按照梅洛－庞蒂，空间并非是客观的空间，而是内在于知觉显现的空间。在知觉显现中，空间不断变动，空间总是流逝地存在。空间是一种前对象的空间。这个空间是现象身体在世存在的空间。现象空间没有确定性。但是，现象身体又从哪里来，什么东西可以保证现象身体的真实性。梅洛－庞蒂只能形而上地假设先验身体的本体地位了。

关于视觉的倒立和正立，按照梅洛－庞蒂，当身体主体没有进入世界时，身体和世界相互陌生。此时，被试看到的景象是倒立

---

① 梅洛－庞蒂：《知觉现象学》，姜志辉译，商务印书馆2001年版，第323页。

② 同上。

的。然而，空间是身体进入世界，同时身体向世界开放的过程形成。身体知觉能够为主体展现一个不断变化的景象。当身体进入世界，并且身体和世界相互把握时，身体的运动意向通过自我展示而获得世界景象，并且得到身体主体所期待世界的反应。在这种情况下，被试和世界不再陌生，它们已经相互把握，身体主体已经处于情景中，所以被试获得正常的景象。景象和身体交互构成的空间不是客观空间，而是显现于被试的现象身体的空间，并且现象空间随着现象身体变化而变化。当现象身体和视觉空间分离时，视觉空间是颠倒的，当现象身体和对象相互包含时，视觉空间变为正。

视觉和触觉之间的矛盾如何解决？梅洛－庞蒂认为，视觉经验和触觉经验在现象身体得到综合，最后整个空间就变成正常的空间了。实际上，他把这种综合当作纯粹的身体现象。在倒视实验时，视觉是倒立的，但是触觉却是正立的。这造成身体的触觉表象、被试以前视觉表象和被试当下的视觉表象巨大的矛盾。被试经过一定时间之后，倒立的视觉表象便逐渐转化为正的。梅洛－庞蒂说："拥有一个身体就是拥有变化平面和'理解'空间的能力，就像拥有嗓音就是拥有变调的能力。"① 由此看来，身体先天就能够综合各种知觉的矛盾。身体主体对空间的理解是一种生物性本能。我们认为身体主体对空间理解是后天实践活动的结果。在下面我们将以太空运动病进一步论述。

空间的方向是"身体与世界的共存集中在体验上并产生一个方向"②。亦即，空间方向是身体知觉对空间体验的结果。被试通过身体与世界的交互作用而知觉对象，在知觉对象过程中，被试产生空间体验，最后在体验的基础上身体主体便不知不觉地产生一个方向。这个方向显现于身体的运动意向和身体知觉场交汇的地方。空间方向只是根源于被试的现象身体，根源于比认知意向性更本源的

---

① 梅洛－庞蒂：《知觉现象学》，姜志辉译，商务印书馆 2001 年版，第 320 页。

② 同上书，第 321 页。

身体意向运动。那么身体意向运动来自何处？梅洛－庞蒂只能假定先验身体的存在了。

但是，梅洛－庞蒂如何说明现象空间的差异性与同一性？空间的差异性如何产生？比如，视觉现象空间和触觉现象空间有巨大的差异。另外，客观时空具有绝对性，但是现象空间似乎找不到绝对性。空间的绝对性不会因为现象空间形成而消失，因为现象空间是由于身体主体和客观世界相互包含，相互把握而形成；所以空间的绝对性必然在现象空间里面，但是梅洛－庞蒂却无法说明空间绝对性在现象空间的什么地方。梅洛－庞蒂认为现象空间根源于现象身体的运动意向性，亦即身体的"在世存在"的原初结构。然而，这种原初结构本身需要在理论上进一步说明。

四　身体空间的实践性

空间方向根源于身体的实践活动。我们认为，从历史唯物主义来看，身体在世存在只是一种现象，身体真实的存在是实践存在；身体实践存在就身体的吃、喝、住、穿等基本的实践活动过程中身体主体和环境所形成的结构。没有身体实践存在，身体就无法在世存在。身体在世存在只是身体实践存在的一个现象和一个侧面。因此，决定视觉空间方向的不是客观身体，也不是现象身体，而是一个实践身体。在实验中，被试看到颠倒的景象，那是因为这个景象对于被试而言是一个陌生的景象，因为被试和景象的对象没有任何相互作用；颠倒的景象依然是一个自在的景象，被试也是一个纯粹客观的主体；二者没有实践关系。随着被试活动开展，景象在视觉上和被试产生作用。因此，在实践活动中，被试和景象融合成一个空间。这个空间既有绝对性的一面，也有主观性的一面。

在实践活动中，实践身体主体和客观对象相互作用形成"上""下""左""右""前""后"等空间方向。从实践角度来看，这些空间方向随着实践活动的变化而变化，而不是随着身体变化而变化。比如，在斯特拉顿的实验中，被试躺在沙发和被试站立于地面，其空间方位并不是随着身体姿势的变化而变化。“上”“下”“左”“右”“前”“后”等空间方向都没有发生变化。因为被试的实践活动模式没有根本性的变化。但是，按照梅洛-庞蒂，如果身体是现象身体，空间是现象空间，由于现象空间随着现象身体变化而变化，现象空间根源于现象身体，那么，当被试躺在沙发时被试的头部是“上”的方向，脚步是“下”的方向，胸部就变成“前”的方向，背部则变成“后”的方向。比如，在斯特拉顿实验中被试站立时，被试看到左右边的景象发生互换；被试躺在沙发时，被试看到左右边的景象没有发生变化。因为现象空间根源于身体的意向运动，以身体为轴心而构建起来，所以空间的方向必然根源于身体。当身体在空间的形式发生变化时，空间的方向也必然变化。但是，在实验中或在实际生活条件下，人们都觉得无论是躺着，还是站着，虽然体验到颠倒的空间，但并不认识到空间方向发生变化，即使被试躺着，被试也没有把胸部当作“前面”，而是把胸部当作“上面”，被试认为上下空间方向都没有发生变化，前后空间方向也没有发生变化了。因为空间方向的根源不是现象身体，而是根源于身体和对象在实践活动中构成的空间结构，所以，最终被试的空间方位和方向还是回到正常状态。

当实践活动方式改变时，空间的方向就会发生变化。当今，航天员在太空活动时，由于在失重的条件开展活动，所以，航天员并没有空间“上”的方向和空间“下”的方向的区别。根据梅洛-庞蒂，航天员到太空时，他们依然具有现象身体主体，但是他们的现象身体主体为什么无法从知觉体验中形成空间的“上”方向和“下”方向？梅洛-庞蒂显然解释不了，因为航天员的现象身体和空间依然处于交互状态，并且知觉也没有如斯特拉顿实验那样是倒立的或异常的；在太空中航天员的现象身体及其知觉都处于正常状态。亦即，人到太空时，现象身体、知觉体验、身体和世界交互都正常，但是，身体主体却没有了空间“上”“下”方向感。如果我们从实践活动立场就很容易说明。因为，太空处于失重条件，尽管身体知觉等条件都正常，但是，实践条件发生了变化，实践模式也跟随变化，所以实践空间的方向必然发生变化。在失重条件下，人们的实践活动不需要上下的方向。

视觉和触觉综合于身体的实践活动。首先，从斯特拉顿实验可以知道，当被试站立时，人的上下和左右因为戴上眼镜发生反转；当被试平躺时，左右没有发生反转，但是视觉看到的景象依然发生反转。人的视觉和触觉等不同知觉是处于分离状态的。这意味着现象空间可以分为视觉现象空间、触觉现象空间、听觉现象空间等等。然而，现象身体的基本特点是整体性，现象身体综合机制是格式塔式的。如果现象空间是由视觉现象空间、触觉现象空间、听觉现象空间等分离的现象空间构成，那么这些现象和梅洛－庞蒂却假设现象身体的整体性和它的格式塔式机制具有难以调和的矛盾。我们认为，身体并不是先验综合不同的知觉空间，身体是在后天的实践活动过程中，不断协调不同知觉空间而已。其次，从现象身体看，因为各种知觉在身体中是一个系统，并且知觉按照格式塔的方式发生转换。但是，左右方向和上下方向随着身体姿势不同，它们发生不同的变化。从斯特拉顿的实验，我们知道被试平躺时左右方向的视觉并没有格式塔的变化，只有前后方向按照格式塔的方式变化。由此可知，格式塔式变化并不是在身体系统地发生，而是局部地发生。现象身体的先验整体性、系统性的假设却和事实不相符合。实际上，知觉空间方向只是实践活动的结果，被试躺着的情况下，他的实践活动方式和站着的实践活动方式根本不相同。这导致被试知觉空间的变化也不同。再次，根据倒视实验，我们知道身体不同知觉处于分离状态；如果不同知觉处于分离状态，那么身体不可能按照格式塔能够同时发生反转。因此，梅洛－庞蒂假设先验现象身体，然后用格式塔模式解释倒视实验是行不通的。

我们认为，因为身体不仅是现象身体，更是实践身体。从实践角度看，当被试明确的任务，为了完成任务，人通过实践活动才把不同的知觉统合在一起。在实验中，触觉只是在左右方向顺应了视觉。比如，当实验完成之后，被试的触觉和视觉都处于一致状态了。让被试摘下眼镜，然后叫被试伸出左手，被试却伸出右手，这意味着触觉已经在实践活动中适应了视觉；而不是身体和世界的相互把握。这表明不是现象身体确定空间左右方向，而是实践活动确定了空间左右方向。另外，现象身体也不能确定空间定位，而是实践活动确定了空间定位。让被试伸手拿东西时，在实验开始时被试总是出错，实验进行到第五天左右，被试拿物品时不会再出错。因为，在实验初期，触觉的上下、前后定位距离没有发生变化，视觉颠倒了情景，视觉的定位距离已经发生变化，并且视觉还没有适应触觉；所以被试不能确定指定物品的位置，无法准确拿到指定的物品。在实验到第五天后，视觉适应触觉了，那么视觉和触觉的方向便一致了。梅洛－庞蒂没有把空间方向和空间定位区别论述，所以他片面地强调现象空间。没有理由认为，同一个现象身体触觉定位没有变化，视觉定位却变化了。并且即使戴上倒视眼镜，物品到视网膜的光线路径的距离没有发生变化，只是物品距离倒立了，因此也没有理由认为视觉定位距离发生变化。实际上，被试对物品的定位是被试实践结果。被试在倒视条件的实践活动中，把不同知觉的定位重新协调，使它们一致。

实践空间的形成是一个主体和客体相互塑造的过程。从绝对空间到实践空间的转变是一个过程，而不是格式塔式的瞬间转换。实际上，在实验中空间方向发生三次变化。第一次，视觉是颠倒的，但是触觉是正的。在这个阶段，由于被试戴上眼镜，被试的视觉被塑造。视觉空间和触觉空间的方位和方向都发生冲突。在这种条件下，被试一方面重新定位视觉的空间方向和方位，另一方面不断调整自己的视觉；使得视觉不再颠倒。第二次，视觉恢复正常，但是，触觉却发生异常。由于视觉颠倒，身体按照视觉颠倒情况定位空间；触觉随着空间重新定位而发生变化。这导致触觉也发生颠倒。亦即，视觉给空间的定位是正常的，但是触觉给空间的定位却是颠倒的。由于，视觉先经历过颠倒，在实践活动过程中，视觉最先被实践所塑造；所以视觉恢复正常更快。第三次，视觉和触觉都变成正常的。实际上，被试的触觉和知觉都被空间重新塑造了 180 度的空间相位，即被试的触觉和知觉都被空间反转了 180 度。同时，被试的触觉和视觉也给空间赋予新的方位和方向。

总之，现象身体显然难以解释在左右方向上是触觉适应视觉；在上下方向上却是视觉适应触觉。因为如果空间方向源于身体在世存在，源于现象身体，那么没有理由认为左右方向和上下方向有根本性区别。我们从实践角度出发很容易说明这一现象。因为空间方向是实践身体主体和客观世界在实践中构建起来的。当被试带上特殊眼镜时，因为重力的作用，被试在上下空间中的实践活动模式并不会随着戴眼镜而改变，被试身体在适应戴眼镜过程中，被试的视觉知觉空间被实践活动模式所塑造。由于左右方向没有重力的影响，所以被试的实践活动随着视觉空间变化而变化，最后触觉适应了视觉。在实践活动中，被试重新统合被试各种知觉模式和知觉方向，使得被试不同知觉形成新的协调关系。

五　空间意义根源于实践

按照梅洛-庞蒂，因为身体和对象交互作用，由此身体主体构成现象空间。客观对象从现象空间获得意义。“颠倒一个物体就是都走它的意义。因此，物体的存在不是一种为有思维能力的主体的存在，而是一种为目光的存在，目光以某种间接的方式接触物体，否则就不能认识它。这就是为什么每一个物体有‘自己的’上和

‘自己的’下，以便为某个平面指出其‘自然的’位置和它‘应该’占据的位置。”① 由此可知，按照梅洛－庞蒂，绝对的空间不包含任何的意义；现象空间的意义根源于身体，客观对象的意义实际上也根源于身体；并且空间的意义不包含客观性的因素；空间和客观对象只是意义的载体，它们不是意义构成的成分。那么现象身体本身有意义吗？从《知觉现象学》看，身体显然是有意义的，如果身体本身没有意义，那么身体就无法授予意义于客观对象。如果身体本身有意义，那么身体的意义从哪里来？假如要说明身体的意义，那么梅洛－庞蒂只能够求助于先验身体了。可是，先验身体和先验意识在本体上都是等价的，既然先验意识被梅洛－庞蒂抛弃，那他就应该也抛弃先验身体。

我们认为，客体的空间意义和身体空间的意义都来自实践。我们不同意梅洛－庞蒂关于空间意义成分没有客观对象和空间本身的观点。我们认为，空间意义的成分包括空间本身、客观对象，也包括身体主体。身体和对象在实践活动中都共同从实践活动中获得识别，二者在空间中形成稳定的关联模式，由此形成稳定的空间意义。实践活动产生了意义，实践使得主体和客体按照相应的方式产生了空间方向和空间方位。空间方位和空间方向由主体、客体及主体实践活动才得以确定。由于时代的限制，梅洛－庞蒂无法看到空间体验的真实案例。他只是以格式塔实验论证空间，导致他的空间观片面性。当今人类已经进入太空，航天员真实地体验到失重空间的体验。太空空间给人带来不同的体验和问题。目前广为关注的是空间运动病。通过对比研究视觉倒立实验和空间运动病，我们将阐明空间的意义包括客观因素和主观因素，并且空间意义是在实践活动中形成。

许多航天员都患有空间运动病。空间运动病往往发生在航天

① 梅洛－庞蒂：《知觉现象学》，姜志辉译，商务印书馆 2001 年版，第 322 页。

员进入太空或返回地面之后的2—3天，60%—80%都发生。比如，航天员出冷汗、无食欲、反胃、疲劳、恶心、呕吐等症状。目前关于太空运动病有多种学说，感觉冲突说被广泛接受。① 该学说认为，在太空失重的情况下，造成视觉、触觉等方面的信息不匹配而引起运动病。由于失重条件下比较难以模拟，研究员应用类似于斯特拉顿的倒视实验也能够使被试产生相类似的病症。② 当今，一些航天员训练中心应用倒视实验模式训练航天员，使得航天员能够有效地防止空间运动病，并且取得很大效果。莱尼（Rine）等人开展研究表明，如果对航天员加强训练，提高训练难度和强度，那么他们患病率大幅度降低。③ 马儒塔（Marotta）等人研究发现，被试在看家自己的手活动的情况下，他们能更好地完成任务。④

当实践主体进入新空间环境时，他得重新在实践活动中和客体重新塑造空间方位和空间方向。在太空的航天员就如此。在太空中，由于失重，头部和脚步的倒立和正立没有根本性的区别。这意味着地球中上下的空间方位和空间方向在太空中没有意义。在地球，上下空间方向和方位都借助地球重力得以确立。因此，重力是地球中上下空间方位和方向的意义的重要因素；但是太空中上下空间方位和方向的意义不包含地球引力。刚进入太空中，身体的空间图式依然包含重力因素。但是，航天员实践表明，空间已经没有重

---

① 《人体脊柱对开伞冲击力的耐受强度》，国防科工委军标出版发行部出版，1987年，第1—4页。

② Richard EB, James GW, Foster HR. Investigation and evaluation of a replacement parachute for the SJU-5/A escape system [C]. Proceeding safe 37th annual symposium. Las Vegas, 1998, pp. 72 - 82.

③ Viano DC, Lau IV. A viscous tolerance criteron for soft tissue injury assessment [J]. Journal of biomechanics, 21 (5), 1988, pp. 387 - 399.

④ Brinkley JW, Shaffer JT. Dynamic simulation techniques for the design of escape system: current application and future air force requirements [M]. Ohio: Aerospace Medical Research Lab, AMRL-TR - 71 - 29, 1971, pp. 71 - 101.

力了。这导致航天员身体的不同的知觉模式不协调和冲突。不同知觉模式的冲突造成航天员产生诸如倒视实验那样的头晕、呕吐等症状。从病理的角度看，如果空间转换是格式塔式的整体转换，那么空间运动病也是一下子发生的。但是，一般情况下，航天员只是到达空间站之后的2—3天产生空间运动病，或者从空间站回到地球之后2—3天才有空间病。实际上，航天员经过几天的活动之后，他们的不同知觉模式被他们的活动重新调整和塑造，使得他们的知觉恢复正常。当他们回到地球时，空间方位和方向增加了重力，但是，他们身体空间图式依然没有重力因素。这又重新造成身体不同知觉冲突，使得他们又产生类似倒视实验的头晕、恶心等病症。他们获得几天之后，身体不同知觉之间重新被调整，他们恢复了正常。

我们认为，没有空间方位和空间方向，任何客体都是没有意义的；失去空间方位和空间方向的身体也不能产生意义。但是，按照梅洛－庞蒂，因为重力是外在于现象身体的，并且重力作为一种外在的因素也不影响身体的意向性运动，所以重力绝对不可能参与构成空间方向和空间方位的意义。这导致现象身体和现象空间无法说明太空空间和地球空间的联系与区别。实际上，航天员活动表明，空间方向和空间方位的意义包含着重力等客观因素，同时也包含身体主体的因素，二者不是自然而然的身体现象，而是在身体主体实践活动发生联结，由此客体可从空间方向和方位进行识别，客体的意义得以产生；身体主体在这个活动过程中，重新调整了不同知觉子系统，身体主体意义也由此恢复正常。

第二节 认知视角下的马克思主义世界图式

一 实践世界的图式

基于实践认识论，我们认为自在的空间是一个无意义的空间，纯天然世界是一个无意义的世界，我们无须理会；人类赖以生存和发展的世界是一个实践世界，是一个有意义的世界图式。世界的图式根源于实践，而不是根源于胡塞尔所谓“先验意向性”，或是根源于梅洛-庞蒂的“现象身体”。因为胡塞尔只是形而上学地假设先验意向性的存在，同样梅洛-庞蒂的现象身体也是形而上学假设的产物，其本质就是把“先验身体”代替“先验意向性”而已。实践则是一个客观存在的活动，无论是意向性，还是现象身体都在实践中找到根源。

费尔巴哈从直观感性描述了实践世界。胡塞尔则从前科学角度描述了实践世界，由此可以通往先验的意识世界。儒家则为个体实践活动和个体心灵的修养描述了阶梯的实践世界图式：“修身—齐家—治国—安天下”，即个体的第一阶实践图式：“修身”，第二阶实践图式：“齐家”，第三阶实践图式：“治国”，第四阶实践图式：“安天下”。由于这不是本节的重点，所以我们将在下节详细论述儒家实践世界图式的阶梯性。这些流派对世界的描述有诸多合理之处，但是，它们只是反映了实践世界图式的某一侧面而已；它们犹如盲人摸象那样反映了实践世界图式的一部分性质和现象。它们难以说明世界图式变化的动力，难以说明世界图式变化的性质，难以说明世界图式具有可塑性的特点。我们认为，马克思主义关于实践改变世界和创造世界的思想比较全面地描述了实践世界图式，它阐明了世界图式变化的性质和可塑性的特点。

费尔巴哈则把感性建立在唯物主义上面，认为感性是主体对外界事物的反映，不是主体本身自己能够随意自生。但是，费尔巴哈对于感性仅仅是一种直观的感性，一种带着个人爱、恨、情、仇的感性，而不是劳动的感性，不是实践的感性。他说：“具有现实性的现实事物或作为现实的东西的现实的事物，乃是感性事物。真理性、现实性、感性的意义是相同的。只有一个感性的实体，才是一个真正的、现实的实体。只有通过感觉，一个对象才能在真实的意义之下存在——并不是通过思维本身。”① 因此，费尔巴哈否定了理念等精神实体作为世界图式的基石，但他只是描述了现实世界图式直观性的特点；他所描述的直观性图式不是实践基础上的直观性，而是事物本身纯然的直观性，因此他的直观性图式缺少社会内容，缺少历史文化。

按照胡塞尔，生活世界是非课题世界。生活世界实际上是预先给定的世界，存在者不可选择。它是存在者认识、思考的基础。存在者对于生活世界只是直观地把握，其具有自明性。生活世界是前科学的世界，它对于存在者的生存与活动总是有效的。但是，前科学世界是什么世界？胡塞尔只能以先验意识奠基前科学世界。他说：“世界不是我掌握其构成规律的客体，世界是自然环境，我的一切想象和一切鲜明知觉的场。真理不仅仅‘寓于内在的人’，更确切地说，没有内在的人，人在世界上存在，人只有在世界中才能认识自己。当我根据常识的独断论或科学的独断论重返自我时，我找到的不是内在真理的源头，而是投身于世界的一个主体。”② 由此可知，虽然他承认客体和主体都在变化，但是，他没法说明为什么二者都变化，并且胡塞尔没有看到世界中主体具有可塑性的特点，没有看到客体也具有可塑性。因为胡塞尔的主客变化并不是二者相互作用而变化，而是先验如此地变化，所以胡塞尔只是描述了世界的朴素性质，没有描述世界可塑性的特点，没有说明世界文化历史性，没有说明世界中人们生活的丰富多样性。最终，胡塞尔把世界归结于他自己杜撰出的“先验意识”。我们认为前科学世界是由生产实践构成的实践世界图式的一部分。生活世界中包含主观性与客观性，并且伴随实践图式的变化而变化；先验意识只是一个空

---

① ［德］费尔巴哈：《费尔巴哈哲学著作选集》，商务出版社 1984 年版，第 166 页。

② ［法］梅洛－庞蒂：《知觉现象学》，姜志辉译，商务印书馆 2001 年版，第 5—6 页。

洞无物的名词而已，只是一个无可奈何而不得不意造出的名词罢了。在认识图式中，根本不存在先验意识。梅洛庞帝继承胡塞尔衣钵，以“先验身体”代替“先验意识”，提出现象身体。他认为世界始于知觉，世界图式是知觉图式构成的世界。由于主体的知觉具有整体性功能，知觉便把零碎的世界整合为一个有意义的世界图式。知觉按照“完形”的原则构造世界图式。实际上，他也只是描述了实践世界的主观世界图式那部分，没有描述客观世界图式那部分。

按照马克思的思想，世界图式是由具体的人及其感性实践活动构成。人是实践的人，感性是实践的感性。他批评费尔巴哈——包括费尔巴哈的唯物主义——的主要缺点是：“对事物、现实、感性，只是从客体的或者直观的形式去理解，而不是把它们当作人的感性活动，当作实践去理解，不是从主观方面去理解。”① 并且“他从来没有把感性世界理解为构成这一世界的个人的全部活生生的感性活动”②。感性世界包括自然环境、社会环境和具体的人及其实践活动所构成的世界，并且这四方面的因素不是孤立地存在感性世界之中，而是通过具体的人的各种实践活动有机地构成一个整体的图式。实践身体是感性的身体，是主观性和客观性统一的身体。身体感性包括具有主动性和受动性两种形式。首先，实践身体的需要是一种主动性需要。其表现为感性需要的本质就是身体对物质生活和精神生活的获取的欲望和过程。其次，实践身体的需要与满足的过程同时促进实践世界图式形成和发展的过程；导致实践身体的意识的产生与发展。随着意识的产生和发展，意识逐渐支配身体的需要。因此，身体的需要具有主动性的一面。一方面，感性的受动性则是实践身体及主体受到身体本身的空间和时间等因素的制约，同时实践身体也受动外界对象的制约。因为，自然物虽然已经是被人

① 《马克思恩格斯全集》第 3 卷，人民出版社 1960 年版，第 3 页。

② 《马克思恩格斯全集》第 1 卷，人民出版社 1960 年版，第 78 页。

所改造的自然物，但是，自然物的存在绝非依赖于人的欲望和信念而存在，人不能否定它，只能接受它。另一方面，人的身体无论怎样都是由肉体的身体构成，因此，感性总是受到肉体的物理性因素的限制。由此可知，感性也有主动性和能动性的特点；主体的身体不仅仅是肉体身体和现象身体，主体的身体更是实践身体；这种实践身体使得感性能够执行主体的主观能动性，能够表现出自主性。另外，虽然人不能否定外界对象，但是，人能够根据自己的需要修改外界对象，把意义强加给外界对象，按照意义塑造外界对象。

由此可知，在马克思主义那里，实践世界图式包括主客二因素，主客因素通过实践构成一个生机盎然的世界图式，生产一个有意义的世界图式。劳动实践不但创造了人心灵，而且劳动创造了人的身体，身体的感官是在劳动中形成的。或者说，实践使得实践身体的形成，实践创造了生命和心灵得以存在和发展的第一个实践世界：身体世界。身体是任何主体开展自己的实践的第一个世界。因为，任何人首先认识和改造的世界都是身体世界；许多人构成的共同体都是通过身体的劳动实践而创造了人类社会、文化、历史。身体是生命个体实践得以存在和发展的实践世界；人们通过身体而认识与改造对象。马克思、恩格斯对这方面都有许多论述。在马恩那里，认知包括两方面，一方面，真理、知识通过劳动实践活动获得，真理和知识的评价标准也是劳动实践；另一方面，真理在微观层面是通过个体的身体和心理获得，真理和知识的评价标准要落实到具体的人应用自己的心智与身体于现实的实践。

我们认为生活世界只是实践世界图式的一部分、一个历史片段和过程。生活世界的基石不是先验意向性，而是实践。生活实践是生活世界的根源。生活世界是前一代人留给后一代人的社会生产力、生产关系、生产对象及自然环境的总和，亦即生活世界只是人还处于婴儿没有实践能力时所寄遇的环境，是孕育婴儿实践能力的环境，是为婴儿创造自己的实践世界的前提条件和通道。但是，生活世界对于前一代人来说则是实践的产物，是实践世界。马克思指出“人们自己创造自己的历史，但是他们并不是随心所欲地创造，并不是在他们自己选定的条件下创造，而是在直接碰到的、既定的、从过去承继下来的条件下创造。一切已死的先辈们的传统，像梦魔一样纠缠着活人的头脑”。[①] 人生下来就在生活世界中，吃、喝、住、穿是最基本的实践活动。这些基本的实践活动构成生活世界的基本因素。但是，个体的人和一般动物有很大的区别。一般动物被生下来以后就具有许多本能，它们主要依靠着天生的本能获得生存与发展。人被生下时，有很少的本能，婴儿几乎不能依靠本身获得生存的机会。婴儿必须在实践世界中，吸收前人和周围的人给予的帮助才能获得生存，婴儿必须接受实践世界的共同体所营造的社会文化，他才能够成为真正的人。

二　实践世界与认知

我们将彻底把历史唯物主义贯彻到身体和身体的认知领域，由此，按照历史唯物主义，我们必然发现：身体是个体的主体开始实践活动的第一场所，是主体的实践世界的始发点，当然对于个体而言，他的身体本身就是他的实践世界；实践世界除了自己身体之外，还包括那些与自己身体相联系的外界因素。这些因素是通过生活世界进入实践世界。因为人的吃、喝、住、穿并不是心灵层次上的吃、喝、住、穿，而是身体的吃、喝、住、穿。这些生活实践活动既是维持生命的存在和发展的需要，也是人的身体实践的基本方式和途径，是心灵得以产生和发展的最基本条件。亦即，人的吃、喝、住、穿是最基本的生活实践活动，每一个体的人首先得通过生活实践习得这些技能；心理所需要的各种欲望，心里想的吃、喝、住、穿只是身体的吃、喝、住、穿在范畴上的反映。因为心理本身

---

① 《马克思恩格斯全集》第8卷，人民出版社1960年版，第121页。

没有能够直接开展这方面的活动，而是身体开展了这些生活实践活动；所以，个体生命的实践世界由身体的生活实践活动开始，并且身体对于个体人而言是他实践世界的核心场所。由此可知，生活世界或知觉世界都是生活实践活动的某个侧面而已，人在吃、喝、住、穿等实践活动中塑造了最重要的实践世界：实践性的身体；同时，塑造了人各种各样的心理，并改造生活环境。

个体总是存在于某个生活共同体中，他总是通过身体的行为及知觉与外界相互作用。然而，他的周围总是一个已然的实践世界。他在生活中，通过吃、喝、住、穿等生活实践活动而融入了实践世界。个体融入实践世界的另一途径则是个体有了实践能力之后，他为了解决自己的需要而不断地与外界环境相互作用，特别是生产劳动实践，由此，促使原先的实践世界发生变化，形成新的实践世界。无论是生活实践，还是生产实践都是以身体为实践中介，由身体的实践达到实践世界。实践身体在本体论层次上处于首要的地位，是一切认知与行为生发的地域。当然，在认知层次上，高级认知活动中，心灵更为基本。由此可知，个体在融入已然的实践世界过程中，不但自己身体发生改变，而且也促进了已然的世界的变化与发展。

人为什么能从相对真理走向绝对真理？马恩从实践的历史角度论述，我们则从认知角度论述。亦即我们从实践的认知过程来论述知识如何从相对性走向绝对性。人们通过实践获得知识，而且知识的真理性不断加深，这根源于实践活动塑造了身体认知器官。身体的认知器官是在实践中形成，随着实践的变化而变化。“眼睛变成了人的眼睛，正像眼睛的对象变成了社会的、人的、由人并为了人创造出来的对象一样。因此，感觉通过自己的实践直接变成了理论家。感觉为了物而同物发生关系，但物本身却是对自身和对人的一种对象性的、人的关系”。[①] 这在恩格斯关于“劳动创造人”的思想中已经包含了这一思想。当今神经科学表明，人的大脑及相关神经本身具有可塑性。无论是年幼的、年长的或年老的有机体都具有可塑性。这是物种进化的结果，是有机体适应环境变化的结果。

首先，理性是感知器官和思维器官被劳动实践塑造的结果，并且不断地变化。逻辑实证主义作为资本主义时代的产物，在认知层次上积极为所谓“理性”辩护，贬低身体的作用。人的身体，特别是广大劳动人民的身体在资本主义那里被异化为产业的机器而已。他们的身体被异化为资本家获得利润的工具；身体的实践功能被异化为劳动的工具。马克思指出在资本主义社会中工人的身体是“异化劳动由于（1）使自然界；（2）使人本身，他自己的活动机能，他的生命活动同人相异化，也就使类同人相异化；他使人类把生活变成维持个人生活的手段。第一，它使类生活和个人生活异化；第二，把抽象形式的个人生活变成同样是抽象形式和异化形式的类生活的目的。”[②] 典型的“经济理性人”假设就是如此。按照经济理性人假设，人是没有身体的，身体和理性是没有任何关系的，只有心灵的理性。人的理性总是追求利益的最大化，因为这种理性只是建立在抽象的人上，所以这种理性的利益最大化也是无穷的。实际上，它只是把身体异化为虚无的事物，并且这种虚无的事物和利益没有关系，由此得出人的利益最大化的结局。按照马克思主义，我们认为，理性是建立在现实的人之上，是建立在具体的人之上，是实践的产物；理性包含身体的理性，由于身体的物质性，所以任何利益最大化都有局限性；并且理性总是随着实践发展而发展，随着人的变化而变化，随着身体变化而变化。

其次，马恩从实践的历史维度论述了实践世界的不断发展和变迁的过程。按照他们的思想，实践世界分别是原始社会的实践世

① 《马克思恩格斯全集》第42卷，人民出版社1960年版，第124页。

② 同上书，第96页。

界、奴隶社会的实践世界、封建社会的实践世界、资本主义的实践世界和社会主义的实践世界。从原始社会的实践世界到社会主义的实践世界的发展变化过程中，一方面，实践环境不断发生变化。因为生产力的不断发展，人们创造出越来越多的物质产品和精神产品，人们的活动范围也扩大了，所以人们的实践环境由贫瘠环境逐渐走向丰富环境。另一方面，人们在改变实践世界的过程中，人类本身也在这一过程中被实践活动所改变。也就是说，环境是可以通过实践活动反作用于人，由此塑造人的。

由此可知，在个体层次上的实践世界的可塑性表现在实践主体和实践身体以及相关环境的发展与变化。根据当今的认知科学研究成果，我们认为实践世界可塑性的思想得到当今神经科学所间接辩护。亦即，认知神经可塑性的事实表明实践世界是可塑的。从认知角度看，实践世界可塑性的最强有力的辩护是神经可塑性。神经科学研究表明，不同经验的变化导致有机体行为意义的变化，这种变化可以在神经系统中找到证据，其表现为神经解剖学层次和化学层次的变化。环境刺激的操作导致解剖学层次的变化包括大脑重量的变化，皮层质量与厚度的变化，微观上包括神经纤维的变化，不同种类的神经细胞的比例的变化，神经细胞结构的变化。而且，主体神经变化和实践环境的变化的关系是辩证的关系。

从认知角度看，生活世界是后一代人得以开展自己认识活动的第一个环境。它是前人留下的实践环境，决定着意识的内容，而不是胡塞尔所说的先验意识构造了世界。实际上，先验意识只是意识实践内容逻辑推理的一个虚无的结果，因此，我们不能根据一个虚无的先验意识推理实践内容。当一个婴儿来到世界时，婴儿无法选择，只能接受已然的实践世界。已然的实践世界就是生活世界。“一个人的发展取决于和他直接或间接进行交往的其他一切人的发展；彼此发生关系的个人的世世代代是相互联系的，后代的肉体的存在是由他们的前代决定的，后代继承着前代积累起来的生产力和交往形式，这就决定了他们这一代的相互关系。总之，我们可以看到，发展不断地进行着，单个人的历史决不能脱离他以前的或同时代的个人的历史，而是由这种历史决定的。”① 婴儿只有在生活环境中学习如何认知对象，如何操作对象，才能使得自己具有实践能力，当自己具有实践能力之后，他就可以在生活世界的基础上，创造出新的实践世界。这个新的实践世界又是下一代的生活世界。生活世界和实践世界不存在先后问题，它们只是辩证地存在。实际上二者都是实践的产物。生活世界对于新生一代的接受者来说是生活世界，但是对于老一代创造者来说却是实践世界。

马克思主要通过宏观的人类历史进程论述真理、知识的来源、辩护真理和知识的评价标准。按照这一途径，由于人类为了满足生存与发展的需要，因此，人们投入劳动实践当中。因为人们的劳动实践，所以人们获得了知识，但是劳动中获得的知识是否为真？如何检验这些知识的真假？马克思主义经典作家从宏观的历史出发，以社会运动为题材，推动了马克思主义认识论的发展。他们一般都不考虑中微观的视角推动马克思主义认识论。20 世纪 20 年代之后，苏联心理学家，特别是维果茨基、鲁宾斯坦等人，以自然主义的视角从中微观层次在心理科学探究了马克思主义认识论。亦即，他们把马克思主义认识论应用于心智科学，并产生了许多丰富的理论，特别是文化历史学派的理论对当今的涉身认知依然有影响。可是，因为他们是心理学专业的，因此他们没有上升到哲学层次探讨这些问题。

根据马克思主义，结合苏联心理学理论，我们可以知道，世界不是自然科学意义上的世界，而是被人们改造了的世界，世界是一个实践的世界，实践的世界先于生命的个体存在着。个体的生命无法选择实践的世界，他只能接受已经存在的世界，然后才能发挥自

① 《马克思恩格斯全集》第 3 卷，人民出版社 1960 年版，第 516 页。

己的能动性，参与改造世界。世界是通过我自己的实践和他人的实践，并由此构成的共同体才能被我所理解与把握，我则通过实践嵌入共同体的集体实践中才能改变世界。实践世界是所有具有生命的个体共享的实践，是所有生命个体产生、发展的世界。

第三节　实践世界图式的科学范例：丰富环境

我们在上面相关章节论述了大脑及神经系统本身具有可塑性的各种性质。这表明了身体具有可塑性。身体是世界的一部分，这意味世界也具有可塑性。但是，赫布等神经科学家没有涉及有机体和环境相互作用。那么环境和有机体的活动导致世界发展变化是怎样的呢？

从马克思主义出发，我们认为在哲学层次上，由于主体的实践活动，所以实践世界辩证地发展。亦即认知神经和环境在主体活动过程中辩证地发展。相关文献表明认知可塑性与环境的关系在远古就有相关论述。当今神经科学的研究表明，神经是认知活动的主要物质，大脑及神经系统既是实践身体的一部分，也是实践世界的一部分；认知可塑性表现为神经的结构可塑性与神经功能的可塑性；有机体的生活环境在一定条件下对有机体的神经的重构和生长具有促进作用。

马克思说：“有一种唯物主义学说，认为人是环境和教育的产物，……这种学说忘记了：环境正是由人来改变的，而教育者本人一定是受教育的。”① 由此可知，根据马克思主义的实践认识论立场，我们必然得出主体在改变环境的过程中，环境对认知神经的塑造作用，并且实践环境也在辩证地发展。亦即，如果我们承认神经系统是有机体身体的一部分，并且承认身体是世界的一部分，那么

① 《马克思恩格斯全集》第 3 卷，人民出版社 1960 年版，第 3 页。

实践身体与实践世界都具有可塑性，二者在实践活动中相互促进而发展。我们在下面将以丰富环境和贫瘠环境为案例进一步阐明。

一　环境与神经可塑性的关系

从历史唯物主义出发，我们认为身体和世界具有可塑性，身体本身是世界的一部分；对于任何个体人，他的第一个实践世界就是他的身体；认识和改变世界的第一个事物是自己的身体。由此，我们将以认知神经可塑性和环境的关系的科学模型为案例，阐明身体和世界的可塑性。人们早就从日常经验和实践探讨环境对认知地影响了，但是，由于日常经验和实践都比较粗糙，所以，虽然人们根据这些经验和实践提出环境与认知相关影响的观点，但是，其总是显得苍白无力。认知科学产生以后，学界以科学实践的方式探究环境与认知地关系；通过实验模型提出“标准环境”“丰富环境”“贫瘠环境”等概念；由此展现出环境系统的发展和演变过程。我们认为环境与认知可塑性的关系可以分为三个阶段。

环境与认知神经可塑性关系的思想的第一阶段从远古到赫布（Hebb）的神经学习理论。亚里士多德的印蜡说就表明认知可塑性。按照亚氏，记忆好比硬物压在蜡烛上所留下的痕迹。由此可知，认知犹如蜡烛那样可以塑造。当人们知道神经是认知活动的主要载体时，人们就萌发了神经可塑性的思想。贝纳特（Bonnet）曾经论述有机体的机体运动促使神经变化与认知发展的人。[①] 十九世纪末，有些学者研究经验对大脑与能力的影响。意大利解剖学家于1785年把同胎小狗分两组，两组都得到同样的照料，但是，一组给予训练，另一组则不训练。当他解剖它们大脑时，发现训练组的脑具有更多褶皱和沟回。达尔文曾指出在家里养的动物大脑比野生动物大脑小，因为家养的环境比野生的环境更简单。E. 盖特提出

① Renner J. M. and Rosenzweig, R. M., 1987, Enriched and Impoverished Environments, London, Springer Verlag, p. 1.

“大脑建构说”（brain building），认为当意识、心理状态在大脑出现时，大脑的相关神经经验产生新的结构或重构；他认为，人类的大脑与认知同样具有可塑性，特别是人后天教育的效果尤为明显。① 赫布在《行为的组织》中提出了神经学习理论。在赫布之前，关于认知可塑性的思想更多是猜想或观察到的纯粹事实，没有任何理论框架开展研究。

环境与认知神经关系的第二阶段是从赫布的神经学习理论到标准环境概念、丰富环境概念和贫瘠环境概念提出。这个阶段主要探讨环境与大脑及神经可塑性的关系。1949 年，赫布首次以实验方式研究环境对大鼠行为的影响。后来，戴莫德（Diamond）研究发现，大鼠的大脑的重量、皮层厚度和神经树突结构都与环境紧密相关。动物大脑的可塑性：皮层厚度与树突结构因为环境而发生变化。

二 科学环境模型

第三阶段在丰富环境概念、标准环境概念、贫瘠环境概念的框架开展神经与认知可塑性研究。丰富环境的思想在赫布那里已经有雏形，但没有涉及贫瘠环境，没有提出相应的科学模型。罗森伟葛（Rosenzweig，M. R.）等人在经验对大脑具有可塑性的思想指导下，进行了十多年的研究，取得巨大进展。后来罗森伟葛等研究员在 1978 年共同努力下，他们比较明确地界定丰富环境：环境由多个干预因子相互作用而构成，它是复杂的无生命事物和社会刺激构成的复合体。丰富环境相对于贫瘠环境而言就是增大有机体的生活空间，在生活环境中增加新奇的器具，增加成员，提供更多的感官刺激和运动机会，并且增加成员社交行为的机会。② 尽管其被界定，

---

① Renner J. M. and Rosenzweig, R. M., Enriched and Impoverished Environments, London, Springer Verlag, 1987, p. 2.

② Mark R. Rosenzweig, Edward L. Bennett, Marie Hebert, Hiromi Morimoto, Social grouping cannot account for cerebral effects of enriched environments. Brain Research. Vol. 153, Issue 3, 29 September, 1978, pp. 563 – 576.

但依然有争议。

当今，脑科学研究表明，大脑的功能和结构都具有可塑性。从解剖角度上看，大脑的结构和形态都能够发生改变，即大脑结构及神经具有可塑性。经过一系列的实验，科学家创造出“丰富环境实验模型”。以该模型为范例，演化出上千种不同的丰富环境模型，结果它们都表明环境和有机体的相互作用导致大脑及神经系统的发展与改善。科学环境模型如下：（a）一个（48×26cm）的笼子里面有一个滑轮，3只老鼠可以自由活动。这个环境称为贫瘠环境。（b）在一个标准的笼子（30×18cm）供4只老鼠生活在里面，没有任何非生物性物件在里面。（c）一个（86×76cm）笼子里面，14只老鼠生活在里面，里面有滑轮，多条管子，多个玩具等等，并且里面的各种玩具都定期更新。这三组老鼠都有足够的食物和水供给它们生活需要。[①] 经过若干天以后（不同研究员出于研究目的不同，老鼠在里面生活的时间也不同），然后测量老鼠的大脑的重量，神经发育程度，神经分枝情况等等，结果，从（c）→（a）→（b），它们相关参数都是由高到低。为什么？学界一致认为，因为（c）的环境比较丰富而且很复杂，所以该组老鼠的神经发育最好。（a）、（b）组环境都比（c）组环境较为贫瘠、简单，所以（a）和（b）两组老鼠的大脑发育也比（c）组老鼠差。据此，人们提出丰富环境的概念。按照该实验模式及其变种，许多学者用不同的动物做实验，他们的结果都基本一致。学界把（c）的环境认为是“丰富环境”；（a）的环境就是“贫瘠环境”；（b）环境是“标准环境”。丰富环境中，环境的各种因素比较复杂，动物数量比较多，它们的社交比较频繁，社会互动方式和机会也比较多。在贫瘠环境中，玩具比较少，动物成员也比较少，它们之间的社交方式和机会也比较少。在标准环境中，没有任何玩具，动物基本没法在一起

---

① Praag, V. H., Kempermann, G. and Gage, H. F., Neural consequences of environmental enrichment, *Nature Reviews*, Vol. 1. December, 2000, pp. 191–198.

玩，成员的数量也少；由此，它们都不太乐意开展社交活动。这导致它们的大脑及神经的发育有很大差异。由于这个实验模型的提出，环境与认知神经关系成为热点研究的问题；学界开始研究环境对动物大脑及神经系统塑造作用，后来逐渐研究环境对人大脑及神经系统塑造作用。当然，自从丰富环境、贫瘠环境和标准环境概念提出之后，对于这三者的概念内涵的争论非常多，实际上，学界还没有形成普遍接受的概念。

根据上述的实验模型，我们认为丰富环境的生存空间构建如下。丰富环境是根据动物大脑和神经发育特点构建的，它是在自然环境的基础上，根据研究者的目的设计适合于动物神经系统发育和行为发展的环境。因此，丰富环境不是模拟自然环境，而是改造自然环境中多个干预因子的结构，或增加、或减少干预因子的数量，以促使动物的自发性运动、自发性社会互动等。

相比较于贫瘠环境，丰富环境的相应生存环境中动物的笼舍比较大，具有多种器具，比如，梯子、滚轮、千秋、球、积木、平台等。根据动物的昼夜生活习性和摄食习惯等方面的特点，丰富环境中还涉及小房子、光照条件等，并且提供不同味道、不同质地的蔬菜、水果、谷物等。

与贫瘠环境不同，在丰富环境的生存空间中为了增加成员的社会接触，一般在丰富环境中，成员都是群居，共同进食，并且创造新奇多变的内部环境。另外还提供音乐、白噪音、香味和不同色彩的光。这些环境因素将更有效地刺激动物的听觉、视觉、嗅觉、味觉等的发展。

后来，学界进一步把丰富环境细分为不同类型。这些类型包括社会丰富环境、职业丰富环境、丰富物理环境。社会丰富环境指创造各种情景，让动物的同种类的不同成员，或人们的视觉、嗅觉、听觉进行直接和间接地刺激的复合体。职业丰富环境就是包括心理丰富环境，比如为动物提供必要的机会和可控制的环境刺激，支持鼓励它们练习等等。丰富物理环境就是改变动物居住的空间环境，改变动物居住环境要素的复杂程度，比如，增加一些器具，或增加一些巢穴等东西。丰富环境就改变动物的食物种类，改变动物的饮食结构，增加或减少某些食物等。

不管丰富环境分为多少种类，它们都包含两类丰富环境刺激。第一，社会性刺激。(1) 成员互动的社会性刺激。在有机体生活环境中，增加各种交往机会，让生活在里面的成员有效地互动和交流，比如增加新奇的玩具，让它们一起玩耍；(2) 非交往社会性刺激。比如，处于某种目的，增强动物的视觉或用某些声音增加动物的听觉等等社会性信号的刺激。第二，身体性刺激。让动物生活在复杂多变的环境，或者不断更换生活环境中的设置和器具促使动物不断地玩耍，或者增加食物的种类和营养等等。相关实验表明，如果能够增加动物自发性运动的机会，或增加动物自愿性社会机会，那么丰富环境对动物的大脑及神经发展非常有效。

丰富环境的发现和研究尽管已经差不多半个世纪，但是目前主要还是以动物被试为主。由于人类被试比较少，所以人类的丰富环境的认识尚未形成一致的看法。但是，将患者的康复训练和丰富环境刺激相结合的治疗方法已经应用临床。中风患者的康复训练中，医生应用丰富环境方式康复已经有些成效。它大概包括三个方面。第一，改变物理环境的设置，改变训练内容。第二，传授康复训练的方法，让患者自发性和自愿主动地开展一对一练习，或者小组练习，或者交替练习等等。第三，轮换医务人员，改变医务人员的态度和技能等。另外，医学界也应用丰富环境唤醒植物人。

目前，学界普遍认为丰富环境具有三大原则。(1) 有机体自发性和自愿性的物理活动；(2) 有机体获得的社会刺激；(3) 有机体的社会交往的机会。尽管不同的研究者根据自己的研究需要设定了不同的丰富环境，改变环境的因子，但是，研究人员基本上按照这三大原则设置丰富环境。

三　科学环境与大脑及神经的塑造

丰富环境被发现之后，教育认知学等就应用于认知神经研究。所谓脑可塑性就是“脑可以被环境或经验所修饰，具有在外界环境和经验的作用下不断塑造其结构和功能的能力”。① 当然，关于中枢神经系统的可塑性目前没有一个明确的定义。神经科学家研究大鼠的大脑和它们生活环境表明，不同环境中生活的大鼠的大脑可塑性明显不同。一批老鼠被分为三组，第一组生活在具有轮子、爬梯、转台等等各种玩具的笼子里面，并且定期更换里面的玩具，其称为丰富环境组；第二组老鼠生活在一个没有玩具的笼子里面。对照组的老鼠则按照老鼠一般条件的笼子生活，其环境介于丰富环境组和简单环境组。实验结果是，丰富环境组的老鼠大脑皮层比简单环境组老鼠皮层高 6%。② 这表明环境确实影响大脑的可塑性；年龄也影响大脑可塑性。仅在丰富环境组生活 8 天的小鼠（小 28 天），它们的大脑皮层比环境简单组和对照组几乎增加 7—11% 的厚度，如果达到 14 天，丰富环境组生活老鼠皮层整合感觉信息的区域比其他组增厚高达 16%。③ 克斯（Coss）用幼蜜蜂、护理蜂巢的工蜂、采蜜工蜂对照研究表明幼蜂树突头较小，茎较长；护理的工蜂突头则变大；采蜜工蜂的树突则头大茎小；该研究组对宝珠鱼的研究发现树突分枝增加，数量也增多。由此表明，环境对神经的数量和形状都有明显的影响。④ 进一步研究表明丰富环境组老鼠的

---

① 杨雄里：《脑科学和素质教育刍议》，《教育理论与实践》2002 年第 2 期，第 1—10 页。

② Diamond, M. & Hopson, J. Magic., Trees Of The Mind: How To Nurture Your Child'S Intelligence, Creativity, *Healthy Emotions From Birth Through Adolescence*. New York, Plume, Vol. 20 (2), 1999, pp. 27 – 28.

③ Ibid..

④ Coss. R. G., Brandon J. G. & Globus, A., 1980, Changes in morphology Of dendritic spines on honeybee calycal interneurons associated with cumulative nursing and foraging experiences, *Brain Research*, Vol. 192, pp. 49 – 59.

视觉皮层的每个神经元突触高于单调组20—25%，许多脑区的突触明显增长。另一方面，当不变换环境时，老鼠产生厌倦，厌倦时间超过4天，老鼠突树就会萎缩。由此，表明环境既具有促进大脑发展的作用，也具有抑制大脑发展的作用。并且，丰富环境主要促进远离主干树突的分枝发展，简单环境则促进靠近主干树突的分枝发展。

从机能角度看，大脑的机能随着脑的形态与结构的变化而变化的特性。大脑及神经可塑性分为经验依赖可塑性和经验期待可塑性。经验期待可塑性是物种长期进化形成的，是物种本身的特性，物种内的每一个个体都一致的。经验依赖可塑性则是因为不同个体经历不同环境，个体具有不同经验，造成个体之间比较大差异的特点。也就说，大脑的可塑性并不完全是先天功能的，有部分是后天表现出来的，而且其似乎遵循“用进废退”原则。在后天中，不同有机体经历的环境不同，主观性的学习与训练也不同，因此，导致它们的神经轴突和树突、突触微结构等变化都不同，甚至大脑功能区不完全相同。

大脑的可塑性不仅是大脑在受到损伤时，在分子层次表现出结构和形态的恢复，由此导致认知功能的恢复，而且正常大脑在接受外界环境刺激时，大脑的微观结构和形态也发生变化，比如，树突的数量增多或某些树突的体积、重量等发生变化等等现象，由此导致大脑的认知功能获得新的发展。但是，关于大脑可塑性的含义在神经科学领域存在不同的争议。开始时，学界主要从脑损伤的患者研究脑可塑性，其认为脑可塑性是大脑对外界环境、自身病理而引发的消极的、被动的反应。斯泰勒（Stiles）认为脑可塑性是脑自身适应于它早期发展，可避免有机体因为脑损伤所带来的消极影响的一种辅助机制和能力。[①] 随着脑科学研究的发展，许多学者发现

---

① Joan Stiles. Neural plasticity and congnitive development, *Developmental Neuropsychology*, Vol. 18 (2), 2000, pp. 237 – 272.

正常的、健康的大脑也具有可塑性。因此，他们认为脑以及神经系统不是被动，消极地应对环境变化和病理变化，而是主动地、积极地应对环境变化的一个自我修复能力和机制。

由于伦理的限制，关于人的神经系统可塑性无法像对动物的研究那样直接，目前只是在丰富环境与贫瘠环境的框架下间接研究人脑及神经可塑性。刚出生时，一般婴儿的神经元只有第一层分枝和第二层分枝。随着婴儿主动或被动地接受社会环境，通过听觉、视觉、味觉等的刺激，在6个月前，许多婴儿的脑组织开始有第三、四层分枝。他们到两三岁时则出现了第五、六层分枝。这表明，人在后天的学习和练习的辩证过程中，在神经上的表现是新神经产生，然后它们被巩固；新环境出现，需要新学习和新经验，新神经又产生，然后又被巩固。另外，杰克布（Jacobs）的研究可以间接证明我们的观点。他们对维尼克（Wernick）区锥体细胞与教育因素的相关性研究表明。不同学历的人他们的树突长度和分枝不同。根据小学层次、中学层次、大学层次的人群中的神经的发育状况，研究者发现他们大脑的树突分枝程度随着学历越高其越长。这表明丰富环境对神经具有普遍性。当一个人生活在丰富环境中，他受到更多地刺激，获得更多信息，因此，他大脑及其神经系统也更发达。

学习作为一种实践行为对大脑各种功能区域也产生影响，其导致皮层微结构发生重组和变化。密瑟俞尼（MecheUi）研究双语者表明，当他们第二语言水平提高时，他们的大脑左侧下顶叶的灰质密度增加。[①] 金（Kim）对第二语言学习时间的研究也表明语言学习导致功能区发生变化；对6个比较晚才学习第二语言的被试研究表明，母语和第二语言在布罗卡区产生两个激活中心，它们的平均

① Mechelli, A., Crinion, J. T., Noppeney U., O'Doherty, J., Ashbumer, J., Frackowlak, R. S., Price C. J., Strnctural plasticity in the bilingual brain. Nature, 2004, pp. 431 – 757.

距离差异很明显。然而，另外6个被试第二语言学习较早，他们两种语言激活区几乎相同，两个激活区的平均距离非常小。关于音乐演奏的研究也表明大脑的相关区域发生变化。现在相关证据表明，人类的行为和人类的大脑的发展也有很大关系。一些学者研究表明，打字员、机械作者、电器修理工等人的大脑相应区域和一般人相比有明显差异。因为这些人比其他人用自己的手操作工具更频繁。这些不同专业人员和非专业人员相应的大脑区域相比较可知，丰富环境具有针对性；不同专业人员由于生活在不同的丰富环境，因此，他们的相应脑区及神经也比较发达。总之，目前关于环境对神经可塑性的研究表明，无论动物，还是人，环境对他们的神经发育和发展都产生影响。

前面我们批判梅洛－庞蒂的思想；在这里，我们将更清楚地知道知觉世界和现象身体无法解释丰富环境和有机体的身体之间的关系。首先，按照梅洛－庞蒂，身体是先验身体，身体不可能随着环境变化而变化；另一方面，环境及相关的对象虽然从身体的知觉中获得意义，但是，它们二者之间的意义赋予和获得是一种先验的关系，二者无须通过实践相互作用，而只是相互把握。可是，从科学环境模型我们知道，有机体的自发性和自愿性活动是造成环境变化、有机体变化的基本因素之一，是有机体和环境发生关系的基本中介。显然，有机体的活动并不是什么先验的活动，而是后天的经验性活动。由此，环境及对象的意义不是来自身体的知觉，而是身体的活动。从实践论角度可知，由于被试主观自愿地和客观环境发生作用，导致环境发生变化，同时，环境变化也反作用于被试；这导致被试身体，特别是被试的大脑及神经系统发生变化。在这些变化过程中，环境及对象被赋予意义，身体也获得了意义。

其次，现象身体也无法说明社会刺激导致被试神经系统发生改变。因为社会刺激和知觉世界没有任何关系。我们认为，社会刺激是实践的产物。互动的社会刺激是由成员通过身体的相互作用而产生。它既有物理性的特点，也有信号性的特点，因为身体是物质的身体，身体的姿势却代表不同的信息，并且传达这些信息。这些信息是身体在活动过程中被制造出来的。非互动社会刺激则是人工制造的产品，它本身就包含信息，并且通过符号传达；同时，它具有物理性的特点，因为它总是通过物理的方式传递到被试，然后刺激被试。第三，被试的社会交往的机会和知觉现象学也没有任何关系。然而，交往机会不但与被试的身体活动紧密相关，而且和被试的身体活动方式、活动经验、活动环境等都紧密相关。对于动物，社会交往活动并不是什么前科学或前知觉的东西，而是前实践的活动；对于人而言，社会交往活动本质就是实践。

根据科学环境模型及相关经验事实可知，环境是实践环境，身体是实践身体，环境和身体都是在实践活动中不断发展，并获得意义。

四　社会环境与大脑·心智的可塑性

我们在上面主要讨论了动物和环境的关系，虽然老鼠等也构成社会性的群体，形成社会性环境的刺激，由此构成丰富环境，但是，老鼠群体构成社会性刺激和丰富环境与人群构成的社会丰富环境有很大的区别。那么，人群构成的丰富环境对人的脑是否有塑造的作用？我们认为，只要我们坚持马克思主义立场，我们必然得出环境，包括社会环境对人的认知器官具有塑造的作用。“一切心理现象按其相互关系来说都属于具体的、活生生的人行动着的人；一切心理现象都依赖于并产生于人的自然存在和社会存在……”。①

从马克思主义哲学来看，我们认为人的学习和动物的学习具有相同之处，也有不同之处。人的学习和练习处于一个辩证的过程。当一个人到一个陌生的环境时，他首先得学习如何应付环境，获得

① 谢·列·鲁宾斯坦：《决定论原则和个性问题》，《心理学的原则和发展道路》，生活·读书·新知三联书店 1965 年版，第 120 页。

生存的技能，在此基础上，他得不断练习已经获得的技能。由于他在巩固技能的过程中，他总是造成环境的变化，当环境变化到一定程度时，已有的技能难以应付。此时，他又得开展新的学习，以便发展出新的技能。神经的发展也是如此。即当人学习时，神经元之间形成新的连接过程，当人练习已有技能时只是强化已有神经连接。随着个体的成长，环境的变化，需要新技能，因此，神经的新连接又重新开始，然后又巩固已有神经连接。因此，我们认为环境，特别是社会环境对人的认知器官具有重要的作用。我们在下面以语言对人的心智作用进一步阐明社会环境的作用。

社会环境对人的大脑具有塑造的作用最为典型的是语言对大脑的塑造作用。根据历史记载。在1211年统治着德国和意大利西西里岛等地区的国王佛雷德里克二世认为存在“上帝语言”，因此，他下令让一些刚刚出生的小孩放置在一个没有任何噪声的环境抚养，以便上帝语言出现在这些小孩的身上。结果是这些小孩根本不会说话，也没有上帝语言出现在这些小孩的身上，最后这些小孩都夭折了。由此可知，人和动物明显不同，动物只需要自然环境就能够长期活下去，人如果脱离了社会环境，单独地生存在自然环境，那么他将无法成为人，并且容易死掉。因为社会环境对于人的生命也是必要的因素。相关资料也表明，在二战期间，由于大量的父母死亡，许多儿童流离失所，尽管有些儿童被收容机构养育，但是，他们许多人总是有不同程度的心理疾病，并且他们的平均寿命比正常生活在家庭的儿童要短很多。① “语言和文化环境不但决定了大脑系统的哪部分处理语言活动，还决定了人们如何解读面部表情以及如何观察图画和周围环境。日本人和新几内亚人无法分辨害怕或惊讶的表情，而与美国人不同的是，中国人不仅能注意到画面中最主要的对象，还能注意到与该对象有关的环境。中国人在心算时用

---

① ［荷］迪克·斯瓦伯：《我即我脑》，王奕瑶等译，中国人民大学出版社2011年版，第21页。

到的大脑区域也与说英语的西方人不同。尽管他们都使用阿拉伯数字，也都使用顶叶的最下部区域，但是说英语的西方人还借助了更多的语言系统去处理数字，中国人则应用了更多的视觉运动系统。”① 这说明，对于人而言，虽然自然环境是必不可少的，但是社会环境也非常重要，社会环境不但影响人的心理，而且影响人的身体健康，对人的生理具有重要的作用。由此可知，在一个糟糕的社会环境中生活的人，他们的心智难以发展成为一个正常的心智；在一个战争混乱的时代，整个社会环境处于支离破碎之中，人们的心智总是处于憔悴的状态。这环境无法让儿童成长为一个健全的心智，并由此影响儿童的身体健康，影响他们的生命。语言作为一种符号工具对人的心理形成起着非常重要的作用，其犹如物质劳动工具对于猿人进化为人那样重要。相关神经科学研究表明不同母语的人他们相应的语言神经中枢发生形态的改变是不同的，并且这种形态一旦固化以后基本上不会恢复回来。实际经验也表明成年人比儿童比较难学习语言，这是因为成年人的可塑性已经非常小，儿童的可塑性非常大。

那么在纯粹的自然环境中，一个人是否能够成长为一个健全意义的人吗？马克思主义认为，人是社会关系的总和，人无法脱离社会而存在。相关历史也表明尽管单独个体能够在自然界生存，但他却无法成长为健全的人。一个孩子出生之后便被抛弃，他依靠野果和小动物为生，1797 年他被人们发现在法国南部的森林，三年之后，那时他大约 10 岁，他被当地的猎人收养，并给他取名为“维克托”。后来，法国政府得知此事，法国政府内务大臣委托一位医生：让・马克・加斯伯尔・伊塔照料维克托，并教育他。虽然这位医生已经尽心尽责，想尽一切办法培养维克托，但是，维克托依然无法成长为一个心智健全的人，无法成为一个正常的人。维克托到

① ［荷］迪克・斯瓦伯：《我即我脑》，王奕瑶等译，中国人民大学出版社 2011 年版，第 22 页。

死为止只会说一个单词“lait”：牛奶。由此可知，自然环境仅仅能够维持人的肉体生命，无法支撑人的心理发展。因为自然环境无法使得人的肉体身体转化为实践身体，身体没有信息加工能力，无法表达语言和声音等等功能。“孩子出生之后，需要一个富有刺激性的且内容丰富的生活环境，以使大脑正常发育。其中，语言环境起到了关键作用。语言能以特定的文化方式刺激许多脑区，汉语或者日语的大脑与西方语系的大脑之间存在着永久性的组态差异，而遗传因素似乎不参与这个过程。对于存在智力缺陷的孩子来说，刺激他们的大脑发育尤为重要，因为他们大脑发育的不同结果将使得他们的未来完全不同”①。由此可看出，社会环境不仅影响人的心理活动，而且能够影响人的神经发展。生活在不同社会文化环境的人，他们的心理和神经都具有不同程度的差异。

按照马克思主义，人的经济地位对于人的意识和意识形态具有重要的作用。不同阶级的人，一般而言，总是有不同的心理和思想，他们的心理和思想总是和他们所处的社会环境密切相关，特别是和他们的经济地位相关。“社会经济地位是刺激有缺陷儿童智力发育的重要因素，例如出生时体重过轻的儿童，具有强烈刺激性的“丰富的”环境有助于促进大脑发育紊乱之后的康复。在发育期间由于营养水平低或者感情忽略而造成的儿童大脑发育不良，如果生活环境能及早更换到一个富有刺激性的环境中，情况就会有很大的好转。即使是患有唐氏综合症的儿童，在接受了强烈的环境刺激之后，也会产生良好的效果。因此，我们不应该把智力迟钝的儿童寄放在远离人群的家中或者其他缺乏刺激性的场所，而是应该给予他们更多的关注，从而激发他们成长。这会改变他们一生的命运。”②这表明，心理紊乱或神经错乱虽然有其内部原因，也有其外部因

① ［荷］迪克·斯瓦伯：《我即我脑》，王奕瑶等译，中国人民大学出版社 2011 年版，第 21 页。

② 同上书，第 23 页。

素。外表环境如果处于异常状态往往导致人们心理和神经发展也处于异常的状态。特别是人的经济条件对于人的心理和身体的发展尤为重要；在贫瘠的经济条件下，由于没有足够的物质营养、食物种类态单一、食物质地过于单调往往导致身体不健全；更由于没有足够的精神粮食，没有得到必要的教育，使得许多人错过学习的机会，相关神经没有得到刺激而无法发展，导致其以后无法进一步学习。

由此可知，不但自然环境可以促使神经的变化，社会环境也可以塑造神经的变化；并且相关科学经验表明环境促使神经变化不仅表现在动物的身上，特别是社会环境及语言符号等对人的神经和心理的塑造具有重要的作用，影响人的生命和身体健康。“搬运夫和哲学家之间的原始差别比家犬和猎犬之间的差别小得多，他们之间的鸿沟是分工拥成的”① 这表明社会环境对人的影响的深度远远比自然环境对动物的影响深度。

第四节　社会环境的图式

丰富环境实验模式是典型的科学实践产物，是人类实践环境的缩影。神经科学家在科学实践中往往强调丰富环境的自然因素，但是，根据丰富实验模型，我们认为丰富环境是一种科学实践的环境，它包括客体和主体以及二者相关作用所形成的刺激才能构成丰富环境。丰富环境包括自然环境因素和社会环境因素，所有的因素都是通过被试的活动才能够成为丰富环境的干预因子。

一　实践环境的结构和动力

首先从“丰富环境”的概念内涵看，什么是“丰富环境”？什

① 《马克思恩格斯全集》第4卷，人民出版社1958年版，第160页。

么是“贫瘠环境”？“丰富环境”被认为是“一个复杂非生命的、社会的刺激的结合体”[①]（a combination of complex inanimate and social stimulation）。与此相对应，“贫瘠环境”就是“一个简单非生命的、社会的刺激的结合体”。按照这个涵义，单独因素的相关性无法从整体中剥离出来；不同因素的相互作用构成了丰富环境；在“结合体”中，任何因素都不神秘。虽然某个单独变量的变化对整个环境有影响，但是，任何单独的因素无法解释整个环境；并且“丰富环境”同时由生命事物和非生命事物构成，缺一不可。为深入了解丰富环境内涵，我得回到相关实验模型。

根据“丰富环境”是“复杂非生物性与社会性刺激结合体”。从自然环境角度看，丰富环境所包含的自然因素如下：(1) 生存所需要的物品，例如食物、水等基本的生活必需品。(2) 自然物品，比如动物活动的器件等。(3) 活动空间，这是有机体生存与发展所需要的必要条件。(4) 人工化的器件，管子、滑轮、玩具等等。它们是有机体社会互动的媒介，能够增加成员之间社会交往的意愿。(5) 同一时间，空间中不同有机体之间的社会性互动所产生的各种刺激。(6) 有足够多的成员。成员越多社会交往机会越多。

从社会环境角度看，丰富环境应有如下因素：(1) 成员的社会互动的空间和机会。(2) 刺激性的因素，比如成员的躯体刺激或感官刺激。这些刺激包括人为的白噪声、音乐等。(3) 社会性刺激。它包括成员之间的社会互动所产生的各种刺激；引导成员之间的各种社会性刺激。(4) 成员之间的社会交往活动。(5) 成员非社会交往的物理性运动。比如，某成员单独玩滑轮等等。

这么多的不同性质的因素如何成为“丰富环境”系统的要素？实际上，成员活动是丰富环境中的自然因素与社会因素能够有机结

---

① Rosenzweig, M. R., Bennett, E. L., Hebert, M. & Morimoto, H., Social grouping cannot account for cerebral effects of enriched environments. *Brain Res.* Vol. 153, 1978, pp. 563 – 576.

合在一起的根本动力和“粘合剂”。如果没有成员的活动，上述关于丰富环境的各种要素都无法相互联结，它们不可能成为一个系统。丰富环境的学习和记忆假说支持我们的观点。

丰富环境的假说众多，但是最有影响的假说是克拉斯（Krech）等人提出学习与记忆说，该假设被许多学者所接受；他们认为，在丰富环境中，动物具有更多学习机会，由于动物的学习促使其大脑与神经的发展。[①] 首先，24 小时都待在丰富环境的老鼠大脑的发展与一天只有 2 小时待在丰富环境的老鼠的大脑发展几乎相当。[②] 因为丰富环境中，虽然老鼠 24 小时都待在里面，但是，它们只是当新添加物件时，它们才活动、学习较多，其他时间它们并不开展活动和学习。一天只有两个小时待在丰富环境中的老鼠都一直学习。二者的学习活动的时间和效果基本相当。因此，丰富环境中的老鼠大脑及神经的发展不是压力，不是别的原因，而是老鼠的学习活动促使自己大脑及神经发展的。老鼠的活动使得轮子、水、食品、噪声联结成为一个系统，成为丰富环境的要素。其次，研究者把老鼠置于单独的笼子，让其置于丰富环境中作为观察者，该老鼠不学习，只是看其他老鼠的学习活动，结果“观察者”的老鼠与其他学习着的老鼠的大脑及神经发展有较大差异。[③] 这意味着，如果成员只观看，不亲自活动，那么成员的生活技能、认知技能、大脑及神经系统不会有什么改变。因为，观看的被试无法成为丰富环境中的要素；活动的成员则是丰富环境的要素。另外，有些学者实验，让

① Krech, D., Rosenzweig, M. R., Bennett, E. L., Effects of environmental complexity and training on brain chemistry. *Journal of Comparative and Physiological Psychology*, Vol. 53 (6), 1960, pp. 509 – 519.

② Rosenzweig, R. M., Love, W., Bennett, E. L., Effects of a few hours a day of enriched experience on brain chemistry and brain weights. *Physiology & Behavior*, Vol 3 (6), 1968, pp. 819 – 825.

③ Renner J. M. and Rosenzweig, R. M., *Enriched and Impoverished Environments*, London, Springer Verlag, 1987, p. 2.

老鼠通过迷宫取食物，或让老鼠直接去食物，二者的大脑及神经也有明显差异。这表明，社会环境因素和自然环境因素都是在被试的活动中才变为丰富环境的因素，才能对动物产生有效的作用。

按照罗森茨维格的实验，① 我们认为老鼠的大脑及神经在丰富环境中发育和发展比较好，因为丰富环境中，老鼠有更多的学习机会和其他活动机会，并且必须记忆更多的相关要素，然而，在贫瘠环境中生活的老鼠没有那么多学习机会和活动机会，也无须记忆那么多的东西。目前比较多的人支持学习与记忆假说。但是，学习与记忆假说往往难以说明，老鼠大脑及神经的发育与发展比较好的结果到底是由自然环境刺激，还是由老鼠的自发行为或是学习行为导致的，还是二者都发挥作用。因为，首先，想从复杂环境中分离出学习行为与自主活动的行为因素非常困难，而且想确定丰富环境中什么因素促进神经发展也是非常困难。实际上，测量动物神经只是检验丰富环境的整体结果，而不是单独测试某一因素所产生的结果。亦即，试图通过测量神经的数量与质量发展，然后区分学习与其他自由行为是不可能的。其次，一些学者发现，学习任务没有引发海马等相关神经的发展。② 有些学者则发现，简单的行为和有选择性的行为促进海马等神经进一步的发展。③ 另一些学者则发现简单的，有机体在笼子里面自发操作滑轮会引发齿回（dentate gyrus）的神经发展。

为什么不能解释自发行为与学习引发神经发展？一方面，学习与记忆假说并没有区别学习与练习。学习是有机体面对新环境，不断调节自己行为的一个过程。练习则是在学习的基础上，巩固与加

---

① Rosenzweig, M. R. & Bennett, E. L. Psychobiology of plasticity: effects of training and experience on brain and behavior. *Behav. Brain Res*, Vol. 78, 1996, pp. 57 – 65.

② Ambrogini, P. *et al.*, Spatial learning affects immature granule cell survival in adult rat dentate gyrus. *Neurosci. Lett.* Vol. 286, 2000, pp. 21 – 24.

③ Gould, E. *et al.*, Learning enhances adult neurogenesis in the hippocampal formation. *Nature Neurosci.*, Vol. 2, 1999, pp. 260 – 265.

强有机体已经学习到的技能与行为模式。笔者认为，并不是所有的学习都能导致神经发展。学习需要到达一定阈值才有效果，即学习达到一定强度才能够促进神经发展。另一方面，学习有成功学习和失败学习。首先，成功的学习才能导致有机体神经的发展，失败的学习不一定能够促进神经发展。例如，让老鼠通过迷宫才获得食物，对于已经通过迷宫的老鼠其必然能够记忆相关道路，习得相应技能，但是，那些还未能够通过迷宫的老鼠则没有这方面的能力，因此，它们的大脑应该没有前者发展那么好。其次，练习是有机体的自发行为，是一种有效的学习行为，对于有机体的心灵是有意义的行为。虽然，这种行为目的并不是为了应对新环境，但是，由于自发行为是有机体按照自己意愿发展的行为，符合有机体的心理需要的行为，因此，有机体自发行为必然能够促进其相关神经的发展。尽管有机体自发操作器件是练习的行为，如果这种练习行为到达一定阈值，一定强度，其同样能够提高有机体的认知，促进它们神经的发展。

"从神经科学的角度来说，学习是神经元之间形成新连接的过程，而练习是巩固与强化已有连接的过程，因此，学习和练习是两种不同的神经活动，对脑的结构会产生不同的影响。"① 笔者认为，对于人而言，学习和练习都是实践。但是，这两种实践的性质和形式都有差异。学习是主体为了获得新的知识，以改善和提高自己技能为目标，由此，其必然促进有机体本身的神经发生变化。这是神经在结构和性质方面发生变化。练习是有机体巩固自己已经获得的技能，让自己更熟练地掌握技能，神经性质和结构只有量的变化。

简而言之，丰富环境包含自然环境、社会环境和生命体及其相应的活动等等。虽然目前没有相关的丰富环境直接实验于正常人的身上，但是，根据相应的常识和病人的丰富环境临床治疗经验，我

① 周加仙、董奇：《学习与脑可塑性的研究进展及其教育意义心》，《心理科学》2008 年第 31 卷第 1 期，第 152—155 页。

们也知道人类生活共同体的环境也包括自然环境、社会环境和人的生命及人的活动，因此，人们的生活共同体实际就是一个丰富环境。我们在上面根据相关历史材料也表明“上帝语言”等根本不存在，并且表明只要在丰富环境中人才能够生存发展，相应的神经科学也确证这点。也就说，人们生活共同体的环境也是一个从贫瘠环境到丰富环境的发展过程。

二　丰富环境与贫瘠环境的辩证性

实际上，在科学环境模型中，丰富环境与贫瘠环境是辩证的关系。首先，它们相互依存，但又有差异。环境 C 属于丰富环境那是因为环境 A 的贫瘠。倘若没有环境 A 的贫瘠，A 环境和 C 环境差不多，那么 C 环境失去了对立面的依托，那么 C 环境就没有所谓的“丰富”了。环境 C 是“丰富环境”的原因是环境 A 比环境 C 少了许多东西，少了许多成员，即环境 A 的贫瘠托映出 C 的丰富。如果 A 环境添加物件超过 C 的情况下，那么 A 环境就变成丰富环境。由此可知，丰富环境的含义并不是一个原子式的概念，而是一个辩证关系概念。其次，丰富环境、贫瘠环境有一个标准环境为基准线才可以获知的。环境 C 是丰富环境是因为有环境 B 作为标准环境为基准而存在。环境 A 是贫瘠环境也如此。如果没有一个标准环境，仅仅存在环境 A 和环境 C，那么它们就无所谓丰富环境或贫瘠环境了。第三，丰富环境与贫瘠环境可以相互转化，处于变动的状态。当然，无论是自然环境因素，还是社会环境因素并不能单独从丰富环境中分离出来，它们是通过所有成员的社会性活动形成一个相互联系的有机物构成体。在丰富环境中，处于相互作用的各种因素才是环境系统中的要素；处于相互作用的要素才能对环境和被试才是效果。当然，没有任何的单独变量能够解释丰富环境的结果。如果没有足够多的个体，即使玩具等很多也不构成丰富环境。例如，只有一只老鼠的环境，不管有多少外界物品都不是丰富环境。根据格林诺斯（Greenough）实验，虽然环境需要足够多的个体，但是太多个体生活在狭小的空间，环境并没有促进有机体神经的发展，相反其起着抑制的作用。[①] 由此可知，丰富环境中并不是被试越多越好，也不是器具越多越好，而是有一定范围和一定程度的要求。在适合的程度和范围之内就是丰富环境，达不到一定程度和范围的环境就是贫瘠环境，超越一定程度和范围的环境也是贫瘠环境。另外，关于野生鸟类与家养鸟的对比研究也证明这点。当一批野生鸟被捉之后，测量它们大脑及神经，然后放走一部分鸟，大概过了六周，再捉那些放走的鸟，结果，那些在野外生活的鸟比家养鸟的大脑更大，神经更多。[②] 因为野外的环境比笼子的环境更为复杂，环境因子更丰富，所以导致野外生存的鸟的大脑重量更大。

现实的社会实践环境也是一个丰富环境，它包括横向的空间因素和纵向的时间因素。无论是横向空间因素变化，还是纵向时间因素变化，都导致实践环境的变化。科学模型的丰富环境没有纵向的时间因素。在实验室中丰富环境只是从横向的空间比较而得出丰富环境。实际上，实验员在实验过程中也按照一定时间添加环境的器件等，例如，在丰富环境中，刚开始时，只有少量的玩具，随着时间的增加，实验员就添加更多的玩具。但是，实验员的这个时间记录不是实验模型中的一个基本因素，因为实验员记录的这个时间不是根据实验模型变化的相关特征而记录，而是根据实验员预定的目的记录，是为了方便开展实验而记录。社会实践环境则不同，从横向来看，不同地区有不同的实践环境，在城市里到处都是工厂和企业，在乡村则更多是农村和农场。不同实践环境的人的技能总是不相同的，由此，人的实践活动把不同性质的环境要素联结为一个系

① Greenough, W. T., *Neural Mechanisms of Learning and Memory* (eds Rosenzweig, M. R. & Bennett, E. L.) Cambridge, Massachusetts, MIT Press, 1976, pp. 255 - 278.

② Stummer, W., Baethmann, A., Murr, R., Schurere, L. & Kempski, O. S. Cerebral protection against ischemia by locomotor activity in gerbils: underlying mechanisms. *Stroke*. Vol. 26, 1995, pp. 1423 - 1430.

统，使得环境不断地变得更丰富，也促进人的认知不断发展和进化。从纵向看，由于人们总是不断地改变现有的实践环境，促使环境由贫瘠转化为丰富，并且把文化历史环境和现象环境要素联结在一起；把精神要素和物质要素有机构建起来；所以，实践环境总是随着时间的发展而不断变化，不断丰富起来。从工业革命以来，人类环境的纵向发展尤为明显，蒸汽机—内燃机—电力机—计算机—网络为代表的不同时代工具，构成了实践环境由贫瘠逐渐变为丰富。特别是网络的发展使得人类的社会环境发生巨大的变化，不同环境因素构成一个巨大的环境网络，环境由局部的变化走向全面的变化。从整个人类宏观历史看，资本主义的实践环境比封建主义的实践环境丰富，封建主义的实践环境比奴隶社会的实践环境丰富，奴隶社会的实践环境比原始社会的实践环境丰富。

三　实践环境的可塑性与阶梯性

（一）历史视角下实践环境的可塑性与阶梯性

从马克思主义哲学来看，我们认为丰富环境包括主体、客体、主客体之间的相互作用、主体之间的相互作用。这些相互作用导致实践环境由贫瘠走向丰富，然后，低阶“丰富环境”又变为“贫瘠环境”。但是，这些相互作用如何发生？它们如何促进大脑及神经发展？从现实条件来看，人类的实践环境伴随着人类的实践活动而不断丰富起来的。因为生产劳动，不同主体之间相互合作以取得各自的生存与发展所需要的物资与条件；当人类的生存与发展所需要的物资得到满足的时候，人类的实践环境就不断地被丰富起来。在实验室中，动物没有食物紧缺的压力，没有生存空间的压力，因此，实验室里面的动物之间并不是完全处于生存需要而相互作用，它们和环境相互作用更多是一种生理性的活动而发生作用。然而，在真实的环境中，任何有机体都面临着这些压力的，所以任何有机体都得积极应对这些压力。面对着环境压力，动物则是被动地、消极地应对，按照其本能作用于环境。由此导致环境有贫瘠环境转化为丰富环境，也可能导致丰富环境转化为贫瘠环境。

人具有主观能动性，通过生产劳动形成各种各样的利益关系，导致自然环境和社会环境朝着自己需要的方向发展，由此，促使实践环境的进一步发展。另一方面，人能够根据自己的内在尺度，按照未来的需要作用于环境，形成更为丰富的实践环境，例如宗教的天堂和地狱等等精神环境。尽管这些精神环境是虚无的，但是，这些虚无的环境对于人类的心智发展起着重要的作用。这有效地促进实践环境从一个丰富环境层次发展到另一个更丰富环境层次。这意味着人不同于动物，人的实践活动必然导致环境由贫瘠走向丰富。

人有主观能动性，因此某一环境是否是丰富环境或贫瘠环境与主体的主观性实践性紧密相关。在神经认知科学中，丰富环境主要是针对动物，但是，人和动物有根本区别，人的丰富环境不仅在科学层次涉及丰富环境与贫瘠环境的意义，而且体现在广阔的社会活动所构成的所有环境。由于伦理学等方面的影响，目前无法把这种实验直接应用于人的身上。然而，间接证据也表明，社会环境也促使人的神经产生可塑性，人的认知也具有可塑性。例如，脑损伤的患者通过积极的按摩、知觉刺激等人工创造的“丰富环境”的作用能够使患者得到不同程度的恢复。人和动物不同，人具有主观能动性。同一环境对于持积极态度的人来说是丰富环境，对于持消极态度的人来说却是“贫瘠环境”。现实中我们看到，同样贫穷的环境，态度积极的人总是能够把贫瘠环境当作人生的学习机会，不断改变自己，不断提高自己的能力，最终在贫瘠的环境中获得发展，并把贫瘠环境转化为丰富环境。态度消极的人则认为做这也不行，做那也不行，结果碌碌无为，最终无法适应环境的变化，被社会淘汰。从认知看，由于实践活动造就了丰富环境，它的改变导致大脑及身体的改变；因为大脑与身体的改变，导致意识与意识内容的变化；由于意识与意识内容变化，所以，心灵的心理语义发生改变。这一系列的变化导致人的语言就发生改变了。语言符号和语义本身并不能物理性地改变环境，它只是在意义层面丰富实践环境。语言作为符号工具丰富社会环境远远超过其他因素。另外，由于人的主观能动性，所以，即使面临同样的环境，环境对于人而言也比动物要丰富。因为人们的环境是以实践活动为基础，动物环境是以本能活动为基础；所以，对于动物也许环境只是一个贫瘠环境，但是，对于人许多贫瘠环境也被视为丰富环境。动物的丰富环境和动物的本能活动直接同一。人的丰富环境则是人实践活动基础上，被人对象化的产物，是人的本质表现一个外壳。

其次，根据马恩的思想，我们可知道，在宏观层次，实践环境具有阶梯性。亦即人类社会在不同时期处于不同的社会环境：原始社会—奴隶社会—封建社会—资本主义社会—社会主义社会—共产主义社会。人类从一个社会到另一个社会的过程是环境不断丰富的过程，是从贫瘠环境不断走向丰富环境过程。原始社会的环境相对于猿人的生活环境而言是一个以石器为工具的丰富环境。如果说石器时代的社会环境是贫瘠环境，封建社会环境则是一个以手磨工具为中心的丰富环境。进入资本主义社会，人类则以蒸汽机、电力机等为工具的丰富环境。到了社会主义社会环境的丰富性则表现为劳动不再是以异化的形式出现，而是体现人本质的方式实现。

在原始社会中，以石器为劳动实践工具，生产力很低，因此，生产资料以公有制为基础开展整个社会的实践活动。因此，在这一阶段，人以石器作为媒介认知客观世界。这时期人类的生活环境处于比较贫瘠的状态，人的许多潜能和技能都被社会所埋没。贫瘠的社会环境使得全体人类直接地与自然环境相互作用，人总是被自然力所支配。随着铁器工具的产生和发展，生产力提高，人类进入了以生产资料私有制的奴隶社会开始新的实践世界。在奴隶社会中，人们则以铁器工具作为中介开展认知活动。这一阶段，奴隶的生活环境还是一个极端贫瘠环境，他们没有任何教育环境，没有任何环境发展他们的技能。奴隶主则通过牺牲奴隶的一切权利而营造出一个相对丰富环境。由于有了这个丰富环境，使得少部分人脱离社会物质生产活动，开始进行精神生产活动。这导致人类社会环境越来越丰富。奴隶主和奴隶的阶级对立在很大程度上表现为奴隶主可以拥有丰富环境，奴隶只能处于贫瘠环境中。贫瘠环境和丰富环境的辩证性成为阶级关系的一个侧面。在封建社会，人类则以手磨工具开展实践，以封建地租方式形成社会实践模式。在封建时代，人们的认知方式则以手磨工具为媒体认知外界事物。由于印刷技术等发明，接受教育等不再是上层社会的特权，许多普通人也有机会获得教育，有机会接受更为丰富环境的社会教育；许多丰富环境被普通人所分享。这时贫瘠环境和丰富环境的对立性依然是阶级对立的一个重要方面，但是，由于社会教育的发展，允许部分成员通过后天的努力获得丰富环境。资本主义社会则以蒸汽机、电力机等为工具开展劳动，以资本主义私有制为模式开展实践。在资本主义时代，人们以自动化机器为工具认识世界，并征服世界。资本主义以全球环境为作为自己发展的基础，人类环境极大地丰富。但是，由于资本主义社会中，人的本性被资本所异化，许多环境也被资本所异化，无论是丰富环境，还是贫瘠环境都是资本异化了的环境，所以，尽管具有巨大的丰富环境，但是，这些巨大的丰富环境并没有真正促进人的全面发展，而是促进了人的异化：人的身体是一个消费的身体，人的身体是一个资本的身体，人的身体是一个利润的身体。社会主义社会则以公有制、按劳分配的模式开展实践活动。身体不再是一个异化的身体，而是一个身心统一的身体，一个肉体身体和实践身体统一的身体，是一个自主的身体，一个自治的身体。

（二）社会环境的可塑性与阶梯性

从历史唯物主义角度看贫瘠环境与丰富环境，实际上马恩只是从宏观层次的人类群体阐述了贫瘠环境和丰富环境及其辩证关系，解释人类集体的实践与认知过程；然而，根据中国的儒家思想，我们可以看到个体在微观层次具有阶梯性的实践环境：修身—齐家—治国—安天下。个体在四个不同的实践环境中成长时，个体经历了由贫瘠环境逐渐转化为丰富环境的过程。这一过程不是一条直线，而是一个阶梯性的过程和非线性的过程；它是由贫瘠环境与丰富环境辩证矛盾中发展而形成；而且在不同的社会阶段，生活在不同社会的人他们的修身—齐家—治国—安天下过程中贫瘠环境和丰富环境都有差异。基于“哲学不但解释世界，而且哲学在于改变世界”，我们认为从个体角度说，由于人实践的方式从修身、齐家、治国、安天下不断变化，使得人对世界的理解和解释发生变化，并且，人的“修身”行动、“齐家”行动、“治国”行动、“安天下”行动导致环境由贫瘠环境不断发展为丰富环境，使得环境本身在实践中不断地发展，同时也促使实践的认知方式也不断发展变化。

在《礼记·大学》“大学之道，在明明德，在亲民，在止于至善”，并且“古之欲明明德于天下者，先治其国；欲治其国者，先齐其家；欲齐其家者，先修其身；欲修其身者，先正其心；欲正其心者，先诚其意；欲诚其意者，先致其知，致知在格物。格物而后知至，知至而后意诚，意诚而后心正，心正而后身修，身修而后家齐，家齐而后国治，国治而后天下平”。许多食古不化的人往往停留在封建思想，把这些实践仅仅理解为个人的修身养性，人降低欲望和需要，然后才能头脑清醒，分辨是非，由此，修正自己行为，把家庭经营好，把国家和天下治理好。实际上，在古代儒家的这些思想仅仅是为维护统治阶层利益的一系列活动，因此，只有一小撮统治者能够开展这些实践活动。

在这里，我们基于历史唯物主义角度，在当今社会主义社会条件下以丰富环境与贫瘠环境的语境再次探讨儒家的阶梯性实践世界。我们认为修身—齐家—治国—安天下是一个实践的过程。“身”“家”“国”和“天下”都是人的实践场所而已，而且这些实践场所不是以具体的实体为界限，而是以实践者的实践能力和实践视阈为界限。“修”“齐”“治”和“安”就是人们的不同实践方式。在实践活动中，人们总是不断改变实践方式的修养过程，是一个历史的过程，是一个认知的过程，是一个丰富环境发展的阶梯性过程。在王阳明那里，修身齐家治国安天下的过程既是一个“行”的活动，也是一个“知”的活动；毛泽东吸收马克思主义的思想，进一步阐述了“行”就是实践，“知”就是认识世界，并且论述了实践和认识的关系。

马克思主义认为，哲学不但解释世界，而且哲学在于改造世界。基于此，我们认为，明明德，不仅仅把道德知识传授于老百姓，让老百姓获得高尚道德的知识，而且教化老百姓，引导他们修身养性，改变他们的思想，改变他们不良的行为和言语，提高他们的道德情操。亦即，我们不但要通过实践获得道德知识，解释、说明、传播高尚的道德知识和道德理论，并且我们应该用高尚的道德理论和道德知识改变天下所有人的道德思想和修养；由此，避免天下人因为经济不平等而导致道德两极分化。许多人认为社会主义只是避免物质财富的两极分化，这片面理解社会主义。我们认为，社会主义不但达到物质财富的共同富裕，而且要达到精神财富的共同富裕。

所谓格物而后知致，实际就是人通过实践活动，特别是劳动实践，在满足吃、喝、住、穿等需要的过程中，人们研究了许多和实践相关的对象，并且考究了许多事物的机理，获得相关对象的知识，形成相应的理论，并且认识这些事物的本质。另一方面，在实践过程中，人不断应用相应的理论知识于对象，改造对象。我们认为，“格物”既是认识和解释事物的过程，也是改变事物的过程。人最基本的格物活动就是人的吃、喝、住、穿等劳动实践活动。当然人的格物的实践活动包含个体的格物的实践活动，而且包括群体的共同格物的劳动实践才能满足人的需要。因为许多人在一起格物劳动，人必须开展各种社会实践活动，比如，分配劳动成果、消费劳动成果等等活动。这些活动要顺利，并成功地进行，那么人们必须知道农作物的生产规律等事物的机理；预测最终的生产成果的总量。如果人们对这些事物一无所知，盲目生产和分配，必然会导致过剩，比如资本主义经济危机；也可能导致产品不足；相反，苏联的物品经常处于贫匮状态。这必然导致生活共同体成员之间矛盾，可能导致成员的饿死等等。因此，人应该通过一系列的格物获得理论知识，同时应用这些理论知识再次格物；并且分配过程中不同成员都要“知至而后意诚”，并且“意诚而后心正”。否则，大家无法开展进一步的社会劳动实践，社会无法进行再生产活动。也就说，格物致知作为人们的实践活动，当人们在开展实践，满足自己需要时，一方面，人们需要了解自然事物的机理，知道自然知识；另一方面，人们也需要了解社会中人与人之间的合作和竞争关系，知道道德伦理知识。然后，应用自然知识和道德知识于新的格物实践活动。

当人们获得自然知识和社会道德伦理知识之后，人们便应运这两方面的知识提升自己的身体健康和人格修养。“身”是人们的第一个实践世界，它不仅是人的身体，还包括身体所耦合的相互环境因素。亦即修身中的“身”包括身体及其相应的实践环境，即包括个人自己的身体以及与自己吃、喝、住、穿相关联的实践活动及实践环境的总和。身体是一个物质实践的场所，是人们的第一个实践世界。身的实践环境在整个实践世界的阶梯中处于第二层次。当然，由于不同人的生活条件不同，生活态度不同，人生经历等方面都不同，因此，不同人的“身”的实践环境丰富和贫瘠程度都不同。动物丰富环境更多是自然的造化，存在许多偶然因素。人生存环境是丰富环境。人的丰富环境主要根源于人的修身实践活动。在这个阶梯性实践世界中，个体的人的实践方式也不同。在“修身”的实践环境中，个体人采用“修”的实践方式了解自己，获得生存、发展活动的相关知识，造就自己的思想品德；并且人应用这些知识丰富自己的身体及其相关的吃、喝、住、穿的生活环境和实践环境。

“家”并不仅仅一个实体的家庭，家更是一个实践环境。家的实践环境比“国”的实践环境小，其他方面的条件也没有国的那么多。因此，家的实践环境比国的实践环境贫瘠。在封建社会中，家开始是大夫等贵族的领地。这些特权阶层奴役着领地的老百姓。他们过着丰富环境的生活，广大劳动民众则过着贫瘠环境的生活。后来，家就演化作为家族的概念。这时家是一个宗族的概念。人的实践就以宗族为团体开展实践。宗族中，按照辈分分化为族长等一系列特权阶层。宗族中的特权阶层过着相对丰富环境的生活，其他成员则处于贫瘠环境中生活。在社会主义社会中，家更多是经济利益共同体，比如企业等，劳动者按照自己的劳动奉献领取相应劳动报酬。劳动者只需要根据自己岗位要求，不断提升自己，而无须接受任何特权阶层的奴役。其次，在这个实践环境中，人的实践方式是“齐”。所谓“齐”的目的就是使得兄弟姊妹和睦，使得“家”的所有成员都能够把平等、自由作为理念，并在实际中，践行家庭生活美满，邻居之间的关系和谐，促进“家”的环境越来越丰富。

“国”不是一个地域概念，而是主体基于自己的实践能力和实践视阈构成的实践世界。“国”的实践环境相对天下的实践环境的范围小，其他方面的事物也比较少，因此相比于天下，国的实践环境是贫瘠环境，天下则是丰富环境。当然，“国”的实践环境相对于“家”的实践环境则是丰富环境。在古代，国只是王亲国戚以封地为界限的统治机构，把封地里面的老百姓当作牛马那样地奴役着。王亲国戚及诸侯是一个特权阶级，自己生活在丰富环境之中，封地里面的老百姓则生活在贫瘠环境中，他们在相互对立的条件下所构成一个经济实体。当今的社会主义国家，废除人和人各种不平等的社会关系，推行按劳分配原则，劳动者在原则上都能够处于丰富环境中。当然，实际上因为生产能力比较低，造成许多民众没有真正能够生活于丰富环境中。未来，随着生产力不断发展，社会主义制度不断完善，大多数劳动者将能够生活于比资本主义社会更丰富环境。当然，以“国”为实践环境，那么人的实践方式不仅修身和齐家，而且人还得以“治”的方式开展实践。通过治理国家，使得国家富强，使得广大民众能够过上幸福的生活，使得大多数民众能够积极参与国家治理活动，促使“国”的环境更丰富。

“天下”本身是人的实践环境，它是人实践活动所触及的范围和所有事物的总和。天下是人生中最高层次的丰富环境，由于不同人对天下大小有不同理解，对天下的内涵和外延有不同的理解，所以，对于不同个人最高级的丰富环境也必然不同。在不同社会阶段中天下的外延和内涵也有巨大的差异。在古代中国，天下只是指中原地区及其周围的一些地区。在长达数千年封建社会中，中国古人的天下范围也没有涉及整个地球，而仅仅涉及于东南亚这一地带。但是，当今社会，天下不仅是整个地球，还包括地球外面的宇宙。从整个社会主义运动来看，天下不仅涉及中国，而且涉及一切参与社会运动的地区和人群，包括亚非拉等地区的老百姓，也包括世界上广大的劳动民众所生活的世界。因此，我们认为天下包括人类活动所涉及之处，天下是一个由人构成的天下；表面看天下似乎只是现象学中的生活世界，实际上，天下的本质是一个实践世界；天下是劳动实践基础上才能够产生和发展；天下是广大民众吃、喝、住、穿构成的丰富多彩的实践环境；“天下”的生活世界中，人们的生活的基本实践方式就是吃、喝、住、穿。这是人们认知对象的前提条件。同时，在“天下”环境中，人们的生产活动和生活活动使得“天下”环境不断改变和发展。随着实践的发展，天下从一个低阶的丰富环境不断走向高阶的丰富环境。

由此可知，在“家”的实践环境中，人采取“平”的实践方式改善实践环境。在古代“家”主要是家庭、家族等为个人提供衣、食、居、行相关利益单位。它们往往以血统为纽带。在当今，家包括家族企业等以经济活动为纽带的利益单位，是实践的境域而已，比如，许多人都认为企业是自己的家。在古代，“国”则是一个政权的结构，其以“治”的方式开展实践。从实践环境来看，“国”只是人们实践的视阈而已。“治”是人们的实践方式和改造世界的方式。“天下”是那些与人类生存的所有因素，其以“安”的方式进行实践。其包括人与人之间的和睦相处，人和自然之间的协调。由此可知，从动物的“自然环境”到人“身”的实践环境→“家”的实践环境→“国”的实践环境→“天下”的实践环境是从贫瘠环境到丰富环境不断发展变化的过程，并且实践环境的发展变化打破贫瘠环境与丰富环境的原有矛盾的平衡，并在新的实践活动中使得贫瘠环境与丰富环境的矛盾达到新的平衡。实际上，在修身—齐家—治国—安天下的任何阶段的实践中都包含着“格物致知”和“意诚正心”两方面。只是在修身阶段，格物致知和意诚正心的内容和范围不同于齐家阶段的格物致知和意诚正心的内容和范围。亦即，由于不同的实践环境、实践对象，因此人们用于实践活动的自然知识和道德伦理知识必然不同。治国阶段的格物致知和意诚正心也不同于齐家，因为这一阶段的实践对象、实践环境和实践方式都和前一阶段不相同。安天下阶段的实践环境、实践方式和前面也有许多不同之处。当然，我们认为，尽管不同实践阶段相关的实践对象、实践环境和实践活动不同，但是，人们不同实践阶段之间的实践在一定程度上具有相似性。不同阶段的知识可以起到触类旁通的作用。但是，这并不意味如果一个人修身好了，那么他的齐家也好；也不意味一个人修身齐家好了，他的治国就好；当然也不意味一个人修身齐家治国好了，他就能够安天下。某一阶段他达到“圣人”标准，但是另一阶段他却无法达到“圣人”标准。反之，也不意味安天下了，他的治国一定好；治国安天下的人未必表明他的齐家是好的。齐家好的人未必他修身好。一个人在家是好丈夫，然而他未必是好领导。好领导也不一定是好丈夫。因为任何阶段的知识都有相似之处，但它们本质根本不相同，所以一个人要做好不同阶段的修养，必须不断地学习，不断地投入到社会实践活动中。也就说，一个处于安天下角色的人，虽然他具有安天下的丰富的自然科学知识和社会科学知识，并用于提升自己的修养，但是，在其他方面和领域，并不一定意味着他的修养比其他人高。因为他关于修身齐家治国等方面的自然科学知识和社会科学知识不一定比其他人高深和广阔。由此可知，个人的修养和社会地位虽然有联系，然而，这种联系不是必然的联系。个人的修养高低和社会地位无必然联系，身份卑微的人可以自我修养为一个高尚和渊博的人，身份显赫的人如果不加强修养，尽管他处于极其丰富环境中，但是他的精神生活却依然停留于贫瘠环境。

另外，在当今社会主义法治民主社会中，社会不再是一个等级森严的社会，而是一个平等的社会，一个鼓励人的全面自由发展的社会。任何人，尽管他不是处于治国或安天下的位置，但是他依然有多种途径可投入到治国或安天下等的实践活动。这使得任何人，只要他努力，他都能够在社会中获得全面自由地发展。从历史唯物主义来看，人的全面自由发展途径就是任何人只要他沿着社会主义方向参与实践活动，不断“格物致知”而获得自然科学知识和社会科学知识，就能够促使自己“意诚正心”成为一个知识渊博、情操高尚、身心睿智的人；然后继续在“身”的丰富环境、“国”的丰富环境、“天下”的丰富环境中开展各种实践活动，继续获取自然科学知识和社会科学知识提升自己的能力和情操，由此他一方面逐渐转变为一个全面自由发展的人，一方面促进环境转化为更丰富环境。

由此可知，马克思主义的实践观和儒家的实践观在丰富环境和贫瘠环境的模型中具有高度的可兼容性。

第一，从历史唯物主义看身体的认知，我们认为不但实践环境具有阶梯性，而是实践方式与认知方式也具有阶梯性。从当今实践论语境看，我们认为，“修身”“齐家”“治国”“安天下”分别是四个不同层次的实践世界，在不同层次的实践世界中，主体的实践方式和实践内容；认知方式与认知内容也发生变化。我们认为“修身”是个体生命的第一个实践方式。自己的身体就是人生开始的第一个实践场所；可以说身体就是马克思所说的吃、喝、住、穿的实践场所。个体生命被生下来时，他为了生存首先就得操作自己的身体，不断练习自己身体和肢体的各种实践技能，由此才能满足吃、喝、住、穿等所要求的技能。在这个过程中，身体的吃、喝、住、穿的活动本身也是主体认知的对象。修身是人的第一阶梯的实践方式，是人认知世界的第一种方式。在动物那里，只有吃喝本能需求，没有住、穿的要求。动物的吃喝和动物的生命活动具有同一性。因此，动物没有所谓的实践，只有本能对应的自然世界。齐家则是人以“家”为对象开展的第二阶实践方式，是人以“家”为核心开展的第二阶段的认知方式。治国是人以“国”为对象开展第三阶实践活动，以“国”为对象开展认知活动。“安天下”则以“天下”的社会和自然为对象开展实践，是最高层次的认知方式。

第二，从历史唯物主义来看，中国传统文化中的修身养性中隐含着身体是可以被塑造的；通过塑造身体，然后使得自己心灵的境界得以升华到更高层次。从实践哲学来看，其可以理解为通过实践活动，修理和塑造自己身体，由此提高认知的境界。我们认为，所谓的“格物致知”就是主体作用于客体，然后才能获得客体的知识，同时也提高了主体的认知能力。由于有了客观世界的知识，主体的能力提高了，所以主体可以修正自己的身体及其行为，即实践塑造了人的身体及其行为。身体及行为通过实践塑造起来的主体可以经营好家庭和天下。儒家在此也承认实践的基础地位，但是，它颠倒身心关系，没有考虑身心辩证关系。另外，中国儒家文化离自然科学太远，喜旧厌新，难以得到不断创新性发展的科学经验成果辩护。

总之，贫瘠环境与丰富环境作为对立统一因素辩证地构成实践环境；二者的矛盾成为实践环境发展的直接动力。实践环境由开始的“贫瘠环境”逐渐发展为“丰富环境”，然后，随着更高阶的“丰富环境”出现，低阶的“丰富环境”又变为“贫瘠环境”；由此不断发展。另一方面，在实践环境发展变化过程中，主体的实践认识方式也不断发展变化；在不同环境中，主体的认知方式也不同。

第七章

实践身体的认知图式

传统认为心灵具有认知功能，身体没有认知功能。这只是一种形而上学的假设而已。因为，事实上，心灵可以拥有一个身体，所以心灵发挥了认知功能。另一方面，身体确实拥有一个心灵，心灵根植于身体各种知觉，如果心灵具有“思考”的功能，那么拥有心灵和知觉的身体必然具有认知的功能。亦即，在形而上学层次，人们无法排除身体具有认知功能。当然，我们不是从形而上学层次论述身体的认知功能，我们主要在认识论层次，结合经验材料论述身体的认知功能；表明心智的认知功能根植于身体的感觉、知觉等功能，心智加工信息的能力根植于身体的信息加工能力，矫正传统对身体的偏见。我们不同意按照现象学涉身思想：心智根植于生物性身体，把智能当作一个自然现象。我们认为智能虽然具有自然的属性，但智能的根本性质是社会文化历史性，心智根植于实践性的、社会性的、文化历史性的身体。

涉身认知范式认为，身体在认知过程中发挥重要的作用，离开身体，人们便无法开展认知活动，并且在认知活动过程中，与认知主体相关的环境要素也对认知活动做出相应贡献。但是，涉身认知以现象学为哲学基础，特别是以梅洛-庞蒂现象学为基石。现象身体造成主体性地位不稳定和不明确性，并且知觉变幻不定等。这导致涉身认知范式无法达成一致的“身体”内涵，难以建构一个真实的、有效的认知主体。涉身认知在许多方面也难以形成一致的意见。当今，瓦雷拉吸收梅洛－庞蒂、莱可夫等人思想的基础上，提出身体及其相关的环境因素对认知都具有贡献的作用。然而，他依然以现象学为基石，他的身体仍然是一个缺失文化、缺失历史的身体，一个没有社会内容的身体，由此，涉身认知只能说明有机体在自然环境中认知，无法说明人在社会环境中认知。这些因素使得涉身认知举步维艰，难以成为统一的范式。

我们批判吸收涉身认知的合理因素，抛弃去现象学基础，以实践认识论为基石，从历史唯物主义视角重新界定涉身认知，并阐明身体认知具有可塑性质的特点，身体认知是一个动态的过程，是一个文化历史的过程。在这基础上，我们将基于马克思主义实践论立场，分别（1）在神经层次上，以镜像神经元为案例身体认知及其可塑性；（2）在身体层次上，论述知觉的性质和知觉的认知内容具有可塑性；（3）在个体层次论述身体的认知能力和认知内容及其可塑性；最后（4）以认知系统为切入点，探讨了身体和环境在认知中的作用和特点。

第一节　现象学视域中的身体认知

第二代认知科学以现象学作为思想武器对认知主义发动了革命，它主要围绕身体的认知功能开展研究，主要关注身体和环境在概念获得的过程中发挥怎样的作用；在认知过程中，是否存在符号以及符号的运算；身体在认知系统中有什么作用等等问题。对于这些问题，境遇认知和分布式认知等分别从不同的进路开展研究。因为它们对于符号表征在认知系统中的作用也持有不同的态度，它们比较一致的态度是反对认知主义。虽然，有些承认身体是认知系统构成要素，有些不承认身体是认知系统的构成要素，但是，这些研究进路一般都认为身体以及身体周边相关的环境因素对认知活动具有贡献；由此，我们认为，从广义看它们都是现象学涉身认知范式的子范式。

一　现象身体认知图式的不同进路

第二代认知科学都以现象学为哲学基础，虽然它们还是存在一定程度差异，但是，不同进路都是围绕以下三个方面问题开展研究。(1) 关于概念获得的问题。有机体的身体性质约束或限制它所获得的概念。亦即有机体能够理解其周围的什么环境以及它如何理解周围的环境都依赖于它拥有什么身体类型，因此，如果有机体有不同的身体，那么他们对世界的理解也不同。(2) 认知不需要符号与计算；认知是一个生物性的现象。有机体与环境的相互作用取代认知的核心——符号表征。因此，认知不依赖于应用符号表征的算法过程。认知无须符号表征便能够在系统中发生，并且认知无须计算或符号表征过程也能够被解释。(3) 有机体的身体和外界环境是认知的必要因素。在认知过程中，身体或世界是认知的必要一部分，而不仅是起着因果的作用。认知要素在系统中有两种不同的作用，其分别是区别构成作用与因果作用。比如，水包含氧原子和氢原子。氧是水的构成的一部分，因为水包含氧原子与氢原子的化合。另一方面，氧在爆炸中发挥因果作用。没有氧的出现，化合不可能发生。同样，根据构成性思想，身体和世界是认知的构成一部分，而不仅仅是因果关系。

境遇认知（也称为“情景认知”）强调，在认知主体的行为与环境之间，环境相关信息的反馈作用，认知主体和环境的相关要素形成一个系统的组织，强调智能行为的突现现象。境遇认知试图打破认知主义二元论的哲学视角，采用系统的立场，结合计算机工程的方法，探索人的自然智能的相关特点和规律，进一步建造能够适应于“情景”，具有类似于人的智能的机器。因此，情景认知是研究环境因素在活动中，如何发展成为协调活动的手段或方式。也就是说，情景认知主要是关于人们如何把已经存储的知识指导自己在当下的情景中开展活动。

按照情景认知理论，认知主体的思维和行为都必须适应于环境，因为认知主体所能知觉到的东西，其如何构思他们自己的活动和他们身体的相关行为都是在协调的过程中，共同形成的。比如，学习骑自行车，人们并不是从书本中学习相关的力学知识，然后按照力学知识学习骑自行车的。人们往往不懂得那么复杂的力学知识，而是直接拿自行车来练习，人们根据路面状况及周围的相关环境，按照自己的心理意愿，手脚并用，调节好自己的身体，同时控制自行车，由此逐渐构成一个运动系统。在这一过程中，环境，特别是路面反馈回来的信息非常重要，认知者不断调整自己的身体及行为发挥着基本的作用，当认知者练习到一定程度之后，他便不知不觉地获得了骑自行车的技能。

在这一过程中，认知者的构思虽然按照大脑中已经存储的符号和概念进行，但是，认知者构思本身并不是直接控制着认知者的身体及行为，不直接控制着自行车的前进速度和前进方向等等。一方面，认知者的构思只是通过协调自己的身体及行为和自行车，使自己的身体及行为嵌入当下的环境相关状况中，比如，路面的平整度、弯度等等。另一方面，认知者使自己的构思能够间接地嵌入环境，由此，他的构思、身体、行为和环境构成一个相互协调的共同组织。在这个共同组织中，认知者的各种新的智能行为和新构思等等得以出现。就此而言，认知活动并不是如认知主义所认为的那样：行为只是重新表达了认知者已经存储的记忆，或按照已经存在的符号行动。按照情景认知，认知虽然包含重新提取和表述已经存储的概念过程，但是，认知活动最为重要的是不断改变已经存储在记忆中的概念及其相关符号和意义的过程。比如，认知者在学习自行车的过程中，他虽然也不断地提取和表述自己的记忆中的相关力学知识，但是，他总是觉得这些知识在当下骑车时，并不能让他足以控制自己的身体和自行车，因此，他总是根据路面的相关信息的反馈，不断地调整自己的相关构思：把自行车速度放慢一点，向左或向右拐等等。这些新的构思使自己获得新的体验。这些新的体验反馈到自己的心理时，便使自己的已经存储的知识重新概念化或进一步的更新。

由此可知，在这个过程中，认知主体已经存储的记忆、概念等等固然重要，但是，这些以物理符号的形式存储于心灵中的概念并不能单独发挥作用，而且这些符号化的概念并不是静止不变的状态，这些概念是在认知活动中不断重新概念化的。其重新概念化的途径是认知者根据已经存储的符号和周围环境反馈回来的信息及身体和行为的相关状况构思一个能够适应于当下情景的活动方案。在这一过程中，认知主体内部的知识和环境的信息相互作用，这使得已经存储的概念被重新概念化了。另一方面，在知觉的信息与概念耦合过程中，其产生了相关的材料，让认知者得以有依据做出相应的推理，根据相关的推理结果决定着认知者所应该看到和能够看到的情况。

根据上述，情景认知大概有三种类型的反馈[①]：（1）短时间的行为的改变引起感官数据流量的改变，比如，认知者对把握自行车的力的多少和他所要看的情况都随着自行车的速度变化而变化。（2）知觉和概念是一个动态的耦合过程。比如，看到路边的边界，骑车的人是否踩住制动系统，或下车，这取决于当下的情况及其身后的交通是否威胁到他的安全。（3）目标和意义不断地重新被构思。这使得认知者的环境随着时间的变化而不断地被重新感知。

随着认知主义陷入困境，不同学科背景的学者纷纷提出涉身认知的理论。按照涉身认知，在认知过程中，身体具有认知功能，身体的认知以知觉器官的感觉及感觉运动为基础。从涉身性的狭义角度看，涉身性仅仅是关于认知主体的身体对于认知活动的影响，它

---

① Clancey, W. J., *Situated Cognition on Human Knowledge and Computer Representations*. Cambridge University Press, 1997, p. 4.

不涉及认知者周围的环境，也不涉及其他人的身体，并且它坚决否定物理符号主义和计算主义。从广义角度看，涉身性既包括认知主体的身体，也包括认知主体的身体所嵌入的环境，认知主体所应用的语言符号工具等等。本专著主要是在广义的角度上应用涉身性。

瓦雷拉（F. J. Varela）等人指出涉身认知包含两点含义：第一，主体的认知依赖于主体经验的种类。这些经验乃是来自于具有各种感觉运动能力的身体；第二，这些感觉运动能力嵌入于（embeded in）一个更广泛的生物的、心理的和文化的情境中。①

按照戈德曼（Goldman）的说法，涉身性应该满足经验与概念的四个基本约束条件。(1) 一个定义必须体现出身体的重要性，而不仅仅体现身体所嵌入的环境的重要性。许多学者强调环境的重要性。我们强调身体的重要性。(2) 一个定义必须关注认知者的身体，而不是其他人的身体。一个人对另一个人身体的感知不算是涉身性。(3) 任何实质性的涉身性都必须对经典认知主义形成挑战。(4) 我们必须清楚一个观念的对与错，并且能够通过经验对它进行评估。② 因此，涉身性可以从身体结构来解释，也可以从身体活动地来解释，也可以从身体表征来解释。从身体结构来看涉身认知是指身体的某个部分根据其特殊的结构在认知中发挥重要的作用。从身体活动来看，涉身认知就是一个人的行为和身体相关特征，比如：姿势在认知中有重要的因果作用。从身体表征来看，包括两方面，一个方面是身体内容的解释：具有身体内容的心理表征在认知中具有重要的因果作用。另一方面是身体格式的解释：在不同身体格式或代码中，心理表征在认知中有重要的因果作用。最引人关注的议题是心理表征在身体中的格式（Body-formats），它在认知中起

---

① (1) Thompson E, Varela F. J., Radical embodiment: Neural dynamics and consciousness. *Trends in Cognitive Sciences*, Vol. 5 (1), 2001: pp. 418 – 425.

② Goldman, A. and Vignemont, F. D., Is social cognition embodied? *Trends in Cognitive Sciences*. Vol. 13 No. 4, 2009, pp. 154 – 159.

着重要的作用。身体中的格式可能包括肌肉运动、躯体感觉、情感和内感知。根据身体中的格式的解释，关于镜像及相关现象为有限范围的涉身社会认知提供支持。然而，身体格式作为涉身性是难以拓展更宽的领域。

另外，延展认知（extended cognition）认为，认知的界限不是在有机体皮肤范围内。它基于功能等价假设而提出认知可以在有机体之外发生。延展认知认为有机体可以把认知任务分配于工具等载体，有机体可以把认知任务分解为子任务，然后装载给相关的自然环境：社会文化环境的相应载体。因此，作为认知系统，其认知要素应该包括认知者的身体，周围的自然环境、社会文化环境等相应载体。按照延展认知，任何载体也许都可以是认知系统的一部分。

嵌入认知（embedded cognition）认为，认知依赖于自然环境与社会环境，有机物通过分解认知任务，然后把这些任务分解，并把相应的子任务承载于环境、身体和文化等。嵌入认知主要强调认知主体与环境相关要素的耦合关系，通过耦合而嵌入环境。由此，在认知活动中，认知主体可以获得环境的资源。①

由此可知，它们都在不同程度地吸收现象学关于认知需要身体和环境的参与的思想，只是它们研究的侧重点不同而已。

二　认知系统中的符号·身体·环境的作用

涉身认知对认知主义挑战比较明显，因为它强调身体在认知中的核心作用，否定物理符号的存在。境遇认知对于第一代认知科学以计算机隐喻为基点的信息加工模型并没有根本性挑战的作用。因为境遇认知并没有完全否定认知个体的物理符号系统的存在，只是弱化个体内部的物理符号系统的作用，它主要是强调，物理符号系统的意义并不是纯粹来自认知主体的主观因素，它认为认知主体内

① Suchman, L., *Plans and Situated Action*, Cambridge University Press, 1987.

部的物理符号的意义需要认知主体在一定的自然情景和社会情景中才能确定下来，主体外部的环境因素对于物理符号的意义是不可缺少的。

延展认知虽然也承认认知主体的内部物理符号是存在的，但是，按照延展认知，工具之间和工具内部用以交流信息的物理符号和主体内部的物理符号并没有什么本质的区别，这些符号都发挥同样的功能。因此在本体层次上，它也没有对物理符号假设有根本性的威胁。但是，在认识论层次上，物理符号系统的假设和认知工具的符号具有等价的功能，这和物理符号假设有很大的差异。按照物理符号主义的假设，符号的意义纯粹是主观的。客观因素只是起到刺激的作用，而感觉器官只是作为刺激的效应器。但是，按照延展认知，工具符号的意义既可以是主观的东西，也可以是主观和客观混合在一起的东西，也可以是纯粹客观的东西。按照其“对等性原则”，认知工具和主体的大脑都发挥着相同的功能，因此，只要物理符号能够满足这个要求的就符合延展认知的要求。对于符号的意义而言，它的意义无论来自主观的东西，或主客观的混合的东西，或纯粹主观的东西都满足这个要求的。

在分布式认知中，其必须承认认知主体内部的物理符号和认知工具内部的符号以及那些用以认知主体和认知代理之间交流的符号具有同等的本体论地位。因为，按照分布式认知，认知系统之所以存在是因为认知主体，认知工具和认知代理根据目的或任务的约束条件下，通过传递各种信息的符号，使得整个认知系统能够完成既定的认知目的或认知任务。在认识论层次，按照分布式认知，认知主体、认知代理和认知工具之间相互传递符号的意义必须包含外界环境的因素。如果符号的意义纯粹是主观的因素，那么认知系统不可能形成，因为这样的符号是无法在认知主体和认知代理，认知工具和认知主体之间进行传播的，因此，整个认知系统也就无法完成既定的认知目的或认知任务的。

涉身认知则强调，认知主体在认识对象的过程中，不存在任何的物理符号在认知主体的内部，认知主要来自认知主体的“身体”的经验，其强调感觉的经验的重要性，强调认知主体的“身体”活动对塑造心灵的作用。涉身认知反对笛卡尔所认为的那样：心灵是一个纯粹思考的东西，这个纯粹思考的东西不占据任何的空间，可以离开认知主体而存在，可以离开认知主体的“身体”而发挥思考的功能。涉身认知认为，心灵不但是涉脑（embrain）的，不仅大脑具有思考的能力，身体也有认知的功能。涉身认知吸收了梅洛庞帝关于“身体”的思想，强调身体也具有“思考”的功能，强调知觉和感觉在思考中的作用。因此，心灵包括大脑和身体。

第二代认知科学虽然都以现象学为哲学基础，不同子范式之间没有一个共同的纲领，它们只是存在一个共同的对手：认知主义。它们都试图打破笛卡尔的身体和心灵二分的思想，强调认知并不能仅仅依靠一个没有物理空间的，纯粹思维功能的心灵；强调身体在认知活动中的作用，强调身体的认知功能。对于境遇认知而已，这个纯粹思维的心灵是存在的，但是，这个纯粹思维的心灵必须置于确定的环境中它才能发挥自己的功能。延展认知则认为，这个心灵具有穿越认知主体的身体的界限，并且渗透到认知工具里面，因此，认知工具也是这个心灵的一部分。分布式认知则认为，纯粹一个认知主体，纯粹一个心灵是难以完成认知任务的，认知必须是在共同体中，通过信息媒介的传播，然后形成认知系统，在多个主体，多个代理以及工具构成的系统后，才能开展认知活动。它强调认知的社会文化属性。

不同研究进路在一定程度上都承认身体与环境在认知活动中的作用。关于身体与环境对认知的作用，我们认为它们和马克思主义以及文化历史学派关于认知的思想有许多共鸣之处的。但是，它们不区别地应用主体内部的物理符号和认知主体之间的符号，把这两种符号等价或混淆地使用，这有悖于马克思主义哲学和文化历史学派关于认知工具与认知主体的关系。因为按照马克思主义哲学和文化历史学派，认知主体内部不可能存在任何的符号，认知只是大脑和身体的一种机能，而作为外界的语言符号的工具只是认知主体探索，反映认知对象的媒介而已。

虽然，涉身认知也吸收文化历史学派的思想，但是，它抛弃文化历史学派关于“符号作为工具，其对心灵的塑造作用，犹如劳动工具对人的身体的塑造作用这样的观点”，抛弃认知根源于实践活动的观点。涉身认知基本上不理睬认知工具对于认知主体的作用，不承认认知工具对于心灵和身体及其认知的塑造作用。它主要是以梅洛庞帝的现象学的思想作为自己的哲学基础。按照涉身认知，心灵形成的动力源泉来自于身体以及各种感觉器官的运动，心灵的思考功能得益于身体的各种经验。但是，对分布式认知来说，身体以及感觉器官的各种运动和文化历史学派关于马克思主义哲学上的实践意义上的活动是不同的。分布式认知中身体的各种经验是身体产生的，这些经验并不一定包含着认知对象的客观因素，或来自认知对象的任何信息。心灵的形成过程和它的思维功能也是身体活动本身就具有的东西。按照马克思主义哲学，心灵的形成和它的思维功能都离不开实践性的活动，离不开经过劳动塑型成的身体，离不开经过符号工具塑型成的心性。

第二节　身体认知图式及其反思

一　行为主义身体认知图式

实际上，行为主义曾经是认知界的统治者，即使现在的行为主义已经不是认知领域的统治者，行为主义依然对心理学有影响。行为主义早已经提出了一整套以身体为中心的学习理论，并且通过一系列实验加以辩护身体的认知功能。在行为主义那里，领军人物斯金纳等人都坚决否定心灵，否定意识等东西存在。他们认为，学习与认知只是一些可以观察的肉体机器运动，因此，研究学习和认知活动应该研究动物和人等有机体的肌肉结构和肌肉运动。人们可以从肌肉结构和肌肉运动中获得学习和认知的规律。根据这纲领，行为主义由此提出身体的学习理论。行为主义认为刺激与反应之间的联结是学习的本质；认知者对环境刺激的反应就是行为，所有行为都是习得的。因此，教育的根本途径是塑造和矫正学生的行为，创造环境强化学生的行为，消除不良行为。即所有学习都是身体及行为的学习与认知。斯金纳继承华生衣钵，根据操作条件作用原理，他设计了教学机器和程序教学，把行为主义学习理论推向高潮。他认为，行为就是有机体躯体对环境刺激的各种反应的组合，动物和人的学习没有本质区别，都是强化正常行为或消除病态行为。因此，所谓学习都是可以测量与观察；人们的学习行为一步步地发生。学习活动是不同行为之间联系的获得和使用。教师设计、组织整个教学过程，通过设计相应的教学环境刺激学生产生各种反应，调整学生各种学习行为，巩固有利的行为，消除不良的行为。学生在整个课堂中被动地接受老师的刺激，被动地产生各种行为，然后按照老师的要求增强某些行为，或削弱某些行为。首先，行为主义取消了心理。这导致它极端片面。行为主义的这些观点和思想本身没有错误，行为主义的错误在于以肉体及其运动具有认知和学习功能取代心灵，取代意识等在学习和认知中的作用，在于否定心理和意识的学习与认知功能。行为主义哲学教父赖尔认为学习和认知领域中身体重要发挥作用，但是，他犯了错误：它肯定了身体的认知功能，却把心灵及意识等赶出认知领域。其次，行为主义只是把身体认知建立于条件反射，这过于片面。动物和人都具有条件反射，但是，动物的认知只是本能的活动，或者说，动物谈不上认知。人的认知比较复杂，仅仅条件反射是无法解释的。

认知主义对行为主义发动革命时，它把意识和心灵拉回认知地域，强调心智的认知功能，但是，它忽视行为主义强调的身体由于具有反射性，否定有机体通过身体的各种运动而形成的认知功能和身体的学习能力。它主张认知革命的相关纲领与思想，但忽视了身体的认知功能。如果说行为主义把认知推向身体认知的极端，那么认知主义则把认知推向心智的极端。在认知主义那里，认知根本就不需要身体，只需要刺激输入和反应输出，认知活动只是“缸中之脑”的认知。

二 现象身体的认知图式

梅洛－庞蒂吸收唯物主义思想，以知觉为基石，从现象学出发，阐述了现象身体等概念，由此表明身体具有认知功能。在他看来，意识根源身体的知觉；知觉是一切认知活动的基石，知觉是身体的属性，因此身体具有认知的功能。他说：“观念的确定性并没有使得知觉的确定性，而是建立在后者的基础之上，因为是知觉的经验指导着我们从此一时刻过渡到彼一时刻，并使我们获得时间的统一性。在这一意义上讲，任何意识甚至我们对自己的意识，都是知觉的意识。”① 由此可知，知觉是身体的知觉，意识则是知觉的意识。梅洛－庞蒂的思想对当今认知科学中具有重要的意义，许多学者根据他的思想提出涉身认知范式。

梅洛－庞蒂认为世界是一个知觉现象构成的世界；现象世界不是唯我论的世界，而是自我和他者共享的世界。实际上，梅洛－庞蒂的现象世界就是知觉世界。第一，我和他者都有知觉，因此，我和他者都能够知道对方彼此存在。“通过他人的知觉，使我同另一个‘我’产生关系，这另一个‘我’原则上与我面对着同样的真实，与我一样与同一个存在产生关系。另外，在这一知觉发生的时候，从我的主体性深处我看到另一个具有平等权利的主体性出现，因为在我的知觉场上显现出他人的行为，一个我所理解的行为；显

① ［法］莫里斯·梅洛－庞蒂：《知觉的首要地位及其哲学结论》，王东亮译，三联书店 2002 年版，第 4—5 页。

现出他人的言语，一个我赞同的思想。”① 第二，知觉世界是一个统一的世界，因为知觉是身体的知觉，身体本身是一个统一的身体，因此，知觉必然统一。如果知觉具有统一性，那么通过知觉构成的知觉世界也是统一的。“我的身体，作为我把握世界的系统，建立着我所知觉的物体的统一性。同样，他人的身体，作为象征行为和真实行为的载体，从我的某个现象的条件限制中挣脱出来，向我提出真正交流的任务并赋予我的物体以主体间性或客观性的新维度”。② 这表明身体通过知觉能够获取外界的信息，并且对外界的信息进行加工；通过身体，主体和他者互动，形成现象世界。

但是笔者认为，现象世界是人们在实践活动过程中所认识到的已然的实践世界的一个侧面，是实践世界的一部分而已。主体在构建自己的现象世界的过程中，他首先得知觉由前人遗留下来的现实的实践世界。人们得以涉入这个世界，人们由此嵌入这个世界，如果人们没有嵌入这个世界，人们就无法知觉他人和其他事物，就无法构成自己的知觉世界。其次，人们在嵌入前人留下的实践世界的过程本身是一个实践活动过程，人们的知觉不断地被实践活动塑造起来；由此人们逐渐通过自己的知觉逐渐构成自己的现象世界。这表明，现象世界根源于实践活动。

按照梅洛-庞蒂，因为人们生存的需要，使得人们身体先验具有意向性。因此，意向性根源于身体，并且身体的意向性随着生存变化而变化。人们总是有各种各样的身体图式。因为身体具有意向性的功能，在意向性作用下，人们逐渐内化自己的身体图式。梅洛-庞蒂主要是从格式塔心理学论证身体图式。他认为，身体图式是整体的整合的结果，不是身体各个部分联合构成的。由于身体的整体性保证身体主体的统一性和知觉的统一性。身体是一个肉体之

① ［法］莫里斯·梅洛-庞蒂：《知觉的首要地位及其哲学结论》，王东亮译，三联书店2002年版，第116页。

② 同上。

躯，是知觉主体存在的境域。身体和外界的对象辩证互动，并且共同存在于一个世界。身体和外界世界的互动，身体主体和他者的互动等构成一个意义的世界。他说“世界本身，大致可定义成全部可知觉物！作为万物之物的世界本身”。[①] 梅洛－庞蒂反对把世界看作是一个纯粹客观的世界。他认为：“世界并不是科学意义上的客体，也不是康德超验推断的线索，世界是被知觉的世界，世界是先于我们而存在的”。[②] 因为“我们首先有了对世界的体验，我们才能对世界进行思考”。[③] 由此可知，按照梅洛－庞蒂，真实的世界不是纯粹自然的客体世界，也不是康德超验推断出来的世界，而是一个主体知觉到的现象世界。“被知觉的世界不是科学意义上的物体的总和，我们与它的关系也不是思想者与思想对象的关系，并且多种意识针对被知觉物所达成的统一性并不等同于多位思想家所承认的定理的统一性，而被知觉的存在也不等同于观念的存在”。[④] 我们从这里可知，作为身体知觉的认知，不同于作为心灵的观念认知，自然科学上的认知和身体主体的认知也不等同。

实际上，梅洛－庞蒂只是吸收了马克思主义辩证法到身体认知领域，没有把历史唯物主义贯彻到身体认知；所以造成他身体认知观片面于知觉和知觉世界。从历史唯物主义看身体认知领域，我们认为人类的知觉是在实践活动中形成；人类的行为之所以具有象征性行为是人类实践的活动。象征性行为只是实践活动中的一种行为；知觉只是实践活动的一个小环节。一方面，沟通不同主体，形成一个共同意义的世界的东西是实践，而不是知觉。在实践活动中，人们的实践行为是多样的；人们不但要从事劳动产生，而且，还要进行社会生产等行为；没有其他实践活动的行为，象征性行为

① ［法］莫里斯·梅洛－庞蒂：《知觉的首要地位及其哲学结论》，王东亮译，三联书店 2002 年版，第 13 页。

② 同上书，第 14 页。

③ 同上。

④ 同上书，第 3 页。

所代表的意义就无法存在；知觉也将是无意义的知觉。另一方面，由于实践是对象性活动，所以知觉才有指向某个对象的可能。如果没有实践，知觉对象不存在，知觉就无物可知觉。当主体发出以符号为媒介的行为时，主体的行为并不是行为本身，而是以符号为载体指向实践活动中的确定对象。

知觉现象学混淆了人的知觉和动物的知觉，混淆人的现象身体和动物的现象身体。把人的知觉世界和动物的知觉世界等价。低等动物的行为只是一种混沌性的行为。它们只是具有刺激——反应的行为结构。低等动物根本不可能知道认知对象，它们只有被刺激时本能地发出维护自己生命的行为。例如，蜗牛，当被刺激时，它本能地缩回它的壳子里面。高等动物具有可变性的行为。黑猩猩等类人猿之间的行为总是随着环境的变化而变化。它们可以用许多天然的物理性客体作为信号相互刺激。例如，当遇到危险时，黑猩猩就向同伙发出声音，促使通过离开。然而，它们的这些行为仅仅停留在信号的层次，难以上升为符号层次，更不可能上升到意义的层次。人类具有象征性的行为。人们不但能够对环境刺激做出反应，能够应用物理性客体作为沟通信号，而且人们能够通过行为构建意义，构建语言和艺术等等。当然，所有这些都不是以知觉作为基石；而是以实践活动为基石。

三　苏联心理学认知图式

笔者在前面相关章节中论述表明，实践性心智及其认知可塑性的思想已经存在于苏联心理学，特别是文化历史学派，也存在于德国批判心理学派。但是，由于他们是心理学出身，偏重于心理的实证性。前面我们论述表明心智及其认知是一个实践性的心智，心智及其认知的各种机能之间的关系是辩证的关系，心智及其认知具有文化历史性；心智及其认知由于根源于实践性，因此，心智及其认知具有批判性功能，也具有意识形态特性。但是，在推进马克思主义认识论自然化的进程中，几乎是清一色的心理学学者，他们有很高的科学素养，当然也有独特的哲学能力。由于他们几乎没有闲暇把心理学的问题上升到哲学认识论层次开展研究，当然他们也无意于这么做，因为他们毕竟是心理学家，他们的主要工作方式是开展实证研究，并总结实证研究，然后提出心理学的相关理论；由此，他们的理论只是将历史唯物主义局限于心理领域，没有把历史唯物主义推进身体及其认知领域。我们将克服他们的局限性，并探索身体的认知功能，基于涉身认知背景，提出实践身体的认知以克服他们的局限性。

在文化历史学派吸收巴甫洛夫的反射论时，其充分考虑第一信号系统和第二信号系统的思想，由此，提出高级心理机能与低级心理机能，阐明儿童认知的最近发展区与实际发展区，论述日常概念与科学概念等等。但是，在巴甫洛夫那里，反射论是身体的反射论，这种反射论实际上表明身体具有加工信息的能力，具有认知的功能，后来行为主义心理学以此为纲领，开展了轰轰烈烈的研究。但是，行为主义在强调身体的认知功能时，它断然否定意识，否定心灵等存在的可能性。由此，引发种种问题。它以一种极端的方式表现出来。文化历史学派从实践反映论出发，认为有机体存在意识，存在心灵，存在各种心理状态。然后，文化历史学派却忽视了实践反映论中身体在实践活动中的作用和认知功能，忽视身体的反映功能。因此，文化历史学派本身也存在自己难以克服的问题。

如何克服认知主义与行为主义之间的偏见？如何克服文化历史学派和批判心理学派的局限？如何跨越身心认知二元论的鸿沟？

四　从马克思主义反思身体认知图式

当前现象学涉身认知认为身体作为器件，身体对认知功能的作用主要表现为身体对认知的约束功能、分配认知任务功能和调节认知的功能。

身体对认知具有约束的功能。在这种情况下身体作为认知约束器：认知者的身体对认知系统里面的表征内容，表征性质具有约束的作用，并且身体认知系统加工过程中也起到约束的作用。我们认为，根据马克思主义实践论，这里的表征是身体经过实践之后所具有指涉对象的机能。身体对认知的约束表现两个方面：一、由于认知者的身体本身的特征，使得认知者对某类具体事物具有认识能力；二、对于某一类事物，认知者由于身体的限制很难认识它们，甚至几乎不可能认识这类事物。那是因为认知者本身身体的问题。比如，猫在夜间可以看见物体，但是，人在夜间看不见物体。

身体对认知加工起着分配认知活动、分配认知任务、存储信息的作用；身体是认知分配器。在神经组织与神经结构之间，身体作为一个分配器，它把认知任务分配到身体的其他部位或环境载体。在分配认知任务的过程中，身体同时参与了信息处理。身体作为分配器具有如下特点：（1）用于可实现认知任务的神经结构非常少，甚至有些认知任务没有神经结构执行；（2）身体结构本身是认知过程的实现载体；（3）认知不仅由颅内决定，因为认知系统包括非神经的身体，甚至包括超越身体之外的环境。

身体对认知活动和认知任务的调节功能。身体作为认知调节器。认知者的身体能够在一定时间和空间范围内调节认知活动，确保认知与行为紧密连在一起。身体作为调节器具有如下特点：（1）身体作为调节器促进实施复杂的认知行为以便应对复杂的环境以及环境的变化；（2）身体不仅是把外界信息转换为可以认知的信息。实际上，并不是所有外界的信息都可为认知系统所能利用的。身体的重要功能是把外界信息转换为符合中央系统需要的信息，过滤无用的信息。身体还负责把不同的信息整合起来，使不同信息交汇与融合。

实际上，许多学者主要是从现象学视角探讨了身体的这三种功能。虽然关于身体的这些功能分类有一定程度合理性，但是，我们不完全赞同他们对身体的这种功能分类，也不赞同身体的这些功能完全是“现象性的功能”。我们从实践认识论出发，由此主张身体的这些功能是“实践性的功能”。作为现象性的身体只是具有认知的潜能，但是，身体的这种潜能如果没有经过实践的训练，那么身体的认知潜能将无法变为现实。亦即身体需要从现象性身体发展为实践身体，身体的认知功能才得以发挥。因为身体的这些功能并不完全是天赋的。我们不同意现象学认知者所说的那样：身体自然就能够显现出这些功能。我们认为身体只是具有这些潜能，只有经过实践训练以后，身体才能把潜在的能力转化为现实的能力。

我们从唯物实践认识论出发，我们认为身体在认知中的作用分为反映认知作用与反应认知作用。(1) 所谓反映认知作用就是身体作为认知反应器，在实践活动中，一方面，身体和环境相关要素发生因果性联系；另一方面，身体与中央系统相关要素也发生因果作用。由此，外界环境相关要素通过因果链关系对认知做出贡献。在这种情况下身体是因果关系链的节点，也会发挥因果性作用。当然，因为身体的约束作用，外界环境只是某些环境因素对认知系统有贡献；并且因为身体具有分配功能所以相关信息的被身体存储、转换、处理等；在认知活动中，身体根据反映的情况自动调整认知活动。(2) 身体作为认知反应器：由于身体的性质，有些外界的信息无法被反映，身体只能接受刺激，由此，身体自动产生感觉材料；由于身体的分配能力和调整能力，所以身体能够根据认知的需要自动分类这些材料，并转换相应的格式，存储在相关部位，或者对这些感觉材料进行初步加工。

我们认为，身体无论作为反应器，还是反应器，身体只能发挥低级认知功能，而无法完成高级认知功能。身体首先把能够处理的信息都分出来，把能够区别的信息做出分类加工等，对于不能处理的信息则传输到中央系统进行处理。比如，信息的逻辑性等身体无法直接处理。但是，不管是高级认知能力，还是低级认知能力，都是在主体操作身体活动的过程中才得以完成。

涉身认知范式虽然从文化历史学派和批判心理学派吸收养料，由此能够在很大程度上可以拟补以实证主义哲学为背景的认知主义的缺陷。但是，涉身认知以现象学为基础，因此，它难说明意识的客观性，知觉的客观性，只能说明动物在自然环境中的认知，无法说明人在社会环境中的认知。

从马克思主义角度看，我们认为，不但心灵具有认知功能，而且身体也具有认知功能；心灵与身体不存在一条严明的界限，心灵存遇于身体，身体受灵于心智；心智分布于身体。心灵是一个涉身的心灵，身体是一个灵智的身体。这个灵智的身体既可以承载心灵的认知功能，也相对独立地具有自己的认知功能。因为身体是一个实践身体，是主体与肉体在实践活动中生成的身体；心灵和身体在实践活动中有机统一。

我们将基于马克思主义哲学，吸收梅洛－庞蒂的现象身体的思想，结合当地涉身认知科学的理论，进一步论述实践身体的认知功能。亦即，我们批判性地继承和发展文化历史学派和批判心理学派的实践性心智与实践性心智的认知，我们进一步丰富“实践性身智”和“实践性身智的认知”观点。另外，现象学涉身心智有合理因素，但是，有些涉身心智者走向极端：否定心智的存在。我们从实践论出发，我们认为实践是主体和客体相互作用的一个过程，因此心智不是一个实体、意识、知觉、感觉等心理状态都不是实体，它们是一个过程。一方面，身体是一个物质实体；身体作为实体是一个不断发展变化的实体，是一个具有历史过程和社会内容的实体；并且心智随着身体变化而变化。另一方面，按照实践论，主体与客体在实践活动中发生关系，由此，主体认识客体，亦即主体对客体产生了所谓的“意向性”“关于性”等性质。那么这种“关于性”的性质来自何方？我们认为，人的意向性具有天赋的潜能，但是，意向性并不是全部天赋的；人的意向性和动物的意向性具有本质的区别；人的意向性是主体在实践活动中，以身体介入实践，由此，主体的身体由自然的肉体身体变成实践的身体，即“……意识是通过身体介质而朝向物体”①，因此，实践身体便对某一客体产生某种“关于性”的性质。当实践身体具有意向性的性质之后，由于实践身体具有模拟能力和再生产能力，所以它能够对一些非存在物产生意向性。

总之，从实践论角度看，心灵、身体与身智（身体的认知性质）是后天的实践活动中，被实践所塑造，因此，基于历史唯物主义观，我们可以知道，心灵、身体和身智在认知层次的基本特征是身体及其认知具有可塑性。

第三节 实践身体的认知图式的神经考究

传统观点认为中央系统完全重构视觉内容和视觉的模式。但是，吉布森认为视觉不仅是大脑重新构造心理模式过程，而且是境遇性的（situated）、涉身性，与运动相关的视觉过程。② 按照这种观点，视觉的内容是经验性的，而不是由神经表征系统所决定。即视觉的内容由外界所决定，而不是由大脑的神经系统的内容所决定。现象学认知者认为，当主体从自己中心看对象时，为了看见对象，主体总是不断地调整自己的身体与头部，也就说，身体的运动与头部的运动参与其中。我们部分赞同现象学认知的观点。我们认为，二者都有合理的地方，但是，也有片面的地方。从实践反映论出发，我们认为视觉能够真实反映外界对象，视觉不但具有本能性，而且视觉在一定程度上具有技能性，是实践的产物。这支持身

① Merleau-Ponty, *Phenomenology of Perception*, Routledge&Kegan Paul Ltd, 1962, pp. 138 – 139.

② Gibson, J., *The Ecological Approach to Visual Perception*, New York, Psychology Press, 1986.

体反映性的观点。另外，镜像神经元也支持我们关于身体反映性的观点。

一　视觉的本能与技能

实际上“看”是主观性的。例如，“张三看……”这是张三心理的目的，但是，张三的心理目的不能决定张三看见什么；张三心理无法决定他的视觉内容。当漆黑的晚上，张三想看星星时，他不可能看见星星的。因为根本没有任何星星，所以张三的视觉内容不可能有星星。实际上，在看的过程中，主体总是不断地调整自己的身体，不断调整自己的颈部、头部、眼睛也不断转动，才能看见。另外，主体能够认识什么也不是由主体大脑所完全决定的，实际上有许多方面要由身体决定。比如，红色色盲的人，他永远不可能看到红色。因为“身体”是看见“红色”的关键要素之一；身体在“看”的认知活动中不断发挥因果性作用，而且发挥构成性作用；所以，“看”的过程是身体的本能和技能交织在一起的过程。

按照实践唯物反映论，我们认为，看某个对象和看见某个对象是由认知者的实践活动所决定的。视觉是一种生理本能，不同的物种因为它们各自的生理不同，所以它们所看到的东西也不同。例如，猫眼和人眼明显不同。猫和人会看到不同的东西。但是，对于猫而言，它的视觉几乎是通过遗传获得的。猫的视觉基本上是一种本能的行为。然而，对于人类而言，视觉不仅是一种生理本能，而且视觉是一种实践的技能和身体的技能。当一个人观察事物时，他的眼睛、头部、身体的总是不断地运动，使得观察者看到不同的视觉的内容。因此，从“看”到“看见”是观察者从本能出发，不断在实践过程中形成的一种视觉技能。“看”只是本能的需要，“看见”则是在本能的基础上，人们在不断练习中形成的一种技能。亦即，看见是人反映外界对象的能力，是人一种生存能力和实践能力的必要技能。这种技能在科学实验中非常重要。许多科学实验需要实验者不断地训练，长时间地训练才能把握“观察”的技能。在天文学和化学中，许多观察需要认知者不断地参与做实验才能学会如何“看”。在中医中，视觉作为一种技能尤为明显。中医把“望”，即看作为观察，作为诊断重要手段。因此，对于人而言，视觉的根本特点是一种实践的技能。没有这种技能，人们就无法参与社会劳动，人就无法生存。

二　镜像神经元的特点

我们在上面只是用常识来论证，下面关于镜像神经元[①]的存在和发现有力地支持身体具有反映认知功能的观点，同时也有力支持我们关于身体在认知活动中发挥因果作用和构成作用的观点。所谓镜像神经元就是存在于人类和类人猿大脑里面的一种神经元，这种神经元负责动作模仿，行为认知等方面的功能；它对真实动作和模仿动作的放电模式基本一致。实际上，这里的“镜像”是隐喻的命名。因为这里神经元类似镜子的功能。当我们照镜子时，我们看到自己的模样。观察者的镜像神经能够对称性地呈现自己的动作和他人的动作；亦即镜像神经元能够反映主体本身的动作，也能够反映他人的动作。根据目前对镜像神经元的研究，当类人猿在做某一个动作，比如，伸手拿葡萄吃的时候，它大脑里面的镜像神经元发生相关的神经放电现象。这表明，这些镜像神经元负责类人猿关于动作的功能。实验人员，又进一步做实验表明，当让类人猿观察其他同伴伸手抓葡萄吃的时候，观察者大脑里面的相关镜像神经元也发生类似的神经放电现象。但是，当让类人猿观察同伴的一些动作，比如，随意走动之类的动作或者没有任何目的，没有任何意图的动

---

① （1）Rizzolatti，G.，and L. Craighero，“The Mirror-Neuron System，” *Annual Review of Neuroscience*，27，2004，pp. 169 – 192. （2）Rizzolatti，G.，Fogassi，L.，and V. Gallese，“Neurophysiological mechanisms underlying the understanding and imitation of action，” *Nature Neuroscience Review*，Vol. 2，2001，pp. 661 – 670.

作时，观察者的镜像神经元没有任何放电现象。这表明，镜像神经元负责有意图、有目的的行为活动。也就说，由于类人猿有镜像神经元，所以它们能够区别出有意图行为和没有意图的行为。因此，镜像神经元把行为和认知联系起来了。为了进一步确认镜像神经元对行为的认知功能，有些实验者让类人猿无法看见同伴的任何行为动作，仅仅让被试的猩猩听见同伴动作的声音。实验者用三种声音分别测试被试类人猿：第一种是没有规则，没有意义的噪音；第二种是猩猩没有目的，没有意图的声音；第三种是猩猩有目的，有意图的声音。结果，实验者发现，当类人猿听见噪音时，它的镜像神经元没有任何放电现象；它听见同伴没有目的和意图的动作时，它的镜像神经元也没有明显的放电现象；然而，当它听见同伴有目的和意图的声音时，比如，听见同伴在拿食物吃的声音等，它的镜像神经元就发生了明显的放电现象。由此可知，镜像神经元确实负责行为的活动，并且镜像神经元区别了有意义的行为和无意义的行为。镜像神经元不仅把行为与认知关联起来，而且认知性行为与非认知性行为区别出来。

人是否有镜像神经元？实验结果表明，“人也有镜像神经元；人的心理阅读活动涉及前扣皮层（ACC）；许多来自运动皮层、脊髓、身体同侧的前额皮层、丘脑和脑干核团的信息都输入 ACC；ACC 具有运动控制、认知和唤起调节等功能。约 30%—50% 的个体有由 ACC 构成的一个间扣带沟，在心理阅读时这个区域被激活——有些学者认为其还处于进化压力之中”。[①] 此外，只有人类和猿类的 ACC 有某种纺锤形细胞；在遗传上，猿类的其他物种的纺锤形细胞的密度大小与该物种和人类距离的长短有正相关系，即从猩猩、大猩猩、黑猩猩到人类，其密度越来越高。[②]

镜像神经元是否涉及人的心智认知？镜像神经元是否涉及信念

① 邓赐平：《儿童心理理论的发展》，浙江教育出版社 2008 年版，第 206—208 页。
② 同上书，第 206—208 页。

等心理状态？目前，对于镜像神经元与心智阅读之间的关系研究也间接表明镜像神经元参与心智阅读活动。“对于人的信念推理实验表明，大脑的内侧前额皮层(–BA9)、双侧颞极（–BA38)、前颞上回间沟（–BA22）等的血流增加。可以推测这些脑区涉及心理阅读。”① 当然，人类的智商和情商远远高于其他灵长类动物，并且镜像神经元在人的大脑中的分布也远远广泛于猩猩，在人脑中的镜像神经元种类比猩猩也更为丰富。虽然，关于镜像神经元涉及信念等心理状态的理解只是间接得到经验证明而已。但是，考虑到人类是从猩猩、类人猿经过漫长的时间进化而来，那么，关于镜像神经元参与信念等心理状态的理解的观点是基本正确的。但是进化论的问题不是我们研究重点，我们不在这里详细论述。

三　动作的反映与理解

根据镜像神经元的相关性质，我们认为，在认知活动中身体确实参与了认知活动；并且身体在认知活动中具有因果性的作用和构成性作用；身体是至少认知系统的一部分；身体能够单独完成某一认知任务。镜像神经元的相关证据将表明某些认知任务无须中央系统的参与，而是由“身体”直接完成这一任务。

当猴子看到目标导向行为时，镜像神经元能够发生响应。只有当猴子看到一个具有生物性效应的动作（biological effector)，即生物主体和对象发生相互作用，例如，嘴要吃食物，手要拿物品等动作时，猴子的镜像神经元才发生放电现象。如果仅仅动作本身，即没有任何对象性的动作，镜像神经元不会发生任何放电现象。由此可知，镜像神经元对于动作表现出很强的概括能力。只要是伸手拿物品的动作模式，它都会放电。但是，镜像神经元对于被观察对象的性质的放电模式没有区别。比如，当观察者看到手拿葡萄和看到

① 黄家裕：《镜像神经元与他心认知》，《自然辩证法通讯》2010 年第 2 期，第 26—29 页。

手拿木头时，虽然“葡萄”和“木头”具有不同的性质和意义，但是，观察者并没有因为被抓握对象的不同而使得它的镜像神经元放电模式具有明显差异。根据镜像神经元的相关经验证据，许多神经科学家认为镜像神经元具有如下性能：第一，镜像神经元的神经活动表达了模仿的信息；第二，镜像神经元是认知者理解行为和理解行为意义的神经基础。但是，动作的模仿不一定意味认知，只有理解动作的意义才真正意味着认知。那么，猴子真的理解动作的意义吗？

如果镜像神经元涉及动作意义的理解，那么引起神经元放电的不是动作本身，而是动作的意义。因此，检验猴子是否理解动作的意义，检验方法是：（1）动作的声音是否引起镜像神经元放电。这一点在上面已经阐述：猴子在听到抓握动作的声音时，它的镜像神经元也发生放电现象。由此，猴子理解动作意义是它的镜像神经元放电的原因。另外，由于动作的声音来自听觉，听觉不同于视觉；所以，在听觉信息到达镜像神经元之前，它必然已经进行了一定程度的加工。比如，把听觉数据格式转换为某种与视觉数据格式相一致的格式等等。这种加工更可能是由身体单独完成。这种信息加工速度很快；如果中央系统涉入这种加工，那么其速度经过比较慢。当然，我们仅从速度方面无法完全排除中央系统的是否干预于这种信息加工。然而，即使中央系统涉入这种信息加工，并不否定身体的信息加工作用。因为从耳膜到镜像神经元之间的空间毕竟不属于中央系统的范围。这一空间属于身体的空间，因此信息在这一阶段中所发生的格式转换必然由身体相关功能承担。（2）到底动作的表征，还是动作的意义引发镜像神经元放电活动？实验人员用手拿各种物品的动作，并对此摄录为视频，然后让猴子重新观看这些视频的动作。当猴子看到伸手拿物品的动作，并且有物品可以拿时，它的镜像神经元就放电；如果仅仅看到伸手拿物品的动作，没有任何物品可以拿，那么它的镜像神经元就没有任何放电现象。这表明不仅真实的动作引起镜像神经元放电，而且动作的表征也引起镜像神经元放电。因此，我们可以排除动作本身引起镜像神经元放电。因为动作表征不仅涉及动作本身，而且涉及动作意义，所以可以确认镜像神经元放电确实是因为猴子理解动作意义而放电的。

为了进一步研究镜像神经元，实验员用两块屏障，一块屏障后面放着物品，一块屏障后面没有物品，然后做出伸手拿的动作。对于前者，猴子的镜像神经元发生放电；对于后者，猴子的镜像神经元没有任何放电现象。结合这些实验，我们就可以知道，猴子不但能够理解动作的意义，而且猴子能够把相关的记忆和观察联系起来。许多学者都是从模拟观角度解释镜像神经元对动作理解的现象。我们认为，这种联系不能仅从模拟观角度就可以解释的；其或多或少都涉及“理论性”的经验。

根据上面实验，镜像神经元确实负责动作的意义的理解。因为无论是猴子观看真实的伸手拿物品，还是观看视频关于伸手拿物品的动作，它的镜像神经元都具有相同的放电模式。并且，我们认为，镜像神经元的放电表明，镜像神经元对动作意义的理解是模拟的认知，但是我们无法排除任何“理论性认知”间接于动作表征和动作意义的过程。按照模拟观，猴子从真实的动作的理解，然后理解动作表征，再理解动作的心理表征（即动作的意义）之间，对于简单动作而言，不需要任何推理过程，不需要中央系统的参与控制。但是，一般情况下，因为理论参与太复杂，我们不能从理论参与就能够推断镜像神经元放电模式就不同。因为，如果这个推理成立，那么，从真实动作到该动作被表征需要一定的理论加工，由此，将消耗更多时间和认知资源。这也将导致神经放电模式不同。事实上，真实动作和动作表征的放电模式几乎都相同。当然，对于猴子观看真实动作和视频动作（视频动作实际上是真实动作以视频方式被重新表征）的效应几乎一样，即它的镜像神经元放电根本没有区别；所以猴子对动作的理解是模拟的。虽然可以肯定这是模拟的，但是，这并不能否定理论参与其中。当然，我们只是认为，镜像神经元对动作的理解不能排除理论渗透其中的过程。例如，猴子听伸手拿物品的声音也引起镜像神经元类似的放电和猴子看遮盖拿物的动作所引起的镜像神经元放电是难以排除中央系统可能涉及这一过程了。由此可知，虽然，一般而言镜像神经元对动作的理解都是直接的，但不能排除理论推理。

不管对动作的理解是直接或间接，也不管中央系统是否参与动作的意义理解过程，身体都是这一信息加工的基本场所，身体都直接参与负责这一认知过程。首先，真实的动作的信息格式必然不同于动作表征的信息格式，在这种情况下，身体直接把信息格式转换了。我们不同意仅从现象学理解镜像神经元所谓的“涉身认知”。因为这种涉身认知只是环境的压力下，造成认知者被动“显现”而形成的认知，并且这种被动性的认知是纯粹主观的认知，不一定反映客观对象的真实信息。实际上，认知过程中，认知者在更多情况下主动认识对象的。从唯物主义反映论来看，外界行为并不是仅仅对身体刺激，然后促使身体的相应感觉器官产生信息。并且，身体作为一个信息的反应器，身体能够直接反映动作传播的相关信息，同时过滤一些无关的信息。身体的这种反映功能虽然在一定程度上也是环境压力造成，但是，这种环境压力主要是认知者主动作用于对象而产生的压力。

四　身体的反映性质

如果身体不是一个信息反应器，而是如传统的观点：身体只是接受外界刺激就可以自己产生感觉数据；那么身体只是一个反应器。如果身体只是一个接受刺激的反应器，那么所有的信息都是主观的；如果所有信息都是主观的，不管外界什么东西刺激，那么观察者所产生的信息应该没有明显的区别，因为身体只是接受刺激，并没有反映真实的信息，所以观察者的神经元放电模式应该相同。

但是，上面的实验表明，伸手拿的动作，如果没有任何物品，那么镜像神经元不会放电；如果有物品，镜像神经元则放电。由此可知，身体确实真实反映了外界刺激的真实信息。当然，笔者并不是否定身体具有反应器的功能。我们认为，作为主体的身体，其必然对外界刺激做出反应，由此根据主观需要，根据身体的性质和经验等情况产生相应的主观性的信息。但是，仅仅这些主观性信息不足以维持主体的生存与发展，因为这些信息在许多情况下会导致主体灭亡。例如，在树林里面，听到一些动物的声音：动物的走路声音，叫吼声音等等，主体身体的感官必须真实的反映这些信息：这些声音是否是老虎等危险动物的声音。如果主体身体的感官无法反映这些真实的信心，那么他就被吃掉的可能。同时，身体作为刺激的反应器，身体会自动产生一些感觉数据，比如，老虎怎样凶残等等主观的信息，产生害怕的信息等等。这些信息基本都是身体作为刺激反应器而产生，它们基本都是主观性的信息。因为这些主观性的信息导致主体迅速离开危险的环境或者进一步往前走。

由此可知，上述有力支持唯物主义反映论的相关思想。镜像神经元的功能对身体反映功能给予充分的支持。根据上面实验，当猴子仅仅听见伸手拿物品动作时，他的镜像神经元的放电模式和他自己伸手拿物品的放电模式基本一致。由此表明，镜像神经元真实地反映了伸手拿物品的信息。因为人也具有镜像神经元，所以人们的身体也能够真实反映认知外界对象，能够获得外界对象的真实信息。当然，这还不能完全排除高层认知的参与。即使承认高层认知功能确实参与了镜像过程，也无法否定身体的反映功能。因为，信息来源于外界，信息首先经过身体，然后进入大脑。在视觉实验中，不管让猴子观察真实的动作，还是让猴子观察视频，结果镜像神经元的放电模式基本一致。但是，视频的信息是二维的信息，真实动作的信息是三维的信息。这些信息的格式不相同。为什么不同信息格式居然引起镜像神经元放电？因为，身体已经把不同信息格式进行转换，然后对相关信息进行匹配；当信息匹配成功时，才引起镜像神经元放电。

由于身体具有反映功能。外界环境的相关要素通过身体的反映作用，身体和认知系统的相关要素发生因果性作用，由此身体对认知做出相应的贡献。在这种情况下，身体不仅在认知系统中具有因果性作用，而且身体还具有构成性作用，身体是认知系统的一部分。① 镜像神经元对视频的动作表征反映表明，身体是认知系统的构成要素，并且直接发挥认知功能。但是，外界环境因素对认知系统的认知活动只有因果性的作用，没有构成性作用。身体和外界环境因素只有反映和被反映的关系，二者之间没有构成性的关系。从上面实验可知，因为视频的动作表征并没有发挥认知的功能；它只是认知的工具（我们不同意延展认知关于认知工具也是认知过程的构成要素的观点，我们将在下面详细论述）。作为认知工具，它通过身体的反映功能，与镜像神经元发生因果作用，由此视频对认知活动只是具有因果性贡献作用。

另外，神经科学研究表明，训练恒河猴用耙子拿食物后神经也发生相应变化。训练之前，当手正在接近对象时，双峰神经元对手和食物之间的区域的视觉刺激比较敏感。但是，训练之后，当猴子用耙子拿食物时，双峰神经元对耙子与食物之间的区域的视觉刺激就比较敏感。由此，耙子成了认知系统的要素。克拉克等人根据这一经验事实论述当认知者运用工具于认知活动时，认知工具便成为认知者心灵认知活动的一部分了。② 我们在下面将论述他们的观点是错误的。我们认为，猴子训练前后的神经变化事实表明，实践可以塑造认知者的身体机能，由于身体机能发生了变化，导致认知者的认知能力也发生了变化。恩格斯早在一百年前关于"劳动创造"

① 关于身体在认知活动中的因果性作用与构成性作用在下面将进一步论述。

② Held, Hein, Adaptation of disarranged hand-eye coordination contingent upon re-afferent stimulation, Perceptial Motor Skills 8, 1958, pp. 87-90.

人的思想就已经表明，劳动促使类人猿的身体变成人的身体，劳动促使人的感知器官形成。恩格斯的这一思想对于当今的神经认知研究依然有效。也就说，人的神经具有可塑性，身体也具有可塑性。神经可塑性的虽然是神经本身的性质而已，但是，塑造神经的力量来自身体的实践活动。实践给予身体发展的动力与压力，并且实践把环境的压力也传递给了大脑与身体，促进大脑与身体变化以便主体能够生存和发展。

另外，身体得以反映对象的一个原因是对象具有认知供给量（affordance）。吉布森认为，外界对象具有认知供给量，由于认知供给量作用于感觉器官，因此人们才能够认知对象。巴索罗等人在吉布森的基础上提出高级信念根生于知觉符号，因为知觉符号为高级信念送出认知供给量。但是，他否定了认知供给量来自外界环境。他认为认知供给量是知觉符号本身具有的，外界环境只是具有刺激作用，而没有为知觉符号贡献认知供给量的内容。

基于上述思想，笔者承认巴索罗关于知觉能够发生认知供给量的观点，但是，笔者反对他关于认知供给量是由知觉本身所产生的观点。笔者同意吉布森关于环境发出认知供给量的观点，但是我们认为许多认知供给量是通过实践活动产生的，并通过实践作用于感官，而不是直接产生，直接作用于感官。我们认为认知供给量有天然的认知供给量和人工的认知供给量；前者是自然对象自发出的认知供给量，后者是人与对象相互作用后，对象发出的认知供给量，即后者是人在实践过程中发出的认知供给量。

综合前人的思想，笔者将阐述这些认知供给量使有机体能够真实地知觉对象。由此，进一步形成高级信念。一方面，高级信念不断地逻辑化、理论化、系统化。因为高级信念不仅随着知觉发出的认知供给量变化而变化，它本身也随着逻辑等发生变化，它和知觉有差异，并且能够影响知觉。即高级信念随着实践的发展变化。另一方面，按照邱启兰的观点，高级信念系统化之后，其会影响知觉能力。笔者不完全同意邱启兰的观点。笔者认为，由于知觉本身只是传导、筛选、过滤认知供给量，只是改变认知供给量的形式，无法否定认知供给量的内容。即，认知供给量的客观性依然存在，认知供给量的客观性依然能够传导到高级神经中枢。由此，关于心灵的可塑性来自于实践的活动，而不是如邱启兰认为来自于高级神经本身的活动。

总之，主体的认知活动离不开实践，离开了实践，主体的身体就不可能得到训练，就不可能分担中央系统的认知功能。身体在主体的实践过程中通过因果性联系和构成性联系分担了中央系统的功能。从猴子，到类人猿，然后再到人都具有镜像神经元，并且发生相应的功能。这是一个漫长的历史过程，人在这一过程中，人类因为劳动实践。由此产生出比类人猿更多数量，更多种类的镜像神经元。

第四节　身体的意识图式

一　意识的涉身性

马克思主义认为，物质是第一位的，意识是第二位的。意识是物质长期发展的结果，是人类实践活动的产物；任何意识都有实践的烙印；意识的一个重要性质是实践性。“人也具有‘意识’。但是人并非一开始就具有‘纯粹的’意识。‘精神’从一开始就很倒霉，注定要受物质的‘缠妙’，物质在这里表现为震动着的空气层、声音，简言之，即语言。语言和意识具有同样长久的历史；语言是一种实践的、既为别人存在并仅仅因此也为我自己存在的、现实的意识。”① 这意味，意识不仅是大脑的机能，而且意识也充满社会文化历史，语言是意识表达的载体和外壳。

---

① 《马克思恩格斯全集》第3卷，人民出版社1960年版，第34—35页。

首先，意识涉身于自然界。意识具有自然属性，意识从自然界中发展变化而来，它和自然环境紧密相关。“我对我的环境的关系是我的意识。”[①]，并且“当然，意识起初只是对周围的可感知的环境的一种意识，是对处于开始意识到自身的个人以外的其他人和其他物的狭隘联系的一种意识。同时，它也是对自然界的一种意识，自然界起初是作为一种完全异己的、有无限威力的和不可制服的力量与人们对立的，人们同它的关系完全像动物同它的关系一样，人们就像牲畜一样服从它的权力，因而，这是对自然界的一种纯粹动物式的意识（自然宗教）。”[②] 马克思主义认为，思维是大脑生理的机能，具有自然属性。这是意识低层次的、内部的涉身性的特点。另外，意识和思维的对象，或者说思维的内容包含外界事物的映像和信息。这是思维具有涉身性。思维内容和环境相关，特别是和社会环境紧密相关。任何意识内容都随着社会发展而变化。“我们的出发点是从事实际活动的人，而且从他们的现实生活过程中我们还可以揭示出这一生活过程在意识形态上的反射和回声的发展，甚至人们头脑中模糊的东西也是他们的可以通过经验来确定的、与物质前提相联系的物质生活过程的必然升华物。因此，道德、宗教、形而上学和其他意识形态，以及与它们相适应的意识形式便失去独立性的外观。它们没有历史，没有发展；那些发展着自己的物质生产和物质交往的人们，在改变自己的这个现实的同时也改变着自己的思维和思维的产物。不是意识决定生活，而是生活决定意识。”由此可知，意识的涉身性的性质根源人们的社会实践，特别是人们的生产劳动实践是意识产生、发展的根源。因为生产劳动，它使得意识根源于大脑和身体，也根源于环境，特别是社会环境。动物没有实践，也没有社会文化环境，因此动物没有意识。动物心理的涉身性直接被环境所决定。尽管动物在活动中也造成环境的变化，但

① 《马克思恩格斯全集》第 3 卷，人民出版社 1960 年版，第 50 页。

② 同上书，第 34—35 页。

是，动物造成环境的变化是动物用自己的器官直接改造自然的活动，是一种本能的活动，是一种生理需要的活动。然而，人的这种意识思维涉身性本质上是实践性、社会性的。因为，人是以共同体的方式作用于环境；人是根据自己的需要，按照自己的内部尺度改造自然，并且人通过制造和应用工具改造自然，而不是用自己的器官直接改造自然。根据马克思主义意识观可知，人的意识和思维的社会属性处于主导地位，意识思维的自然属性只是属于次要地位；并且意识不仅是大脑主要功能，而且，身体对意识的产生也有因果性作用。

其次，意识涉身于社会环境。“意识一开始就是社会的产物，而且只要人们还存在着，它就仍然是这种产物。”① 人的意识思维的涉身特点还表现在社会领域活动过程中，特别是意识涉身于生产实践性活动。马克思基于物质决定意识的唯物主义思想，并把这一思想推广到整个社会历史领域；社会存在决定社会意识；实践是意识发展的动力和源泉，实践为意识提供相应的对象与内容；任何意识，不管它们是否是虚假、歪曲等等，它们都可以在现实中找到根源。“社会生活在本质上是实践的。凡是把理论导致神秘主义方面去的神秘东西，都能在人的实践中以及对这个实践的理解中得到合理的解决”② 根据马克思主义意识观，由此可知意识的认知功能根源于意识的身体是实践的身体。特殊情况下，有机体有意识并不一定具有认知功能，比如，婴儿有意识，但是，婴儿并不一定有认知功能。植物人的大脑也有部分意识，但是，植物人不一定有认知能力。

关于意识涉身于生产性实践活动，实际上，马克思没有从个体层次专门探讨这个问题，但是，从文献看，我们认为他主要从两方面谈论这个问题。其一，从社会层次探讨意识的产生。其二，从种

① 《马克思恩格斯全集》第 3 卷，人民出版社 1960 年版，第 35 页。

② 同上书，第 5 页。

系层次探讨意识的产生。这两个方面都表明社会文化对意识的产生具有因果性的作用。按照瓦雷拉对涉身认知范式的界定，不仅自然环境是认知系统的必要因素，而且社会环境，包括社会文化都是认知系统的必要因素。但是，认知主义基本不考虑认知主体的身体，只是把身体当作硬件，并且把环境当作提供刺激的因素。现象学涉身认知虽然承认身体和环境对认知具有贡献，但是，它只是把认知当作一种生物性的现象，没有把认知看着社会性的现象；并且现象学涉身认知的身体观是一种没有历史感、没有社会文化的“生物性现象身体”，而不是“社会性现象身体”；因此，它难以说明社会环境，特别是社会文化对意识和思维的作用。马恩关于意识的思想对克服认知主义和现象学涉身认知具有重要的意义。

按照马克思，虽然意识产生的前提条件是现实的，有生命的人；但是，决定意识产生和发展的不是人的生物性因素，而是人的社会性因素。由于人们要维持机体的生命的需要，人们首先就得吃、喝、住、穿。为了满足这些生存需要，人们就得从事生活资料的生产活动。这是人类的第一个历史活动。其实，动物也为了生存进行了一系列的活动，但其没有任何生产活动，因此，动物不可能产生意识。因为人们从事生产活动，这为意识的产生提供了必要的社会条件，同时为意识提供了丰富的内容。由此可知，意识的产生的首要条件是物质资料的生产活动。“思想、观念、意识的生产最初是直接与人们的物质活动，与人们的物质交往，与现实生活的语言交织在一起的。观念、思维、人们的精神交往在这里还是人们物质关系的直接产物”。[①] 这意味着，不同地区，不同民族的宗教、道德、政治、法律等的精神产品是人在社会性活动中产生，而不是人的生理性活动产生意识。因为，生理性活动只是提供了生命的本能和意识产生的生理条件，而不是意识产生的必要条件。当然，这

① 《马克思恩格斯全集》第 3 卷，人民出版社 1960 年版，第 127 页。

里的“人们”是从事生产活动的人，他们的社会活动总是受到当时的生产力和生产关系所制约。因此，“意识在任何时候都只能是被意识到了的存在，而人们的存在就是他们的实际生活过程。如果在全部意识形态中人们和他们的关系就像在照相机中一样是倒现着的，那么这种现象也是从人们生活的历史过程中产生的，正如物相在眼网膜上的倒影是直接从人们生活的物理过程中产生的一样。”① 在此基础上，人们产生更高级的需要而引发高级的社会交往活动等其他实践活动，为意识提供内容；并且意识内容真实地反映了外界环境的客观性。

另一方面，人口的自我生产在物质生产活动不断发展的条件下，使得人口不断增长。这促使不同群体的人不断交流。当人口自我生产、物质生产和产品交换等要素结合在一起并合成相应的生产力时，随着生产力的发展到一定程度，社会分工便产生。由于社会分工不断发展，体力劳动和精神劳动的进一步分离，社会上便有一部分人从事精神生产活动，而另一部分人则从事体力劳动。从事精神劳动的集团便形成自己特性的意识形态，而从事体力劳动的集团也产生相应的意识形态。但是，在社会上处于统治地位的意识是那些在经济上占统治地位的集团的意识。在这个过程中个体的意识也随之产生与发展，并被占统治地位的意识观念所主导；个人意识的内容主要由社会意识、社会文化所决定，而不是由个人的生理因素所决定。

第三，意识涉身于人类历史。从种系上看，某个具体的个人的意识也因为人的实践活动而产生。个人在实践中逐渐催生相应的思维器官，即人脑形成的关键因素是个体的人参与了集体的、社会性的劳动才形成的。马恩根据进化论等科学成果提出“劳动创造人的思想”。马克思主义主要从物种层次，论证灵长目动物如何逐渐在

---

① 《马克思恩格斯全集》第3卷，人民出版社1960年版，第127页。

群体的活动进化为人，它们如何由动物的心理逐渐进化为人的心理；实践，特别是生产劳动实践在猿的动物心理转化为人的心理过程中起着根本的作用。实践促使了猿的生理机能的分化与发展，实践也促进了心理机能的分化；特别是劳动工具的应用促进身体机能和心理机能不断分化和发展，并且实践为意识提供了相应的对象和内容，使得意识不断丰富，为意识的发展提供充分的养料。“我们看到，工业的历史和工业的已经产生的对象性的存在，是一本打开了的关于人的本质力量的书，是感性地摆在我们面前的人的心理学……”①由此可知，我们人类在发展过程中，社会分工等不但对我们的劳动器官发生促进分化的作用，而且促进我们心理分化。我们整个人种的心理和社会环境，特别是与生产环境紧密相关。因为实践是对象性的活动，是社会性的活动，这使人产生出能够区别自己与对象的心理机能，由此产生人的意识。

从整个人类历史看，集体意识相对于个体意识而言，其处于根本的地位，集体意识约束个体意识的产生和发展；特别是集体的意识形态总是影响个体的意识和思维方式。每个人总是得接受前一代人留下的资金、工具等物质财富，同时也得接受此基础上的相应的意识内容和意识形态。就个人而言，其根本不能做出选择。他总是从出生就生活在某个意识形态中，他自己的意识在产生和发展的过程中受这个意识形态的约束。当然，某个天才能够创造出某些天才的思想出来，但是，这些天才的思想之所以产生是因为当时社会条件具备了产生这些天才的思想的条件。比如，从智力的角度来看，牛顿的智力不会比爱因斯坦的智力逊色，但是，在创造了经典力学之后，牛顿不可能创造出相对论。这并不是说，牛顿没有这样的智商，而是说历史没有给牛顿准备任何的现实条件。集体意识对个体意识的约束有点类似于库恩的范式，某个人只有处于科学共同体

① 《马克思恩格斯全集》第3卷，人民出版社1960年版，第29—30页。

中，并且按照某一范式开展研究，他才是科学家。如果他离开了既定的科学范式，他就不是科学家了。同样，某个人只有当他处于确定的生活共同体中，并且接受共同体的核心意识，并按照共同体的文化开展各种社会活动，他才被认同为该共同体的人，如果他的意识和共同体的意识相背离，他就不再被视为共同体的成员了。

由此可知，按照马克思主义，意识在产生和发展过程中，其受到社会环境的制约。社会环境的性质印刻在每个人的意识之中。这种约束是在实践活动中，通过约束身体的活动及行为方式促使个体意识按照社会文化的模式塑造起来。比如，医生的职业要求医生对病态的知觉能力远远高于一般人。另一方面，这种约束是根据社会规范，通过塑造劳动者的行为形成；特别是根据生产规则约束和指导生产者的行为由此导致约束生产者的意思。这有点库恩的范式与认知。科学共同体中，每个成员开展活动时，他总是接受共同体规定的研究方向，研究方式和一些形而上学的观念。因此，任何一个成员他的意识不可能仅仅是纯粹个人的东西。

二　意识产生的社会机制

按照马克思的观点，集体意识的约束性体现在个体的意识内容和意识的模式。当个体社会条件，特别是经济地位发生变化时，其意识则发生改变；个体的意识总是随着社会条件变化而变化。“人们的观念、观点、概念，简短些说，人们的意识，是随着人们的生活条件、人们的社会关系和人们的社会存在的改变而改变的——这一点难道需要有什么特别的深奥思想才能了解吗？”① 那么意识如何在社会中被产生出来？或者说意识产生的社会机制是怎样的？

物质决定精神是关于意识产生的第一原理。其在社会领域中的表现是生产力决定生产关系，经济基础决定上层建筑物。这些机制

① 《马克思恩格斯全集》第3卷，人民出版社1960年版，第488页。

决定什么利益集团处于统治地位；并且决定处于统治地位的利益集团的意识形态必然主导整个社会；占统治地位的意识形态控制，主导着社会成员的意识。这表现在物质生产对精神生产的约束：生产和制造科学知识的约束。例如，自然科学的产生是出于生产力发展的需要以及生产力所能提供的现实条件。就纯粹的智力、智商而言，霍金、爱因斯坦和牛顿等等的科学家并几乎是相同的。但是，为什么牛顿仅仅能够创建了经典力学，而无法进一步发展出相对论。爱因斯坦却能够创造出了相对论。同样，爱因斯坦虽然想建立统一场的理论，但是却无法建立该理论起。霍金却成功了。显然，这如果从个体的智力、智商的角度是无法说明这些现象的。因此，这种重大的意识飞跃必须放置到集体的环境中才能够充分说明。

马克思说："人们的社会存在就是他们的实际生活过程"① 由此可知，人得吃、喝、住、穿，这是人身体的生存的需要，是身体的吃、喝、住、穿。人的第一需要是身体的第一需要，而不是心理的第一需要。在这个需要的基础上产生更高的需要。为了满足人身体的生存需要人们就必须开展生产活动。人的生产活动是所有实践活动中的基础性活动。这种生产活动包括三个方面的活动。第一方面的生产活动是物质资料的生产活动。其主要是生产各种各样的物质产品，以满足人们的生活需要。第二个方面是，人类的自我繁殖的活动，这是人类种族繁衍的需要。第三个方面的生产活动是精神生产过程，也就是意识的产生过程。比如，艺术、科学、宗教等等。

第一，在意识产生过程，贯穿于生产力决定生产关系的过程，贯穿于经济基础决定上层建筑的过程。由于生产力不断发展，促进社会不断分工，最终促进了物质生产和精神生产的大分工。由此，社会的不同人群被分裂为两大集团，一个是专门从事精神生产的集

---

① 《马克思恩格斯全集》第 3 卷，人民出版社 1960 年版，第 29 页。

团，一个是从事物质生产的集团。因为，这两个集团所从事的工作不同，所接触的对象不同，特别是其所处的经济地位不同，所以他们分别形成不同的思想，即产生不同的意识。这些不同的意识总是通过各种不同的形态表现出来，外化为艺术形态、宗教形态、哲学形态、文学形态等不同的知识形式。

第二，生产力的发展程度影响着人们能够认识什么对象以及需要认识什么对象。因为，认识某种事物总是离不开相应的工具；这些工具依赖人类的生产能力，特别是知识的生产能力。在远古时代，人们只能凭着肉眼观察星空，这使人们对天空的知识了解甚少，对于天空的许多现象总是猜测性地解释，甚至以神话的形式做出说明。当望远镜制造成功时，人对天空的知识逐渐出现理论化、体系化。并且，由于望远镜的作用，人观察到以前所没有观察到的事物，扩大了人类观察的范围，人类的视野得到前所未有的开阔。另外，望远镜也提高了人的观察精度，以前肉眼的观察受到雨水、云雾等诸多因素的影响，无法准确观察外面的星球是怎么样，但是，当代望远镜使得天文学能够准确地观察这种天体。由此，人们对天体的意识和认知比以往更为深刻。

第三，个体的人生下来就必须接受前人遗留下来的生产力和生产关系以及相应的经济基础和社会意识形态。个体的心理机能在发展过程中总是受到这些社会意识形态的约束。个体的人在前人的基础上开展各种生产实践活动，并在社会生产活动的基础上开展各种社会实践活动。在各种社会性活动中，个体的人的各种心理机能不断相互作用、相互协调，形成更复杂的心理系统，随着心理系统不断完善，人逐渐产生高级的心理机能。人的心理机能的复杂程度总是正比于社会系统的复杂程度，心理高级机能的发展程度也正比于社会发展程度。

总之，人的意识是人的实践活动过程中产生的，特别是在生产劳动实践过程对意识的产生具有决定性意义。实践为人的意识提高了相应的外在对象，并且实践推动了意识的产生和发展，使人能够把自己同实践的对象区别开，同时也区别了人和动物。那么马克思主义关于意识产生的机制怎么样？其实，马克思本人及其他经典作家，只是零散地涉及了意识的产生，他们并没有系统地探讨意识产生的机制。但是笔者认为，可以根据他们的相关理论整理出意识产生的相关的社会机制。按照马克思及其经典作家的相关论述，我们把意识产生的社会机制描绘为如下图：

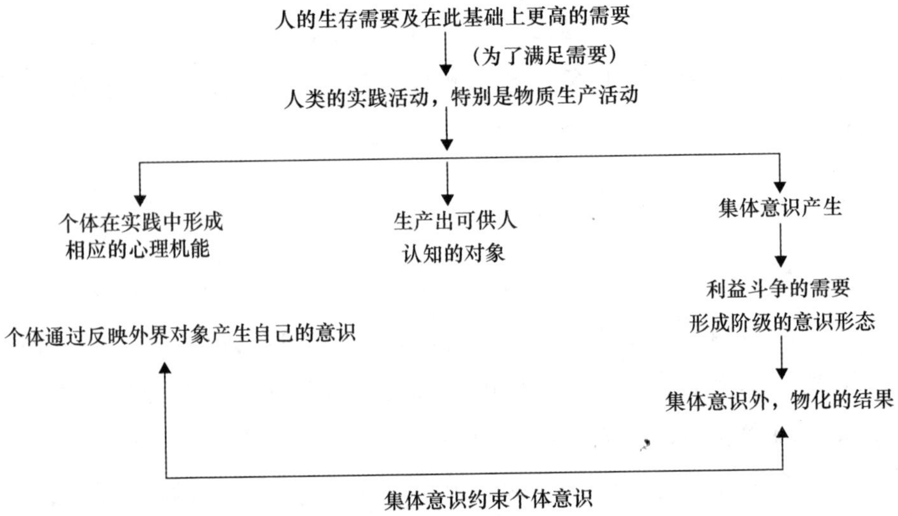

根据上面的机制，实践对意识及其机制的影响只是间接的影响，终极意义的影响。意识并不是独立地存在着。意识是人们在物质生产活动的过程中产生和发展的，这表明意识与被意识的对象是统一的，二者在实践的过程中得以产生，并发生相互作用。意识是人们在生活共同体的互动的过程产生，因此，意识的社会属性源于人们生产活动及其他活动的社会属性。其次，物质生产活动对于社会意识的产生和发展的决定性作用只是最终的决定性作用，而不是直接的决定性作用。这种决定性作用随着实践的不断发展而不断变化。也就是说，就个体的意识而言，社会生产条件，社会的其他条件的决定性作用并不是直接的，而是间接的。当然，并不是说有某个生产条件或者有某个社会条件，人就产生某一对应性的心理机能和意识，而是说，生产实践在意识生产过程中是关键的要素而已。

第五节　知觉实践性与可塑性

我们在上面在神经层次论述了实践身体的认知功能及身体的意识，下面我们将在知觉层次论述实践身体认知功能：身体的知觉及其特点。我们反对现象学关于身体的知觉固化不变的观点，并阐明身体的知觉随着实践变化而变化，随着学习方式改变而变化。

在传统中，经验主义把知觉作为客观的事物研究，试图把它还原为感觉。按照经验主义，知觉是由于客观对象刺激有机体的感官，由此感官产生感觉材料，然后主体通过联想把感觉材料整合起来形成了知觉。实际上，这是原子式的感觉论，结果感觉和感觉对象根本没有必然的联系，知觉和知觉对象也没有联系。

理智主义认为知觉无法还原为感觉，知觉是判断和感觉相互作用的结果。因为，人必须通过意义才能把握事物，虽然感觉提供了事物相关的因素，但是，感觉总是偶然地、零碎地和事物相关，只有在判断参与感觉的情况下，这些碎片化的感觉才形成有序，即形成了知觉。梅洛－庞蒂则指出“理智主义看不到被感知的物体的存在与共有方式，看不到贯穿视觉场并暗暗地将视觉场各个部分联系在一起的生活”。①

梅洛－庞蒂吸收现象学和心理学的成果，批判了经验主义和理智主义关于知觉的观点。他反对把知觉当作分析的知觉，也反对把知觉作为确定性的自然事物；阐明知觉是人和对象的原初性的关系

① 莫里斯·梅洛－庞蒂：《知觉现象学》，姜志辉译，商务印书馆 2005 年版，第 62 页。

存在。因此，现象还原应该回到原初性的知觉现象场，回到身体主体和对象的原初关系的存在。他指出："经验主义所缺者，是对象和它所促发的活动之间的内在联系。而理智主义所缺者，则是思维事件的偶然性。"①

根据理智主义，知觉需要判断参与，但是，判断则表明对象和知觉主体存在一定距离。经验主义则认为知觉可以还原为感觉。梅洛－庞蒂反对二者的观点，他认为，知觉和对象并不存在任何距离，它们共同存在着；知觉不可能还原为感觉，感觉材料的集合不是知觉。因为人对事物的知觉是整体呈现出来的；这里的整体不是一个概念性的整体，而是在格式塔心理学中，一事物和其他事物辩证构成的整体，它们在这个整体中互为背景，一事物通过另一事物相互呈现。因此，知觉是一种场，是不断生成变化的。他指出："感觉体验是一种生命过程，也是生殖、呼吸或成长。"② 知觉是一种"境域"，这种境域就是事物必须在背景—形状的关系中，在主体—客体的关系中才得以显现。经验主义和理智主义都忽视了知觉场的存在，以刺激—反应说明知觉，由此认为世界必然确定的，但是，真实的世界是由主体和客体通过知觉构成的世界。它不断产生变化，并且存在不确定性。因此，理智主义和经验主义的知觉观都没有真实刻画知觉，也没有真实刻画世界。它们都是"关于确定的存在或世界的偏见"。③

在梅洛－庞蒂看来，知觉是整个世界的基石，世界所有的事物的产生、发展和变化都可以从知觉那里得到解释。

一　从马克思主义反思知觉

我们认为梅洛－庞蒂关于知觉的思想有许多合理因素；当然也

---

① 莫里斯·梅洛－庞蒂：《知觉现象学》，姜志辉译，商务印书馆 2005 年版，第 53 页。

② 同上书，第 31 页。

③ 同上。

有不足之处。他的知觉和知觉世界的思想虽然突破了经验主义和理智主义的局限性，但是，他把知觉处于本体论的首要地位是不符合事实的。因为当今许多经验表明知觉以及知觉的神经基础都具有可塑性。

首先，当代神经哲学家邱奇兰德反对观察中立性，坚持观察渗透理论，由此论述知觉可塑性。他说："知觉就是对于包含在我们的感觉状态中的自然信息的概念开发（conceptual exploitation）。"① 因此，他认为高级信念渗透知觉内容；知觉内容随着背景信念变化而变化，知觉具有可塑性。知觉可塑性根源于理论信念的集合。其次，他坚持还原立场，把所有的认知活动都还原为神经计算，提出神经计算范式。他说："这种解释将体现于大量专有神经元之中的短暂的激活矢量看作是短暂表征的基本模式；它将出自突触联结干预矩阵的矢量到矢量的转换看作是对那些表征的基本计算模式；它将特殊的加权突触联结构造看作是一般或背景知识的基本模式；它还将那些正在进行的加权突触联结的值的调整看作是学习的最基本模式。"② 按照他的思想，神经以矢量的方式表征世界。邱奇兰德以颜色为例子说明，神经以不同的矢量表征外界事物。其次，运动空间通过拓扑映射转换为感觉空间。他认为，运动空间和感觉空间的变换实际就是不同类型的坐标体系变换。但是，有些事物是多维，它们变换为视觉空间时也是多维的，邱奇兰德认为可以用矩阵方式计算。实际上，这是矢量矩阵的认知。

从实践论出发，我们认为邱奇兰德的知觉可塑性的思想是本末倒置的：知觉可塑性的动力根源于高级信念的活动。虽然高级信念对知觉内容具有塑造作用；但是，知觉性质和知觉神经可塑性不是

---

① 丘奇兰德：《科学实在论与心灵的可塑性》，张燕京译，中国人民大学出版社 2008 年版，第 8 页。

② 丘奇兰德：《认知神经生物学中的某些简化策略》，在玛格丽特·博登：《当代学术思潮译丛——人工智能哲学》，刘西瑞等译，上海译文出版社 2001 年版，第 458 页。

根源于高级信念，而是根源于身体与认知对象的相互作用，根源于身体的实践活动。另一方面，从实践哲学角度看知觉，那么知觉不是梅洛－庞蒂那静态的知觉，我们认为知觉应该是动态的知觉；知觉应该是可以塑造的知觉；知觉随着被实践所塑造起来，知觉内容在实践中得以反映。当实践方式或实践对象发生改变时，知觉的内容也必然发生改变。实践方式，特别是科学的实践方式的变化将改变我们的知觉内容。知觉的可塑性表现为两方面。第一，知觉机制的可塑性。巴索洛（Barsalou）认为，知觉比高级信念更为基本，知觉符号就是神经系统对外界对象的信息表征的系统。知觉符号以多模式方式形成，并且相关联的知觉符号构成知觉模拟器。它以图解式的系统基于选择注意，把分离的信息存储于记忆；语言对知觉符号的发展有巨大作用。人通过知觉符号系统认知对象。因为，语言是人在实践活动中产生，并且个体也是在实践活动中获得语言能力，因此，实践通过间接地塑造知觉的机制。[①] 第二，感觉的内容反映个人的实践经历吗？我们坚持实践反映论的立场，我们认为感觉内容是感官对外界信息初步加工形成的。根据彼瑟鲁（Pecher）的实验，把概念和属性同时呈现于屏幕，其中有视觉概念、触觉概念等等，例如，水和水的“哗哗”的声音，水和鸟“叽叽喳喳”声音等呈现于屏幕，然后让被试判断该声音是否是水的属性。结果当前面概念和后面概念不是同一通道加工时，加工速度变慢，正确率降低。[②] 水的声音能够促进水的概念的加工速度的根本原因是人们在日常实践中，根据自己感官与水相互接触而了解水的特性；当高层的概念和感官信息相一致时，感官信息便提供相应的要素促进概念加工。因此，概念认知加快。由此可知，如果高层概念和日常

---

① 谢久书等：《知觉符号理论及其研究范式》，《心理科学进展》2011 年第 19 期，第 1293—1305 页。

② Pecher, Zeelenberg, & Barsalou, Verifying different-modality properties for concepts produces switching costs. *Psychological Science*, Vol. 14 (2), 2003, pp. 119 – 124.

实践活动相抵触，那么感官信息会干扰概念加工，此时概念认知变慢或出错；如果概念与人们日常实践活动相一致，那么人们对概念的判断速度和准确会提高。马克思指出“眼睛变成了人的眼睛，正像眼睛的对象变成了通过人并为了人而创造的、社会的、属人的对象一样。因此，感觉通过自己的实践直接变成了理论家”。[①] 这意味，知觉对事物的信息加工和日常的生活经验相关。如果日常生活实践经常遇到熟悉的事物，那么知觉对该类事物的信息加工就比较容易。由此可知，当今关于知觉可塑性的观点和马克思的思想是一致的。知觉可塑性根源于实践活动，根源于主体的知觉学习和练习。

二　实践与知觉可塑性

人的大脑总是随着环境的变化而变化，大脑并不是如计算机的硬件那样一成不变，它在生理上具有可塑性，在功能方面也能够不断自我更新，它的性质和能力都具有可塑性。相关证据表明有机体的大脑不断发展变化[②]；大脑损伤之后，大脑的相关组织也不断重新组合，恢复相应的功能[③]。当今人们认为知觉学习和大脑可塑性有必然的联系。

“知觉学习意思是个体的知觉能力能够随着训练而不断提高的现象。当今人们发现，许多的视觉知觉能力由于得到有效的训练而不断提高……”[④] 笔者认为，梅洛－庞蒂关于知觉处于首要的地位的观点，认为知觉没有可塑性，是错误的。因为知觉本身在生理也

① 马克思：《1844年经济学—哲学手稿》，人民出版社1979年版，第78页。

② Hubel D. H., Wiesel T N., Period of susceptibility to physiological effects of unilateral eye closure in kittens. *J. Physiol-London*, 206, 1970, pp. 419－436.

③ Kaas J. H., Krubitzer L A, Chino Y M, et al., Reorganization of retinotopic cortical maps in adult mammals after lesions of the retina. *Science*, 248, 1990, pp. 229－231.

④ 毕泰勇、尚哲：《高级视皮层可塑性：物体和面孔知觉学习综述》，《中国科学：生命科学》2015年第45卷第1期，第10—24页。

具有可塑性，在功能上也随着环境的发展而变化，知觉的识别能力也随着主体的学习变化而变化。当今，关于知觉学习的相关研究表明了这点。从马克思主义哲学看，所谓学习实际就是一种实践方式，毛泽东就把科学实验室的实验作为基本的方式之一。如果学习是一种实践方式，那么所谓的知觉学习就是个体直接实践，是个体用自己的知觉器官和对象相互作用的结果，导致自己知觉不断提高的现象。在知觉学习过程中，个体用自己的感知器官直接与对象相互作用，由此，导致知觉器官的识别灵敏度提高，同时导致知觉范围扩大。马克思说，实践不但能够认识世界，而且可以改变世界。那么知觉学习作为一种知觉的实践方式，它必然改变了世界。这个被改变的世界就是知觉器官本身、知觉的性质、知觉的识别能力和知觉对象。

从当今的知觉研究来看，知觉的识别能力可塑性分别表现为两个方面。其一，知觉的特异性。知觉特异性有分别具有知觉刺激特征特异性和知觉空间特征特异性。其二，知觉刺激的迁移性。这两种知觉可塑性都是因为人不断学习的结果，是因为人不断和对象相互作用造成的，即知觉可塑性的动力根源于实践。

（一）实践与知觉能力可塑性

当今由于视觉知觉比较容易研究，所以目前知觉可塑性大部分都集中于视知觉。视觉知觉的学习导致的可塑性表现为知觉的特异性。“视知觉能力特异性是指视知觉学习产生的效应特异于相关训练的刺激，但这些效应不能迁移到没有受到训练的刺激上”。[①] 在视知觉学习中，其特异性表现为刺激特征特异性和刺激位置的特异性。另外，知觉不仅对简单刺激具有特异性，而且知觉对复杂刺激也有特异性。相关研究表明，人类的知觉认知能力不仅对简单刺激的识别表现出特异性，而且对于复杂刺激也表现出特异性出来；通

---

① 毕泰勇、尚哲：《高级视皮层可塑性：物体和面孔知觉学习综述》，《中国科学：生命科学》2015 年第 45 卷第 1 期，第 10—24 页。

过训练人们对于计算机模拟成的相应物体的区别能力也能够提高①，对于外界环境中的各种物体的知觉识别能力也随着训练而不断提高②，对于人类的面孔的知觉识别能力也能够随着训练而不断提高③；并且这些知觉认知能力都表现出特异性出来。

第一，知觉学习的刺激特征特异性。在光栅朝向知觉学习中，刺激特征效应非常明显④。在被试的左上方视野，用左倾斜朝向45度左右的光栅刺激被试，然后让被试不断训练分辨左朝向视野的特征。相对于没有经过训练的被试，经过训练的人对左倾45度的光栅朝向的分辨能力有明显的提高。可是，相关没有参与训练的被试，那些经过训练的被试对于光栅其他朝向并没有明显的区别。比如，训练组的被试和没有训练组的被试对于右朝向倾斜45度的光栅的分辨能力都没有区别。视知觉对光栅的这种特异性称为知觉刺激特征的特异性。按照梅洛－庞蒂的知觉现象学，显然很难解释知觉刺激特征特异性。因为刺激特征特异性的识别能力的提高和特征的背景相关，也不是和特征本身相关，而是和知觉学习、练习相关。知觉的刺激特征特异性根本是格式塔的方式。邱奇兰德关于高级信念改变知觉的观点也站不住脚。因为刺激特征特异性和高级信念没有任何关系。由此可知，由于被试多次和刺激特征相关作用，导致被试的知觉器官辨别能力提高。这是被试应用自己感知器官参与实践活动，知觉器官被实践活动塑造的结果。

第二，知觉学习的空间位置特异性。视知觉不但具有刺激特征

---

① (1) Gauthier I, Tarr M J., Becoming a "´greeble" expert: exploring mechanisms for face recognition. *Vision Res*, 37, 1997, pp. 1673 - 1682.

② (1) Goldstone R L, Lippa Y, Shiffrin R M., Altering object representations through category learning. *Cognition*, 78, 2001, pp. 27 - 43.

③ (1) Gold J, Bennett P J, Sekuler A B., Signal but not noise changes with perceptual learning. *Nature*, 402, 1999, pp. 176 - 178.

④ Schoups A A, Vogels R, Orban G A., Human perceptual learning in identifying the oblique orientation-retinotopy, orientation specificity and monocularity. *J Physiol-London*, 483, 1995, pp. 797 - 810.

特异性，而且还具有空间位置特异性。两组被试，一组被试始终在其左上方视野训练他们辨别朝左倾斜45度的光栅刺激特征，另一组没有经过任何光栅刺激特征训练。当训练组被试对光栅刺激特征辨别能力明显提高之后，让两组被试分辨右下方视野的光栅刺激特征，此时光栅的朝向依然是朝左倾斜45度，结果训练组的被试对于右下方视野的光栅刺激的特征识别能力和没有训练组的被试对于相同光栅刺激的特征没有明显的区别。对于空间位置特异性，现象学很难解释。按照现象学，空间是以身体主体作为中心开展的活动，无论空间位置怎么变化，由于人的身体没有任何变化，知觉场也没有任何变化，所以，人的知觉能力都不发生变化。邱奇兰德同样无法说明知觉能力的变化，因为空间位置的变化和高级信念活动根本没有任何关系，所以知觉识别能力不可能有变化。从实践论角度看，我们很合理地说明空间位置特异性。由于被试在左上方视野不断训练，所以导致知觉器官在这方面相应改变，导致其识别能力的提高。当让被试识别其他空间位置时，由于被试不曾参与这方面任何实践，所以被试在右下方视野的光束刺激特征的识别能力没有任何变化。

第三，知觉学习的持久性。知觉学习特异性就是知觉学习持久性。当一个人经过长期训练之后，知觉认知能力提高到一定程度之后，这种知觉认知能力不会因为其停止练习知觉认知而消失，这种知觉识别能力能够保持数年时间①。我们认为，这是因为当人们练习某个知觉识别任务时，其达到一定阈值之后，相应的神经便发生改变；当相关神经发生改变之后，这些神经活动模式长期固化起来，没有发生变化，所以被试能够在很长时间内能够保持这种知觉的学习能力。亦即从实践哲学来看，由于人不断地和对象相互作用，人在认识对象的过程中，对象也反作用于人，因此导致人的知

① Karni A, Sagi D., The time-course of learning a visual skill. Nature, 365, 1993, pp. 250 – 252.

觉器官发生变化。当知觉器官变化达到一定程度时，它就逐渐固化下来。因此，知觉学习具有持久性。无论是梅洛－庞蒂的现象学，还是邱奇兰德的神经计算主义，它们都无法说明知觉学习持久性现象。因为前者认为知觉识别与背景、形状相关，后者认为知觉总是随着高级信念变化而变化，因此对于知觉的塑造根本就没有持久性的可能。

第四，知觉可塑性还表现为知觉刺激的迁移性。关于知觉特异性效果只有在任务难度比较大时才发生。当任务难度比较小时，知觉学习特异性并没有发生，而是知觉学习发生了迁移性。阿西娅鲁（Ahissar）用目标线段和背景线段的朝向作为识别任务，其发现如果任务难度很大，亦即当背景线段和目标线段之间的夹角比较小时，被试的知觉学习呈现典型的特异性，也就说，被试所积累的知觉训练特异性效果没有迁移到没有训练朝向的刺激上[①]。但是，如果任务难度比较小，比如，目标线段和背景线段的夹角较大时，被试的学习表现为迁移性[②]。也就说，被试对于相关刺激的分辨能力提高之后可以迁移到那些没有经过训练的刺激上面。现象学很难解释知觉刺激的迁移性，因为任何知觉迁移性和格式塔根本不相关。邱奇兰德也难以应用高级信念说明知觉迁移现象，因为高级信念只是改变知觉内容，而不是改变知觉器官的性质和能力本身。我们认为，当知觉训练达到一定阈值之后，即使用其他事物刺激被试，被试比那些没有经过训练的人具有更强的知觉识别能力。比如，丛林的特种部队比一般人对丛林具有更强的知觉识别能力。

（二）实践与知觉的神经可塑性

首先，为什么知觉具有特异性？按照当今的神经科学，因为神

---

① Karni A, Sagi D., The time-course of learning a visual skill. Nature, 365, 1993, pp. 250－252.

② Ahissar M, Hochstein S., Task difficulty and the specificity of perceptual learning. *Nature*, 387, 1997, pp. 401－406.

经系统中，低级神经皮层的神经元具有很强的选择性，并且它的感受野比较小，当人们不断训练知觉辨别刺激特征的能力时，这可能导致低级视觉皮层中相关神经元的相应活动特性的改变。例如，当被试训练辨别知觉辨别刺激特征的朝向训练时，初级视觉皮层（V1）的朝向选择神经元的反应特性就发生变化。当它们变化达到一定的阈值时，知觉朝向刺激特征的特异性便形成了。

一方面，知觉为什么又出现空间位置特异性？由于在低级视觉皮层中，神经元的朝向选择性非常强，但是它们的感受也却特别小①，由此，当训练任务只是使得 V1 区对应位置神经元的朝向选择性发生改变时，那么其他位置的神经元并没有任何变化，还有其他不同朝向编码的神经元也没有任何变化；所以，视觉知觉只能辨别特定特征刺激的能力，只能识别某一确定空间位置的知觉特征。对于被试曾经学习过的知觉刺激特征，被试的这方面的知觉学习能力或者知觉识别能力都具有明显的提高；对于被试曾经训练过的空间位置的视觉特征，被试便对这一空间的刺激特征具有很强的识别能力。这表明人的知觉具有学习能力，当人们的感觉器官在现实中不断与外界事物相互作用时，只要其超过一定阈值，那么人们感觉器官对于这类事物的识别能力便逐渐增强起来。对于人没有曾经知觉的事物，那些经过专门训练的人，他们的知觉学习能力非常强。但是，他们对于自己没有碰到的事物或很少碰到的事物，如果没有专门训练，他们的知觉器官也无法对这些事物进行识别，他们对陌生事物的区别能力和普通人对于陌生事物的区别能力并没有根本区别。

另一方面，知觉学习具有特异性的特点表明，人的知觉器官是在实践活动中，特别是在学习活动中不断发展完善起来的；人的知觉认知能力也是在后天的学习过程中不断发展、不断增强的过程。

① （1）Hubel D. H., Wiesel T. N., Receptive fields, binocular interaction and functional architecture in cats visual cortex. *J Physiol-London*, 160, 1962, pp. 106 – 154.

亦即知觉器官具有特异性的根本原因在主体不断参与实践，不断进行训练；人的知觉认知能力不断增强是因为人不断实践、不断学习而促使能力的提高。

其次，为什么发生学习迁移性？根据目前神经科学，这种知觉学习不仅改变了视知觉参与了学习活动，而且高级神经活动也参与了视知觉的学习活动，所以这导致低级的视知觉的神经活动发生了改变，也导致视知觉高级皮层也发生改变。因为高级神经活动对一些低级神经活动具有约束作用，能够调节相关的低级神经活动，所以当其他未经训练的刺激发生时，一些低级神经活动发生反射时，被相关的高级神经所调节。因此发生了知觉学习的迁移性。由此可知，知觉学习任务的特异性不是任何条件都能够发生的。我们认为并不是所有的学习行为的活动都能够使得知觉模式和知觉能力发生变化。因为，当学习行为超越主体本身的条件时，学习便不能产生相应的特异性效果，所以无法导致知觉产生任何变化。

当前有人提出知觉通道权值重新分配模型解释知觉学习迁移性。按照这个模型，知觉学习表现迁移性的特征。因为，当人们受到外界刺激时，人的知觉空间频率和朝向频率有一定的范围，高于或低于这些范围的刺激频率都被人们过滤掉。一定频率的刺激进入知觉相应通道之后，神经系统便对这些信号进行非线性转换。然后，经过非线性转换的信号被送往高级的决策单元，中央系统进一步做出判断。人们没有训练时，人的通道均等地接受各方面的信息，经过训练之后，人们各个通道解释的信息的权值便发生变化，这些变化便使得某些信息能够进来，某些信息不能够进来。因此，我们认为知觉学习时，不仅低级神经发生变化，高级神经也发生变化，并且高级神经发生变化之后，便能够支配某些低级神经的活动，改变低级神经活动的某些模式。高级神经和低级神经活动是辩证的关系。

梅洛－庞蒂把知觉放到认知的首要地位显然无法解释知觉的性

质发生变化的原因，也无法解释知觉认知能力随着人后天的实践活动、学习活动不断进步的现象，更不能解释知觉学习引起知觉的神经变化。因为在梅洛－庞蒂那里，身体是先验的身体，知觉也先验的知觉；身体主体和客体是一种自然的关系；主客的自然关系根本不可能发生变化。

邱奇兰德认为知觉只是个信息开发的过程，因此，知觉可塑性只是根源于知觉的内容变化，知觉里面的相关信息发生了改变，而不意味知觉的性质发生变化，也不意味知觉能力发生变化。

我们从马克思主义哲学角度看是非常合理的。因为马克思主义哲学认为人和人的感官都是在实践活动过程中形成，人的意识也是人实践活动的产物；特别是劳动实践活动，对于人的身体和人的认知能力起着根本性的作用。马克思说："五官感觉的形式是以往全部世界史的产物"。[①] 苏联心理学家列昂捷夫基于马克思主义实践认识论的基础上提出认知是人内化社会活动方式，内化认知系统特性的过程。其他的研究者研究也表明人的学习行为模式和特征等确实会导致知觉相应的神经元的位置和属性发生相应的变化。这佐证了马克思主义心理学派关于内化认知系统的观点。例如，让被试辨别一些随机点的运动方向，经过一定程度的训练之后，被试对于特定位置中的随机点的运动方向区别能力提高非常明显。[②] 从马克思主义心理学来看，这是因为被试在学习训练过程中，由于学习行为模式不断内化，并进一步把这种学习模式固化到被试的神经活动中，塑造相关神经活动，使得相应的神经活动逐渐由无序的活动转化为有序的活动，由此转化为相应的神经活动模式。

总之，基于马克思主义哲学立场，我们认为，人的知觉认知不是天生就会的，而是通过后天的不断学习、不断练习而提高知

---

① 马克思：《1844 年经济学—哲学手稿》，人民出版社 1979 年版，第 79 页。

② Ball K，Sekuler R.，Direction-specific improvement in motion discrimination. *Vision Res*，27，1987，pp. 953－965.

觉的识别能力。亦即知觉并不是如现象学所说的那样是先验固有的，而是通过主体后天的实践使得知觉认知能力得到发展。以分析哲学为背景，邱奇兰德从“观察渗透理论”为立场，论述“高级信念渗透知觉认知”，表明知觉可塑性，虽然他观点有合理性因素，但是，其根本立场是错误的。因为知觉认知能力的提高并不是高级信念活动的结果，而是知觉学习和练习的结果，是知觉实践的结果。

三　知觉的文化历史性

在前面章节，我们主要在神经层次阐明了实践对知觉的塑造作用。实际上，实践对知觉的塑造作用不但表现在神经层次，而且也体现在整个人类发展和产生过程。在种族层次上，知觉随着实践变化而发展，知觉总是印刻着共同体的历史文化。我们根据霍尔茨肯普的思想（Holzkamp，K.），阐明知觉在种族层次上的可塑性，其表现为知觉的文化历史性。

霍尔茨肯普吸收了马克思主义关于人的文化历史性的思想和文化历史学派的认知思想，他在《知觉知识》一书中试图重构对象的知觉。他认为，要理解人的知觉，必须要了解人的自然历史，前历史和人类的历史。因此，他从三个步骤分析知觉的概念。首先，必须把知觉的自然历史和生物进化的历史结合起来，然后刻画知觉。第二，要找出知觉的主要特征，通过聚焦于前人类到人类的阶段，勾画出知觉的社会历史特点。第三，要了解知觉，就得区别不同历史的经济条件下的实体对心理的影响。因此，批判心理学必须包括生物学、心理学、人类学等等。他强调历史达尔文的进化论很适合于自然历史的分析。

他定性地区别出心理发展的不同阶段，比如，从前心理到心理机体，这两个阶段的功能都不相同。个体学习和发展的动力也不同。虽然这个阶段主要是自然环境因素对人的知觉等起着塑造作用，但是在这个过程中出现了人的社会性因素塑造人的知觉。霍尔茨肯普根据达尔文进化论的思想论述人的知觉产生变化过程。但是，达尔文进化论只能够解释自然环境因素对知觉的塑造作用。达尔文进化论却难以说明社会环境对人的知觉塑造作用。由此，霍尔茨肯普吸收马克思关于人的社会性的思想，阐明知觉也被社会环境所塑造。他认为人进化初期，进化的动力和压力主要是自然性的因素占主导地位，此时知觉主要是被自然因素所塑造。但是当人进化到一定阶段之后，自然性的因素不再是进化的动力和压力的主要因素，由于社会性因素的出现，并上升为进化的主导性因素。这时，人的进化出现了和以前不同的性质的进化与发展。在这个阶段，自然性和社会性因素都发挥作用，但是占主导地位的是社会性因素；人的知觉主要是被社会环境所塑造。当代研究经验成果也表明，社会环境确实对知觉具有重要的作用。比如，音乐对人脑的作用。音乐影响人的认知过程，影响大脑的发育，影响人的知觉；人们对音乐的刺激设计音乐各种元素，包括和声、音高和音调等方面的知觉整合；这些整合与人们大脑语言加工有关联。[①] 马克思指出“另一方面，即从主体方面来看：只有音乐才能激起人的音乐感，对于没有音乐感的耳朵说来，最美的音乐也毫无意义，不是对象，因为我的对象只能是我的一种本质力量的确证，也就是说，它只能像我的本质力量作为一种主体能力自为地存在着那样对我存在，因为任何一个对象对我的意义（它只是对那个与它相适应的感觉说来才有意义）都以我的感觉所及的程度为限。所以社会的人的感觉不同于非社会的人的感觉。”[②] 这表明，知觉是在练习过程中不断发展，并且知觉不是纯粹生物性的，它更多具有社会性质。

---

① Kaas. J. H. , Hackett, TA. , Tramo, JM. , Auditory proeessingin primate cerebral cortex. *Current Opinionin Neurobiology*, 9（2）, 1999, pp. 164 – 170.

② 《马恩全集》第 42 卷，人民出版社 1960 年版，第 126 页。

第六节　实践身体与表征

虽然马克思关于实践内涵中包括认知的功能，但是我们不能够直接把马克思的实践直接应用于“表征”，因为马克思几乎把生产活动等价于实践活动，并且马克思的实践论主要涉及群体的实践，很少涉及单一个人的实践。实践作为一种认知活动应该是认知者运用肢体、感官等身体部位，按照自己生存与发展的需要，不断操作身体进行有目的、有意图、有意识地创造对象或把对象人工化的过程。在这一过程中，认知者的身体及行为总是指向于某一对象。身体及行为总是“关于”某一对象而发出某一行为的，身体总是一个实践的、对象性的身体。亦即身体在实践活动中具有认知科学所谓的“意向性”。

一　身体与表征

那么实践和表征的关系怎样？或者说实践和意向性怎么样？马克思没有讨论表征（意向性）的问题。按照马克思主义意识是大脑的机能。由此，我们基于实践活动的对象性，我们认为意识不但是大脑的机能，也是身体的机能。梅洛－庞蒂也强调身体的意向性能力，身体的表征能力的性能，他说：“一种内在制约性。它更潜在地决定了反射与知觉所能指向的对象，决定了我们行动的可能性以及生命存在的范围”。① 因为在实践活动中，不但主体的大脑发挥作用，主体的身体也发挥作用，并且实践活动中，主体总是通过身体及行为指向某一客体。因此，身体及行为必然具有意向性、关于性、指向性的性质。否则，身体主体无法进行实践。一方面，我们认为所谓表征（意向性）只是有机体的一种机能，是大脑和身体经

---

① Merleau-Ponty, Phenomenology of Perception, Routledge &Kegan Paul Ltd, 1962. p. 79.

过训练之后，大脑和身体具有指向某一对象的能力；是神经的表征性质和能力，并且，经过实践后，身体便分担了中央系统的部分认知功能。由此，表征不仅仅是一种身体本能的机能，同时也是身体实践的一种技能。表征作为身体本能的机能，身体无须任何训练就具有一定程度的表征能力。比如，当我要走过那个缝隙的时候，我不需要任何尺子测量缝隙；我只是以自己身体和缝隙做比较，按照自己身体的感觉就能够知道我能否通过那个缝隙。因为我的身体总是能够“关于”那个缝隙的宽度。另一方面，作为身体技能，身体经过实践活动之后，身体主体的表征功能进一步增强，身体行为指向对象的能力也不断增强，并逐渐分化为不同类型的表征。例如，我们走熟悉的道路时，哪怕是漆黑的夜晚，看不见任何东西，我们也能够走。因为，道路的凹凸情况已经被我们的脚所熟悉。我们的脚总是能熟悉地“关于”或“指向”道路的情况。这是我们的脚的实践结果。盲人能够走好路也是盲人不断实践的结果。梅洛－庞蒂仅从身体现象解释盲人走路是片面的。实际上，盲人拿着一根木棍不断地点击地面，通过手感知路面的凹凸程度。盲人的手总是能够通过木棍“关于”路面的凹凸，盲人的手总是能够指向路面的凹凸。盲人能够通过手杖知道路况是盲人多次实践的结果。

我们不同意认知主义：只有中央系统的符号具有意向性，身体没有任何意向性作用，并且我们认为不可能在本体层次真实具有物理性符号。当然，现象学认知者关于身体天然具有指向的功能，身体具有天然的意向性能力。但是，我们不同意身体在高级认知活动和认知过程中起着中心的作用和根本的作用。我们认为身体只是具有天然的意向性的潜能，有表征的潜能。人的身体各种表征的潜能需要后天的实践才能发挥出来。当然，身体不仅是认知活动的载体，而且身体能够把认知活动分解为不同的认知子任务。有些认知子任务可以在身体中完成，有些认知子任务则需要送到中央系统才能完成。从认知角度看，身体本身就是一个心灵，心灵本身就是身体。身心犹如牛奶中的奶和水，二者不可分离。把心灵从身体分离，那么它就不是心灵。把身体从心灵分离，那么身体就不是身体，而只是肉体。

传统认知观认为认知基于离散的内部符号作为表征；在大脑里面真实存在具有表征性质的符号，并且大脑中有独立的机制专门处理这些离散的表征。这些表征和机制通过自然选择而留在人的有机体的基因。这种认知观念借助神经科学走向了内在主义与个体主义，由此，主张一切认知完全依附于认知者的内部物理性质。因此，认知是表征局部化、计算固化的活动。在普特南的“缸中之脑”的思想实验就是传统认知观的一个理论模型。这种“缸中之脑”里面的神经系统的本质特性所决定所有的认知活动、认知过程和认知对象。实际上，根据“缸中之脑”的理论模型，外界对象是否存在都不影响大脑的认知活动。

涉身认知主张认知是神经与非神经物质相互作用的动态过程，身体的经验和真实生活内容（real-life contexts）都参与认知过程。弱涉身认知观承认符号作为表征真实存在于中央系统，认为认知是表征分配的一个过程，是计算任务分配的过程，通过指涉身体具体部位而完成认知任务。强涉身认知观念认为，根本就不存在具有表征性质的物理符号，在认知过程中，认知主体借助于身体把认知任务分配到相关的身体部位，甚至借助周围环境，以相关对象为媒体，把认知任务分别承载于相应媒体。强涉身认知观和弱涉身认知观都是从现象学出发，其认为，身体的相关认知功能，身体的意向性等是自然而然地显现出来的。我们认为，身体的意向性，身体的认知能力根源于主体根据自己的目的、意图和需要不断地操作自己的身体作用于相关对象的实践活动，根源于身体与行为在实践中指向性的活动。当血肉身体和现象身体发展为实践身体之后，身体在脱离大脑的监控的情况下能够自然而然地“关于”某些对象，身体具有部分的意向性，能够自然而然地完成相关的认知子任务。

大多数涉身认知认为，认知主义所谓存在与肉体可以分离的物理符号的假设只是认知炼金术而已。这种符号表征主义认为心灵的某个符号直接指称着外面物理世界的对象。当然，它们具有所谓意向性就是符号天然具有指向某一具体对象，所以，符号产生了意向性。当然，也可能心灵里面的符号之间的相互因果性作用下，不同的符号就产生了“关于性”的性质，亦即“意向性”的性质。但是，认知主义关于符号的意向性就符号直接关于某一对象。另外，符号的意向性也不需要任何媒质，似乎符号和对象在“真空”中也能发生指向关系。最后，符号的意向性具有超越时空的性能。比如，张三心灵里面有符号“牛”。这个“牛”符号不管张三肉体怎么样，也不管何时何地，它都能够指称“牛”。实际上，符号意向性的超越时空性能和牛顿力学的超越时空的哲学思想相类似。在牛顿力学中，只要两个物体存在，不管何时何地，二者都能够发生力的作用。而且，它们之间力的相互作用不需要任何时间，也不需要任何媒介，不管在什么地方都能够产生作用力。由此可知，这种意向性思想只是牛顿力学中关于“力”可以超越时空发生作用的思想在心智认知领域的翻版而已。这是机械唯物主义思想在心灵领域重新抬头。

按照这种意向性理论，符号与对象之间是一种直接关系，符号本身似乎没有意义。但是，符号指称着具体的对象之后，符号便有了意义。但是，为什么符号“牛”指涉真实的对象“牛”？符号表征主义对此提出了多种语义学。他们的语义学依然是意义不知来源于什么地方。符号指称对象不须任何媒介，只要有符号和对象，符号就能指称对象。由此，符号就有意义了。但是，符号的意义和指称的对象没有任何关系的。符号的意义和认知者的身体也没有关系，因为这种符号可以脱离身体而单独存在。

实际上，这种符号表征主义只是一种命题式的表征，它无法体现认知者的真实心理状态，也没有反映认知对象的客观内容。巴索洛基于折中立场，提出知觉符号理论。[①] 按照知觉符号理论，人类认知并不是基于中央系统离散的符号表征。这种表征理论使得符号只是随意地指涉对象，无法进行认知活动。他认为，表征根植于不同的感觉模式。根植于知觉的符号表征是感觉运动系统的神经表征，通过多种模式形成的知觉符号。例如，苹果，人既用眼睛看，通过视觉形成神经表征，通过触觉形成触觉表征，然后进一步形成苹果的整体属性。知觉对信息具有选择作用，并且对信息是离散存储的。亦即知觉符号是图解式的。按照该理论，图解式的知觉符号只是构成模拟器。如果是模拟器，那么意味着知觉符号理论在认知过程中纯粹是模拟过程，根本就没有任何理论介入。另外，知觉符号和语言符号紧密相关。但是，二者关系怎样？巴索罗则对此语焉不详。

其次，知觉符号理论认为，认知和知觉共享表征状态，而且认知过程也激活了知觉运动，由此引起了知觉模拟。由该理论可知，知觉符号不是独立于生物系统，而是根植于生物系统，并且知觉符号的内容随着智能系统的生理变化而变化。因此，身体和知觉运动过程中制约符号的性质，制约着认知符号的使用。

根据知觉符号理论的思想，比如“苹果”的知觉符号并不一定反映苹果的真实属性。因为，知觉符号理论仅仅认为认知是一种生物现象，并且外界的“苹果”仅仅起着刺激的作用，感觉只是反应器。反应器产生的神经信息和对象没有必然的联系。实际上，它只是把现象学的思想推广到知觉领域而已。由此可知，巴索洛的知觉表征试图把表征的地位有大脑下移到身体，但是，他依然在本体层次上坚持有离散符号存在，只是符号存在于身体，存在于知觉系统的神经系统而已。

---

① Barsalou, L. W., Behavioral and Brain Sciences, Vol. 22, 1999, pp. 577 - 660.

二 实践与身体表征能力

我们认为，巴索洛的知觉符号理论有合理之处，他把符号从心灵那里下降到了身体。但是，他依然承认有符号存在。他认为，符号存在于身体之中，存在于感觉模式之中。这表明身体在认知活动中发挥了必要的作用。我们认为，不管是在大脑，还是在身体都没有符号存在。所谓“表征”或“意向性”就是人在实践活动中身体所具有的“关于性”的能力，只是身体和大脑及其神经系统的一种机能。“这并不是认知主体导致综合，而是身体的综合。是身体逃离了分散，把自身汇集并尽一切力量朝向行动的目标，使唯一的一个意向在身体内形成”。[①] 在本体层次上，没有任何符号存在于神经，我们之所以称之为符号只是为了理论建构的方便。我们认为在认识论层次以隐喻的方式引入符号是恰当的。当然，我们并不否认“意向性”的潜能具有天赋的属性。我们承认意向性具有生物属性，然而，人身体的这种意向性并不是如有些现象学者认为的那样“自然而然地显现”。我们认为意向性的生物潜能是在人与对象的相互作用中才能变为现实，是人在日常活动中，不断操作自己的身体，不断使身体进入实践活动中才能形成意向性，才能增强意向性。因此，从唯物实践论来看，人的意向性和意识一样，它们既有生物属性，也有历史文化属性。

比如，颜色的形成，其实不同物种有不同的色彩知觉，即使人类，生活在不同环境中也有不同的颜色知觉。认知主义认为，颜色是客观的，颜色独立于认知者的身体、知觉和知觉情景，实际上它的观点是错误的。我们根据莱考夫（G. Lakoff）和约翰逊（M. Johnson），可以知道颜色经验是因为认知者身体和外界环境相互作用的结果。其分别为光照条件（知觉的环境条件）、反射光的

---

① Merleau-Ponty, Phenomenology of Perception, Routledge &Kegan Paul Ltd, 1962, p. 232.

波长（对象和媒介特性）、身体的因素：其一，视网膜上的三种颜色视锥细胞及其所吸收的长波、短波、中波的光；其二，联结这些颜色细胞的神经系统。另外，光线本身没有任何颜色，光线和其他无电波一样遵守麦克斯韦定律；红、蓝、绿等根本和电磁波没有关系。由此可知，颜色经验不是有波长决定，而是有认知者的神经结构和当下的环境条件所决定。颜色实际上是对象和认知者及环境之间的函数。从马克思主义实践论看，任何对象都不是客观的，都是受到主体影响的，认知者也是在作用对象过程中不断发生改变，在这一过程中，认知的环境也在发生变化。因此，三者实际上是在实践活动中不断改变，由于三者之间的改变按照一定的模式进行，当认知主体的实践活动方式稳定时，这一模式处于动态稳定时，人们知觉的颜色变具有了稳定的颜色。此时我们可以用相应的函数描述三者之间的关系。

从马克思主义实践论看，人的视觉认知是一种行为导向的实践活动。感觉模式的形成并不是完全天生自然的。感觉模式是在主体不断地操作自己的感知器官作用于对象，并且对象对感觉器官的反作用下形成的。离开行为实践导向，人几乎不可能认识对象的真实性质。印染工人几乎依靠视觉就能够区别上十种不同的颜色。但是，一般人只能辨认有限的颜色。因为印染工人总是不断地用自己的视觉通道与不同颜色相互作用，所以他们的感觉通道必然发生相应的变化。由于他们感觉通道发生了相应变化，由此，印染工人具有一般人所没有的感知能力。按照巴索罗的思想，这是印染工人的知觉系统里面存在许多不同的知觉符号；这些知觉符号分别指涉着不同的颜色。我们认为巴索罗是错误的；实际上，印染工人能够根据自己的身体辨别更多颜色的原因是他们的身体，特别是视觉通道模式经过长期的印染实践后，其发生功能性的分化，由此，其形成了相应的机能。亦即，由于印染工人总是不断地操作他们的视觉通道与视觉模式作用于不同的颜色，而这些颜色则通过光波的反射反作用于他们的视觉通道和视觉模式。由于二者的相互作用，所以他们视觉模式进一步分化为更多的、有差异的子视觉模式。这些子视觉模式和相应颜色的光波不断发生因果性作用。随着时间的发展，多次的因果作用的积累效应便产生了。因此，子视觉模式与光波的相互作用被固化下来。这时候，印染工人的眼睛就具有常人所没有的功能。由此，印染工人的大脑可以把一部分意向性的功能，一部分的认知功能下放到他的眼睛。当他的大脑把相关认知的子任务下放到眼睛之后，他的眼睛可以脱离大脑的监控下，完成相应的颜色识别。经过长期地工作，印染工人的认知子任务甚至固化于大脑以外的有机体。在这种情况下，印染工人就很自然而然地完成了颜色的识别任务。由此可知，印染工人的眼睛之所以具有认知颜色的能力是因为他的眼睛已经由“血肉眼睛”变为“实践眼睛”，由“现象眼睛”变为“实践眼睛”。当然，笔者并不是认为实践能够改变身体的所有功能，实践能够促使身体产生主体所需要的所有功能。例如，一个色盲的人，无论如何培训他辨认颜色，他始终无法辨认；哪怕他用一辈子的时间训练自己的颜色能力，他依然不可能辨认相应的颜色。巴索洛的理论显然很难解释这些现象。因为如果知觉是一种符号性的表征，那么符号无法在进一步分解为子符号，所以，当感觉模式进一步分化时就没有相应符号指涉对应事物。如果没有子符号指涉对应事物，那么认知者就无法认知对象。但是，实际上，在许多行业中，专业人员仅仅依赖自己的感官就能够区别比常人多的对象。

其次，对于人而言，视觉不仅是一种行为认知导向活动，同时也是符号导向的认知活动，特别是语言符号导向的认知活动。因为，在现实的生活中，一般的个体而言，不可能什么事物都亲自看见，往往是从他人的记录中看见，从历史的记录中看见。在人们的记录中，人们总是用各种符号指涉不同的事物，并且符号总是承载者相应的意义。因此，对于一般人而言，他们的视觉认知活动中，符号导向认知活动占着重要的作用。另一方面，视觉的认知活动中，由于身体参与认知活动，因此身体总是反馈各种信息给中央系统。这导致中央系统不断调节自己的信息结构，并产生新的认知活动。这种认知活动是一种直接的因果链形成的。当一个人到一个陌生的城市时，他要在这个城市展开其他活动，他几乎离不开地图。比如，他要到公园去参观，那么他得拿起地图，看看从哪条线路可以走去。如果有多条线路可以去，他就得根据地图相关的标识做比较。由此，他没去目的地之前，他已经从符号上认识到了许多情况。然后，他开始行动，在这一过程中，他除了根据地理情况行动之外，更多还是根据道路的路标、指示牌等行动。因此，即使撇开地图而言，人们的真实视觉认知活动在很大程度上还是通过符号导向。这意味人的视觉认知具有符号工具性，动物的视觉认知纯粹是本能的活动。人们所来到的这个世界便是一个被人工化了的世界，一个前人留下来的实践世界。人们没有选择，只能够接受他人的实践，然后自己实践。并且，人们离开这个实践世界就无法生存，即使存活下来了，也失去人的“资格”。例如，狼孩就没有人的特征。由此可知，人们居所之处是一个实践世界，人们的生活是一个实践的过程，是实践的生活。

第三，同一个人，由于他的感觉器官也随着实践不断发展而不断地发生变化，所以他的感觉模式也必然发生变化。许多人在小的时候，眼睛都很正常的，但是，因为看电视、电脑多了，所以眼睛发生变化，眼睛只能看近的一些对象。他们成了近视眼。按照巴索洛的感觉符号理论解释眼睛变化造成认知变化，那么应该是眼睛的视觉符号发生了变化。如果视觉符号发生了变化，那么旧的符号是否在存在？如果它们存在是否起作用？新的视觉符号又是怎样？新旧符号之间的关系怎样？这都是非常难解释的。然而，如果我们从实践角度解释表征的形成则非常合理。由于眼睛与电视、电脑等的光波发生相互作用，造成眼睛的相关肌肉和神经发生了变化，由此，促使眼睛发生变化，所以视觉表征和视觉模式变化了。根据我们观点“表征是有机体的神经以及身体‘关于’对象的一种能力”，当视觉模式发生变化时，视觉的表征能力、表征方式等也发生变化了。因此，人们的视觉能力与视觉认知必然发生了变化。

总之，表征是神经和身体的一种机能和性质，而不是一种符号。这种机能和性质既受到生物因素的影响，也受到社会历史文化因素的影响。因为神经和身体的意向性来自身体有目的、有意图的实践活动。认知者身体有目的、有意图的活动本质上就是认知者通过自己的身体不断地实践，不断地让自己的各种感觉通道与不同对象发生因果性作用，不断增强已经存在的知觉模式；促使知觉模式不断分化，使得新的知觉模式产生。

虽然我们认为身体是实践身体，我们不同意符号在本体层次存在，但是，我们认为在知识论层次上引入符号是有必要的。因为有机体的身体本身的“意向性”等背后是一些生理、化学、物理过程。然而，纯粹的生理、化学、物理过程无法产生意向性。只有这些过程在整个身体中发生，以整个身体存在的形式存在，并且身体不断地实践于相应环境中，这才能导致神经和各种感官产生意向性和意识等。“说意向性并不是思想，指的是它并不在意识的透明性中形成，而是自然而然地利用了身体全部的潜在知识”。[①] 由此，意向性以身体的存在得以发生，以实践活动进一步分化与增强。在知识论层次引入符号有利于我们从事理论描述，有利于智能的重新建构。这种符号的引入就如数学阿拉伯数字那样，大自然本身并不是任何阿拉伯数字的东西，而是诸多物理实体构成。在本体层次上看，自然界不是由数字构成，而是由物质与能量构成，但是，人们总是用数字符号对大自然描述，用数字符号解释大自然的不同现象以及它们之间的联系。在认知领域也如此，认知过程是主体不断操

① Merleau-Ponty, Phenomenology of Perception, Routledge &Kegan Paul Ltd, 1962, p. 233.

作自己身体与环境相互作用的过程，不断地把具体运动指向自己身体和心理的运动；由此把具体运动变为抽象运动，导致了在身体与外在的空间之间建立一个“实践体系”。①

由此可知，身体与对象在认知活动中发生了因果性作用，身体能够离开大脑的监控下指向对象；身体具有了表征的功能。这些都根植于实践身体或身体的实践性。

第七节　实践身体的认知功能

一　身体现象性与身体实践性

从身体与认知系统的关系看，身体在认知系中的作用主要有三种观点。第一，有些学者认为认知者的身体在认知过程中，起着因果性的作用。但是，身体并不是认知过程的一个成分。第二，有的学者认为身体不但起着因果作用，而且身体是认知过程的一个构成部分。现象学认知者认为，身体在认知活动中具有因果性作用和构成性作用是身体的自然现象。我们认为只有在实践活动中，身体在认知活动中因果性的作用才能显现，而且身体才逐渐成为认知系统的构成要素。无论身体在认知系统中起着因果性作用，还是身体起着构成性作用，其都是通过主体不断操作身体于实践活动才得以产生和发展。亦即，主体的社会活动，使得身体与认知系统中不同要素不断相互作用，由偶然因果性因素逐渐发展为必然性因果性因素，并且偶然构成性因素也逐渐发展为必然构成性因素。第三，延展认知则认为，认知超越于认知者的体肤之外，认知工具和相关的环境要素都是心灵的一部分，都是心灵认知过程的成分。比如，克拉克认为，奥拓的笔记本等都是认知系统的一部分。在哈钦斯那里，整个轮船都是认知系统的一部分。我们不同意延展认知的观

① Merleau-Ponty, Phenomenology of Perception, Routledge &Kegan Paul Ltd, 1962, p. 79.

点。我们认为，某一事物只有在认知活动中具有因果性作用，并且具有构成性作用时，该事物才是心灵的一部分，才是认知系统的要素。

从马克思主义角度看，我们认为第一种涉身观念和第二种涉身观念都偏窄，因为它们没有充分考虑环境对认知的作用，特别是社会环境对人的认知作用。第三种过于宽泛。它认为工具等都是心智认知要素，把工具发挥的作用等价于大脑神经发挥的作用。这抹杀了神经及身体认知和工具在认知作用的区别。因为，在认知过程中，身体的因果性作用和构成性作用都是主体通过实践活动使得身体在认知系统中发挥这些作用。亦即身体并不天然就是认知系统的构成要素，身体在认知活动中也不是天然的。另外，由于实践的作用，有一部分环境因素必然在认知活动中对认知系统的相关要素发挥因果性作用。马克思主义认为实践首先是一种感性的活动。何谓感性实践活动？从认知角度看，我们认为所谓感性的活动应该不仅仅是一种精神性的活动；并且感性活动也是一种具体的思维过程，并且包含身体的运动、肢体的各种行为以及肢体对各种事物进行的各种操作等等。或者说，实践首先是身体摄入环境的活动，因为实践是人的实践，没有人便没有任何实践。这里的人不是一种抽象理论上的人，比如，经济理性人就是一个抽象的理性人。在实践活动中的人是一个具体的，是个活生生的人，是一个有真实生命的人；有新陈代谢等生理活动的人，在实践活动中的人的身体非常重要；没有身体，一个人的生命就不存在，也就没有人了；如果没有人也就没有任何实践。没有身体，像“缸中之脑”也无法参与实践。因此，最基本实践认识活动是身体的认识活动。

当然，人的身体在实践过程中总是发生变化的，身体随着实践的发展而发展成为一个“实践身体”。现象学关于身体认知的思想吸收了马克思主义的许多因素，特别是梅洛－庞蒂关于身体的论述。但是，它忽视身体的实践性，忽视世界的实践性。在梅洛－庞蒂看来，身体不仅仅是一个血肉之躯，身体更是一个现象的身体，身体本身具有意向性的功能。世界则是知觉的视觉，现象的世界。身体的这些功能似乎是天然而然的，世界也如此。笔者不完全认同现象学关于身体的这些观念。当然，笔者认为身体的现象性，或者说现象性身体有天然而然的特点。

我们认生活世界并不仅一个现象的世界，更是一个实践的世界。现象世界只是生活世界的表象，生活实践是生活世界、现象世界产生、发展源泉；实践世界则是生活世界的本质。现象之所以是现象是因为现象是有意义的现象，而不是纯粹的天然现象。现象世界的意义来自于人类的实践活动。现象世界和实践世界是表象与本质的关系。现象世界中的现象是实践活动的现象，而不是自然界的现象，也不是天然的现象。由此，人生下来就必然存在一个已然世界，一个经过他人改造了的世界，一个人工化了的世界，一个已经被实践了的世界，而且，这个世界依然还处于正在被实践的进程当中。任何人没有理由拒绝这个实践的世界，也不可能拒绝这个实践的世界。因此，人们自从被出生开始就生存于实践世界当中；人的一切活动，包括人的认知活动理所当然从实践那里得到解释。当然，实践的解释只是终极的解释，并不是说，任何认知的具体问题，特别是科学心理学问题都需要涉及哲学意义的“实践”。虽然，在人生之初，现象性的身体已经自然而然地出现在每个人躯体。但是，这种现象性身体只是一种本能性的表现。实际上，动物也有这种现象性身体，比如，老虎的奔跑能力，捕捉其他动物的能力。动物的现象性身体维护了动物的生存与繁衍。但是，人仅仅有现象性身体不足以维持人的生存。一个婴儿有识别奶头和吸吮奶头的能力，然而这一能力不足以让婴儿能够独立生存。因此，人要生存，除了发挥现象性身体的功能之外，人还得发展自己的实践身体。现象性身体主要体现出有机体的身体活动本能，没有身体活动的技能，只有身体经过实践之后才有技能。任何人，如果没有实践身体，他就只有本能，没有技能，那么他就难以生存。即使生存了，因为他没有实践身体，他似乎仅仅具有法律意义上的人，没有真实的、感性的人所具有的性质。例如，植物人，在他没有成为植物人之前，他可以参加各种各样的社会活动，可以和他人交流，可以参加工作，可以生活自理，可以帮助他人，可以依靠自己独立生存等等。但是，由于病变等缘故，植物人的身体无法参与任何实践性的活动，逐渐地他的实践身体逐渐退化其“实践性”的因素，慢慢地就变成了现象性身体，此时只有一些本能的感知等能力。然后，身体的基本知觉能力慢慢消失，他的身体慢慢地变成一个血肉之躯而已。此时，他只存在生命本能了。他的身体只是生命的肉体。由此可知，当一个人的身体离开“实践场”之后，这个人的身体实践性也会逐渐消失的。

现象性身体认知如何走向实践身体认知？婴儿生下来，他的身体就具有空间感，他的嘴巴就有味觉感。他通过自己身体对自己妈妈的身体有特别的感觉能力和觉知能力。但是，婴儿的身体还没有任何的实践能力，此时婴儿的身体认知仅仅是一个现象身体认知，不是一个实践身体认知。如果让婴儿在自己的现象世界中自己生活，那么他将无法生存。实际上，婴儿总是生活在实践世界当中。在实践的世界当中，刚开始，他没有能力主动参与实践，由此，他不得不以现象身体为媒介而接受社会对他的实践，他的肢体动作不断地被改造；他整个身体都不断地被改造。典型的是婴儿被动操，当今无论是正常婴儿，还是患病的婴儿，如果早期接受专业人员训练的被动操，婴儿的智力、技能等方面的发展都明显好于没有做被动操的婴儿。这时候，他处于被实践状态；他的认知更多是被动的认知。例如，在生育过程中，有些情况下，有些婴儿缺氧，那么婴儿将被用呼吸机帮助他生存。如果严重缺氧就会导致脑瘫。如果只是轻度缺氧，往往产生肌肉张力偏高或肌肉张力偏低等情况。这时候，康复部门的老师就会帮助婴儿做各种动作，亦即婴儿的身体和动作被成人按照既定的规范所改造。比如，帮助婴儿练习手脚运动，练习翻身运动等等。这些动作是按照社会互动的相关要求来制定的；是按照人们以后的生活与工作的相关行为规范制定的，而不是按照婴儿的本能需要制定。实际上，这时的婴儿才一两个月，他根本没有这样的能力做这些动作。但是，这些动作对于婴儿以后的各种动作技能和智力的发展非常重要。有些地方，由于比较落后，没有相关人员指导这些训练，导致婴儿在成长过程中，发生各种畸形的动作和畸形的智力。我们认为所谓畸形动作就是小孩的动作无法掌握社会工具。“畸形”是从社会实践角度评判的，并不是从生物性角度评判；所谓畸形的智力就是自闭症。自闭症患者某些智力非常高，比如记忆力，或纯粹的逻辑推理能力等。然而，自闭症患者其他方面的智力则非常低。由此可知，工作人员对婴儿施加的各种动作就让婴儿被动地进入日常社会活动的实践。由于婴儿被动地实践，使得他的身体由现象身体逐渐转化为实践的身体。此时，婴儿不需要成人帮助练习也能做这些动作了。当然，出生下来，没有缺氧的婴儿，往往不需要这种训练。不管怎么样，即使不是缺氧的小孩，如果婴儿接受这种训练，其会加快婴儿各种动作的能力和智力，比如，比较早就能够翻身，比较早就能够走路等等。

二　实践身体与信息加工

当人们说话时，人的身体，特别是手总是不断地做出各种姿势和动作。这表明在认知者说话的过程中，不仅心灵在加工信息，而且身体也不断地加工信息。当然，有些学者认为这只是身体表达了大脑正在加工的信息而已。这是认知者的语言的另一种表达方式：肢体语言。但是，肢体语言只能够解释面对面的交流与对话，对于不是面对面的交流，说话者的身体、手和脚等部位依然在运动。比如，打电话，两个不同地点的交流者只是听见对方声音，也无法看见对方的身体、手和脚等，这时候，他们的肢体语言根本没有任何作用。因此，他们在说话时，他们应该停止了肢体语言。事实上，他们根本没有停止肢体语言，而是不断用肢体表达了语言。由此可知，身体不仅仅可以表达相关的心理状态，而且可以加工相关的心理内容。另一方面，如果承认身体能够表达肢体语言，那么其意味着身体能够表达相关的心理内容。倘若身体能够表达心理内容，那么身体实际上已经加工了相关的心理内容的信息。亦即身体能够认识相应的心理内容的信息。因为，身体“表达”心理信息和身体传输心理信息根本不相同。信息在传承过程中不一定被表达，但是，信息被表达时，信息肯定已经被传送到身体了，并且信息已经被身体加工。否则无法表达。然而，身体和大脑的性质存在巨大的差异，因此，当大脑的信息传输到身体时，身体不一定能够表达出来；也许是因为身体的“信息格式”不同于大脑的“信息格式”。如果身体要把相关的信息表达出来，那么它必然得转换这些信息的格式。由此可知，如果承认肢体语言的存在就必然得承认身体具有信息加工的功能。如果身体具有信息加工的功能，那么身体对认知必然具有重要的贡献作用。

然而，上述主要从现象学角度探讨了身体的信息加工。我们认为，对于身体的信息加工，虽然身体现象性质发挥作用，但是身体实践性更为重要。比如，学习开车，对新手而言，他必须时刻注意着自己的手和脚，大脑始终得控制手和脚，思考着什么时候打方向盘等等。在这种情况下，大脑的资源几乎集中于手和脚。这是因为，这时驾驶者的身体还只是一个血肉之躯，只是现象身体，还没有变成一个具有实践性的身体。驾驶者在练习驾车的过程中，一方面手脚接触方向盘、制动系统和离合系统等，身体接触椅子之类的东西，因此，手脚和身体得以训练，并获得相关的信息。这些信息不断被存储于身体的相关部位。由于这些信息存在于身体相关部位，所以，有时我们不需要经过大脑就发出相应动作；同时，这些信息被上报到中央系统：大脑。另一方面，当中央系统收到身体传来的信息之后，中央系统就产生相应的指令。这些指令传输到相关部位，由此产生各种动作。同时，身体相应部位会把大脑相关信息存储起来。在这种情况下，身体存储两种不同类型的信息。其一，外部传入的信息。其二，中央系统下传的各种信息。这两类信息如何在身体发生相互作用？我们认为首先从大脑传来的信息和外部传入的信息格式不同，因此，身体需要把大脑传来的信息格式转换。然后，根据行为动作产生的效果来匹配，调整这两种信息。如果动作效果比较好，那么下行信息和上行信息很快就匹配起来。当信息匹配之后，身体就逐渐把这些信息固化起来。如果动作效果不是太好，那么中央系统往往重新调整相应指令，并再次发送，再匹配，然后再存储。当这些信息匹配好时，并被存储和固化起来之后，中央系统就无须在注意手脚等方面的运动了。亦即，我们的动作就自然而然地完成相关任务了。比如，开车时需要半坡停车，驾驶者脚踩制动器，手控制方向盘，眼睛观察旁边的东西等。他所有的动作都是围绕如何准确、稳定地在半坡停下车。如果他能够把车停好，那么相关停车的信息就被存储于身体中，并逐渐被固化。如果他没有停好车，那么他就得不断地练习。总之，这种认知活动不是自然而然就可以学会，其必须在现实中不断实践才真正学会。当整个停车的相关动作信息完成存储于身体之后，中央系统基本不用分配任何资源在这方面。这时大脑就无须注意身体和手脚的运动了。

在中央系统中同样存在不同信息相互作用问题。身体有大量的信息不断传输到中央系统，这些信息是否被中央系统所登记与加工？实际上，有的信息被中央系统登记和加工，但是，有的信息则没有被中央系统登记与加工。这主要取决于已经存储于中央系统中的信息内容、信息的结构和性质等。如果被送上去的信息和中央系统已经存储的信息相关性比较大，那么就容易被登记和加工。反之，它们就难以被加工。其应该存在一个阈值，当相关性的权数达到或超过阈值之后，它就被大脑登记和加工，如果权数小就被过滤。这好比一个电子开关，由硅管做成的电子开关的阈值往往是0.6伏特，当相关电压达到和超过这个值时，电子开关便开通，相关信息就可以通过。当新信息被大脑登记和加工之后，往往会引起大脑相应信息的调整。由此，中央系统产生新指令。有时，有的信息甚至引起整个中央系统的信息结构和性质发生变化。比如，某人因为参与宗教活动，由此，自己皈依宗教。在这种情况下，认知者的中央系统的信息结构和性质都发生巨大的变化。

三 实践性与身体功能分化

实践促使身体功能的分化与发展。为什么身体具有这样的功能？亦即为什么身体能够区别有用信息与无用信息？我们认为因为实践具有改造身体功能的作用。这主要来自肉体的身体经过实践之后，变为实践的身体。在实践过程中，人们根据不同的目的，不同的意图操作自己的身体，由此，身体对信息的加工能力逐渐增加。当然，不同实践导致身体不同部位的信息加工能力不同。比如，品酒师由于整天和不同的酒打交道，因此，他几乎不用任何思考就可以辨别上百种酒了。但是，一般人而言，无论如何也无法区别这些酒。这是因为对于酒而言，一般人没有用鼻子和嘴巴尝试不同酒的品质和味道的训练，没有对酒进行任何实践。亦即，常人对于不同的酒，他们的鼻子和嘴巴只是一个血肉的鼻子和嘴巴，而不是一个实践性的鼻子和嘴巴。然而，品酒师对于酒来说，他的鼻子和嘴巴不仅是一个血肉的鼻子和嘴巴，同时也是一个实践性的鼻子和嘴巴。因此，作为血肉的鼻子和嘴巴，常人和品酒师几乎没有多少区别，但是作为一个实践性的鼻子和嘴巴，常人和品酒师的区别非常巨大。假如鼻子和嘴巴能区别一种酒的品性是鼻子和嘴巴的一种功能，那么常人的鼻子和嘴巴只有几种功能。但是，品酒师的鼻子和嘴巴却具有上百种不同的功能。由此可知，鼻子和嘴巴经过实践以后，它们的功能除了进一步增强之外，它们的功能也进一步分化了。当然，笔者并不认为鼻子和嘴巴可以离开认知中央系统而单独完成所有认知功能；它们只能单独完成一些认知子任务。但是，从品酒师的鼻子和嘴巴来看，如果没有嘴巴和鼻子，仅仅有大脑，那么人们显然难以区别上百种酒的。笔者认为，鼻子和嘴巴之所以能够区别这么多的酒，那是因为鼻子和嘴巴本身的功能具有分化的潜质。当鼻子和嘴巴与不同的酒接触之后，由于酒中相应物质的作用，促使鼻子和嘴巴的性质发生相应改变，使鼻子和嘴巴同一性质分化出许多不同的"子性质"。不同"子性质"具有不同的功能，由此，品酒师的鼻子和嘴巴就具有不同的"子功能"。虽然，一般的鼻子和嘴巴的总功能是能够什么是酒。但是，在品酒师那里，他的鼻子和嘴巴除了具有区别什么是酒的功能之外，他的鼻子和嘴巴分化出上百种子功能。

结　语

实践唯物主义认知观简略构架*

马恩等人把辩证唯物主义应用于政治、经济和历史领域形成了历史唯物主义观，我们把辩证唯物主义和历史唯物主义应用于认知领域得出实践认知观：第一，心灵是涉身的心灵，身体具有认知功能，身体的认知功能在本体地位上处于基础性的地位；在认识论层次上，心智认知在高级认知中处于主导的作用；身体与心智统一于实践活动。第二，基于辩证唯物主义和历史唯物主义立场，吸收现象学的“现象身体”、“生活世界”等思想，我们提出了“实践身体”和“实践世界”的概念，阐明身体是人的第一个实践世界，身体在实践活动中产生、发展、完善；世界也是在实践活动中由本然世界转化为应然世界，由自在世界转化为自为世界。现象身体只是实践身体的某个侧面、某种性质或某一方面的功能的表现。生活世界也只是实践世界的某个局部或某一部分。实践身体和实践世界对立统一。第三，根据康德图式的思想和梅洛－庞蒂的身体图式，结合当代认知科学相关材料，我们认为身体图式是身体认知的主要方式，并且论述认知神经的机制；并且身体图式及相关的认知机制随着实践变化而发展。

我们基于身心辩证关系，实践身体和实践世界辩证关系论述心智认知的历史性、社会性等特点；阐明身体的可塑性，阐释了身体

---

* 本部分笔者吸收了叶险明教授建议而写。谢谢叶险明教授。

具有社会内容，并且论述身体具有认知功能和身体认知可塑性。

一 实践唯物主义与认知

意识和身体及其他们之间的关系的问题实际上就是物质和意识及其关系的问题，也就是思维和存在及其关系的问题；它们在整个马克思主义哲学体系中占据重要的地位，它是马克思主义哲学体系的核心问题之一。整个辩证唯物主义和历史唯物主义是建立在物质与意识的关系问题上；建立于思维和存在的关系。马克思、恩格斯以物质决定意识，意识对物质具有反作用的原则，并且坚持思维和存在具有统一性的原则建构整个辩证唯物主义和历史唯物主义大厦。根据辩证唯物主义与历史唯物主义，实践是物质性的活动，实践在认知中处于根本性的地位。身体在实践活动中不断成熟和发展，身体的图式及其他功能随着实践变化而变化；身体作为物质性的事物和心灵、意识等精神性的事物及二者之间的关系在整个马克思主义大厦中处于重要的地位。马克思、恩格斯早年零散地论述身体、心灵及它们之间的关系。从他们的论述可知，身心统一于实践活动，身体在本体上处于根本的地位，心灵处于从属的地位，当然，心灵具有能动的作用。

辩证唯物主义在社会领域表现为社会存在决定意识，意识对社会存在具有反作用。由此出发，马恩建立了以身体和身体的劳动为基石的社会物质生产和身体（人口的社会生产）的自我生产以及身体的社会分配、消费理论体系。在马克思主义中，人不是一个抽象的经济理性人，而是一个有血有肉的人，一个具有身体的人，是一个基于吃、喝、住、穿等实践活动的基础上开展自己认知活动的人。具有身体的人是社会生产的原发点，是社会消费的社会实体。由此可知，在马恩那里已经具有意蕴“实践身体”。意识则是在具有身体的人的社会生产和消费的过程中产生的精神因素。对于有机体而言，没有身体就没有意识，但是有身体不一定就有意识；身体只有在社会实践活动中才能产生意识。意识的性质包含身体的因素，也包含社会的因素；并且身体的因素和社会的因素通过耦合等方式而相互作用，由此它们决定着意识的性质。社会生产包括生产力和生产关系；生产力实际是具有身体的人创造物质产品和繁衍下一代“身体”的能力。虽然意识和心理似乎左右人们之间的关系，但是人们之间的基本关系是生产关系，而不是人们之间的心理关系。生产关系并不是人们之间的信念和欲望等的心理关系，不是人们之间的意识关系，而是不同经济地位的人之间的身体依附的关系及身体之间的利益分配关系。实际上，生产关系根本上就是不同人的身体之间的开展生产、分配社会产品和消费的关系。生产力和生产关系都是以身体存在、身体生产和身体消费作为前提条件，而不是以心灵存在作为前提条件。如果没有身体，那么心灵、生产力和生产关系便无法存在。心理及意识只是身体实践活动的“上层建筑物”，尽管马恩在后期著作很少论述意识问题和身体问题。但是，意识、意识形态和身体在生产、分配和消费过程中的地位和作用确实是整个辩证唯物主义和历史唯物主义的重要组成部分。

首先，在本体论层次马克思对物质与意识的关系做出基本的界定，并且对意识的本质做出相应的阐明，论述了意识的社会属性。在社会生产、分配和消费中，身体主体是生产、分配和消费的基本单位。如果只有抽象的经济理性人，如果不存在有血、有肉的身体的人，那么任何社会生产都无法开展。抽象的人也无须消费任何社会产品。意识就是在身体的吃、喝、住、穿的过程中产生，同时、意识也是在身体开展社会生产、社会分配和社会消费的过程产生。因此，意识既是社会的精神上层建筑物，也是身体的精神“上层建筑物”。当然，意识产生之后具有相对的独立性，并且具有能动反作用。意识能够反作用于社会和身体。第二，在认识论层次，确定了身体是意识产生的物质基础，意识对身体具有能动的反作用。马克思主义经典学者确定实践活动，特别是劳动实践活动是身体和劳动对象相互作用的活动；确定意识是在实践活动过程中产生和发展。他们分析了意识的基本特点和意识活动的基本原理；在此基础上进一步阐明意识的相对独立性和能动性，阐述了身体的知觉是意识活动的基础。身体的知觉和感觉等基本感知是人的认知活动和能动反映的基础。实践能动反映论是身心统一于实践活动的能动认识论。以实践论为基础，马克思主义者分析了人的意识、心理和动物的心理的区别，对人的感官和动物感官的差异做出深刻分析。动物的心理更多是种族遗传的结果，是动物本能活动和本能的机能而形成的。人的心理和意识虽然在一定程度上也通过种族遗传因素而获得，但是，从根本上看，它们更多是通过实践活动而产生，并在实践活动中不断发展。基于此，马克思主义经典作家阐明人作为类特性和人作为个体存在物的特性；阐明个体的意识和身体及它们的认知的发展是文化历史性的过程。第三，意识不但具有生理性的特点，而且意识具有社会性的特点。马克思主义经典作家深刻分析意识与社会的关系。他们认为任何意识都根源于社会的存在，特别是社会的物质生产活动对意识起着根本的决定作用；意识反映着社会存在，意识随着社会的发展而发展。并且他把这一思想推进历史领域，研究人类发展过程，由此提出人类发展由原始社会→奴隶社会→封建社会→资本主义社会→社会主义社会的过程，阐明了人类社会发展具有规律性，阐明历史是一个有规律的过程。意识则随着社会发展而不断变化，不同时代有不同的意识，意识的产生和发展也具有规律性。当然，人的意识具有能动的反映功能。虽然人类历史有规律，但是人类历史的规律是在人的实践活动的基础上形成，因此人只要发挥主观能动性，人就可以改变规律的形式和规律某些因素；即人的主观能动性和社会历史规律是辩证统一的。

二 身心及其关系根源于实践活动

我们彻底贯彻辩证唯物主义和历史唯物主义注入认知领域，把

“实践不但认识世界，而且实践改变世界”的思想推进心灵与身体及其认知，由此，我们得出：心灵与身体及其认知根源于实践活动，并且它们具有可塑的性质；即心灵和身体及其认知是在实践活动中被塑造的；身体的感知器官与心理在实践活动中形成，并不断发展。其次，实践是人的身体主体与对象相互作用的过程。这一实践过程不仅是脑力活动过程，也是体力活动过程，脑力活动和体力活动交织于实践的过程中。不论是脑力活动，还是体力活动，实践都具有认知功能。因此，我们认为不但心灵具有认知功能，而且身体也具有认知功能。最后，因为心灵和身体及其认知器官的塑造动力根源于实践，并且实践具有社会性，文化历史性等特点，所以，心灵和身体及其认知具有社会性和文化历史性。

实践认识论是身体认知的基石，也是心智认知的基础。脱离了实践，无论是身体，还是心智，它们都没有认知功能。一个婴幼儿如果从小就被隔离于社会实践活动，他不可能有正常人的认知功能。事实也表明这点。朱棣赢得王位之后，他囚禁他的侄子数十年之后才放出来，导致他侄子形如动物，其除了基本的吃喝等本能之外就没有其他认知能力了。当然，身体认知活动和心智认知活动并不是分离的，而是身心统一于实践活动；身体认知和心理认知都统一于实践。我们认为身体和心灵并不是对立统一，而是“差异统一”。身体和心灵在空间上并不是对立面的双方，它们同处于共同的空间，但是，它们各自有不同的性质。身体和心灵在时间上也不是说现有身体，后有心灵，更不是先有心灵，后有身体。实际上，从时间上考察身体和心灵的先后问题是没有意义的。因为身体和心灵都是在实践活动中同时产生和发展、并且相互作用的。身体和心灵并不是“斗争”性的关系，而是一种“差异性”的关系。身心的“差异性”使得身心处于“互补状态”，亦即身体的功能和心灵的功能具有差异性；在认知方面，它们之间的功能并没有矛盾，而是相互弥补对方的不足。由此，从辩证法角度看，身体和心灵是

"差异性统一"的两个不同的对立面。

我们认为，身体是实践世界的一部分。身体并不仅仅是现象身体，现象身体只是身体的一个侧面，身体的一个重要的属性，身体的一种功能。身体的根本性质是身体的实践性，身体是在实践活动中形成的。身体的各种功能也是在实践活动中形成。现象身体也是在后天的实践活动中才能形成的。马克思说："实践可以认识世界，并改变世界"。由此，我们认为，身体是世界的一部分，身体是一个物质实体，身体也是一个主体；身体无论是物质的身体，还是一个主体的身体，身体必然被实践活动所改变；身体的认知活动也必然被实践活动所改变。心灵是身体的有机部分，心灵并不能够独立于身体，物质的身体决定着心灵的基本性质，当然心灵对身体具有能动的反作用。由此，心智是在身体的实践活动过程中产生，心智的认知功能根源于实践活动，身体的知觉是心智认知的基本层次。

基于此，我们认为身心及其认知的基本特点是：心智和身体具有可塑性，并且认知也具有可塑性；亦即它们被实践所改变，并且随着实践变化而变化。

总之，基于马克思主义立场，本专著认为，心智和身体及它们的认知都是在实践的基础才得以发生。实践基石之上的身心具体表现为：心智及其认知具有可塑性；心灵在人们的实践活动被塑造起来。因此，心灵具有文化历史性和辩证；身体不仅是现象身体，更是实践身体；世界不仅是生活世界，而是实践世界：由实践身体和被人所认识、改造的对象构成的世界；实践身体具有认知功能，并且身体和身体的认知具有可塑性。

三　心智及其认知的文化历史性和辩证性

从实践认识论和辩证唯物主义立场看，人的心智及其认知的最根本的性质是它们具有可塑性，身体的性质及其认知功能决定着心智的性质及其认知功能，心智对身体具有能动的反作用。首先，心智及其认知功能是在实践活动中形成，并且心智与认知的可塑性随着身体的发展而发展，随着实践活动的变化而变化。在早期，心智的发展主要动力来自身体的生理性的发育和发展。在这个阶段，生物性因素在心智的发展中处于主导地位。当心智发展到一定程度之后，随着人不断实践，心智发展的动力主要来自实践活动。实践活动在人的心智发展过程中占据主导地位。即使一个人的身体已经成熟，只要他继续进行实践活动，他的心智依然不断发展和完善。当然，身体的生理成熟并不是心智成熟的标志。身体决定心智只是在本体层次上的意义而已。心智及其认知具有可塑性，它们的塑造动力来自实践活动；实践总是具有一定的文化历史性和社会性，所以，心智与认知必然受到社会环境和文化历史的影响；心智与认知呈现出文化历史的性质和社会属性。

其次，实践是主客观互动的过程，心智及其认知在主客相互作用中形成和发展；由于主客观相互作用是一个辩证的过程，所以心智的机能及其认知必然表现出辩证的特点。我们从马克思主义实践认识论立场分析相关的心理学材料，将辩证唯物主义与历史唯物主义贯彻到心智及其认知活动。第一，心智和身体是辩证的关系。第二，心智本身的发展过程也是辩证的过程。心智具有高级机能和低级机能。低级机能，比如感觉、知觉等低级机能主要是通过种族遗传获得。高级心理机能，比如，逻辑思维、推理等高级机能主要是通过后天的实践获得。高级机能在心智活动中占据主导地位，其支配者低级心理机能的活动。无论高级机能，还是低级机能，它们都在实践活动中不断被实践所塑造。例如，一个医生对于并且知觉能力远远超越一般人，一个颜料工人对颜色的辨别也超越普通的人。由此可知，心智及其认知具有实践性、文化历史性和社会性。

最后，心智认知具有批判性和意识形态性。我们从马克思主义实践认识论为基石，吸收苏联文化心理学派和德国批判心理学的相关思想，阐明心智及其认知的批判性与意识形态性的特点。我们认为，从马克思主义实践认识论角度看，因为心智及其认知被实践塑造，并且实践具有批判性，所以心智及其认知的重要特点是心智及其认知具有批判性功能。亦即任何心智都具有自我反思的能力，自我反省的功能。这种自我反省的功能使得心智具有判别是非的能力和批判的能力。另外，因为认知是一种高级的精神实践活动，认知是一种意识活动，认知总是存在种种的偏向等原因，所以认知具有意识形态性。这就是宗教产生和存在的原因。

四　身体的实践性及身体认知可塑性

中国文化关于身体及其认知功能已有所论述。从春秋战国时期，中国就以朴素的方式论述“行”与“知”，论述身体的认知功能，特别是把身体及其认知作为政治哲学的一个重要基础。对“修身成圣”做了系统的论述。到了宋明理学时期，对于“知”和“行”的论述更为详细、更系统，但是，其主要集中于道德认知方面。中国心学大师王阳明指出：“耳目口鼻，身也，非心安能视听言动，无耳口鼻四肢亦不能，故无心则无身，无身则无心。”[①] 这表明在认知活动离不开身体。从整体看，中国古代文化关于身体认知的思想还是停留在胚芽状态。西方的身体哲学源远流长，可以追溯到古希腊。但是，在长达几千年中也没有明显发展。只是当代认知科学崛起时，许多哲学家便纷纷建构自己的身体哲学理论，论述身体的认知功能。

梅洛－庞蒂等马克思主义现象学者吸收了马克思主义的一部分思想，提出现象身体的概念，论述身体的认知功能，但是，他们没有摆脱唯心主义的缠绵，因而坠入“现象世界”的童话故事。在梅洛－庞蒂那里，身体虽然有认知功能，但是，梅洛－庞蒂把马克思主义的实践因素抛弃了，他只是假定身体是一个先验的、静止的身

① 王阳明：《王阳明全集》，上海古籍出版社 1992 年版，第 90—91 页。

体，因此，他关于身体的观念中没有文化历史性，身体也没有社会内容。根据梅洛－庞蒂，身体认知虽然是“鲜活”的认知，然而，身体并不是动态的“鲜活”，而是静态的“鲜活”；身体的认知也只是静态的认知。即身体的认知并不随着身体及相关环境的变化而变化。科学经验和生活常识表明认知并不是静态的认知，而是动态的认知。

梅洛－庞蒂的现象世界只是知觉建构起来的世界，但是，知觉本身恍惚不定，容易发生错误，它的可靠性并不太高，因此，现象世界只是童话般的美丽。梅洛－庞蒂也许晚年认识到这一点，由此提出“世界之肉”，然而，历史没有给他机会，时代限制着他。“世界之肉”的相关论述没有开展，他便离开世界。另外，由于梅洛－庞蒂抛弃了马克思主义的实践观，因此他的身体是肉体身体和现象身体割裂的二元身体。

行为主义哲学及行为主义心理学虽然探讨了身体及行为的认知功能，但是，行为主义坚决否定心灵的本体地位。在行为主义那里，身体只是机械的身体，认知也只是机械的认知。自从认知主义发动第一次认知科学革命以后，认知主义成了认知科学的统治范式。行为主义逐渐走向衰落。但是，因为行为主义关于身体及行为的认知思想具有很多合理之处，所以，它的影响依然很大。认知主义对行为主义发动革命时，它只是把心灵拉回认知领域，却忽视身体在认知中的作用，并且它只是用形式符号系统机械地建构心灵，由此认知主义走入形式符号系统的谜团，当今面临种种问题，却找不到解决的办法。

涉身认知则重新强调身体在认知中的地位，但是，它不加批判地把现象学作为基石，它特别钟情于梅洛－庞蒂现象学。然而，知觉现象学本身的局限性非常明显，梅洛－庞蒂晚年也已觉察。由此，涉身认知面临身体的经验如何建构问题等问题。涉身认知回避了身体的缺失是否意味心理和认知的缺少；回避了残疾人是否意味其心智与认知不全等问题；它不能说明身体不相同的人是否意味他们的心理和认知也不同；也不能说明不同种族的人的心理和认知方式也不相同。但是，涉身认知必须回答这些问题的，它只有回到了这些问题才能够让人信服。它在许多方面依然没有形成一致的理论框架，涉身认知没有形成统一的范式。

马恩二人以及马克思主义经典作家把实践放到生产劳动，由此把认识论建立于物质生产实践，然后探讨真理的来源和标准，通过辩证法形成一整套理论体系。这些思想被苏联心理学家维果茨基等马克思主义心理学者进一步应用于心理学，形成历史文化心理学派。德国心理学界也应用马克思主义基本原理于心理学研究，并形成了批判心理学派。但是，由于时代的局限性等原因，马克思主义心理学者主要停留在实证层次开展研究活动；并且他们只是探究了心灵及其认知功能，没有涉及身体及其认知功能。

我们批判吸收涉身认知的合理因素，抛弃去现象学基础，以实践认识论为基石，把辩证唯物主义推进身体认知领域，重新分析身体认知的功能。由此，阐明身体认知具有可塑性质的特点，身体认知是一个动态的过程。在马克思主义经典作家那里，思维与存在、物质与意识等哲学的基本问题经常被讨论，但是，他们总是停留在宏观的社会历史，或以宏观的政治经济题材进行讨论。笔者则把以当今认知科学的题材重新讨论了这些基本问题。我们认为存在和思维、物质与意识的关系问题在认知科学中表现为身体与心灵的问题，表现为神经与认知的问题。关于身体与心智、神经与认知的问题，按照分析哲学，它们表现为纯粹的数理逻辑的过程，即神经活动必然是一个数理逻辑的过程，认知也是一个数理逻辑过程。按照现象学，身体认知的活动过程和神经认知活动的过程都只是表现为身体主体的主观体验过程，而且这是一个先验的过程。从实践唯物主义论看，身体认知活动和神经认知活动则是一个实践的逻辑过程。我们主要是把身体及神经的认知运动当作一个实践逻辑过程开展我们的理论的，当然，也吸收了中国哲学、分析哲学和现象学的一些合理因素。

首先，我们在神经层次上阐明身体认知的机制。根据当今认知神经科学的经验事实阐明神经在认知活动过程中，不断地被实践活动所塑造。借助赫布的神经心理学，我们在哲学层次论述了认知神经可塑性，阐明认知神经随着主体的身体学习活动不断改变，认知神经在很大程度上是被人们后天的实践活动所改变。然后，我们以丰富环境 VS 贫瘠环境的科学模型阐明身体作为主体的第一个实践世界，作为物质世界的一部分是一个可塑性的世界；丰富环境作为实践世界的一部分则随着实践活动和方式的变化而不断转化为更丰富的环境。最后，我们根据常识和科学经验论述了身体的知觉和感觉是在后天的劳动、学习等实践活动的基础上进一步发展和完善的。虽然，身体的知觉和感觉有先天的生物性基础，但是，人的身体的知觉和感觉的生理特性只是提供了一个生物性平台；人的许多知觉和感觉主要是在后天的学习中才能获得的。

在论述身体认知过程中，我们虽然承认自然主义关于“神经”、“环境”和“知觉”等非心理术语的相关观点，但是，我们在承认身体的认知功能时，我们并没有排除心里的认知功能，并且我们从辩证唯物主义角度出发，认为身体的认知功能并不是静止的，而是随着实践活动变化而发展，随着社会环境变化而变化。

总之，我们坚持辩证唯物主义立场，同时接受马克思主义分析流派的风格，不拘泥于辩证法的形式，把马克思主义认识论推进认知科学领域，在认知领域以“辩证分析”面貌在认知领域呈现马克思主义认识论。在以辩证唯物主义为基石的基础上，本专著在案例分析或局部问题时，往往采用分析哲学的逻辑分析手段开展论述。我们认为一个辩证唯物主义认知观，其根本特点是辩证的，但是，任何认知活动都具有逻辑性的特点，亦即人的认知活动既是辩证的过程，又是逻辑的过程。

一些传统马克思主义者几乎把实践等同于生产，即从生产实践角度解释人的认识。但是，笔者只是把它作为背景，然后提出身体实践性和世界实践性的思想，即“实践身体”和“实践世界”的范畴。没有实践，身体如同世界的任何一个事物，它只是世界的一个客体，只是一堆肉体，身体和世界本身都没有意义。实践身体和实践世界都是在实践活动过程中分化形成的。人的所有认知活动都是在实践身体和实践世界的辩证关系的框架内开展。在最初，身体只是一个自然的身体，世界也只是一个自然的世界。由于实践活动，身体由一个自然的身体变成一个实践的身体，身体由本能地存在转化为自为的存在，身体由被动地存在转换为能动地存在。世界由本然的存在变成应然的存在，世界按照人的需要的面貌和形式而存在，世界由自然的世界转化了实践的世界。由于身体具有实践性，心灵是在身体实践活动过程中产生和发展，世界也实践的世界，所以我们认为身体、心智等具有文化历史性。基于此，我们从认知的文化历史性视角重新论述相关的心理学认知思想，并在最后论述了认知的社会性、身体性、文化历史性和意识形态性等。在这一过程中，身体既是先天如此的一面，身体也表现为通过后天的活动得到发展，二者在实践活动中辩证地发展的特点。

其次，马克思主义经典作家主要在社会历史领域论述马克思主义认识论，本专著则在经验科学领域，应用辩证唯物主义解释相关的认知问题和认知现象。由此，本专著不再从宏观的历史视角和历史领域论述实践认识论，而是基于中微观视角，以经验科学为题材，以当今认知科学相关议题为主题，基于马克思主义实践认识论立场，以分析逻辑的方式论述实践身体的认知机制及特点，由此，把辩证唯物主义认识论推进心智和身体，探究了心智和身体认知的实践性和可塑性。另外，在马克思主义的经典著作那里侧重论述大脑具有认知功能，而且他们只是零星地涉及大脑及其认知的问题。本专著则进一步论述了身体也有认知功能。我们吸收恩格斯在《自然辩证法》中的相关风格与辩证唯物主义思想，吸收自然主义合理因素，特别是恩格斯关于“劳动创造人”“人的身体及感官”在劳动中形成的思想，不再把认识论当作纯粹思辨的哲学理论来论述，而是把思辨和实证结合起来，推进马克思主义认识论时代化、科学化。

最后，辩证唯物主义角度看，身体不仅仅是西方哲学视角下的涉身的身体，同时包含中国文化视阈下的身体因素。从中国哲学角度看，身体是一个可以改变的身体，它的改变方式是“修身”。当然孔孟的“修身”和宋明哲学是“修身”有所不同。王阳明就明确指出，人可以通过“致良知”达到心灵的“灵明”。也就说，身体的实践活动可以导致身体认知功能的改善，并且会促进心智认知功能的发展和完善。身体的认知功能和心智的认知功能都是在实践中发展起来，二者统一于实践活动。

参考文献

《马克思恩格斯全集》第 1 卷，人民出版社 1956 年版。
《马克思恩格斯全集》第 2 卷，人民出版社 1956 年版。
《马克思恩格斯全集》第 3 卷，人民出版社 1956 年版。
《马克思恩格斯全集》第 4 卷，人民出版社 1956 年版。
《马克思恩格斯全集》第 5 卷，人民出版社 1956 年版。
《马克思恩格斯全集》第 20 卷，人民出版社 1956 年版。
《马克思恩格斯全集》第 23 卷，人民出版社 1956 年版。
《马克思恩格斯全集》第 24 卷，人民出版社 1956 年版。
《马克思恩格斯全集》第 42 卷，人民出版社 1956 年版。
《马克思恩格斯全集》第 43 卷，人民出版社 1956 年版。
恩格斯：《路德维希·费尔巴哈和德国古典哲学的终结》，中共中央马克思恩格斯列宁斯大林编译局，人民出版社 1997 年 3 月第 3 版，2005 年第 3 次印刷。
《列宁全集》第 2 卷，人民出版社 1957 年版。
《列宁全集》第 14 卷，人民出版社 1957 年版。
《列宁全集》第 38 卷，人民出版社 1957 年版。
列宁：《唯物主义和经验批判主义》，人民出版社 1998 年版。
黑格尔：《哲学史讲演录》第 4 卷，贺麟、王太庆译，商务印书馆 1995 年版。
［美］伯特尔·奥尔曼：《辩证法的舞蹈——马克思方法的步骤》，

田世锭、何霜梅译，高等教育出版社 2006 年版。
F. 瓦雷拉等：《具身心智：认知科学和人类经验》，李恒威等译，浙江大学出版社 2010 年版。
［美］约翰·塞尔心灵：《导论》，徐英瑾译，上海人民出版社 2008 年版。
［美］约翰·R. 塞尔：《心灵的再发现》，王巍译，中国人民大学出版社 2005 年版。
R. 彭罗斯《皇帝新脑——计算机、心智和物理定律》，湖南科学技术出版社 1996 年版。
维果茨基：《维果茨基儿童心理与教育论著选》，杭州大学出版社 1999 年版。
［英］乔治·莱尔因：《重构历史唯物主义》，姜兴宏、刘明如译，中国社会出版社 1991 年版。
邓赐平：《儿童心理理论的发展》，浙江教育出版社 2008 年版。
林尧瑞、马少平：《人工智能导论》，清华大学出版社 1989 年版。
全国维果茨基研究会编：《龚浩然与俄罗斯心理学研究》，浙江大学出版社 2006 年版。
王光荣：《文化的诠释——维果茨基学派心理学》，山东教育出版社 2009 年版。
杨鑫辉：《心理学通史》第五卷，山东教育出版社 2000 年版。
汪子嵩：《希腊哲学史：1》，人民出版社 1997 年版。
汪子嵩：《希腊哲学史：2》，人民出版社 1993 年版。
黄家裕：《镜像神经元与他心认知》，《自然辩证法通讯》2010 年第 2 期。
黄家裕：《论认知科学与常识心理学的兼容》，载于《哲学研究》2014 年 5 月。
徐长福：《论亚里士多德的实践概念》，《吉林大学社会科学学报》2004 年 1 月第 1 期。

Acredolo, L. P. , and S. W. Goodwyn, 1988, "Symbolic gesturing in normal infants," *Child Development*, 59: 450 –466.

Adams, F. , 2010, "Embodied Cognition," *Phenomenology and Cognition*, 9 (4): 619 –628.

Adams, F. , and Aizawa, K. 2009, "Why the Mind is Still in the Head," in*The Cambridge Handbook of Situated Cognition*, P. Robbins and M. Aydede (eds.), Cambridge University Press, pp. 78 –95.

——, 2008, *The Bounds of Cognition*, Malden: Blackwell Publishing.

Agre, P. , and D. Chapman, 1987, "Pengi: An implementation of a theory of activity," in*The Proceedings of the Sixth National Conference on Artificial Intelligence*, Seattle, WA: American Association for Artificial Intelligence, pp. 268 –272.

Ainslie, G. , 2001, *Breakdown of Will*, Cambridge: Cambridge University Press.

Aizawa, K. , 2007, "Understanding the Embodiment of Perception," *Journal of Philosophy*, 104: 5 –25.

——, 2007, "The Biochemistry of Memory Consolidation: Model Systems for the Philosophy of Mind," *Synthese*, 155: 65 –98

——, 2008, "Neuroscience and Multiple Realization: A Reply to Bechtel and Mundale," *Synthese*, 167, 495 –510.

——, forthcoming. "Multiple Realizability by Compensatory Differences," *European Journal for Philosophy of Science*, DOI: 10. 1007/s13194 –012 –0058 –6.

Aizawa, K. , and Carl G. , 2009a, "The (Multiple) Realization of Psychological and Other Properties in the Sciences," *Mind and Language*, 24: 181 –208.

——, 2009b, "Levels, Individual Variation, and Massive Multiple Realization in Neurobiology," in J. Bickle (Ed.), *Oxford Handbook of*

Philos1ophy and Neuroscience, New York: Oxford University Press, pp. 529 – 581.

——, 2011, "The Autonomy of Psychology in the Age of Neuroscience," in P. M. Illari, F. Russo, and J. Williamson (eds.), *Causality in the Sciences*, New York: Oxford University Press, pp. 203 – 223.

Anderson, M. L., 2003, "Embodied Cognition: A Field Guide," *Artificial Intelligence*, 149 (1): 91 – 130.

——, 2007, *How Can the Mind Occur in the Physical Universe?*, Oxford: Oxford University Press.

——, 2008, "On the Grounds of (X) – Grounded Cognition," in*The Elsevier Handbook of Cognitive Science: An Embodied Approach*, P. Calvo and T. Gomila (eds.), pp. 423 – 435.

——, 2010, "Neural re-use as a fundamental organizational principle of the brain," *Behavioral and Brain Sciences*, 33 (4): 245 – 313.

——, 2010, *Cognitive Psychology and its Implications* , 7th edn., New York: Worth.

Andréka, H., Németi, I., and P. Németi, 2009, "General Relativistic Hypercomputing and Foundation of Mathematics," *Natural Computing*, 8 (3): 499 – 516.

Antony, Louise and Joseph Levine, 1997, "Reduction With Autonomy," in Tomberlin 1997, pp. 83 – 106

Arnold, N. S., 1990, *Marx's Radical Critique of Capitalist Society*, Oxford: Oxford University Press.

Armstrong, D. 1968, *A Materialist Theory of Mind.* Routledge.

Aydede, Murat, 1997, "Language of Thought: A Connectionist Contribution," *Minds and Machines*, 7: 57 – 101.

Baars, B. 1997, *In the Theatre of Consciousness.* MIT Press.

Baggini, J., 2009, "Painting the bigger picture", *The Philosopher's*

Magazine, 8: 37 –39.

Baillargeon, R., 2002, "The Acquisition of Physical Knowledge in Infancy: A Summary in Eight Lessons," in*Blackwell Handbook of Childhood Cognitive Development*, U. Goswami (ed.), Oxford: Blackwell, pp. 47 –83.

Baillargeon, R., Spelke, E. S. and S. Wasserman, 1985, "Object Permanence in Five-Month-Old Infants," *Cognition*, 20 (3): 191 –208.

Ballard, D. H., 1991, "Animate vision," *Artificial Intelligence Journal*, 48: 57 –86.

Baron-Cohen, S., 1995, *Mindblindness: An Essay on Autism and Theory of Mind*, Cambridge, MA: MIT Press.

Barsalou, L. W., —, 1993, "Flexibility, structure, and linguistic vagary in concepts: Manifestations of a compositional system of perceptual symbols," in*Theories of memory*, A. C. Collins, S. E. Gathercole, and M. A. Conway (eds.), Hillsdale, NJ: Erlbaum, pp. 29 –101.

——, 1999, "Perceptual Symbol Systems," *Behavioral and Brain Sciences*, 22: 577 –609.

——, 2003, " Abstraction in perceptual symbol systems," Philosophical Transactions of the Royal Society of London: Biological Sciences, 358: 1177 –1187. [Available online]

——, 2008, "Grounded Cognition," *Annual Review of Psychology* 59: 617 –645.

2009, "Simulation, situated conceptualization, and prediction," *Philosophical Transactions of the Royal Society of London: Biological Sciences*, 364: 1281 –1289.

Barsalou, L. W., Simmons, W. K., Barbey, A. K., and C. D. Wilson, 2003, "Grounding conceptual knowledge in modality-specific systems," *Trends in Cognitive Sciences*, 7: 84 –91.

Barsalou, L. W., and B. H. Ross, 1986, "The roles of automatic and strategic processing in sensitivity to superordinate and property frequency," *Journal of Experimental Psychology: Learning, Memory, and Cognition*, 12: 116 - 134.

Bates, E., 2001, "Plasticity, Localization and Language Development," in *The Changing Nervous System: Neurobehavioural Consequences of Early Brain Disorders*, S. H. Broman and J. M. Fletcher (eds.), New York: Oxford University Press, pp. 214 - 253.

——, 1998, "Nativism, empiricism, and the origins of knowledge," *Infant Behaviour and Development*, 21 (2): 181 - 200.

Bates, E., Dale, P., and D. Thal, 1995, "Individual Differences and their implications for theories of language development," in *Handbook of Child Language*, P. Fletcher and B. MacWhinney (eds.), Oxford: Blackwell, pp. 96 - 151.

Bates, E., Ellman, J., Johnson, M., Karmiloff-Smith, A., Parisi, D., and Plunkett, K., 1998, "Innateness and Emergentism", in Bechtel and Graham (eds.) 1998.

Beauchamp, M. S., and A. Martin, 2007, "Grounding object concepts in perception and action: Evidence from fMRI studies of tools," *Cortex*, 43: 461 - 468.

Bechtel, W., 1985, "Contemporary Connectionism: Are the New Parallel Distributed Processing Models Cognitive or Associationist?", *Behaviorism*, 13: 53 - 61. (See Skinner 1977.)

Bechtel, W., 2008, *Mental Mechanisms: Philosophical Perspectives on Cognitive Neurosciences*, New York: Routledge.

Bechtel, W., and Abrahamsen, A., 1991, *Connectionism and the Mind*, Oxford: Blackwell.

Bechtel, W., and G. Graham (eds.), 1998, *A Companion to Cognitive*

Science, Oxford: Blackwell.

Becthel, W., Abrahamsen, A., and Graham, G., 1998, "The Life of Cognitive Science", in W. Bechtel and G. Graham (eds.) 1998.

Bechtel, W., Mandik, P., Mundale, J., & Stufflebeam, R. S. (eds.), 2001, *Philosophy and the Neurosciences: A Reader*, Malden, MA: Blackwell.

Beggs, E. J., and J. V. Tucker, 2007, "Can Newtonian Systems, Bounded in Space, Time, Mass and Energy Compute all Functions?" *Theoretical Computer Science*, 371 (1-2): 4-19.

Bermudez, J. 1998. *The Paradox of Self-Consciousness.* Oxford University Press.

Bechara, A., Damasio, H., and A. R. Damasio, 2000, "Emotion, Decision Making and the Orbitofrontal Cortex," *Cerebral Cortex*, 10: 295-307.

Bechara, A., Damasio, A. R., Damasio, H., and S. W. Anderson, 1994, "Insensitivity to future consequences following damage to human prefrontal cortex," *Cognition*, 50: 7-15.

Bechtel, W., 2009, "Explanation, Mechanism, Modularity, and Situated Cognition," in*The Cambridge Handbook of Situated Cognition*, P. Robbins and M. Aydede (eds.), Cambridge University Press, pp. 155-170.

Bechtel, William and Robert McCauley, 1999. "Heuristic Identity Theory (or Back to the Future): the Mind-Body Problem Against the Background of Research Strategies in Cognitive Neuroscience," *Proceedings of the 21st Annual Meeting of the Cognitive Science Society*, Mahwah, NJ: Lawrence Erlbaum Associates.

Bechtel, William and Jennifer Mundale, 1999. "Multiple Realizability Revisited: Linking Cognitive and Neural States," *Philosophy of Sci-*

ence, 66: 175 - 207.

Beer, R. D., 2003, "The Dynamics of active categorical perception in an evolved model agent," *Adaptive Behavior*, 11: 209 - 243.

——, 2000, "Dynamical approaches to cognitive science", *Trends in Cognitive Sciences*, 4: 91 - 99.

——, 1990, *Intelligence as Adaptive Behavior*, New York: Academic Press.

Berti, A., Bottini, G., Gandola, M., Pia, L., Smania, N., Stracciari, A., Castiglioni, I., Vallar, G., and E. Paulesu, 2005, "Shared Cortical Anatomy for Motor Awareness and Motor Control," *Science*, 309: 488 - 491.

Bickle, John, 1998, *Psychoneural Reduction: The New Wave*, Cambridge, MA: MIT Press.

Bickle, John, 2003, *Philosophy and Neuroscience: A Ruthlessly Reductive Account*, Dordrecht: Kluwer.

Bickle, John, 2010, "Has the Last Decade of Challenges to the Multiple Realization Argument Given Aid and Comfort to Psychoneural Reductionists," *Synthese*, 177: 247 - 260.

Black, M., 1962, *Models and Metaphors*, Ithaca: Cornell University Press.

Black, M., 1973, "Some Aversive Responses to a Would-be Reinforcer", in H. Wheeler (ed.), *Beyond the Punitive Society*, San Francisco: W. H. Freeman, pp. 125 - 134.

Blackburn, Simon, 1984, *Spreading the Word: Groundings in the Philosophy of Language*, New York: Oxford University Press.

Block, Ned, 1978, "Troubles with functionalism" . *Minnesota Studies in the Philosophy of Science* 9: 261 - 325.

——, 1986, "Advertisement for a Semantics for Psychology", *Midwest*

Studies in Philosophy (Volume X), P. A. French, *et al.* (eds.), Minneapolis: University of Minnesota Press, 615–678.

——, 1990, "Inverted Earth," *Philosophical Perspectives* (Volumes 4), J. Tomberlin (ed.), Atascadero, CA: Ridgeview Publishing Company.

——, 1995, "A Confusion About a Function of Consciousness," *Behavioral and Brain Sciences* 18: 227-47.

——, 1996, "Mental Paint and Mental Latex," *Philosophical Issues* (Volume 7), E. Villenueva (ed.), Atascadero, CA: Ridgeview Publishing Company.

——1997, "Anti-Reductionism Slaps Back," in Tomberlin 1997, 107–132.

——, 2000, "Mental Paint," *Essays in Honor of Tyler Burge*, M. Hahn and B. Ramberg (eds.), Cambridge, MA: MIT Press.

——, 2001, "Paradox and Cross Purposes in Recent Work on Consciousness," S. Dehaene, ed., *The Cognitive Neuroscience of Consciousness* MIT Press.

——, 2002, "Concepts of Consciousness," D. Chalmers, ed., *Philosophy of Mind: Classical and Contemporary Readings* Oxford University Press.

——, 2002, "Searle's Arguments Against Cognitive Science", in Preston and Bishop (eds.) 2002

——, 2005, "Review of Alva Noë Action in Perception," *Journal of Philosophy*, 102: 259–272.

Block, Ned and Jerry Fodor, 1972 "What Psychological States Are Not," *Philosophical Review*, 81: 159–181.

Blum, L., Cucker F., Shub M., and S. Smale, 1998, *Complexity and Real Computation*, New York: Springer.

Boden, M., 1988, *Computer Models of the Mind*, Cambridge: Cambridge University Press; pp. 238 – 251 were excerpted and published as "Escaping from the Chinese Room", in *The Philosophy of Artificial Intelligence*, ed M. A. Boden, New York: Oxford University Press, 1990.

——, 1990, *The Philosophy of Artificial Intelligence*, Oxford University Press.

——, 2006, *Mind as Machine: A History of Cognitive Science* , Oxford: Clarendon.

Bontly, T., 1998, "Individualism and the Nature of Syntactic States," *British Journal for the Philosophy of Science*, 49 (4): 557 – 574.

Bowie, L., 1982, "Lucas's Number is Finally Up", *Journal of Philosophical Logic*, 11: 279 – 85.

Borghi, A. M., Glenberg, A. M. and M. P. Kaschak, 2004, "Putting words in perspective", *Memory & Cognition*, 32 (6): 863 – 873.

Boronat, C. B., Buxbaum, L. J., Coslett, H. B., Tang, K., Saffran, E. M., Kimberg, D. Y., and J. A. Detre, 2005, "Distinction between manipulation and functionknowledge of objects: Evidence from functional magnetic resonance imaging," *Cognitive Brain Research*, 23: 361 – 373.

Brentano, F. [1874] (1973) *Psychology from an Empirical Standpoint*. Trans. T. Rancurello, D. Terrell, and L. McAllister. Humanities Press.

Brentano, F. [1867] (1976) *The Psychology of Aristotle*. Trans. R. George. University of California Press.

Brewer, W. F., 1974, "There is No Convincing Evidence for Operant or Classical Conditioning in Adult Humans", In W. Weiner and D. Palermo (eds.), *Cognition and Symbolic Processes*, Hillsdale, N. J.: Earlbaum.

Brewer, B. , 2011, *Perception and its Objects*, Oxford: Oxford University Press.

Brooks, R. , 2002, *Flesh and Machine: How Robots Will Change Us*, New York: Pantheon.

——, 1991a, "Intelligence without representation," *Artificial Intelligence*, 47: 139 – 159.

——, 1991b, "Intelligence without reason," *Proceedings of 12th International Joint Conference on Artificial Intelligence*, Sydney, Australia, pp. 569 – 595

Bryant, D. , and G. Wright, 1999, "How body asymmetries determine accessibility in spatial function," *Quarterly Journal of Experimental Psychology*, 52A: 487 – 508.

Bub, J. , 2005, "Quantum Mechanics is About Quantum Information," *Foundations of Physics*, 35 (4): 541 – 560.

Burge, T. , 1986, "Individualism and Psychology," *Philosophical Review*, 45: 3 – 45.

Button, T. , 2009, "SAD Computers and Two Versions of the Church-Turing Thesis," *British Journal for the Philosophy of Science*, 60 (4): 765 – 792.

Burge, T. 1979, "Individualism and the Mental. " *Midwest Studies in Philosophy*, vol. 4. University of Minnesota Press.

Byrne, A. , 2001, "Intentionalism Defended," *Philosophical Review*, 110: 199 – 240.

Byrne, A. and Tye, M. , 2006, "Qualia ain't in the Head," *Noës*, 40: 241 – 255.

Byrne, A. 2004, "What Phenomenal Consciousness is Like," R. Gennaro, ed. , *Higher-Order Theories of Consciousness* John Benjamins

Calude, C. S. , 2005, "Algorithmic Randomness, Quantum Physics, and

Incompleteness," in*Proceedings of the Conference "Machines, Computations and Universality"* (*MCU* 2004), M. Margenstern (ed.), Berlin: Springer, pp. 1 – 17.

Calude, C. S., and B. Pavlov, 2002, "Coins, Quantum Measurements, and Turing's Barrier," *Quantum Information Processing*, 1 (1 – 2): 107 – 127.

Calude, C. S., and K. Svozil, 2008, "Quantum Randomness and Value Indefiniteness," Advanced Science Letters, 1 (2): 165 – 168.

Cam, P., 1990, "Searle on Strong AI", Australasian Journal of Philosophy, 68: 103 – 8.

Campbell, J., 2002, Reference and Consciousness, Oxford: Clarendon Press.

Chalmers, D., 1992, "Subsymbolic Computation and the Chinese Room", in J. Dinsmore (ed.), The Symbolic and Connectionist Paradigms: Closing the Gap, Hillsdale, NJ: Lawrence Erlbaum.

——, 1995, "On Implementing a Computation," Minds and Machines, 4: 391 – 402.

——, 1996, The Conscious Mind, Oxford: Oxford University Press.

——, 1996a, "Does a Rock Implement Every Finite-State Automaton', Synthese 108: 309 – 33.

——, 1996b, "Minds, machines, and mathematics", Psyche, 2: 11 – 20.

——, 1996, The Conscious Mind, Oxford: Oxford University Press.

——, 1996, "Does a Rock Implement Every Finite-State Automaton?" Synthese, 108: 310 – 333.

——, 1999, "Materialism and the Metaphysics of Modality," Philosophy and Phenomenological Research, 59: 473 – 493.

——, 2004, "The Representational Character of Experience," The Future for Philosophy, B. Leiter (ed.), Oxford: Oxford University

Press.

——, 2005, "Phenomenal Concepts and the Explanatory Gap," in-Phenomenal Concepts and Phenomenal Knowledge: New Essays on Consciousness and Physicalism, T. Alter and W. Walter (eds.), Oxford: Oxford University Press.

Carnap, R., 1932/33. "Psychology in Physical Language," Erkenntnis, 3: 107-42.

Carruthers, P. 1989, "Brute Experience." *Journal of Philosophy* 86: 259-269.

——, 2000, *Phenomenal Consciousness.* Cambridge University Press.

——, 2004, "HOP over FOR, HOT Theory." R. Gennaro, ed., *Higher-Order Theories of Consciousness* John Benjamins.

——, 2006, *The architecture of the mind*, Oxford: Clarendon Press.

Chemero, A., 2009, Radical Embodied Cognitive Science, Cambridge, MA: MIT Press.

Chomsky, N., 1959, "Review of Verbal Behavior," Language, 35: 26-58.

——, 1971, "The Case Against B. F. Skinner," New York Review of Books, 30: 18-24.

——, 1975, Reflections on Language, New York: Pantheon Books.

Chomsky, N., 1959, "A Review of B. F. Skinner's Verbal Behavior," Language, 35: 26-58.

Chrisley, R. L., 1995, "Why Everything Doesn't Realize Every Computation," *Minds and Machines*, 4: 403-430

Churchland, P., 1982, "Is Thinker a Natural Kind?" Dialogue, 21: 223-238

——, 1984, Matter and Consciousness, Cambridge, MA.: MIT Press/Bradford Books.

——, 1985, "Reductionism, Qualia, and the Direct Introspection of Brain States", The Journal of Philosophy, LXXXII: 8 –28.

——, 1985, "Reduction, Qualia, and Direct Introspection of Brain States," Journal of Philosophy, 82: 8 –28.

——, 1986, Neurophilosophy, Cambridge, MA: MIT Press.

——, Churchland, P. M., 2007. Neurophilosophy at Work, Cambridge: Cambridge University Press.

Churchland, P. S., 2002. Brain-wise: Studies in Neurophilosophy, Cambridge, MA: MIT Press.

Churchland, P. S., and T. J. Sejnowski, 1992, *The Computational Brain*, Cambridge, MA: MIT Press.

Clark, Andy, 1991, Microcognition: Philosophy, Cognitive Science, and Parallel Distributed Processing, Cambridge, MA: MIT Press.

——, 1996, *The Conscious Mind.* Oxford University Press.

——, 1997, Being There: Putting Brain, Body and World Together Again, Cambridge, MA: The MIT Press.

——, 2000, Natural-Born Cyborgs: Minds, Technologies, and the Future of Human Intelligence, New York: Oxford University Press.

——, 2001, "Reasons, Robots and the Extended Mind," Mind and Language, 16: 121 –145.

——, 2004, "The Representational Character of Experience." B. Leiter, ed., *The Future for Philosophy.* Oxford University Press.

——, 2005, "Intrinsic Content, Active Memory, and the Extended Mind," Analysis, 65: 1 –11.

Clark, Andy, and David Chalmers, 1998, "The Extended Mind," Analysis, 58: 7 –19.

Cole, D., 1984, "Thought and Thought Experiments", Philosophical Studies, 45: 431 –44.

——, 1990, "Functionalism and Inverted Spectra", Synthese, 82: 202 - 222.

——, 1991a, "Artificial Intelligence and Personal Identity", Synthese, 88: 399 - 417.

——, 1991b, "Artificial Minds: Cam on Searle", Australasian Journal of Philosophy, 69: 329 - 33.

——, 1994, "The Causal Powers of CPUs", in E. Dietrich (ed.), Thinking Computers and Virtual Persons, New York: Academic Press

Cole, D. and Foelber, R., 1984, Contingent Materialism', Pacific Philosophical Quarterly, 65 (1): 74 - 85.

Copeland, B. J., 1996, "What is Computation?" *Synthese*, 108 (3): 335 - 359.

——, 2000, "Narrow Versus Wide Mechanism: Including a Re-Examination of Turing's Views on the Mind-Machine Issue." *The Journal of Philosophy*, XCVI (1): 5 - 33.

——, 2002, "Accelerating Turing Machines," *Minds and Machines*, 12 (2): 281 - 301.

——, "The Chinese Room from a Logical Point of View", in Preston and Bishop (eds.) 2002, 104 - 122.

Crane, T., 1990, "The Language of Thought: No Syntax Without Semantics," *Mind and Language*, 5 (3): 187 - 212.

——, 1992, "The Nonconceptual Contents of Experience." T. Crane, ed. *The Contents of Experience*: *Essays on Perception*. Cambridge University Press.

——, 1996, The Mechanical Mind: A Philosophical Introduction to Minds, Machines and Mental Representation, London: Penguin.

Craver, C. F., 2007, *Explaining the Brain*, Oxford: Oxford University Press.

Cummins, R., 1983, *The Nature of Psychological Explanation*, Cambridge, MA: MIT Press.

——, 1989, Meaning and Mental Representation, Cambridge, Mass.: MIT Press.

Cowie, F., 1998, *What's Within: Nativism Reconsidered*, Oxford: Oxford.

Couch, Mark, 2004, "Discussion: A Defense of Bechtel and Mundale," *Philosophy of Science*, 71: 198 – 204.

Damasio, A. R., 1996, "The somatic marker hypothesis and the possible functions of the prefrontal cortex," *Philosophical Transaction: Biological Sciences*, 351: 1413 – 1420.

——, 1994, *Descartes' Error: Emotion, Reason, and the Human Brain*, New York: Putnam Publishing.

Dawson, M. R. W., 1998, *Understanding Cognitive Science*, Oxford: Blackwell.

Davis, L., 2001, "Functionalism, the Brain, and Personal Identity", *Philosophical Studies*, 102 (3): 259 – 279.

Davies, M. 1997, "Externalism and Experience." N. Block, O. Flanagan, G. Güzeldere, eds. *The Nature of Consciousness*. MIT Press.

Davies, E. B., 2001, "Building Infinite Machines," *British Journal for the Philosophy of Science*, 52 (4): 671 – 682.

Davis, M., 2004a, "The Myth of Hypercomputation," in*Alan Turing: Life and Legacy of a Great Thinker*, C. Teuscher (ed.), Berlin: Springer, pp. 195 – 211.

—— (ed.), 2004b, *The Undecidable: Basic Papers on Undecidable Propositions, Unsolvable Problems and Computable Functions*, Dover: Mineola.

Davies, M. and Humphreys, G., 1993, *Consciousness*, Oxford:

Blackwell.

Davidson, D. , 1984, *Truth and Interpretation*, Oxford: Clarendon Press.

——1986, "Knowing One's Own Mind," *Proceedings and Addresses of the American Philosophical Association*, 60: 441 –458.

——1986, "Empirical Content." E. LePore, ed. *Truth and Interpretation: Perspectives on the Philosophy of Donald Davidson.* Basil Blackwell.

Day, W. , 1976, "The Case for Behaviorism," in M. Marx and F. Goodson (eds.) *Theories in Contemporary Psychology*, New York: Macmillan, pp. 534 –45.

DeBellis, M. , 1991, "The Representational Content of Musical Experience," *Philosophy and Phenomenological Research*, 51: 303 –324.

Dennett, D. C. 1969, *Content and Consciousness.* Routledge.

——, 1978, "Toward a Cognitive Theory of Consciousness." *Brainstorms.* MIT Press.

——, 1987, *The Intentional Stance*, Cambridge, MA: MIT Press.

——, 1988, "Quining Qualia." A. Marcel and E. Bisiach, eds. , *Consciousness in Contemporary Science.* Oxford University Press.

——, 1990, "Quining Qualia," in *Mind and Cognition*, W. Lycan (ed.), Oxford: Blackwell, 519 –548. [Preprint available online]

——, 1991, *Consciousness Explained*, Boston: Little, Brown and Company.

——, 1991, *Consciousness Explained.* Little, Brown.

Dennett, Daniel, —, 1987, *The Intentional Stance*, Cambridge: MIT Press.

——, 1991, *Consciousness Explained*, Boston: Little, Brown and

Company.

——, 2005, *Sweet Dreams: Philosophical Obstacles to a Science of Consciousness*, Cambridge, MA: MIT Press.

DeSteno, D., Dasgupta, N., Bartlett, M. Y., and A. Cajdric, 2004, "Prejudice from thin air: The effect of emotion on automatic intergroup attitudes," *Psychological Science*, 15: 319 – 324.

Deutsch, D., 1985, "Quantum Theory, the Church-Turing Principle and the Universal Quantum Computer," *Proceedings of the Royal Society of London A*, 400: 97 – 117.

Double, R., 1983, "Searle, Programs and Functionalism", *Nature and System*, 5: 107 – 14.

Dretske, F. I., 1981, *Knowledge and the Flow of Information*, Cambridge, MA: MIT Press.

——, 1985, "Presidential Address" (Central Division Meetings of the American Philosophical Association), *Proceedings and Addresses of the American Philosophical Association*, 59 (1): 23 – 33.

——, 1993, "Conscious Experience." *Mind* 102: 406, 262 – 283.

——, 1995, *Naturalizing the Mind*, Cambridge, MA: MIT Press, Bradford Books.

Dreyfus, H. 1991, *Being-in-the-World: A Commentary on Heidegger's Being and Time, Division I.* MIT Press.

Dreyfus, H., 1972, *What Computers Can't Do*, New York: Harper & Row.

Dreyfus, H., and Dreyfus, S., 1988, "Making a mind versus modelling a brain: artificial intelligence back at a branch-point," In Boden 1990, pp. 309 – 333.

Dubnau, J., and Tom T., 1998, "Gene Discovery in Drosophila: New Insights for Learning and Memory," *Annual Review of Neuro-*

science, 21: 407 –444.

Earman, J. , 1986, *A Primer on Determinism*, Dordrecht: D. Reidel.

Earman, J. , and J. Norton, 1993, "Forever is a Day: Supertasks in Pitowsky and Malament-Hogarth Spacetimes," *Philosophy of Science*, 60: 22 –42.

Egan, F. , 1999, "In Defence of Narrow Mindedness." *Mind and Language*, 14 (2): 177 –194.

Egan, F. , forthcoming, "A Modest Role For Content," *Studies in the History and Philosophy of Science.*

Elman, J. , Bates, E. , Johnson, M. , Karmiloff-Smith, A. , Parisi, D. and K. Plunkett, 1996, *Rethinking Innateness: A Connectionist Perspective on Development*, Cambridge, MA: MIT Press.

En ? , Berent, 1983, "In Defense of the Identity Theory," *Journal of Philosophy*, 80, 279 –298.

Endicott, Ronald, 1993, "Species-Specific Properties and More Narrow Reductive Strategies," *Erkenntnis*, 38: 303 –321.

Erwin, E. , 1978, *Behavior Therapy: Scientific, Philosophical, and Moral Foundations*, Cambridge: Cambridge University Press.

Etesi, G. , and I. Németi, 2002, "Non-Turing Computations via Malament-Hogarth Spacetimes," *International Journal of Theoretical Physics*, 41: 342 –370.

Evans, G. 1982, *Varieties of Reference.* Oxford University Press.

Feferman, S. , 1996, "Penrose's Goedelian Argument", *Psyche*, 2: 21 –32.

Fadiga, L. , Fogassi, L. , Pavesi, G. , and G. Rizzolatti, 1995, "Motor facilitation during action observation: a magnetic stimulation study," *Journal of Neurophysiology*, 73: 2608 –2611.

Farrer, C. , Franck, N. , Georgieff, N. , Frith, C. D, Decety, J. , and M. Jeannerod, 2003, "Modulating the experience of agency: a positron emission tomography study," *NeuroImage*, 18: 324 – 333.

Farrer, C., and C. D. Frith, 2002, "Experiencing oneself vs another person as being the cause of an action: the neural correlates of the experience of agency," *NeuroImage*, 15: 596 – 603.

Ferrari, P. F., Gallese, V., Rizzolatti, G., and L. Fogassi, 2003, "Mirror neurons responding to the observation of ingestive and communicative mouth actions in the monkey ventral premotor cortex," European Journal of Neuroscience, 17: 1703 – 1714.

Feynman, R. P., 1982, "Simulating Physics with Computers," International Journal of Theoretical Physics, 21 (6 – 7): 467 – 488.

Fodor, J., 1974, "Special Sciences: Or the Disunity of Science as a Working Hypothesis," Synthese, 28: 97 – 115

——, 1975, The Language of Thought, Cambridge, MA: Harvard University Press.

——, 1980, "Methodological Solipsism Considered as a Research

——, 1981, Representations, Cambridge, MA: MIT Press.

——, 1983, The Modularity of Mind, Cambridge, MA: MIT Press.

——, 1987, Psychosemantics, Cambridge, MA: MIT Press.

——, 1997, Concepts: Where Cognitive Science Went Wrong, Cambridge, MA: MIT Press.

Fodor, J. A. and, Z. W. Pylyshyn, 1988, "Connectionism and cognitive architecture: A critical analysis," Cognition, 28: 3 – 71.

Føllesdal, D. 1969, "Husserl's Notion of Noema." *Journal of Philosophy*66.

Føllesdal, D. 1990, "Noema and Meaning in Husserl." *Philosophy and Phenomenological Research* 50.

Ford, J., 2010, "Helen Keller was never in a Chinese Room", Minds and Machines, VOLUME: PAGES.

Fredkin, E., 1990, "Digital Mechanics: An Information Process Based on Reversible Universal Cellular Automata," *Physica D*, 45: 254-270.

Fresco, N., 2010, "Explaining Computation Without Semantics: Keeping It Simple," *Minds and Machines*, 20: 165-181.

Flanagan, O. 1992, *Consciousness Reconsidered.* MIT Press.

Frege, G. (1892) "On Sense and Reference." Trans. M. Black. In-*Translations from the Philosophical Writings of Gottlob Frege.* P. Geach and M. Black, eds. Basil Blackwell.

Friedenberg, J. D., & Silverman, G., 2005. *Cognitive Science: An Introduction to the Study of Mind*, Thousand Oaks, CA: Sage.

Frith, C. D., Blakemore, S. J. and D. M. Wolpert, 2000, "Explaining the symptoms of schizophrenia: Abnormalities in the awareness of action," *Brain Research Reviews*, 31: 257-363.

Fuchs, C. A., 2004, "Quantum Mechanics as Quantum Information (and only a little more)," in Quantum Theory: Reconsiderations of Foundations, A. Khrennikov (ed.), Växjö, Sweden: Växjö University Press, pp. 463-543.

Gallagher, S., 2009, "Philosophical Antecedents of Situated Cognition," in The Cambridge Handbook of Situated Cognition, P. Robbins and M. Aydede (eds.), Cambridge University Press, pp. 35-51.

——, 2005, How the Body Shapes the Mind, Oxford: Oxford University Press.

Gallese, V., and Lakoff, G. 2005, "The brain's concepts: The role of the sensorimotor system in conceptual knowledge," Cognitive Neuropsychology, 21: 455-479.

Gallese, V., Craighero. L., Fadiga, L., and L. Fogassi, 1999,

Perception through action, Psyche, 5: 5 –21.

Gallese, V. and A. Goldman, 1998, "Mirror neurons and the simulation theory of mind-reading," Trends in Cognitive Sciences, 12: 493 –501.

Gallese, V., Fadiga, L., Fogassi, L. and G. Rizzolatti, 1996. "Action recognition in the premotor cortex," Brain, 119: 593 –609.

Gallagher, S., and Zahavi, D. 2008, The Phenomenological Mind: An Introduction to Philosophy of Mind and Cognitive Science, New York: Routledge.

Gangopadhyay, N., Madary, M., and F. Spicer (eds.), 2010, Perception, Action and Consciousness. New York: Oxford University Press.

Gallistel, C. R., 1990, The Organization of Learning, Cambridge, MA.: MIT Press.

Garcia-Carpintero, M., 2003, "Qualia that it is right to Quine," Philosophy and Phenomenological Research, 67: 357 –377.

Gardiner, H., 1987, The Mind's New Science: A History of the Cognitive Revolution, New York: Basic Books.

Gibbons, J., 2005, "Qualia: They're not what they seem," *Philosophical Studies*, 126: 397 –428.

Gibbs, R. W., 2005, *Embodiment and Cognitive Science*, Cambridge: Cambridge University Press.

Gibbs, R. W., 2006, *Embodiment and Cognitive Science*, Cambridge: Cambridge University Press.

Gibson, J. J., 1979, *The Ecological Approach to Visual Perception*, Boston: Houghton Mifflin.

Gillett, Carl, 2002, "The Dimensions of Realization: A Critique of the

Standard View," *Analysis*, 62: 316 - 323.

Gillett, Carl, 2003, "The Metaphysics of Realization, Multiple Realization and the Special Sciences," *Journal of Philosophy*, 100: 591 - 603.

Glenberg, A. M., 1997, "What memory is for," *Behavioral and Brain Science*, 20, 1 - 55.

Glenberg, A. M., Becker, R., Klötzer, Kolanko, L., Müller and M. Rinck, 2009, "Episodic affordances contribute to language comprehension," *Language and Cognition*, 1 (1): 113 - 135.

Glenberg, A., Havas, D., Becker, and M. Rinck,, 2005, "Grounding Language in Bodily States: The Case for Emotion," in*The Grounding of Cognition: The Role of Perception and Action in Memory, Language, and Thinking*, R. Zwaan and D. Pecher (eds.), Cambridge University Press, pp. 115 - 128.

Glenberg, A. M., and M. P. Kaschak, 2002, "Grounding language in action," *Psychonomic Bulletin and Review*, 9: 558 - 565.

Glenberg, A. M., and D. A. Robertson, 2000, "Symbol grounding and meaning," A comparison of high- dimensional and embodied theories of meaning, *Journal of Memory and Language*, 43: 379 - 401.

——, 1999, "Indexical understanding of instructions," *Discourse Processes*, 28: 1 - 26.

Gödel, K., 1934, "On Undecidable Propositions of Formal Mathematical Systemsm," in*The Undecidable*, M. Davis (ed.), Ewlett, NY: Raven, pp. 41 - 71.

——, 1936, "Über die Lange von Beweisen," *Ergebnisse eines mathematischen Kolloquiums*, 7: 23 - 24.

——, 1946, "Remarks Before the Princeton Bicentennial Conference on Problems in Mathematics," reprinted in Davis 2004b, pp.

84 –88.

Godfrey-Smith, P. , 2009, "Triviality Arguments Against Functionalism," *Philosophical Studies*, 145 (2): 273 –295.

Goldman, A. , 1993. Philosophical Applications of Cognitive Science, Boulder: Westview Press.

Gozzano, Simone and Christopher S. Hill, eds. (2012) . New Pwerspectives on Type Identity: The Mental and the Physical, Cambridge: Cambridge University Press.

Graham, G. , 1984. "Sensation and Classification", *Behavioral and Brain Sciences*, 7: 558 –559.

Grandgeorge, M. , Hausberger, M. , Tordjman, S. , Deleau, M. , Lazartigues, A. , and E. Lemonnier, 2009, "Environmental factors influence language development in children with autism spectrum disorders," *PLoS ONE*, 4 (4): e4683.

Greene, J. , and J. Haidt, 2002, "How (and where) does moral judgment work?" *Trends in Cognitive Sciences*, 6 (12): 517 –523.

Gregory, R. , 1966, *Eye and Brain*, London: Weidenfeld and Nicolson.

Griffiths, P. E. , and K. Stotz, 2000, "How the mind grows: a developmental perspective on the biology of cognition," *Synthese*, 122: 29 –51.

Griffiths, T. L. , Kemp, C. , & Tenenbaum, J. B. , 2008. "Bayesian Models of Cognition," in R. Sun (ed.), *The Cambridge Handbook of Computational Psychology*, Cambridge: Cambridge University Press, pp. 59 –100.

Grossberg, Stephen, 1982, Studies of Mind and Brain, Boston Studies in the Philosophy of Science, Volume 70. Dordrecht, Holland: Reidel.

Güzeldere, G. 1997, "Is Consciousness the Perception of What Passes in One's Own Mind?" In N. Block, O. Flanagan, G. Güzeldere, eds. The Nature of Consciousness. MIT Press.

Hagar, A., and A. Korolev, 2007, "Quantum Hypercomputation--Hyper or Computation?," *Philosophy of Science*, 74 (3): 347-363.

Haggard, P., 2005, "Conscious intention and motor cognition," *Trends in Cognitive Science*, 9 (6): 290-295.

Hamkins, J. D., 2002, "Infinite Time Turing Machines," *Minds and Machines*, 12: 521-539.

Hardin, C., 1993, *Color for Philosophers*, Cambridge: Hackett.

Haidt, J., Koller, S. H., and M. G. Dias, 1993, "Affect, Culture, and Morality, or Is It Wrong to Eat Your Dog," *Journal of Personality and Social Psychology*, 65 (4): 613-628.

Haith, M. M., 1998, "Who put the cog in infant cognition: Is rich interpretation too costly?," *Infant Behavior and Development*, 21: 167-179.

Harman, G., 1987, "(Nonsolipsistic) Conceptual Role Semantics," in*New Directions in Semantics*, E. Lepore (ed.), London: Academic Press, pp. 55-81.

Harman, G., 1988, "Wide Functionalism", in*Cognition and Representation*, S. Schiffer and D. Steele (eds.), Boulder, CO: Westview Press.

Harman, G., 1990, "The Intrinsic Quality of Experience," in*Philosophical Perspectives* (Volume 4), J. Tomberlin (ed.), Atascadero, CA: Ridgeview Publishing Company

Harnad, S., 1990, "The Symbol Grounding Problem," *Physica D* 42 (4): 335-346.

Haugeland, J., 1985, *Artificial Intelligence: The Very Idea*, Cambridge, MA: MIT Press, Bradford Books.

Heidegger, M. [1927] 1962. *Being and Time*. Trans. J. Macquarrie and E. Robinson. Harper & Row.

Hempel, C., 1949, "The Logical Analysis of Psychology", in H. Feigl and W. Sellars (eds.), *Readings in Philosophical Analysis*, New York: Appleton-Century-Crofts, pp. 373 – 84.

——, 1966. *Philosophy of Natural Science*, Englewood Cliffs, N. J.: Prentice-Hall.

Hickok, G. 2008, "Eight Problems for the Mirror Neuron Theory of Action Understanding in Monkeys and Humans," *Journal of Cognitive Neuroscience*, 21 (7): 1229 – 1243.

Hinton, J. M., 1973, Experiences. Oxford: Clarendon Press.

Hill, C., 1991, *Sensations: A Defense of Type Materialism*, Cambridge: Cambridge University Press.

Hirschfeld, L. A., and S. A. Gelman, 1994, (eds.), *Mapping the mind: Domain specificity in cognition and culture*, New York: Cambridge University Press.

Hoff, E., 2003, "The Specificity of Environmental Influence: Socioeconomic Status Affects Early Vocabulary Development Via Maternal Speech," *Child Development*, 74 (5): 1368 – 1378.

Hoff, E., and L. Naigles, 2002, "How children use input to acquire a lexicon," *Child Development*, 73 (2): 418 – 433.

Hogarth, M. L., 1994, "Non-Turing Computers and Non-Turing Computability," *PSA* 1994 (1): 126 – 138.

Hogarth, M. L., 2004, "Deciding Arithmetic Using SAD Computers," *British Journal for the Philosophy of Science*, 55: 681 – 691.

Honig, W. and J. G. Fetterman (eds), 1992, *Cognitive Aspects of*

Stimulus Control, Hillsdale, N. J. : Erlbaum.

Horgan, T. , 1984, "Jackson on Physical Information and Qualia," *Philosophical Quarterly*, 34: 147 - 83.

Horgan, T. and Graham, G. , forthcoming. "Phenomenal Intentionality and Content Determinacy", in R. Shantz (ed.), *Prospects for Meaning*, Amsterdam: DeGruyter.

Horgan, T. , 1993, "Nonreductive Materialism and the Explanatory Autonomy of Psychology," in S. Wagner and R. Warner (eds.), *Naturalism: A Critical Appraisal*, Notre Dame, IN: University of Notre Dame Press, 295 - 320.

Horgan, T. and Tienson, J. 2002, "The Intentionality of Phenomenology and the Phenomenology of Intentionality. " In D. Chalmers, ed. , *Philosophy of Mind: Classical and Contemporary Readings*. Oxford University Press.

Horgan, T. and Tienson, J. , 2002, "The Intentionality of Phenomenology and the Phenomenology of Intentionality," in*Philosophy of Mind: Classical and Contemporary Readings*, D. Chalmers (ed.), Oxford: Oxford University Press, 520 - 33.

Horgan, T. and Kriegel, U. , 2007, "Phenomenal Epistemology: What is Consciousness that We may Know it so Well?" *Philosophical Issues*, 17: 123 - 144.

Hurley, S. , 1998, *Consciousness in Action*, London: Harvard University Press.

Hurley, S. , and A. Noë, 2003, "Neural Plasticity and Consciousness," *Biology and Philosophy*, 18: 131 - 168.

Husserl, E. [1900] 1970, *Logical Investigations*. Trans. J. Findlay. Routledge.

Husserl, E. [1913] 1983, *Ideas Pertaining to a Pure Phenomenology and to a Phenomenological Philosophy*, *First Book*. Trans. F. Kersten. Kluwer.

Husserl, E. [1928] 1966, *The Phenomenology of Internal Time Consciousness.* Trans. J. Churchill. Indiana University Press.

Husserl, E. [1928] 1973, *Experience and Judgment.* Trans. J. Churchill and K. Ameriks. Northwestern University Press.

Husserl, E. 1931, *Cartesian Meditations*, trans. D. Cairns, Dordrecht: Kluwer [1988].

——, 1913, *Ideas Pertaining to a Pure Phenomenology and to a Phenomenological Philosophy—First Book: General Introduction to a Pure Phenomenology*, trans. F. Kersten. The Hague: Nijhoff (= *Ideas*) [1982].

Hutchins, E., 1995, *Cognition in the Wild*, Cambridge, MA: MIT Press.

Iacoboni, M., and M. Dapretto, 2006, "The mirror neuron system and the consequences of its dysfunction," *Nature Review Neuroscience*, 7: 942 - 951.

Inbar, Y., Pizarro, D. A., and P. Bloom, 2009, *Disgusting smells cause decreased liking of homosexuals*, (submitted and under revisio n).

Iverson, J. M., and S. Goldin-Meadow, 2005, "Gesture paves the way for language development," *Psychological Science*, 16: 368 - 371.

Jackson, F., 1982, "Epiphenomenal Qualia," *Philosophical Quarterly*, 32: 127 - 136.

——, 1993, "Armchair Metaphysics," in*Philosophy of Mind*, J. O′ Leary-Hawthorne and M. Michael (eds.), Dordrecht: Kluwer.

Jacquette, D., 1991, The Myth of Pure Syntax, " in*Topics in Philosophy and Artificial Intelligence*, L. Albertazzi and R. Rolli (eds.), Bozen: Istituto Mitteleuropeo di Cultura, pp. 1 - 14.

Jackson, F., 1986, "What Mary Didn't Know", *Journal of Philosophy*, LXXXIII: 291 - 5.

Johnson-Laird, P., 1988, *The Computer and the Mind: An Introduction to Cognitive Science*, Cambridge, MA: Harvard University Press.

Johnson, M., 2007, *The Meaning of the Body*, Chicago: University of Chicago Press.

——, 2000, "Functional Brain Development in Infants: Elements of an Interactive Specialization Framework," *Child Development*, 71 (1): 75 – 81.

——, 1987, *The Body in Mind*, Chicago: University of Chicago Press.

Kaernbach, C., 2005, "No Virtual Mind in the Chinese Room", *Journal of Consciousness Studies*, 12 (11): 31 – 42.

Kane, R., 1996, *The Significance of Free Will*, Oxford: Oxford.

Kaplan, D. 1979, "On the Logic of Demonstratives." *Journal of Philosophical Logic* 8.

Kanwisher, N., 2000, "Domain specificity in face perception," *Nature Neuroscience*, 3: 759 – 763.

Kanwisher, N., McDermott, J., and M. M. Chun, 1997, "The fusiform face area: a module in human extrastriate cortex specialized for face perception," *The Journal of Neuroscience*, 17: 4302 – 4311.

Kant, I. [1787] 1929, *Critique of Pure Reason*. Trans. N. K. Smith. Macmillan.

Karmiloff-Smith, A., 1994, "Precis of Beyond modularity: A developmental perspective on cognitive science," *Behavioral and Brain Sciences*, 17 (4): 693 – 745.

Kaschak, M. P., and A. M Glenberg, 2000, "Constructing meaning: The role of affordances and grammatical constructions in sentence comprehension," *Journal of Memory and Language*, 43: 508 – 529.

Kelly, S. 2001, "The Non-conceptual Content of Perceptual Experience: Situation Dependence and Fineness of Grain." *Philosophy and Phenomenological Research*. 63: 3.

Kelly, S. 2003, "Husserl and Phenomenology." R. C. Solomon, ed., *Blackwell Guide to Continental Philosophy*. Blackwell

Kieu, T. D., 2002, "Quantum Hypercomputation," *Minds and Machines*, 12 (4): 541-561.

Kieu, T. D., 2003, "Computing the Noncomputable," *Contemporary Physics*, 44: 51-71.

Kieu, T. D., 2004, "A Reformulation of Hilbert's Tenth Problem through Quantum Mechanics," *Proceedings of the Royal Society A*, 460 (2045): 1535-1545.

Kieu, T. D., 2005, "An Anatomy of a Quantum Adiabatic Algorithm that Transcends the Turing Computability," *International Journal of Quantum Information*, 3 (1): 177-183

Kim, Jaegwon, 1989, "The Myth of Nonreductive Physicalism," *Proceedings and Addresses of the American Philosophical Association*, 63: 31-47.

Kim, Jaegwon, 1992, "Multiple Realization and the Metaphysics of Reduction," *Philosophy and Phenomenological Research*, 52: 1-26.

Kleene, S. C., 1935, "A Theory of Positive Integers in Formal Logic," *American Journal of Mathematics*, 57: 153-173 and 219-244.

Kleene, S. C., 1952, *Introduction to Metamathematics*, Princeton: Van Nostrand.

Klein, Colin, 2008, "An Ideal Solution to Disputes About Multiply Realized Kinds," *Philosophical Studies*, 140: 161-177.

Klein, C., 2008, "Dispositional Implementation Solves the Superfluous Structure Problem," *Synthese*, 165: 141 – 153.

Knobe, J., & Nichols, S. (eds.), 2008, *Experimental Philosophy*, Oxford: Oxford University Press.

Koch, C., 2004, *The Quest for Consciousness: A Neurobiological Approach*, Denver, CO: Roberts & Company Publishers.

Kohlberg, L., 1969, "Stage and sequence: The cognitive-developmental approach to socialization," in*Handbook of socialization theory and research*, D. A. Goslin (ed.), Chicago: Rand McNally, pp. 347 – 480.

Kriegel, U. and Williford, K. (eds.), 2006*Self-Representational Approaches to Consciousness*, Cambridge, MA: MIT Press, Bradford Books.

Kripke, S., 1972, "Naming and Necessity," in*Semantics of Natural Language*, D. Davidson and G. Harman (eds.), Dordrecht: D. Reidel, 253 – 355.

Kurzweil, R., 2000, *The Age of Spiritual Machines: When Computers Exceed Human Intelligence*, New York: Penguin.

——, 2002, "Locked in his Chinese Room", in Richards 2002, 128 – 171.

Kuczynski, John-Michael, 2006, "Two Concepts of 'Form' and the So-Called Computational Theory of Mind," *Philosophical Psychology*, 19 (6): 795 – 821.

Kuczynski, John-Michael, 2007, *Conceptual Atomism and the Computational Theory of Mind: A defense of content-internalism and semantic externalism*, Amsterdam: John Benjamins.

Lakoff, G., 1987, *Women, Fire, and Dangerous Things: What Categories Reveal About the Mind*, Chicago: University of Chicago Press.

Lakoff, G., and M. Johnson, 1999, *Philosophy in the Flesh: The Em-*

bodied Mind and its Challenge to Western Thought, New York: Basic Books.

——, 1980, *Metaphors We Live By*, Chicago: University of Chicago Press.

Leiteberg, H. (ed.), 1976, *Handbook of Behavior Modification and Behavior Therapy*, Englewoood Cliffs, N. J.: Prentice-Hall.

LePore, Ernest and Barry Loewer, 1989, "More on Making Mind Matter," *Philosophical Topics*, 17: 175 – 191.

Lerner, J. S., Small, D. A., and G. F. Loewenstein, 2004, "Heart strings and purse strings: Carryover effects of emotions on economic decisions," *Psychological Science*, 15: 337 – 341.

Leube, D. T., Knoblich, G., Erb, E., Grodd, W., Bartels, M., and T. T. J. Kircher, 2003, "The neural correlates of perceiving one's own movements," *NeuroImage*, 20: 2084 – 2090.

Levine, J., 1983, "Materialism and Qualia: The Explanatory Gap," *Pacific Philosophical Quarterly*, 64: 354 – 361.

——, 2000, *Purple Haze: The Puzzle of Conscious Experience*, Cambridge, MA: MIT Press.

Levine, J. 2001, *Purple Haze: the Puzzle of Consciousness*. Oxford University Press.

Levin, D. T., and D. J. Simons, 1997, "Failure to detect changes to attended objects in motion pictures," *Psychonomic Bulletin and Review*, 4: 501 – 506.

Levy, N. 2007, *Neuroethics*, Cambridge: Cambridge University Press.

Lewis, C., 1929, *Mind and the World Order*, New York: Charles Scribner's Sons.

Lewis, D., 1969, "Review of *Art, Mind, and Religion*," *Journal of Philosophy*, 66: 23 – 35.

——, 1969, "Lucas Against Mechanism", *Philosophy*, 44: 231 - 233.

——, 1979, "Lucas Against Mechanism Ⅱ", *Canadian Journal of Philosophy*, 9: 373 - 376.

——, 1990, "What Experience Teaches," in *Mind and Cognition: A Reader*, W. Lycan (ed.), Oxford: Blackwell.

Lovaas, O. I. and Newsom, C. D., 1976, "Behavior Modification with Psychotic Children", in H. Leiteberg (ed.) 1976.

Lucas, J. R., 1961, "Minds, Machines, and Godel". *Philosophy*, 36: 112 - 127.

Lycan, W., 1981, "Form, Function, and Feel," *Journal of Philosophy*, 78 (1): 24 - 50.

——, 1987, *Consciousness*, Cambridge, MA: MIT Press.

——, 1995, *Consciousness and Experience.* MIT Press.

——, 1996, *Consciousness and Experience*, Cambridge, MA: MIT Press.

——, 2004, "The Superiority of HOP to HOT." R. Gennaro, ed., *Higher-Order Theories of Consciousness* John Benjamins.

Mackenzie, B., 1977, *Behaviorism and the Limits of Scientific Method*, London: Routledge & Kegan Paul.

Mahoney, M. J., 1974, *Cognition and Behavior Modification*, Cambridge, MA: Ballinger.

Maloney, C., 1991, "Connectionism and Conditioning", In T. Horgan and J. Tienson (eds.), *Connectionism and the Philosophy of Mind*, Dordrecht: Kluwer, pp. 167 - 95.

Machamer, P. K., Darden, L., and C. Craver, 2000, "Thinking About Mechanisms," *Philosophy of Science*, 67: 1 - 25.

Mandler, G., 2005, "The consciousness continuum: From " qualia " to " free will "," *Psychological Research/Psychologische Fors-*

chung, 69 (5-6): 330 – 337.

Marr, D., 1982, *Vision*, San Francisco: W. H. Freeman and Company.

Martin, M., 1997, "The Reality of Appearances" in *Thought and Ontology*, M. Sainsbury (ed.), Milan: Franco/Angeli.

——, 2004, "The Limits of Self-Awareness," *Philosophical Studies*, 120: 37 – 89.

Martin, C. B., 1997, "On the Need for Properties: The Road to Pythagoreanism and Back," *Synthese*, 112 (2): 193 – 231.

Maudlin, T., 1989, "Computation and Consciousness," *Journal of Philosophy*, 86 (8): 407 – 432.

McCauley, R. N., 2007. "Reduction: Models of Cross-scientific Relations and their Implications for the Psychology-neuroscience Interface," in P. Thagard (ed.), *Philosophy of Psychology and Cognitive Science*, Amsterdam: Elsevier, pp. 105 – 158.

McDowell, J., 1994, "The Content of Perceptual Experience," *Philosophical Quarterly*, 44: 190 – 205.

McGinn, C., 1991, *The Problem of Consciousness*, Oxford: Blackwell.

McKinsey, M., 2005, "A refutation of qualia physicalism," in *Situating Semantics: Essays on the Philosophy of John Perry*, M. O'Rourke & C. Washington (eds.), Cambridge, MA: MIT Press.

Meehl, P. E., 1978, "Theoretical Risks and Tabular Asterisks: Sir Karl, Sir Ronald, and The Slow Progress of Soft Psychology", *Journal of Consulting and Clinical Psychology*, 46: 806 – 34.

Meichenbaum, D., 1977, *Cognitive-Behavior Modification*, New York: Plenum.

Melser, D., 2004, *The Act of Thinking*, Cambridge, MA: MIT

Press.

Montague, R. and Berns, G., 2002, "Neural Economics and the Biological Substrates of Valuation", *Neuron*, 36: 265-284.

Moore, G. E., 1922, "The Refutation of Idealism," in his*Philosophical Studies*, London: Routledge and Kegan Paul.

Murphy, D., 2006, *Psychiatry in the Scientific Image*, Cambridge, MA: MIT Press.

Nagel, E., 1961, *The Structure of Science*, New York: Harcourt, Brace, and World.

Nadel, L. (ed.), 2003, *Encyclopedia of Cognitive Science*, London: Nature Publishing Group.

Nagel, T., 1974, "What is it like to be a Bat?" *Philosophical Review*, 83: 435-456.

Nestler, E. J. and Malenka, R. C., 2004, "The Addicted Brain", *Scientific American*, 290: 78-85.

Newell, A., and H. A. Simon, 1972, *Human problem solving*, Englewood Cliffs, NJ: Prentice-Hall.

Németi, I., and G. Dávid, 2006, "Relativistic Computers and the Turing Barrier," *Journal of Applied Mathematics and Computation*, 178 (1): 118-142.

Nida-Rümelin, M., 2007, "Transparency of Experience and the Perceptual Model of Phenomenal Awareness," *Philosophical Perspectives*, 21: 429-455.

Nielsen, M. A., 1997, "Computable Functions, Quantum Measurements, and Quantum Dynamics," *Physical Review Letters*, 79 (15): 2915-2918.

Nielsen, M. A., and I. L. Chuang, 2000, *Quantum Computation and Quantum Information.* New York: Cambridge University Press.

Niedenthal, P. M., Barsalou, L. W., Winkielman. P., Krauth-Gruber, S., and F. Ric, 2005, "Embodiment in Attitudes, Social Perception, and Emotion," *Personality and Social Psychology Review*, 9: 184 - 211.

Nisbett, R., 2003, *The Geography of Thought: How Asians and Westerners Think Differently … and Why*, New York: Free Press.

Noë, A., 2004, *Action in Perception*, Cambridge, MA: MIT Press.

Nöe, A., and E. Thompson, 2004, "Are there neural correlates of consciousness?" *Journal of Consciousness Studies*, 11 (1): 2 - 28.

Noë, A., and K. O'Regan, 2002, "On the Brain-basis of Visual Consciousness: A Sensorimotor Account", in*Vision and Mind: Selected Readings in the Philosophy of Perception*, A. Noë and E. Thompson (eds.), Cambridge, MA: MIT Press.

Norton, J. D., 2003, "Causation as Folk Science," *Philosophers' Imprint*, 3 (4): 1 - 22.

Nori, R., Inchini, T., and F. Giusberti, 2004, "Object localization and frames of reference," *Cognitive Processing*, 5 (1): 45 - 53.

Nute, D., 2011, "A Logical Hole the Chinese Room Avoids", *Minds and Machines*, 21: 431 - 3; this is a reply to Shaffer 2009.

Oberman, L. M., and V. S. Ramachandran, 2007, "The simulating social mind: The role of the mirror neuron system and simulation in the social andcommunicative deficits of autism spectrum disorders," *Psychological Bulletin*, 133 (2): 310 - 327.

Oberman, L. M., Hubbard, E. M., McCleery, J. P., Altschuler, E. L., Ramachandran, V. S., and J. A. Pineda, 2005, "EEG evidence for mirror neuron dysfunction in autism spectrum disorders," *Cognitive Brain Research*, 24: 190 - 198.

O'Donnell, J., 1985, The Origins of Behaviorism: *American Psychol-*

ogy, 1870 - 1920. New York: NYU Press.

O'Regan, J. K. and A. Noë, 2001, "A sensorimotor account of vision and visual consciousness," *Behavioral and Brain Sciences*, 25 (4): 883 - 975.

O'Reilly, R. C., Munakata, Y., Frank, M. J., Hazy, T. E., & Contributors, 2012. *Computational Cognitive Neuroscience*, Wiki Book, 1st Edition, URL = http://ccnbook.colorado.edu.

Oudejams, R., Michaels, C., Bakker, F., and M. Dolne, 1996, "The relevance of action in perceiving affordances: Perception and the catchableness of fly balls," *Journal of Experimental Psychology: Human Perception and Performance*, 22: 879 - 891.

Ozçalişkan, S., and S. Goldin-Meadow, 2005, "Do parents lead their children by the hand?," *Journal of Child Language*, 32 (3): 481 - 505. [Available online]

Papineau, D., 1994, *Philosophical Naturalism*, Oxford: Blackwell.

——, 2002, *Thinking about Consciousness*, Oxford.

Pautz, A., 2006, "Sensory Awareness is not a Wide Physical Relation," *Noûs*, 40: 205 - 240.

Pautz, A., 2010, "Why Explain Visual Experience in terms of Content," in*Perceiving the World*, B. Nanay (ed.), Oxford: Oxford University Press.

Peacocke, C., 1983, *Sense and Content*, Oxford: Oxford University Press.

Penrose, R., 2002, "Consciousness, Computation, and the Chinese Room" in Preston and Bishop (eds.) 2002, 226 - 249.

Perry, J., 2001, *Knowledge*, *Possibility*, *and Consciousness*, Cambridge, MA: MIT Press.

Piccinini, G., 2004, "Functionalism, Computationalism, and Mental

Contents," *Canadian Journal of Philosophy*, 34 (3): 375 -410.

——, 2007a, "Computing Mechanisms," *Philosophy of Science*, 74 (4): 501 -526.

——, 2007b, "Computational Modeling vs. Computational Explanation: Is Everything a Turing Machine, and Does It Matter to the Philosophy of Mind?" *Australasian Journal of Philosophy* 85 (1): 93 -115.

——, 2008a, "Computation without Representation," *Philosophical Studies*, 137 (2): 205 -241.

——, 2008b, "Computers," *Pacific Philosophical Quarterly*, 89 (1): 32 -73.

——, 2008c, "Some Neural Networks Compute, Others Dont," *Neural Networks*, 21 (2 -3): 311 -321.

——, 2010, "The Mind as Neural Software? Understanding Functionalism, Computationalism, and Computational Functionalism," forthcoming in*Philosophy and Phenomenological Research.*

——, forthcoming, "The Physical Church-Turing Thesis: Modest of Bold?," *The British Journal for the Philosophy of Science.*

Pinker, S., 1997, *How the Mind Works*, New York: Norton.

Premack, D., and G. Woodruff, 1978, "Does the chimpanzee have a theory of mind?" *Behavioural and Brain Science*, 4: 515 -526.

Presson, C. C., D. R. Montello, 1994, "Updating after rotational and translational body movements: Coordinate structure of perspective space," *Perception*, 23: 1447 -1455.

Preston, J. and M. Bishop (eds.), 2002, *Views into the Chinese Room: New Essays on Searle and Artificial Intelligence*, New York: Oxford University Press.

Prinz, J. J., 2009, "Is Consciousness Embodied?" in*The Cambridge Handbook of Situated Cognition*, P. Robbins and M. Aydede (eds.),

Cambridge: Cambridge University Press, pp. 419 – 436.

——, 2004, *Gut reactions: A perceptual theory of emotion*, New York: Oxford University Press.

Place, U. T., 2000, "The Causal Potency of Qualia: Its Nature and Its Source", *Brain and Mind*, 1: 183 – 192. Reprinted in Graham and Valentine 2004.

Polger, Thomas, 2004, *Natural Minds*, Cambridge, MA: MIT Press.

Polger, Thomas, 2009, "Evaluating the Evidence for Multiple Realization," *Synthese*, 167: 457 – 472.

Pour-El, M. B., 1974, "Abstract Computability and Its Relation to the General Purpose Analog Computer (Some Connections Between Logic, DifferentialEquations and Analog Computers)," *Transactions of the American Mathematical Society*, 199: 1 – 28.

Pour-El, M. B., 1999, The Structure of Computability in Analysis and Physical Theory: An Extension of Church's Thesis. In*Handbooks of Computability Theory*, E. R. Griffor (ed.), New York: Elsevier, pp. 449 – 471.

Putnam, H., 1960, "Minds and Machines," in*Dimensions of Mind: A Symposium*, S. Hook (ed.), New York: Collier, pp. 138 – 164; Reprinted in Putnam 1975a, pp. 362 – 386.

——, 1967, "Psychological Predicates," in*Art*, *Mind*, *and Religion*, W. H. Capitan & D. D. Merrill (eds.), Pittsburgh, PA: University of Pittsburgh Press, pp. 37 – 48. Reprinted in Putnam 1975a as "The Nature of Mental States," pp. 150 – 161.

——, 1975a, *Philosophical Papers*: *Volume* 2, *Mind*, *Language and Reality*, Cambridge: Cambridge University Press.

——, 1975b, "The Meaning of 'Meaning'," in*Language*, *Mind and Knowledge. Minnesota Studies in the Philosophy of Science*, vol. 7,

K. Gunderson (ed.), Minneapolis: University of Minnesota Press, pp. 131 - 193. Reprinted in Putnam 1975a, pp. 215 - 271.

——, 1988, *Representation and Reality*, Cambridge, MA: MIT Press.

Pulvermüller, F., 1999, "Words in the brain's language," *Behavioral and Brain Sciences*, 22: 253 - 336.

Pylyshyn, Zenon, 1980, "Computation and Cognition: Issues in the Foundation of Cognitive Science," *The Behavioral and Brain Sciences*, 3: 111 - 132.

——, 1984, *Computation and Cognition*, Cambridge, MA: MIT Press.

Quartz, S. R., and T. J. Sejnowski, 1997, "The neural basis of cognitive development: A constructivist manifesto," *Behavioural and Brain Sciences*, 20: 537 - 596.

Quine, W., 1960, *Word and Object*, Cambridge, MA.: MIT Press.

Quine, W. V. O., (1976), "Whither Physical Objects?" in*Essays in Memory of Imre Lakatos*, (Series: Boston Studies in the Philosophy of Science), R. S. Cohen, P. K. Feyerabend, & M. W. Wartofsky (eds.), Dordrecht: Reidel, pp. 497 - 504.

Rachlin, H., 2000, *The Science of Self-Control*, Cambridge: Cambridge University Press.

Raffman, D., 1995, "On the Persistence of Phenomenology," in*Conscious Experience*, T. Metzinger (ed.), Paderborn: Schöningh.

Rapaport, W., 1984, "Searle's Experiments with Thought", *Philosophy of Science*, 53: 271 - 9.

—— 2006," How Helen Keller Used Syntactic Semantics to Escape from a Chinese Room ", *Minds and Machines*, 16 (4): 381 - 436.

Rey, G., 1986, "What's Really Going on in Searle's 'Chinese

Room'", *Philosophical Studies*, 50: 169 – 85.

——, 2002, "Searle's Misunderstandings of Functionalism and Strong AI", in Preston and Bishop (eds.) 2002, 201 – 225.

Rey, G., 1992, "Sensational Sentences Switched," *Philosophical Studies*, 68: 289 – 319.

Rey, G., 1997, *Contemporary Philosophy of Mind: A Contentiously Classical Approach*, Oxford: Blackwell.

Rey, G. 1997, "A Question about Consciousness." In N. Block, O. Flanagan, G. Güzeldere, eds., *The Nature of Consciousness.* MIT Press.

Richards, J. W. (ed.), 2002, *Are We Spiritual Machines: Ray Kurzweil vs. the Critics of Strong AI*, Seattle: Discovery Institute.

Rizzolatti, G., and L. Craighero, 2004, "The Mirror-Neuron System," *Annual Review of Neuroscience*, 27: 169 – 192.

Rizzolatti, G., Fogassi, L., and V. Gallese, 2001, "Neurophysiological mechanisms underlying the understanding and imitation of action," *Nature Neuroscience Review*, 2: 661 – 670.

Rizzolatti, G. and M. A. Arbib, 1998, "Language within our grasp," *Trends in Neuroscience*, 21: 188 – 194.

Rizzolatti, G., Fadiga, L., Gallese, V. and L. Fogassi, 1996, "Premotor cortex and the recognition of motor actions," *Cognitive Brain Research*, 3: 131 – 41.

Robbins, P. and M. Aydede (eds), 2010, *The Cambridge Handbook of Situated Cognition*, New York: Cambridge University Press.

Rock, I. 1997, *Indirect Perception*, Cambridge, MA: MIT Press.

——1983, *The logic of perception*, Cambridge, MA: MIT Press.

Rowe, M. L., and S. Goldin-Meadow, 2009a, "Differences in early gesture explain SES disparities in child vocabulary size at school entry," *Science*, 323 (5916): 951 –953

——, 2009b, "Early gesture selectively predicts later language learning," *Developmental Science*, 12 (1): 182 –187.

Rowe, M. L., Özçaliskan, S., and S. Goldin-Meadow, 2008, "Learning words by hand: Gesture's role in predicting vocabulary development," *First Language*, 28 (2): 182 –199.

Rowlands, M., 2009, "Situated Representation", in*The Cambridge Handbook of Situated Cognition*, P. Robbins and M. Aydede (eds.), Cambridge University Press, pp. 117 –133.

——, 1999, *The Body in Mind.* New York: Cambridge University Press.

Rupert, R., 2009a, "Innateness and the Situated Mind," in*The Cambridge Handbook of Situated Cognition*, P. Robbins and M. Aydede (eds.), Cambridge University Press, pp. 96 –116.

——, 2009b, *Cognitive Systems and the Extended Mind*, Oxford University Press.

——, 2006, "Review of Raymond W. Gibbs, Jr., Embodiment and Cognitive Science," *Notre Dame Philosophical Reviews*, 8.

——, 2004, "Challenges to the Hypothesis of Extended Cognition," *Journal of Philosophy*, 101 (8): 389 –428.

Rorty, R. 1979. *Philosophy and the Mirror of Nature.* Princeton University Press.

Rosenthal, D. 1986, "Two Concepts of Consciousness." D. Rosenthal, ed., *The Nature of Mind.* Oxford University Press, 1991.

Rosenthal, D. 1991, "The Independence of Consciousness and Sensory Quality." E. Villanueva, ed. *Philosophical Issues*, vol. 1, Consciousness. Ridgeview Press.

Rosenthal, D. 1993, "Thinking that One Thinks." M. Davies and

G. W. Humphreys, eds. *Consciousness: Psychological and Philosophical Essays.* Basil Blackwell.

Rosenthal, D. 2002a, "How Many Kinds of Consciousness." *Consciousness and Cognition* 11: 633 - 665.

Rosenthal, D. 2002b, "Explaining Consciousness." D. Chalmers, ed., *Philosophy of Mind: Classical and Contemporary Readings* Oxford University Press.

Rubel, L. A., 1989, "Digital Simulation of Analog Computation and Church's Thesis," *Journal of Symbolic Logic*, 54 (3): 1011 - 1017.

Rubel, L. A., 1993, "The Extended Analog Computer," *Advances in Applied Mathematics*, 14 (1): 39 - 50.

Russell, B. 1905, "On Denoting." *Mind* 14.

Ryle, G., 1949, *The Concept of Mind*, London: Hutchinson.

Sacks O., 1996, *The Island of the Colorblind*, New York: Alfred A. Knopf.

Sadato, N., Pascual-Leone, A., Grafman, J., Deiber, M. P., Ibanez, V., and M. Hallett, 1998, "Neural networks for Braille reading by the blind," *Brain*, 121: 1213 - 1229.

Sadato, N., Pascual-Leone, A., Grafman, J., Ibanez, V., Deiber, M. P., Dold, G., and M. Hallett, 1996, "Activation of the primary visual cortex by Braille reading in blind subjects," *Nature*, 380: 526 - 528.

Saffran, J. R., Aslin, R. N., and E. L. Newport, 1996, "Statistical learning by 8-month-old infants," *Science*, 274: 1926 - 1928.

Sartre, J. P., 1943, *Being and Nothingness*, trans. H. E. Barnes. New York: Philosophical Library [1956].

Sartre, J-P. [1937] 1957, *Transcendence of the Ego.* Trans. F. Williams and R. Kirkpatrick. Farrar, Straus and Giroux.

Sayre, Kenneth, 1969, *Consciousness: A Philosophic Study of Minds and Machines*, New York: Random House.

——, 1976, *Cybernetics and the Philosophy of Mind*, Atlantic Highlands, New Jersey: Routledge & Kegan Paul.

——, 1986, "Intentionality and Information Processing: An Alternative Model for Cognitive Science," *Behavioral and Brain Sciences*, 9 (1): 121 – 138.

Segal, G., 1991, "Defence of a Reasonable Individualism," *Mind*, 100 (400): 485 – 493.

Schank, R. and Abelson, R., 1977, *Scripts, Plans, Goals, and Understanding*, Hillsdale, NJ: Lawrence Erlbaum.

Schank, R. and P. Childers, 1985, *The Cognitive Computer: On Language, Learning, and Artificial Intelligence*, New York: Addison-Wesley.

Scheutz, M., 1999, "When Physical Systems Realize Functions …," *Minds and Machines*, 9 (2): 161 – 196.

——, 2001, "Causal versus Computational Complexity," *Minds and Machines*, 11 (4): 534 – 566.

Schnall, S., Haidt, J., Clore, G. L., and A. H. Jordan, 2008a, "Disgust as Embodied Moral Judgment," *Personality and Social Psychology Bulletin*, 34 (8): 1096 – 1109.

Schnall, S., Bentos, J., and Harvey, S., 2008b, "With a clean conscience. Cleanliness reduces the severity of moral judgments," *Psychological Science*, 19 (12): 1219 – 1222.

Schwartz, B. and Lacey, H., 1982. *Behaviorism, Science, and Human Nature*, New York: Norton.

Schweizer, P., 2012, "The Externalist Foundations of a Truly Total Turing Test", *Minds and Machines*, 22: 191 – 212.

Seager, W. 1999, *Theories of Consciousness.* Routledge.

——, 2004. "A Cold Look at HOT Theory." R. Gennaro, ed., *Higher-Order Theories of Consciousness* John Benjamins

Searle, J., 1980, "Minds, Brains and Programs", *Behavioral and Brain Sciences*, 3: 417 –57 [Preprint available online]

——, 1984, *Minds, Brains and Science*, Cambridge, MA: Harvard University Press.

——, 1989, "Artificial Intelligence and the Chinese Room: An Exchange", *New York Review of Books*, 36: 2 (February 16, 1989).

——, 1990a, "Is the Brain's Mind a Computer Program?", *Scientific American*, 262 (1): 26 –31.

——, 1990b, "Presidential Address", *Proceedings and Addresses of the American Philosophical Association*, 64: 21 –37.

——, 1998, "Do We Understand Consciousness?" (Interview with Walter Freeman), *Journal of Consciousness Studies*, 6: 5 –6.

——, 1999, "The Chinese Room", in R. A. Wilson and F. Keil (eds.), *The MIT Encyclopedia of the Cognitive Sciences*, Cambridge, MA: MIT Press.

——, 2002a, "Twenty-one Years in the Chinese Room", in Preston and Bishop (eds.) 2002, 51 –69.

——, 2002b, "The Problem of Consciousness", in*Consciousness and Language*, Cambridge: Cambridge University Press, 7 –17.

——, 2010, "Why Dualism (and Materialism) Fail to Account for Consciousness" in Lee, Richard E. (ed) *Questioning Nineteenth Century Assumptions about Knowledge, III: Dualism.* NY: SUNY Press.

Sellars, W. 1956. *Empiricism and the Philosophy of Mind.*

——, 1963, "Philosophy and the Scientic Image of Man", in*Science*,

Perception, and Reality, New York: Routledge & Kegan Paul, pp. 1 – 40.

Seung, H. K. and R. S. Chapman, 2000, "Digit span in individuals with Down syndrome and typically developing children: Temporal aspects," *Journal of Speech, Language, and Hearing Research*, 43: 609 – 620.

Shaffer, M., 2009, "A Logical Hole in the Chinese Room", *Minds and Machines*, 19 (2): 229 – 235.

Shagrir, O., 2001, "Content, Computation and Externalism," *Mind*, 110 (438): 369 – 400.

——, 2006, "Why We View the Brain as a Computer," *Synthese*, 153 (3): 393 – 416.

Shagrir, O., and I. Pitowsky, 2003, "Physical Hypercomputation and the Church-Turing Thesis," *Minds and Machines*, 13 (1): 87 – 101.

Shannon, C. E., and W. Weaver, 1949, *The Mathematical Theory of Communication*, Urbana: University of Illinois Press.

Shapiro, L. A., 1997, "A Clearer Vision," *Philosophy of Science*, 64 (1): 131 – 153.

Shapiro, Lawrence, 2000, "Multiple Realizations," *Journal of Philosophy*, 97: 635 – 654.

Shapiro, Lawrence, 2008, "How to Test for Multiple Realization," *Philosophy of Science*, 75: 514 – 525.

Shapiro, Lawrence and Thomas Polger, 2012, "Identity, Variability, and Multiple Realization in the Special Sciences," In Gozzano and Hill, 264 – 286.

Shoemaker, S., 1975, "Functionalism and Qualia," *Philosophical Studies*, 27: 291 – 315.

——, 1982, "The Inverted Spectrum," *Journal of Philosophy*, 79: 357 – 381.

——, 1990, "Qualities and Qualia : What's in the Mind," *Philosophy and Phenomenological Research* (Supplement), 50: 109 – 131.

——, 1998, "Two Cheers for Representationalism," *Philosophy and Phenomenological Research*, 58: 671 – 678.

Shoemaker, S., 2007, "A case for qualia," in*Contemporary Debates in Philosophy of Mind*, Brian McLaughlin & Jonathan Cohen (eds.), Oxford: Blackwell.

Shapiro, L., 2011, *Embodied Cognition*. New York: Routledge.

——, 2010, "Embodied Cognition," in*Oxford Handbook of Philosophy and Cognitive Science*, E. Margolis, R. Samuels, and S. Stich (eds.), Oxford University Press.

——, 1997, "A Clearer Vision," *Philosophy of Science*, 64: 131 – 153.

Sharma, Jitendra, Alessandra Angelucci, and Mriganka Sur, 2000. "Induction of Visual Orientation Modules in Auditory Cortex," *Nature*, 404: 841 – 847.

Shor, P. W., 1994, "Algorithms for Quantum Computation: Discrete Logarithms and Factoring," in*Proceedings of the* 357*th Annual Symposium on Foundations of Computer Science*, Los Alamitos, CA: IEEE Computer Society Press, pp. 124 – 134.

Siegel, S., 2009, "The Epistemic Conception of hallucination," in*Disjunctivism: Perception, Action and Knowledge*, A. Haddock and F. Macpherson (eds.), Oxford: Oxford University Press.

——, 2011, *The Contents of Experience*, Oxford: Oxford University Press.

Siewert, C., 1998, *The Significance of Consciousness*, Princeton, NJ: Princeton University Press.

Siewert, C. 1998, *The Significance of Consciousness*. Princeton University

Press.

Siewert, C. 2005, " Attention and Sensorimotor Intentionality. " D. W. Smith and A. Thomasson, eds. , *Phenomenology and the Philosophy of Mind*. Oxford University Press.

Siewert, C. 2006, "Consciousness." H. Dreyfus and M. Wrathall, eds. , *A Companion to Phenomenology and Existentialism*. Blackwell.

Sieg, W. , 2006, "On Computability," in*Philosophy of Mathematics* (*Handbook of the Philosophy of Science*), A. Irvine (ed.) Amsterdam: Elsevier, pp. 535 – 630.

Siegelmann, H. T. , 1999, *Neural Networks and Analog Computation*: *Beyond the Turing Limit*, Boston: Birkhäuser.

Skinner, B. F. , 1948, *Walden Two*, New York: Macmillan.

——, 1953, *Science and Human Behavior*, New York: Macmillan.

——, 1971, *Beyond Freedom and Dignity*, New York: Knopf.

——, 1974, *About Behaviorism*, New York: Vintage.

——, 1977, "Why I am not a Cognitive Psychologist", *Behaviorism*, 5: 1 – 10. (This journal is now known as Behavior and Philosophy.)

——, 1984a, Abstract for "An Operant Analysis of Problem Solving", *Behavioral and Brain Sciences*, 7: 583.

——, 1984b, "Coming to Terms with Private Events", *Behavioral and Brain Sciences*, 7: 573 – 581.

——, 1985, "News from Nowhere, 1984", *The Behavior Analyst*, 8: 5 – 14.

Smith, B. C. , 1999, "Situatedness/Embeddedness", in*The MIT Encyclopedia of the Cognitive Sciences*, R. A. Wilson and F. C. Keil (eds.), Cambridge, MA: MIT Press, pp. 769 – 770.

Smith, L. B. , and E. Thelen, 2003, "Development as dynamic system," *Trends in Cognitive Science*, 7 (8): 343 – 348.

Smith, B. C., 2002, "The Foundations of Computing," in *Computationalism: New Directions*, M. Scheutz (ed.), Cambridge, MA: MIT Press, pp. 23–58.

Smith, D. W. 1986, "The Structure of (Self-) Consciousness." *Topoi* 5 (2): 149–56.

——, 2005, "Consciousness with Reflexive Content." D. W. Smith and A. Thomasson, eds., *Phenomenology and the Philosophy of Mind.* Oxford University Press.

——, 2006a, "Church's Thesis Meets the *N*-body Problem," *Applied Mathematics and Computation*, 178 (1): 154–183.

——, 2006b, "Three Counterexamples Refuting Kieu's Plan for Quantum Adiabatic Hypercomputation; and Some Uncomputable Quantum Mechanical Tasks," *Applied Mathematics and Computation*, 178 (1): 184–193.

Smith, E. E., & Kosslyn, S. M., 2007. Cognitive Psychology: Mind and Brain, Upper Saddle River, NJ: Pearson Prentice Hall.

Smolensky, Paul, 1988, "The Proper Treatment of Connectionism," *Behavioral and Brain Sciences*, 11 (1): 1–74.

Simon, H. A., 1995, "Machine as mind," in *Android epistemology*, K. M., Ford, C. Glymour, and P. J. Hayes (eds.), Cambridge, MA: MIT Press, pp. 23–40.

Simons, D., and C. Chabris, 1999, "Gorillas and our midst: Sustained inattentional blindness for dynamic events," *Perception*, 28: 1059–1074.

Simon, H. and Eisenstadt, S., 2002, "A Chinese Room that Understands", in Preston and Bishop (eds.) 2002, 95–108.

Sloman, A. and Croucher, M., 1980, "How to turn an information processor into an understanding", *Brain and Behavioral Sciences*, 3:

447 - 8.

Smith, L., 1986, *Behaviorism and Logical Positivism: A Reassessment of Their Alliance*, Stanford, CA: Stanford University Press.

Snowdon, P., 1990, "The Objects of Direct Experience," *Proceedings of the Aristotelian Society* (Supplementary Volume), 64: 121 - 150.

Solomon, K. O., and L. W. Barsalou, 2001, "Representing properties locally," *Cognitive Psychology*, 43: 129 - 169.

Sobel, C. P., 2001, The Cognitive Sciences: An Interdisciplinary Approach, Mountain View, CA: Mayfield.

Sober, Elliott, 1999, "The Multiple Realizability Argument Against Reductionism," *Philosophy of Science*, 66: 542 - 564.

Spelke, E. S., Breinlinger, L., Macomber, J., and K. Jacobson, 1992, "Origins of knowledge," *Psychological Review*, 99: 605 - 632.

Sperber, D., 2001, "In Defense of massive modularity," in*Language, Brain and Cognitive Development: Essays in Honor of Jacques Mehler*, E. Dupoux (ed.), Cambridge, MA: MIT Press, pp. 47 - 57.

Spivey, M. J., Richardson, D. C., Tyler, M. J., and E. E. Young, 2000, "Eye movements during comprehension of spoken scene descriptions," *Proceedings of the 22nd Annual Conference of the Cognitive Science Society Meeting*, 487 - 492.

Spelke, E. S., Vishton, P., and C. von Hofsten, 1995, "Object perception, object-directed action, and physical knowledge in infancy," in*The Cognitive Neurosciences*, M. Gazzaniga (ed.), Cambridge, MA: MIT Press.

Sprevak, M., 2007, "Chinese Rooms and Program Portability", *British Journal for the Philosophy of Science*, 58 (4): 755 - 776.

Stahl, J. R. and Leitenberg, H., 1976, "Behavioral treatment of the chronic mental hospital patient", in Leitenberg (ed.) 1976.

Stampe, Dennis, 1977, "Towards a Causal Theory of Linguistic Representation", in P. French, T. Uehling, H. Wettstein, (eds.) *Contemporary Perspectives in the Philosophy of Language*, (Midwest Studies in Philosophy, Volume 2), Minneapolis: University of Minnesota Press, pp. 42 - 63.

Stannett, M., 1990, "X-Machines and the Halting Problem: Building a Super-Turing Machine," *Formal Aspects of Computing*, 2 (1): 331 - 341.

Stich, S., 1983, *From Folk Psychology to Cognitive Science*, Cambridge, MA: MIT Press.

Stich, S., 1984, "Is Behaviorism Vacuous?," *Behavioral and Brain Sciences*, 7: 647 - 649.

Stillings, N., et al., 1995, Cognitive Science, Second edition, Cambridge, MA: MIT Press.

Stoljar, D., 2004, "The Argument from Diaphonousness," *Canadian Journal of Philosophy* (Special Issue: Language, Mind and World), 34: 341 - 390.

Strawson, G., 1994, *Mental Reality*, Cambridge, MA: MIT Press.

Sturgeon, S., 2000, *Matters of Mind*, London: Routledge.

Suchman, L., 1987, *Plans and Situated Action*, Cambridge University Press.

Suhler, C. L., and P. S. Churchland, 2009, "Control: conscious and otherwise," *Trends in Cognitive Science*, 13 (8): 341 - 347.

Sun, R. (ed.), 2008, The Cambridge Handbook of Computational Psychology, Cambridge: Cambridge University Press.

—— (ed.), 2012. Grounding Social Sciences in Cognitive Sciences, Cambridge, MA: MIT Press.

Thagard, P., 1986, "The Emergence of Meaning: An Escape from Searle's Chinese Room", *Behaviorism*, 14: 139-46.

——, 2013, "Thought Experiments Considered Harmful", *Perspectives on Science*, 21: 122-139.

——, 2005, *Mind: Introduction to Cognitive Science*, second edition, Cambridge, MA: MIT Press.

—— (ed.), 2007, *Philosophy of Psychology and Cognitive Science*, Amsterdam: Elsevier.

——, 2009, "Why cognitive science needs philosophy and vice versa," *Topics in Cognitive Science*, 1: 237-254.

——, 2010, *The Brain and the Meaning of Life*, Princeton: Princeton University Press.

——, 2012, *The Cognitive Science of Science: Explanation, Discovery, and Conceptual Change*, Cambridge, MA: MIT Press.

Thelen, E., and L. B., Smith, 1994, *A dynamic systems approach to the development of cognition and action*, Cambridge, MA: MIT Press.

Tolman, E. C., 1938, "The Determiners of Behavior at a Choice Point," *Psychological Review*, 45: 1-41.

Toffoli, T., 1982, "Physics and Computation," *International Journal of Theoretical Physics*, 21 (3-4): 165-175.

Tomasello, M., 2003, "*Constructing a Language*," Harvard University Press.

Thomasson, A. 1999, *Fiction and Metaphysics*. Cambridge University Press.

——, 2000, "After Brentano: A One-Level Theory of Consciousness." *European Journal of Philosophy* 8: 2, 190-209.

Thompson, E., 1995, *Colour Vision: A Study in Cognitive Science and the Philosophy of Perception*, New York: Routledge,

——, 2007, *Mind and Life*, Cambridge, MA: Harvard University Press.

Thompson, E., and F. Varela, 2001, "Radical Embodiment: Neural Dynamics and Consciousness," *Trends in Cognitive Sciences*, 5, 418-425.

Thompson, E., Palacios, A., and F. Varala, "Ways of coloring: Comparative color vision as case study for cognitive science," *Behavioral and Brain Sciences*, 15: 1-25.

Thompson, E., 2007, *Mind in Life: Biology, Phenomenology, and the Science of Mind*, Cambridge, MA: Harvard University Press.

Tranel, D., Kemmerer, D., Adolphs, R., Damasio, H., and A. R. Damasio, 2003, "Neural correlates of conceptual knowledge for actions," *Cognitive Neuropsychology*, 20: 409-432.

Tsakiris, M., Hesse, M. D., Boy, C., Haggard, P., and G. R. Fink, 2007, "Neural signatures of body ownership: A sensory network for bodily self-consciousness," *Cerebral Cortex*, 17: 2235-2244.

Turing, A. M., 1936-7, "On Computable Numbers, with an Application to the Entscheidungsproblem," *Proceeding of the London Mathematical Society*, 42 (1): 230-265, reprinted in Davis 2004b, pp. 116-154.

——, 1950, "Computing Machinery and Intelligence," *Mind*, LIX (236): 433-460.

Turella, L., Pierno, A. C., Tubaldi, F., and U. Castiello, 2009, "Mirror neurons in humans: Consisting or confounding evidence?" *Brain & Language*, 108: 10-21.

Turing, A., 1948, "Intelligent Machinery: A Report", London: National Physical Laboratory.

——, 1950, "Computing Machinery and Intelligence", *Mind*, 59: 433 – 460.

Tye, M., 1986, "The Subjective Qualities of Experience", *Mind*, 95: 1 – 17.

——, 1995, *Ten Problems of Consciousness*, Cambridge, MA: MIT Press.

——, 1997, "The Problem of Simple Minds: Is There Anything it is Like to be a Honey-bee?", *Philosophical Studies*, 88: 289 – 317.

——, 2000, *Consciousness*, *Color*, *and Content*, Cambridge, MA: MIT Press.

——, 2003, "A Theory of Phenomenal Concepts," *Philosophy*, 53: 91 – 105.

——, 2006, "Absent Qualia and the Mind-Body Problem," *Philosophical Review*, 115: 139 – 168.

——, 2009, *Materialism without Phenomenal Concepts*: *A New Perspective on the Major Puzzles of Consciousness*, Cambridge, MA: MIT Press.

Umiltà, M. A., Kohler, E., Gallese, V., Fogassi, L., Fadiga, L., Keysers, C., and G. Rizzolatti, 2001, "I know what you are doing: A neurophysiological study," Neuron, 32: 91 – 101.

van Gelder, T., 1992, "What might cognition be if not computation?" Indiana University, Cognitive Science Research Report, 75.

van Leeuwen, L., Smitsman, A. and C. van Leeuwen, 1994, "Affordances, perceptual complexity, and the development of tool use," Journal of Experimental Psychology: Human Perception and Performance, 20: 174 – 191.

Varela, F., Thompson, E. and E. Rosch, 1991, The Embodied Mind: Cognitive Science and Human Experience, Cambridge, MA:

MIT Press.

Van Gulick, R. , 2007, "Functionalism and qualia," *The Blackwell Companion to Consciousness*, Max Velmans & Susan Schneider (eds.), Oxford: Blackwell.

Von Eckardt, B. , 1993, What is Cognitive Science?, Cambridge, MA: MIT Press.

van Gelder, Timothy, 1991, "Classical Questions, Radical Answers: Connectionism and the Structure of Mental Representations," inConnectionism and the Philosophy of Mind, ed. Terrence Horgan and John Tienson, Studies in Cognitive Systems (Volume 9), Kluwer Academic Publishers, 1991.

Von Eckardt, Barbara, 1993, What is Cognitive Science?, Cambridge, Massachusetts: MIT Press.

Von Neumann, John, "First Draft of a Report on the EDVAC," Contract No. W-670-ORD-4926, Between the United States Army Ordnance Department and the University of Pennsylvania Moore School of Electrical Engineering, University of Pennsylvania. June 30, 1945.

Wagman, G. , and C. Carello, 2001, "Affordances and inertial constraints in tool use," *Ecological Psychology*, 13: 173 – 195.

Waller, D. , Lippa, Y. , and A. Richardson, 2008, "Isolating observer-based reference directions in human spatial memory: Head, body, and the self-to-array axis," *Cognition*, 106: 157 – 183.

Waller, D. , Montello, D. R. , Richardson, A. E. , and M. Hegarty, 2002, "Orientation Specificity and Spatial Updating of Memories for Layouts," *Journal of Experimental Psychology: Learning, Memory, and Cognition*, 28 (6): 1051 – 1063.

Warren, W. , 1894, "Perceiving affordances: Visual guidance of stair climbing," *Journal of Experimental Psychology: Human Perception and Performance*, 10: 683 –703.

Watson, J., 1913, "Psychology as a Behaviorist Views It," *Psychological Review*, 20: 158 –77.

——, 1930. *Behaviorism*, Norton: New York.

Wells, A., 2000, *Emotional Disorders and Metacognition: Innovative Cognitive Therapy*, Chichester: John Wiley & Sons.

Wesp, R., Hesse, J., Keutmann, D., and K. Wheaton, 2001, "Gestures maintain spatial imagery," *American Journal of Psychology*," 114: 591 –600.

Wheatley, T., and J. Haidt, 2005, "Hypnotically induced disgust makes moral judgments more severe," *Psychological Science*, 16: 780 –784.

Wheeler, M., 2005, *Reconstructing the Cognitive World*, Cambridge, MA: MIT Press.

Wheeler, J. A., 1982, "The Computer and the Universe," *International Journal of Theoretical Physics*, 21 (6 –7): 557 –572.

White, S., 1995, "Color and the Notional Content," *Philosophical Topics*, 22: 471 –503.

Wilson, M., 2002, "Six views of embodied cognition," *Psychonomic Bulletin and Review*, 9: 625 –636.

——, 2001, "The case for sensorimotor coding in working memory," *Psychonomic Bulletin and Review*, 9: 49 –57.

Wilson, R. A., 2010, "Extended Vision," in*Perception, Action and Consciousness*, N. Gangopadhyay, M. Madary, and F. Spicer (eds.), New York: Oxford University Press.

——, 2008, "The Drink You Have When You're Not Having a Drink," *Mind and Language*, 23: 273 –283.

——, 2005, "What Computers (Still, Still) Can't Do: Jerry Fodor on Computation and Modularity," in *New Essays in Philosophy of Language and Mind*, R. J. Stainton, M. Ezcurdia, and C. D. Viger (eds.), Supplementary issue 30 of the *Canadian Journal of Philosophy*, pp. 407 – 425.

——, 2004, *Boundaries of the Mind: The Individual in the Fragile Sciences: Cognition*, Cambridge University Press.

——, 2001, "Two Views of Realization," *Philosophical Studies*, 104: 1 – 30.

——, 1995, *Cartesian Psychology and Physical Minds: Individualism and the Sciences of the Mind*, Cambridge Studies in Philosophy, Cambridge University Press.

——, 1994, "Wide Computationalism," *Mind*, 103: 351 – 372.

Wilson, R. A., and A. Clark, 2009, "How to Situate Cognition: Letting Nature Take its Course," in *The Cambridge Handbook of Situated Cognition*, M. Aydede and P. Robbins (eds.), Cambridge University Press, pp. 55 – 77.

Wilson, R. A., and F. C. Keil (eds.), 1999, *The MIT Encyclopedia of the Cognitive Sciences*, Cambridge, MA: MIT Press.

Wimsatt, W. C., 2002, "Functional Organization, Analogy, and Inference", in *Functions: New Essays in the Philosophy of Psychology and Biology*, A. Ariew, R. Cummins, and M. Perlman (eds.), Oxford: Oxford University Press, pp. 173 – 221.

Winograd, T., and F. Flores, 1986, *Understanding Computers and Cognition*, Norwood, NJ: Ablex Publishing Group.

Winograd, Terry, and Fernando Flores, 1986, Understanding Computers and Cognition, Norwood, New Jersey: Ablex Publishing Corporation.

Witmer, Gene, 2003, "Multiple Realizability and Psychological Laws:

Evaluating Kim's Challenge," in S. Walter and H. Heckmann (eds.), *Physicalism and Mental Causation*, Charlottesville, VA: Imprint Academic, 59 – 84.

Wittgenstein, L. 1953, *Philosophical Investigations.* Trans. By G. E. M. Anscombe. Macmillan.

Wolfram, S., 2002, *A New Kind of Science*, Champaign, IL: Wolfram Media.

Wisniewski, E. J., 1998, "Property instantiation in conceptual combination," *Memory & Cognition*, 26: 1330 – 1347.

Wu, L., and L. W. Barsalou, 2009, "Perceptual simulation in conceptual combination: Evidence from property generation," *Acta Psychologica*, 132: 173 – 189.

Yang, S., Gallo, D. A., and S. L. Beilock, 2009, "Embodied Memory Judgments: A Case of Motor Fluency," *Journal of Experimental Psychology: Learning, Memory, and Cognition*, 35 (5): 1359 – 1365.

Zuriff, G., 1985, *Behaviorism: A Conceptual Reconstruction*, New York: Columbia University Press.

Zuse, K., 1970, *Calculating Space.* Cambridge, MA: MIT Press.

Zuse, K., 1982, "The Computing Universe," *International Journal of Theoretical Physics*, 21 (6 – 7): 589 – 600.

Zangwill, Nick, 1992, "Variable Reduction Not Proven." *Philosophical Quarterly*, 42: 214 – 218

Zwaan, R. A., and R. A. Yaxley, 2003, "Hemispheric difference in semantic-relatedness judgments," *Cognition*, 87 (3): B79 – B86.

Zalta, E. 1988, *Intensional Logic and the Metaphysics of Intentionality.* MIT Press.

Zahavi, D. 1997, *Self-Awareness and Alterity.* Northwestern University Press.

Zahavi, D. 1998, "Brentano and Husserl on Self-Awareness." *Études Phenomenologiques*. 14 (27 – 28): 127 – 168.

Zahavi, D. 2003, *Husserl's Phenomenology*. Stanford University Press.

Zahavi, D. 2005, *Subjectivity and Selfhood*. MIT Press.

致　谢

本专著是由国家课题“马克思主义认识论与当代认知科学研究”为毛坯，历经七年而成。笔者感谢全国哲学社会科学规划办给予资助。

在撰写本专著初期时，笔者在浙江大学做博士后，笔者的合作导师盛晓明给予许多指导意见，没有他的指导，本专著则难以成书。笔者深深感谢盛老师的帮助和指导，同时感谢黄华新、李恒威以及浙江大学其他老师的帮助和指导。

后来，笔者获得国家留学基金委员会面上项目访学于美国麻省大学，在访学学习过程中，笔者得到合作导师、麻省大学哲学系主任 Joseph Levine 及其爱人 Louise Antony（美国东部哲学学会主席）的帮助。在美国期间，笔者广泛旁听课程，参与许多学术会议，由此形成本书的基本架构和脉络。笔者在美国期间仅仅花了四十来天就完成了本专著的初稿。

回国之后，本书得到叶险明老师、朱菁老师等其他老师相关指导意见。叶险明老师在百忙中抽出冗余查阅了本专著，并给予许多指导意见。感谢叶险明老师的悉心指导和帮助。

本书得到浙江师范大学马克思主义学院学科资助，感谢学科带头人郑祥福老师。

最后，感谢我父母及家人为我付出许多的汗水和期盼。